Boldt/Weller
Bundesberggesetz
Ergänzungsband

Sammlung Guttentag

Bundesberggesetz

vom 13. August 1980

unter Berücksichtigung des Änderungsgesetzes vom 12. Februar 1990 und der vorhergegangenen Gesetzesänderungen

sowie

die das Bergrecht betreffenden Bestimmungen des

Einigungsvertrages

vom 31. August 1990

Ergänzungsband zum Kommentar

mit Erläuterung der neuen Vorschriften

von

Dr. Dr. Gerhard Boldt
Senatspräsident a. D.
Honorarprofessor an der
Universität Münster

und

Dr. Herbert Weller
Abteilungsdirektor a. D.

unter Mitarbeit von
Hans-Ulrich von Mäßenhausen
Rechtsanwalt

1992

Walter de Gruyter · Berlin · New York

♾ Gedruckt auf säurefreiem Papier, das die US-ANSI-Norm über Haltbarkeit erfüllt.

Die Deutsche Bibliothek — CIP-Einheitsaufnahme

Boldt, Gerhard:
Bundesberggesetz : vom 13. August 1980 (BGBl. I S. 1310) ;
Kommentar / von Gerhardt Boldt und Herbert Weller. — Berlin ;
New York : de Gruyter
(Sammlung Guttentag)
NE: Weller, Herbert:

Ergänzungsbd. Unter Berücksichtigung des Änderungsgesetzes
vom 12. Februar 1990 und der vorhergegangenen
Gesetzesänderungen sowie die das Bergrecht betreffenden
Bestimmungen des Einigungsvertrages vom 31. August 1990 :
mit Erläuterungen der neuen Vorschriften / unter Mitarb. von
Hans-Ulrich Mässenhausen. — 1992
ISBN 3-11-012267-7

Printed in Germany.
Satz und Druck: Saladruck, D-1000 Berlin 36
Buchbinderische Verarbeitung: Dieter Mikolai, D-1000 Berlin 10

Vorwort zum Ergänzungsband

Seit dem Inkrafttreten hat das Bundesberggesetz eine Reihe von Änderungen und Ergänzungen erfahren. Durch das Erste Rechtsbereinigungsgesetz vom 24.4.1986 (BGBl. I S. 560) wurde § 130, der die Anwendung berggesetzlicher Vorschriften auf Hohlraumbauten vorsah, aufgehoben. Ferner hat dieses Gesetz die in § 163 gesetzte Frist für die Umwandlung oder Auflösung bergrechtlicher Gewerkschaften um drei Jahre verlängert. Durch das Gesetz zur Änderung des Gesetzes über den Sozialplan im Konkurs- und Vergleichsverfahren und des Bundesberggesetzes vom 20.12.1988 (BGBl. I S. 2420) wurde die Frist nochmals verlängert, und zwar bis zum 1.1.1994. Diese Regelung hat eine Änderung der §§ 163 und 164 und die Einfügung des § 164a erforderlich gemacht. Aufgrund der Dritten Zuständigkeitsanpassungs-Verordnung vom 26.11.1986 (BGBl. I S. 2089) und des Gesetzes über das Baugesetzbuch vom 8.12.1986 (BGBl. I S. 2191) sind ferner in den §§ 68 und 85 einige Veränderungen eingetreten.

Von einschneidender Bedeutung war das Gesetz zur Änderung des Bundesberggesetzes vom 12.2.1990 (BGBl. I S. 215). Mit diesem Gesetz wurde eine wichtige Ergänzung der für die Zulassung bergbaulicher Vorhaben maßgebenden Verfahrensvorschriften vorgenommen, und zwar insbesondere durch die Einführung eines Planfeststellungsverfahrens und einer Umweltverträglichkeitsprüfung. Dazu hat der Gesetzgeber die §§ 48 und 52 ergänzt sowie die §§ 57a bis 57c neu eingefügt. Bei dieser Gelegenheit wurden neben einer Ergänzung des § 1 auch einige notwendige redaktionelle Änderungen in anderen Paragraphen durchgeführt. Schließlich erfolgte eine Ergänzung der §§ 149 und 160 mit dem Ziel der Verwaltungsvereinfachung bei der Überführung der im Bereich der früheren Provinz Hannover bestellten Salzabbaugerechtigkeiten in das neue Recht.

Aufgrund des Vertrages über die Herstellung der Einheit Deutschlands – Einigungsvertrag – vom 31. August 1990 (BGBl. II S. 889) ist das Bundesberggesetz mit Wirkung vom 3. Oktober 1990 auch in den Ländern Brandenburg, Mecklenburg-Vorpommern, Sachsen, Sachsen-Anhalt und Thüringen sowie in Ostberlin in Kraft getreten, allerdings mit einer Reihe wichtiger Sonderregelungen, die sich aus den unterschiedlichen Rechtssystemen in den beiden Teilen Deutschlands ergeben.

Damit unser Kommentar seine Aufgabe als Hilfsmittel bei der Anwendung des Bergrechts in der Praxis weiterhin erfüllt, erschien seine Aktualisierung erforderlich. Dies geschieht in Form eines Ergänzungsbandes, da eine Neuauflage des Gesamtkommentars längere Zeit beansprucht und erst sinnvoll erscheint, wenn die derzeitige Rechtsentwicklung zu einem gewissen Abschluß gekommen ist. Der Ergänzungsband enthält den gegenwärtig geltenden Wortlaut des Bundesberggesetzes. Die geänderten Vorschriften sind kenntlich gemacht und mit der erforderlichen Kommentierung versehen worden. Dabei wurde auch die Verordnung über die Umweltverträglichkeitsprüfung bergbaulicher Vorhaben aufgenommen. Eine Anmerkung zu § 68 enthält die vom Bundesminister für Wirtschaft erlassenen Bergverordnungen, deren Wortlaut in Anhang II des Hauptbandes abgedruckt ist, soweit die Verordnungen bei dessen Erscheinen bereits vorhanden waren. Auf den Abdruck des Textes der später erlassenen Bergverordnungen mußte aus Platzgründen verzichtet werden. Aufgenommen wurden jedoch die §§ 15 und 16 Markscheider-Bergverordnung, da sie für die Anwendung des § 125 notwendig sind. Im Hinblick auf die in § 122 vorgesehene Ermächtigung zur Errichtung einer Anstalt des öffentlichen Rechts ist inzwischen eine privatrechtliche Bergschadensausfallkasse gegründet worden, deren wesentliche Bestimmungen in einer Anmerkung zu § 122 wiedergegeben sind.

Die das Bergrecht betreffenden Vorschriften des Einigungsvertrages sind als Anhang abgedruckt und soweit erforderlich erläutert worden.

Im übrigen wird auf die Kommentierung im Hauptband verwiesen.

Im September 1991 *Die Verfasser*

Inhaltsverzeichnis

Ergänzung des Abkürzungsverzeichnisses

BG	Berggesetz der Deutschen Demokratischen Republik
HdUR	Handwörterbuch des Umweltrechts
NuR	Zeitschrift Natur und Recht
NVwZ	Neue Zeitschrift für Verwaltungsrecht
RoV	Raumordnungsverordnung
UPR	Zeitschrift Umwelt- und Planungsrecht
UTR	Jahrbuch des Umwelt- und Technikrechts
UVP	Umweltverträglichkeitsprüfung
UVPG	Gesetz über die Umweltverträglichkeitsprüfung
UVP-V Bergbau	Verordnung über die Umweltverträglichkeitsprüfung bergbaulicher Vorhaben
WuV	Wirtschaft und Verwaltung

Bundesberggesetz – Ergänzungsband

Bundesberggesetz (BBergG)

Vom 13. August 1980
(BGBl. I S. 1310)

zuletzt geändert durch das Gesetz zur Änderung des Bundesberggesetzes
vom 12. Februar 1990 (BGBl. I S. 215)

Inhaltsverzeichnis

Erster Teil
Einleitende Bestimmungen

§ 1
Zweck des Gesetzes

Zweck dieses Gesetzes ist es,

1. zur Sicherung der Rohstoffversorgung das Aufsuchen, Gewinnen und Aufbereiten von Bodenschätzen unter Berücksichtigung ihrer Standortgebundenheit und des Lagerstättenschutzes **bei sparsamem und schonendem Umgang mit Grund und Boden** zu ordnen und zu fördern,
2. die Sicherheit der Betriebe und der Beschäftigten des Bergbaus zu gewährleisten sowie
3. die Vorsorge gegen Gefahren, die sich aus bergbaulicher Tätigkeit für Leben, Gesundheit und Sachgüter Dritter ergeben, zu verstärken und den Ausgleich unvermeidbarer Schäden zu verbessern.

Zu § 1

Die Worte „bei sparsamem und schonendem Umgang mit Grund und Boden" sind durch Art. 1 Nr. 1 des Gesetzes zur Änderung des Bundesberggesetzes vom 12. 2. 1990 (BGBl. I S. 215) eingefügt worden. **1**

Nach der **Bodenschutzkonzeption der Bundesregierung** (BT-Drucks. 10/2977) zählt zu den unterschiedlichen Funktionen des Bodens auch die Sicherung der Zugriffsmöglichkeiten auf Rohstoffvorräte sowie neben den ökologischen Anforderungen gleichrangig die Sicherung einer langfristig ausreichenden Rohstoffversorgung. Auf der Grundlage dieses Konzepts haben die Bundesressorts in Abstimmung mit den Ländern die Erfordernisse des Bodenschutzes konkretisiert und die notwendigen Schutzmaßnahmen festgelegt. Der in dem Katalog der „Maßnahmen zum Bodenschutz" (BT-Drucks. 11/1625 S. 13) enthaltene Vorschlag zum Bundesberggesetz ist mit der Ergänzung des § 1 aufgenommen worden. **2**

Nach der amtlichen Begründung erlangt die Verpflichtung zum sparsamen und schonenden Umgang mit Grund und Boden die gleiche Bedeutung für die Konzeption des BBergG wie der bisherige Inhalt der Zweckbestimmung (BT-Drucks. 11/4015 S. 9 = ZfB 131, 93). Danach begründet auch die Ergänzung **3** keine unmittelbaren Rechte und Pflichten, sondern beinhaltet eine **programmatische Aussage** (vgl. hierzu im Hauptband § 1 Rdn. 5).

4 § 1 umschreibt den Zweck des Gesetzes und damit den Schwerpunkt der Bergrechtsreform (OVG Münster 20. 12. 1984 ZfB 126, 198 [212]). Die in § 1 festgeschriebenen Ordnungsgesichtspunkte finden in einzelnen Vorschriften des BBergG ihren Niederschlag (z. B. in §§ 11 Nr. 10, 48 Abs. 1 Satz 2, 48 Abs. 2, 79 Abs. 1). So läßt das BBergG mit der aus § 1 Nr. 1 hergeleiteten sog. **Rohstoffsicherungsklausel** erkennen, daß es dem Interesse an der Aufsuchung und Gewinnung von Bodenschätzen jedenfalls **grundsätzlich** den **Vorrang** eingeräumt wissen will (BVerwG 16. 3. 1989 ZfB 130, 199 = DVBl. 1989, 663). Darüber hinaus entfaltet sich der Regelungsgehalt des § 1 bei Kollisionen zwischen dem allgemeinen Interesse am Bergbau und anderen öffentlichen oder privaten Interessen. Trotz Fehlens eines Normadressaten hat danach die Behörde die in § 1 zum Ausdruck kommenden Grundbewertungen des Gesetzgebers vor allem bei ihren Ermessensentscheidungen mit zu berücksichtigen (vgl. *Piens / Schulte / Graf Vitzthum,* BBergG, § 1 Rdn. 7 und 19).

5 Der in der Ergänzung angesprochene Zweck wird bereits in Vorschriften des BBergG konkretisiert. Der sorgsame Umgang mit Bodenschätzen als Teil des Bodens (vgl. Rdn. 2) findet beispielsweise in den Bestimmungen über den Lagerstättenschutz seinen Niederschlag (§§ 1 Nr. 1, 11 Nr. 8, 16 Abs. 2, 35 Nr. 5, 55 Abs. 1 Satz 1 Nr. 5). Daß die Oberfläche nur in dem notwendigen Umfang in Anspruch genommen wird, ist durch die Vorschriften über die Grundabtretung sichergestellt (z. B. §§ 77 Abs. 2, 81 Abs. 1).

§ 2
Sachlicher und räumlicher Geltungsbereich

(1) Dieses Gesetz gilt für

1. das Aufsuchen, Gewinnen und Aufbereiten von bergfreien und grundeigenen Bodenschätzen einschließlich des Verladens, Beförderns, Abladens, Lagerns und Ablagerns von Bodenschätzen, Nebengestein und sonstigen Massen, soweit es im unmittelbaren betrieblichen Zusammenhang mit dem Aufsuchen, Gewinnen oder Aufbereiten steht und sich nicht aus Absatz 4 etwas anderes ergibt,
2. das Wiedernutzbarmachen der Oberfläche während und nach der Aufsuchung, Gewinnung und Aufbereitung von bergfreien und grundeigenen Bodenschätzen,
3. Betriebsanlagen und Betriebseinrichtungen (Einrichtungen), die überwiegend einer der in den Nummern 1 oder 2 bezeichneten Tätigkeiten dienen oder zu dienen bestimmt sind.

(2) Dieses Gesetz gilt ferner für

1. das Untersuchen des Untergrundes auf seine Eignung zur Errichtung von Untergrundspeichern,
2. das Errichten und Betreiben von Untergrundspeichern sowie der Einrichtungen, die überwiegend dem Betrieb eines Untergrundspeichers dienen oder zu dienen bestimmt sind,
3. sonstige Tätigkeiten und Einrichtungen,

soweit dies ausdrücklich bestimmt ist.

(3) Dieses Gesetz gilt im Bereich des Festlandsockels der Bundesrepublik Deutschland für die durch die Absätze 1 und 2 Nr. 1 und 2 erfaßten Tätigkeiten und Einrichtungen, für Transit-Rohrleitungen und Forschungshandlungen. Die völkerrechtlichen Regeln über die Hohe See und den Festlandsockel bleiben unberührt.

(4) Dieses Gesetz gilt nicht für das Verladen, Befördern und Abladen von Bodenschätzen, Nebengestein und sonstigen Massen im Sinne des Absatzes 1 Nr. 1

1. im Schienenverkehr der Eisenbahnen des öffentlichen Verkehrs,
2. im Kraftfahrzeugverkehr auf öffentlichen Wegen oder Plätzen,
3. im Schiffsverkehr auf der Hohen See und auf Binnen- und Seewasserstraßen und in den Seehäfen,
4. in Luftfahrzeugen und
5. in Rohrleitungen ab Übergabestation, Einleitung in Sammelleitungen oder letzter Meßstation für den Ausgang, soweit die Leitungen
   a) unmittelbar und ausschließlich der Abgabe an Dritte oder
   b) an andere Betriebe desselben Unternehmens dienen, die nicht zum Aufsuchen, Gewinnen oder Aufbereiten von bergfreien oder grundeigenen Bodenschätzen bestimmt sind.

§3
*Bergfreie und grundeigene Bodenschätze**

(1) Bodenschätze sind mit Ausnahme von Wasser alle mineralischen Rohstoffe in festem oder flüssigem Zustand und Gase, die in natürlichen Ablagerungen oder Ansammlungen (Lagerstätten) in oder auf der Erde, auf dem Meeresgrund, im Meeresuntergrund oder im Meerwasser vorkommen.

(2) Grundeigene Bodenschätze stehen im Eigentum des Grundeigentümers. Auf bergfreie Bodenschätze erstreckt sich das Eigentum an einem Grundstück nicht.

(3) Bergfreie Bodenschätze sind, soweit sich aus aufrechterhaltenen alten Rechten (§§ 149 bis 159) oder aus Absatz 4 nichts anderes ergibt:
Actinium und die Actiniden, Aluminium, Antimon, Arsen, Beryllium, Blei, Bor, Caesium, Chrom, Eisen, Francium, Gallium, Germanium, Gold, Hafnium, Indium, Iridium, Kadmium, Kobalt, Kupfer, Lanthan und die Lanthaniden, Lithium, Mangan, Molybdän, Nickel, Niob, Osmium, Palladium, Phosphor, Platin, Polonium, Quecksilber, Radium, Rhenium, Rhodium, Rubidium, Ruthenium, Scandium, Schwefel, Selen, Silber, Strontium, Tantal, Tellur, Thallium, Titan, Vanadium, Wismut, Wolfram, Yttrium, Zink, Zinn, Zirkonium — gediegen und als Erze außer in Raseneisen-, Alaun- und Vitriolerzen —;
Kohlenwasserstoffe nebst den bei ihrer Gewinnung anfallenden Gasen;
Stein- und Braunkohle nebst den im Zusammenhang mit ihrer Gewinnung auftretenden Gasen; Graphit;
Stein-, Kali-, Magnesia- und Borsalze nebst den mit diesen Salzen in der gleichen Lagerstätte auftretenden Salzen; Sole;
Flußspat und Schwerspat.

* Zu der in den Ländern Brandenburg, Mecklenburg-Vorpommern, Sachsen, Sachsen-Anhalt und Thüringen sowie im Ostteil von Berlin geltenden abweichenden Regelung vgl. **Anhang**.

Als bergfreie Bodenschätze gelten:
1. alle Bodenschätze im Bereich des Festlandsockels und,
2. soweit sich aus aufrechterhaltenen alten Rechten (§§ 149 bis 159) nichts anderes ergibt,
   a) alle Bodenschätze im Bereich der Küstengewässer sowie
   b) Erdwärme und die im Zusammenhang mit ihrer Gewinnung auftretenden anderen Energien (Erdwärme).

(4) Grundeigene Bodenschätze im Sinne dieses Gesetzes sind nur, soweit sich aus aufrechterhaltenen alten Rechten (§§ 149 bis 159) nichts anderes ergibt:
1. Basaltlava mit Ausnahme des Säulenbasaltes; Bauxit; Bentonit und andere montmorillonitreiche Tone; Dachschiefer, Feldspat, Kaolin, Pegmatitsand; Glimmer; Kieselgur; Quarz und Quarzit, soweit sie sich zur Herstellung von feuerfesten Erzeugnissen oder Ferrosilizium eignen; Speckstein, Talkum; Ton, soweit er sich zur Herstellung von feuerfesten, säurefesten oder nicht als Ziegeleierzeugnisse anzusehenden keramischen Erzeugnissen oder zur Herstellung von Aluminium eignet; Traß;
2. alle anderen nicht unter Absatz 3 oder Nummer 1 fallenden Bodenschätze, soweit sie untertägig aufgesucht oder gewonnen werden.

§ 4
Begriffsbestimmungen

(1) Aufsuchen (Aufsuchung) ist die mittelbar oder unmittelbar auf die Entdeckung oder Feststellung der Ausdehnung von Bodenschätzen gerichtete Tätigkeit mit Ausnahme
1. der Tätigkeiten im Rahmen der amtlichen geologischen Landesaufnahme,
2. der Tätigkeiten, die ausschließlich und unmittelbar Lehr- oder Unterrichtszwecken dienen und
3. des Sammelns von Mineralien in Form von Handstücken oder kleinen Proben für mineralogische oder geologische Sammlungen.

Eine großräumige Aufsuchung ist eine mit Hilfe von geophysikalischen oder geochemischen Verfahren durchgeführte Untersuchung, wenn sie auf die Ermittlung von Kennwerten beschränkt ist, die großräumige Rückschlüsse auf das mögliche Vorkommen von Bodenschätzen zulassen.

(2) Gewinnen (Gewinnung) ist das Lösen oder Freisetzen von Bodenschätzen einschließlich der damit zusammenhängenden vorbereitenden, begleitenden und nachfolgenden Tätigkeit; ausgenommen ist das Lösen oder Freisetzen von Bodenschätzen
1. in einem Grundstück aus Anlaß oder im Zusammenhang mit dessen baulicher oder sonstiger städtebaulicher Nutzung und
2. in oder an einem Gewässer als Voraussetzung für dessen Ausbau oder Unterhaltung.

(3) Aufbereiten (Aufbereitung) ist das
1. Trennen oder Anreichern von Bodenschätzen nach stofflichen Bestandteilen oder geometrischen Abmessungen auf physikalischer oder physikalisch-chemischer Grundlage einschließlich der damit zusammenhängenden vorbereitenden, begleitenden und nachfolgenden Tätigkeiten,
2. Brikettieren, Verschwelen, Verkoken, Vergasen, Verflüssigen und Verlösen von Bodenschätzen,

wenn der Unternehmer Bodenschätze der aufzubereitenden Art in unmittelbarem betrieblichem Zusammenhang selbst gewinnt oder wenn die Bodenschätze in unmittelbarem räumlichem Zusammenhang mit dem Ort ihrer Gewinnung aufbereitet werden. Eine

Aufbereitung liegt nicht vor, wenn eine Tätigkeit im Sinne des Satzes 1 mit einer sonstigen Bearbeitung oder Verarbeitung von Bodenschätzen (Weiterverarbeitung) oder mit der Herstellung anderer Erzeugnisse (Nebengewinnung) durchgeführt wird und das Schwergewicht der Tätigkeit nicht bei der Aufbereitung liegt; die Nutzung von Erdwärme ist einer Weiterverarbeitung gleichzustellen.

(4) Wiedernutzbarmachung ist die ordnungsgemäße Gestaltung der vom Bergbau in Anspruch genommenen Oberfläche unter Beachtung des öffentlichen Interesses.

(5) Unternehmer ist eine natürliche oder juristische Person oder Personenhandelsgesellschaft, die eine der in §2 Abs. 1 Nr. 1 und 2 bezeichneten Tätigkeit auf eigene Rechnung durchführt oder durchführen läßt.

(6) Gewinnungsberechtigung ist das Recht zur Gewinnung von bergfreien oder grundeigenen Bodenschätzen.

(7) Feld einer Erlaubnis, Bewilligung oder eines Bergwerkseigentums ist ein Ausschnitt aus dem Erdkörper, der von geraden Linien an der Oberfläche und von lotrechten Ebenen nach der Tiefe begrenzt wird, soweit nicht die Grenzen des Geltungsbereichs dieses Gesetzes einen anderen Verlauf erfordern.

(8) Gewinnungsbetrieb sind Einrichtungen zur Gewinnung von bergfreien und grundeigenen Bodenschätzen.

(9) Untergrundspeicher ist eine Anlage zur unterirdischen behälterlosen Speicherung von Gasen, Flüssigkeiten und festen Stoffen mit Ausnahme von Wasser.

(10) Transit-Rohrleitung ist eine Rohrleitung, die vom Festlandsockel oder vom Gebiet eines anderen Staates in den Festlandsockel der Bundesrepublik Deutschland führt oder diesen durchquert.

§5
Anwendung des Verwaltungsverfahrensgesetzes und des Verwaltungskostengesetzes

Auf die Ausführung dieses Gesetzes und der auf Grund dieses Gesetzes erlassenen Rechtsverordnungen sind, soweit in diesem Gesetz nichts anderes bestimmt ist, das Verwaltungsverfahrensgesetz und das Verwaltungskostengesetz anzuwenden.

Zweiter Teil
Bergbauberechtigungen

Erstes Kapitel
Bergfreie Bodenschätze

Erster Abschnitt
Erlaubnis, Bewilligung, Bergwerkseigentum

§6
Grundsatz

Wer bergfreie Bodenschätze aufsuchen will, bedarf der Erlaubnis, wer bergfreie Bodenschätze gewinnen will, der Bewilligung oder des Bergwerkseigentums. Diese Berechtigungen können nur natürlichen und juristischen Personen und Personenhandelsgesellschaften erteilt oder verliehen werden.

§ 7
Erlaubnis

(1) Die Erlaubnis gewährt das ausschließliche Recht, nach den Vorschriften dieses Gesetzes in einem bestimmten Feld (Erlaubnisfeld)
1. die in der Erlaubnis bezeichneten Bodenschätze aufzusuchen,
2. bei planmäßiger Aufsuchung notwendigerweise zu lösende oder freizusetzende Bodenschätze zu gewinnen und das Eigentum daran zu erwerben,
3. die Einrichtungen im Sinne des § 2 Abs. 1 Nr. 3 zu errichten und zu betreiben, die zur Aufsuchung der Bodenschätze und zur Durchführung der damit nach § 2 Abs. 1 Nr. 1 und 2 im Zusammenhang stehenden Tätigkeiten erforderlich sind.

Bei einer Erlaubnis zur großräumigen Aufsuchung gilt Satz 1 mit den sich aus § 4 Abs. 1 Satz 2 ergebenden Einschränkungen.

(2) Eine Erlaubnis zur Aufsuchung zu gewerblichen Zwecken schließt die Erteilung einer Erlaubnis zur großräumigen Aufsuchung sowie einer oder mehrerer Erlaubnisse zur Aufsuchung zu wissenschaftlichen Zwecken, eine Erlaubnis zur großräumigen Aufsuchung die Erteilung einer oder mehrerer Erlaubnisse zur Aufsuchung zu wissenschaftlichen Zwecken für dasselbe Feld nicht aus.

§ 8
Bewilligung

(1) Die Bewilligung gewährt das ausschließliche Recht, nach den Vorschriften dieses Gesetzes
1. in einem bestimmten Feld (Bewilligungsfeld) die in der Bewilligung bezeichneten Bodenschätze aufzusuchen, zu gewinnen und andere Bodenschätze mitzugewinnen sowie das Eigentum an den Bodenschätzen zu erwerben,
2. die bei Anlegung von Hilfsbauen zu lösenden oder freizusetzenden Bodenschätze zu gewinnen und das Eigentum daran zu erwerben,
3. die erforderlichen Einrichtungen im Sinne des § 2 Abs. 1 Nr. 3 zu errichten und zu betreiben,
4. Grundabtretung zu verlangen.

(2) Auf das Recht aus der Bewilligung sind, soweit dieses Gesetz nichts anderes bestimmt, die für Ansprüche aus dem Eigentum geltenden Vorschriften des bürgerlichen Rechts entsprechend anzuwenden.

(3) Die Bewilligung schließt die Erteilung einer Erlaubnis zur großräumigen Aufsuchung sowie einer oder mehrerer Erlaubnisse zur Aufsuchung zu wissenschaftlichen Zwecken für dasselbe Feld nicht aus.

§ 9
Bergwerkseigentum

(1) Bergwerkseigentum gewährt das ausschließliche Recht, nach den Vorschriften dieses Gesetzes die in § 8 Abs. 1 Nr. 1 bis 4 bezeichneten Tätigkeiten und Rechte auszuüben; auf das Recht sind die für Grundstücke geltenden Vorschriften des Bürgerlichen Gesetzbuches entsprechend anzuwenden, soweit dieses Gesetz nichts anderes bestimmt. § 8 Abs. 3 gilt entsprechend.

(2) Eine Vereinigung eines Grundstücks mit einem Bergwerkseigentum sowie die Zuschreibung eines Bergwerkseigentums als Bestandteil eines Grundstücks oder eines Grundstücks als Bestandteil eines Bergwerkseigentums ist unzulässig.

§ 10
Antrag

Erlaubnis und Bewilligung werden nur auf Antrag erteilt, Bergwerkseigentum nur auf Antrag verliehen. Der Antrag ist schriftlich bei der zuständigen Behörde zu stellen.

§ 11
Versagung der Erlaubnis

Die Erlaubnis ist zu versagen, wenn

1. der Antragsteller die Bodenschätze, die aufgesucht werden sollen, nicht genau bezeichnet,
2. das Feld, in dem aufgesucht werden soll, nicht dem § 4 Abs. 7 entspricht oder in einer Karte in einem nicht geeigneten Maßstabe oder nicht entsprechend den Anforderungen einer Bergverordnung nach § 67 eingetragen ist,
3. der Antragsteller nicht ein Arbeitsprogramm vorlegt, in dem insbesondere dargelegt ist, daß die vorgesehenen Aufsuchungsarbeiten hinsichtlich Art, Umfang und Zweck ausreichend sind und in einem angemessenen Zeitraum erfolgen,
4. der Antragsteller sich nicht verpflichtet, die Ergebnisse der Aufsuchung unverzüglich nach ihrem Abschluß, spätestens beim Erlöschen der Erlaubnis, der zuständigen Behörde auf Verlangen bekanntzugeben,
5. der Antragsteller sich nicht verpflichtet, auf Verlangen der zuständigen Behörde
   a) bei einer Aufsuchung zu wissenschaftlichen Zwecken den Inhabern einer Erlaubnis zur Aufsuchung zu gewerblichen Zwecken,
   b) bei einer großräumigen Aufsuchung den Inhabern einer Erlaubnis zur Aufsuchung zu gewerblichen Zwecken oder einer Bewilligung oder den Bergwerkseigentümern,

   deren Felder hinsichtlich desselben Bodenschatzes von dem zuzuteilenden Feld ganz oder teilweise überdeckt wird, das Recht einzuräumen, sich gegen Übernahme eines angemessenen Teiles der Aufwendungen an der Aufsuchung zu beteiligen oder sich dabei vertreten zu lassen; das gilt im Falle des Buchstaben a nicht, wenn die wissenschaftliche Aufsuchung der Entwicklung von neuen Methoden oder Geräten dient,
6. Tatsachen die Annahme rechtfertigen, daß der Antragsteller, bei juristischen Personen und Personenhandelsgesellschaften die nach Gesetz, Satzung oder Gesellschaftsvertrag zur Vertretung berechtigten Personen, die erforderliche Zuverlässigkeit nicht besitzen,
7. bei einer Erlaubnis zur Aufsuchung zu gewerblichen Zwecken oder zur großräumigen Aufsuchung der Antragsteller nicht glaubhaft macht, daß die für eine ordnungsgemäße Aufsuchung und der damit nach § 2 Abs. 1 Nr. 1 und 2 im Zusammenhang stehenden Tätigkeiten erforderlichen Mittel aufgebracht werden können,
8. eine sinnvolle und planmäßige Aufsuchung und Gewinnung von bergfreien oder grundeigenen Bodenschätzen gefährdet würde,
9. Bodenschätze beeinträchtigt würden, deren Schutz im öffentlichen Interesse liegt oder
10. überwiegende öffentliche Interessen die Aufsuchung im gesamten zuzuteilenden Feld ausschließen.

§ 12
Versagung der Bewilligung

(1) Für die Versagung der Bewilligung gilt § 11 Nr. 1 und 6 bis 10 entsprechend. Die Bewilligung ist ferner zu versagen, wenn

1. nicht die Stellen, an denen die Bodenschätze entdeckt worden sind, nach Lage und Tiefe in einem Lageriß genau angegeben werden,
2. das Feld, in dem gewonnen werden soll, nicht dem § 4 Abs. 7 entspricht oder in einem Lageriß nicht entsprechend den Anforderungen einer Bergverordnung nach § 67 eingetragen ist,
3. der Antragsteller nicht nachweist, daß die entdeckten Bodenschätze nach ihrer Lage und Beschaffenheit gewinnbar sind,
4. der Antragsteller kein Arbeitsprogramm vorlegt, aus dem insbesondere hervorgeht, daß die technische Durchführung der Gewinnung und die danach erforderlichen Einrichtungen unter und über Tage ausreichend sind und die Gewinnung in einer angemessenen Zeit erfolgt.

(2) Entdeckt der Inhaber einer Erlaubnis zur Aufsuchung zu gewerblichen Zwecken die in dieser Erlaubnis bezeichneten Bodenschätze im Erlaubnisfeld, so darf die von ihm beantragte Bewilligung nur aus Gründen des Absatzes 1 und nur versagt werden, wenn die Tatsachen, die die Versagung rechtfertigen, erst nach der Erteilung der Erlaubnis eingetreten sind.

§ 13
Versagung der Verleihung von Bergwerkseigentum

Die Verleihung von Bergwerkseigentum ist zu versagen, wenn

1. der Antragsteller nicht Inhaber einer Bewilligung für die Bodenschätze und das Feld ist, für die er die Verleihung des Bergwerkseigentums beantragt (Bergwerksfeld),
2. der Antragsteller nicht glaubhaft macht, daß in Zukunft mit einer wirtschaftlichen Gewinnung im gesamten beantragten Feld zu rechnen ist,
3. das Feld, in dem gewonnen werden soll, nicht dem § 4 Abs. 7 entspricht oder seine Begrenzung an der Oberfläche nach der horizontalen Projektion eine Fläche von mehr als 25 Quadratkilometer umfassen soll,
4. folgende Angaben und Unterlagen des Antragstellers nicht oder nicht vollständig vorliegen:
   a) die genaue Bezeichnung der Bodenschätze, für die das Bergwerkseigentum verliehen werden soll,
   b) die Eintragung des Feldes, für das die Verleihung des Bergwerkseigentums beantragt ist, in einem Lageriß in zweifacher Ausfertigung, der von einem anerkannten Markscheider oder einem öffentlich bestellten Vermessungsingenieur angefertigt worden ist und der den Anforderungen einer Bergverordnung nach § 67 entspricht,
   c) der Name des zu verleihenden Bergwerkseigentums,
   d) die Beschreibung von Art und Umfang der Erschließung des Vorkommens unter Angabe der geologisch-lagerstättenkundlichen Merkmale.

§ 14
Vorrang

(1) Dem Inhaber einer Erlaubnis zur Aufsuchung zu gewerblichen Zwecken hat die zuständige Behörde unverzüglich den Inhalt jedes Antrages mitzuteilen, den ein Dritter auf

Erteilung einer Bewilligung für ein bestimmtes, ganz oder teilweise innerhalb der Erlaubnis gelegenes Feld und für einen bestimmten der Erlaubnis unterliegenden Bodenschatz gestellt hat. Stellt der Inhaber der Erlaubnis innerhalb von drei Monaten nach Zugang der Mitteilung ebenfalls einen Antrag auf Erteilung einer Bewilligung, so hat sein Antrag, soweit er sich auf das innerhalb seiner Erlaubnis gelegene Feld bezieht, Vorrang vor allen übrigen Anträgen auf Erteilung einer Bewilligung für denselben Bodenschatz.

(2) In allen anderen Fällen hat bei Anträgen auf Erteilung einer Erlaubnis oder Bewilligung, bei denen Versagungsgründe nach § 11 oder § 12 nicht gegeben sind, der Antrag den Vorrang, in dem das Arbeitsprogramm zusammen mit der Voraussetzung, die nach § 11 Nr. 7 für Erlaubnis oder Bewilligung glaubhaft zu machen ist, den Anforderungen einer sinnvollen und planmäßigen Aufsuchung oder Gewinnung am besten Rechnung trägt; dabei sind die sonstigen bergbaulichen Tätigkeiten des Antragstellers zu berücksichtigen. § 12 Abs. 2 bleibt unberührt.

§ 15
Beteiligung anderer Behörden

Die zuständige Behörde hat vor der Entscheidung über den Antrag den Behörden Gelegenheit zur Stellungnahme zu geben, zu deren Aufgaben die Wahrnehmung öffentlicher Interessen im Sinne des § 11 Nr. 10 gehört.

§ 16
Form, Inhalt und Nebenbestimmungen

(1) Erlaubnis und Bewilligung bedürfen der Schriftform. Sie sind für ein bestimmtes Feld und für bestimmte Bodenschätze zu erteilen. Das gleiche gilt für Bergwerkseigentum. Die Erlaubnis ist als Erlaubnis zur Aufsuchung zu gewerblichen oder zu wissenschaftlichen Zwecken oder als Erlaubnis zur großräumigen Aufsuchung zu bezeichnen.

(2) Ein Erlaubnisfeld kann abweichend vom Antrag festgesetzt werden, soweit dies erforderlich ist, um eine Gefährdung der Wettbewerbslage der Bodenschätze aufsuchenden Unternehmen abzuwehren oder die Aufsuchung von Lagerstätten zu verbessern.

(3) Die nachträgliche Aufnahme, Änderung oder Ergänzung von Auflagen ist zulässig, wenn sie

1. für den Unternehmer und für Einrichtungen der von ihm betriebenen Art wirtschaftlich vertretbar und
2. nach den allgemein anerkannten Regeln der Technik erfüllbar

sind und soweit dies zur Wahrung der in den §§ 11 und 12 Abs. 1 bezeichneten Rechtsgüter und Belange erforderlich ist.

(4) Die Erlaubnis ist auf höchstens fünf Jahre zu befristen. Sie soll um jeweils drei Jahre verlängert werden, soweit das Erlaubnisfeld trotz planmäßiger, mit der zuständigen Behörde abgestimmter Aufsuchung noch nicht ausreichend untersucht werden konnte.

(5) Die Bewilligung oder das Bergwerkseigentum wird für eine der Durchführung der Gewinnung im Einzelfalle angemessene Frist erteilt oder verliehen. Dabei dürfen fünfzig Jahre nur überschritten werden, soweit dies mit Rücksicht auf die für die Gewinnung üblicherweise erforderlichen Investitionen notwendig ist. Eine Verlängerung bis zur voraussichtlichen Erschöpfung des Vorkommens bei ordnungs- und planmäßiger Gewinnung ist zulässig.

§ 17
Entstehung des Bergwerkseigentums

(1) Bergwerkseigentum entsteht mit der Zustellung der Berechtsamsurkunde an den Antragsteller. Die Zustellung ist erst zulässig, wenn die Entscheidung über die Verleihung unanfechtbar geworden ist. Mit der Entstehung des Bergwerkseigentums erlischt die Bewilligung für den Bereich des Bergwerksfeldes.

(2) Die Berechtsamsurkunde besteht aus der Urkunde über die Verleihung (Verleihungsurkunde) und einer Ausfertigung des Lagerisses, den die zuständige Behörde mit dem Inhalt der Entscheidung über die Verleihung in Übereinstimmung zu bringen hat. Die Verleihungsurkunde muß enthalten
1. den Namen und Wohnort des Berechtigten (Bergwerkseigentümers),
2. den Namen des Bergwerkseigentums,
3. die genaue Angabe der Größe und Begrenzung des Bergwerksfeldes unter Verweisung auf den Lageriß,
4. die Namen der Gemeinden, in denen das Bergwerkseigentum liegt,
5. die Bezeichnung der Bodenschätze, für die das Bergwerkseigentum gilt,
6. Datum der Urkunde, Siegel und Unterschrift.

(3) Die zuständige Behörde ersucht das Grundbuchamt um Eintragung des Bergwerkseigentums im Grundbuch. Dem Ersuchen ist eine beglaubigte Abschrift der Berechtsamsurkunde beizufügen.

§ 18
Widerruf

(1) Erlaubnis und Bewilligung sind zu widerrufen, wenn nachträglich Tatsachen eintreten, die zur Versagung hätten führen müssen.

(2) Die Erlaubnis ist ferner zu widerrufen, wenn aus Gründen, die der Erlaubnisinhaber zu vertreten hat, die Aufsuchung nicht innerhalb eines Jahres nach Erteilung der Erlaubnis aufgenommen oder die planmäßige Aufsuchung länger als ein Jahr unterbrochen worden ist; die zuständige Behörde kann die Frist aus wichtigem Grunde um jeweils ein weiteres Jahr verlängern. Die Erlaubnis kann widerrufen werden, wenn der Erlaubnisinhaber für einen der Erlaubnis unterliegenden Bodenschatz keine Bewilligung beantragt, obwohl die Voraussetzungen für deren Erteilung vorliegen und eine von der zuständigen Behörde für die Antragstellung gesetzte angemessene Frist verstrichen ist.

(3) Die Bewilligung ist ferner zu widerrufen, wenn die Gewinnung nicht innerhalb von drei Jahren nach Erteilung der Bewilligung aufgenommen oder wenn die regelmäßige Gewinnung länger als drei Jahre unterbrochen worden ist. Dies gilt nicht, solange Gründe einer sinnvollen technischen oder wirtschaftlichen Planung des Bewilligungsinhabers es erfordern, daß die Gewinnung im Bewilligungsfeld erst zu einem späteren Zeitpunkt aufgenommen oder wiederaufgenommen wird oder wenn sonstige Gründe für die Unterbrechung vorliegen, die der Bewilligungsinhaber nicht zu vertreten hat.

(4) Das Bergwerkseigentum ist zu widerrufen, wenn die regelmäßige Gewinnung länger als zehn Jahre unterbrochen worden ist. Absatz 3 Satz 2 ist entsprechend anzuwenden. Die zuständige Behörde hat die im Grundbuch eingetragenen dinglich Berechtigten von der Entscheidung über einen Widerruf des Bergwerkseigentums schriftlich zu unterrichten. Sie ersucht das Grundbuchamt um die Löschung des Bergwerkseigentums, wenn der Widerruf wirksam geworden ist.

§19
Aufhebung der Erlaubnis und Bewilligung

(1) Eine Erlaubnis oder Bewilligung ist auf Antrag ihres Inhabers ganz oder teilweise aufzuheben. Der Antrag ist schriftlich oder zur Niederschrift bei der zuständigen Behörde zu stellen.

(2) Mit der Bekanntgabe der Aufhebung im amtlichen Veröffentlichungsblatt der zuständigen Behörde erlischt die Erlaubnis oder Bewilligung in dem Umfang, in dem sie aufgehoben wird.

§20
Aufhebung von Bergwerkseigentum

(1) Das Bergwerkseigentum ist auf Antrag des Bergwerkseigentümers aufzuheben. Eine teilweise Aufhebung ist nicht zulässig.

(2) Die zuständige Behörde hat den im Grundbuch eingetragenen dinglich Berechtigten schriftlich mitzuteilen, daß ein Antrag auf Aufhebung des Bergwerkseigentums vorliegt. Die Mitteilung muß den Hinweis auf das sich aus Absatz 3 ergebende Antragsrecht sowie darauf enthalten, daß mit der Aufhebung das Bergwerkseigentum erlischt. Die Mitteilung ist im Bundesanzeiger und im amtlichen Veröffentlichungsblatt der zuständigen Behörde bekanntzumachen.

(3) Innerhalb von drei Monaten nach Bekanntmachung der Mitteilung kann jeder dinglich Berechtigte die Zwangsversteigerung des Bergwerkseigentums beantragen. Ein vollstreckbarer Titel ist für den Antrag und die Durchführung der Zwangsversteigerung nicht erforderlich.

(4) Wird die Zwangsversteigerung nicht innerhalb der Frist des Absatzes 3 Satz 1 beantragt oder führt das Zwangsversteigerungsverfahren nicht zur Erteilung des Zuschlages, so hebt die zuständige Behörde das Bergwerkseigentum auf; anderenfalls gilt der Antrag nach Absatz 1 als erledigt. Die Entscheidung über die Aufhebung ist dem Bergwerkseigentümer und den im Grundbuch eingetragenen dinglich Berechtigten zuzustellen. Die Gemeinde, in deren Gebiet das Bergwerksfeld liegt, ist von der Entscheidung zu unterrichten.

(5) Ist das Bergwerkseigentum erloschen, so ersucht die zuständige Behörde das Grundbuchamt um die Löschung.

§21
Beteiligung an der Aufsuchung

(1) Die zuständige Behörde hat

1. den Inhalt einer Erlaubnis zur Aufsuchung zu wissenschaftlichen Zwecken jedem Inhaber einer Erlaubnis zur Aufsuchung zu gewerblichen Zwecken und
2. den Inhalt einer Erlaubnis zur großräumigen Aufsuchung jedem Inhaber einer Erlaubnis zur Aufsuchung zu gewerblichen Zwecken oder einer Bewilligung und jedem Bergwerkseigentümer

unverzüglich mitzuteilen, wenn sich die Felder dieser Berechtigungen mit dem Feld der Erlaubnis zur Aufsuchung zu wissenschaftlichen Zwecken oder der Erlaubnis zur großräumigen Aufsuchung hinsichtlich desselben Bodenschatzes ganz oder teilweise überdecken.

(2) Die zuständige Behörde hat ein Verlangen im Sinne des § 11 Nr. 5 zu stellen, wenn einer der Berechtigten bis zum Ablauf von sechs Wochen nach Zugang der Mitteilung gemäß Absatz 1 für sich einen entsprechenden Antrag stellt und glaubhaft macht, daß er die zur Übernahme des angemessenen Teils der Aufwendungen gemäß § 11 Nr. 5 erforderlichen Mittel aufbringen kann. Nach Ablauf dieser Frist kann die Behörde bei Vorliegen der übrigen Voraussetzungen des Satzes 1 ein Verlangen stellen, wenn die Entscheidung des Berechtigten über seine Beteiligung vorher nicht möglich war und für den verpflichteten Antragsteller im Zeitpunkt des Verlangens die Beteiligung noch zumutbar ist.

§ 22
Übertragung und Übergang der Erlaubnis und Bewilligung

(1) Die Übertragung der Erlaubnis oder Bewilligung auf einen Dritten oder die Beteiligung Dritter an einer Erlaubnis oder Bewilligung ist nur mit Zustimmung der zuständigen Behörde zulässig. Die Zustimmung darf nur versagt werden, wenn
1. bei einer Übertragung eine der Voraussetzungen des § 11 Nr. 4 bis 10, auch in Verbindung mit § 12 Abs. 1 Satz 1, oder
2. bei einer Beteiligung eine der Voraussetzungen des § 11 Nr. 4 bis 7, auch in Verbindung mit § 12 Abs. 1 Satz 1,

vorliegt. Die Zustimmung bedarf der Schriftform.

(2) Mit dem Tode des Inhabers einer Erlaubnis oder Bewilligung geht das Recht auf die Erben über. Bis zur Dauer von zehn Jahren nach dem Erbfall darf es von einem Nachlaßkonkursverwalter, Nachlaßpfleger oder Testamentsvollstrecker ausgeübt werden. Die in Satz 1 und 2 bezeichneten Personen haben der zuständigen Behörde unverzüglich den Erbfall anzuzeigen. Die Rechtsfolgen nach Satz 1 oder Satz 2 treten nicht ein für Erben oder in Satz 2 genannte Verfügungsberechtigte, in deren Person ein Versagungsgrund nach § 11 Nr. 6, auch in Verbindung mit § 12 Abs. 1 Satz 1, gegeben ist. Die Sätze 1 bis 3 gelten für sonstige Fälle der Gesamtrechtsnachfolge entsprechend.

§ 23
Veräußerung von Bergwerkseigentum

(1) Die rechtsgeschäftliche Veräußerung von Bergwerkseigentum und der schuldrechtliche Vertrag hierüber bedürfen der Genehmigung der zuständigen Behörde. Die Genehmigung darf nur versagt werden, wenn der Veräußerung Gründe des öffentlichen Interesses entgegenstehen.

(2) Die Genehmigung kann auch vor der Beurkundung des Rechtsgeschäfts erteilt werden. Sie gilt als erteilt, wenn sie nicht innerhalb von zwei Monaten nach Eingang des Antrages versagt wird. Hierüber hat die zuständige Behörde auf Verlangen ein Zeugnis zu erteilen.

Zweiter Abschnitt
Vereinigung, Teilung und Austausch von Bergwerkseigentum

§ 24
Zulässigkeit der Vereinigung

Bergwerksfelder dürfen vereinigt werden, wenn sie aneinandergrenzen und das Bergwerkseigentum auf die gleichen Bodenschätze verliehen ist.

§25
Voraussetzungen der Vereinigung

Zur Vereinigung sind erforderlich

1. eine notariell beurkundete Einigung der beteiligten Bergwerkseigentümer oder eine entsprechende Erklärung des Alleineigentümers über die Vereinigung; dabei sind die Namen des neuen Bergwerkseigentums und des neuen Bergwerkseigentümers, bei mehreren Bergwerkseigentümern auch der Anteil oder die sonstigen Rechtsverhältnisse an dem neuen Bergwerkseigentum anzugeben;
2. zwei Ausfertigungen eines Lagerisses des neuen Bergwerksfeldes, der den Anforderungen einer Bergverordnung nach §67 entspricht;
3. bei dinglicher Belastung des Bergwerkseigentums eine notariell beurkundete Vereinbarung zwischen den dinglich Berechtigten und den beteiligten Bergwerkseigentümern darüber, daß und in welcher Weise, insbesondere in welcher Rangordnung, die Belastungen auf das neue Bergwerkseigentum (§27 Abs. 1) übergehen sollen;
4. die Genehmigung nach §26.

§26
Genehmigung der Vereinigung, Berechtsamsurkunde

(1) Die Genehmigung darf nur versagt werden, wenn

1. die Vereinigung unzulässig ist,
2. die in §25 Nr. 1 bis 3 bezeichneten Urkunden und die Verleihungsurkunden oder die nach §154 Abs. 2 ausgestellten Urkunden nicht oder nicht vollständig vorgelegt werden oder
3. der Vereinigung Gründe des öffentlichen Interesses entgegenstehen.

(2) Die Genehmigung wird mit der Urkunde nach §25 Nr. 1, einer Ausfertigung des Lagerisses nach §25 Nr. 2, den Verleihungs- oder den nach §154 Abs. 2 ausgestellten Urkunden zu einer einheitlichen Berechtsamsurkunde verbunden.

§27
Wirkung der Vereinigung

(1) Mit der Zustellung der Berechtsamsurkunde an den Antragsteller entsteht unter Erlöschen des bisherigen Bergwerkseigentums neues Bergwerkseigentum an dem einheitlichen Bergwerksfeld mit den sich aus der Vereinbarung nach §25 Nr. 3 ergebenden dinglichen Belastungen.

(2) Ist die Vereinigung wirksam geworden, so ersucht die zuständige Behörde das Grundbuchamt um Berichtigung des Grundbuches. Dem Ersuchen ist eine beglaubigte Abschrift der Berechtsamsurkunde beizufügen.

§28
Teilung

Ein Bergwerksfeld kann in selbständige Teile geteilt werden, wenn die Teile dem §4 Abs. 7 entsprechen und durch die Teilung eine Feldeszersplitterung, insbesondere eine Erschwerung der sinnvollen und planmäßigen Gewinnung von Bodenschätzen nicht zu befürchten ist. Die §§25 bis 27 gelten mit der Maßgabe entsprechend, daß die in §25 Nr. 1 und 2 bezeichneten Urkunden für jeden Teil des Bergwerksfeldes erforderlich sind; mit Ausnahme der Lagerisse für die Teilung ist jedoch eine Urschrift nebst der erforderlichen Zahl von Ausfertigungen oder beglaubigten Abschriften der Urkunden ausreichend.

§29
Austausch

Der Austausch von Teilen von Bergwerksfeldern ist zulässig, wenn die auszutauschenden Teile jeweils an das Bergwerksfeld angrenzen, mit dem sie durch den Austausch vereinigt werden sollen, durch den Austausch eine Feldeszersplitterung, insbesondere eine Erschwerung der sinnvollen und planmäßigen Gewinnung von Bodenschätzen, nicht zu befürchten ist, die auszutauschenden Teile dem §4 Abs. 7 entsprechen und das Bergwerkseigentum auf die gleichen Bodenschätze verliehen ist. Die §§25 bis 27 sind mit folgender Maßgabe entsprechend anzuwenden:

1. Die Namen des am Austausch beteiligten Bergwerkseigentums bleiben bestehen.
2. Die in §25 Nr. 1 und 2 bezeichneten Urkunden sind für jeden am Austausch beteiligten Teil der Bergwerksfelder erforderlich.
3. Mit Ausnahme der Lagerisse für den Austausch ist neben jeweils einer Urschrift die erforderliche Zahl von Ausfertigungen oder beglaubigten Abschriften der Urkunden ausreichend.

Dritter Abschnitt
Feldes- und Förderabgabe

§30
Feldesabgabe

(1) Der Inhaber einer Erlaubnis zur Aufsuchung zu gewerblichen Zwecken hat jährlich eine Feldesabgabe zu entrichten.

(2) Die Feldesabgabe ist an das Land zu entrichten, in dem das Erlaubnisfeld liegt; §137 bleibt unberührt.

(3) Die Feldesabgabe beträgt im ersten Jahr nach der Erteilung zehn Deutsche Mark je angefangenen Quadratkilometer und erhöht sich für jedes folgende Jahr um weitere zehn Deutsche Mark bis zum Höchstbetrag von fünfzig Deutsche Mark je angefangenen Quadratkilometer. Auf die Feldesabgabe sind die im Erlaubnisfeld in dem jeweiligen Jahr für die Aufsuchung gemachten Aufwendungen anzurechnen.

§31
Förderabgabe

(1) Der Inhaber einer Bewilligung hat jährlich für die innerhalb des jeweiligen Jahres aus dem Bewilligungsfeld gewonnenen oder mitgewonnenen bergfreien Bodenschätze eine Förderabgabe zu entrichten. Gleiches gilt für den Bergwerkseigentümer. Eine Förderabgabe ist nicht zu entrichten, soweit die Bodenschätze ausschließlich aus gewinnungstechnischen Gründen gewonnen und nicht wirtschaftlich verwertet werden. Satz 3 gilt nicht für die Errichtung eines Untergrundspeichers.

(2) Die Förderabgabe beträgt zehn vom Hundert des Marktwertes, der für im Geltungsbereich dieses Gesetzes gewonnene Bodenschätze dieser Art innerhalb des Erhebungszeitraums durchschnittlich erzielt wird. Für Bodenschätze, die keinen Marktwert haben, stellt die zuständige Behörde nach Anhörung sachverständiger Stellen den für die Förderabgabe zugrunde zu legenden Wert fest.

(3) § 30 Abs. 2 gilt entsprechend.

§ 32
Feststellung, Erhebung und Änderung der Feldes- und Förderabgabe

(1) Die Landesregierungen werden ermächtigt, durch Rechtsverordnung die zur Durchführung der §§ 30 und 31 erforderlichen Vorschriften über die Feststellung des Marktwertes und des Wertes nach § 31 Abs. 2 Satz 2 sowie über die Erhebung und Bezahlung der Feldes- und Förderabgabe zu erlassen. Natürliche und juristische Personen können zur Erteilung von Auskünften verpflichtet werden, soweit dies zur Festsetzung des Marktwertes erforderlich ist.

(2) Die Landesregierungen werden ermächtigt, durch Rechtsverordnung für einen bestimmten Zeitraum
1. Erlaubnisse, Bewilligungen und Bergwerkseigentum auf bestimmte Bodenschätze oder in bestimmten Gebieten von der Feldes- und Förderabgabe zu befreien,
2. für Erlaubnisse auf bestimmte Bodenschätze oder in bestimmten Gebieten einen von § 30 Abs. 3 Satz 1 abweichenden Betrag und eine andere Staffelung festzusetzen,
3. für Bewilligungen und Bergwerkseigentum auf bestimmte Bodenschätze oder in bestimmten Gebieten einen von § 31 Abs. 2 abweichenden Vomhundertsatz oder Bemessungsmaßstab festzusetzen,

soweit dies zur Anpassung an die bei Inkrafttreten dieses Gesetzes geltenden Regelungen geboten, zur Abwehr einer Störung des gesamtwirtschaftlichen Gleichgewichts, zur Abwehr einer Gefährdung der Wettbewerbslage der aufsuchenden oder gewinnenden Unternehmen, zur Sicherung der Versorgung des Marktes mit Rohstoffen, zur Verbesserung der Ausnutzung von Lagerstätten oder zum Schutz sonstiger volkswirtschaftlicher Belange erforderlich ist oder soweit die Bodenschätze im Gewinnungsbetrieb verwendet werden. Dabei dürfen die Abgaben höchstens auf das Vierfache der sich aus § 30 Abs. 3 Satz 1 oder § 31 Abs. 2 Satz 1 ergebenden Beträge erhöht werden.

(3) Die Landesregierungen können die Ermächtigung nach den Absätzen 1 und 2 durch Rechtsverordnung auf andere Stellen übertragen.

Vierter Abschnitt
Fundanzeige

§ 33
Anzeige und Entschädigung

(1) Wer einen bergfreien Bodenschatz entdeckt, ohne zu seiner Aufsuchung oder Gewinnung berechtigt zu sein, und der zuständigen Behörde die Entdeckung unverzüglich anzeigt, kann von demjenigen, der auf Grund dieser Anzeige eine Bewilligung für den Bodenschatz erhält, Ersatz der Aufwendungen verlangen, die ihm im Zusammenhang mit

der Entdeckung entstanden sind. Dies gilt nicht, wenn der Bodenschatz unter Verstoß gegen § 6 entdeckt worden oder die Lagerstätte dieses Bodenschatzes bereits bekannt ist.

(2) Die Anzeige muß Angaben über den Zeitpunkt der Entdeckung, den Fundort mit Bezeichnung des Grundstücks, der Gemeinde und des Kreises sowie eine Beschreibung der Art und Beschaffenheit des Fundes enthalten. Die zuständige Behörde hat den Anzeigenden unverzüglich von der Erteilung einer Bewilligung zu benachrichtigen.

Zweites Kapitel
Grundeigene Bodenschätze

§ 34
Inhalt der Befugnis zur Aufsuchung und Gewinnung grundeigener Bodenschätze

Für die Befugnis des Grundeigentümers, bei der Aufsuchung und Gewinnung grundeigener Bodenschätze nach Maßgabe dieses Gesetzes andere Bodenschätze mitzugewinnen, das Eigentum daran zu erwerben, Hilfsbaue anzulegen und fremde Grubenbaue zu benutzen, gelten,

1. soweit sich dies nicht schon aus dem Inhalt des Grundeigentums und
2. soweit sich nicht aus den §§ 149 bis 158 etwas anderes

ergibt, § 7 Abs. 1 und die §§ 8 und 9 mit der Maßgabe entsprechend, daß an die Stelle des Erlaubnis-, Bewilligungs- und Bergwerksfeldes das Grundstück tritt, auf das sich das Grundeigentum bezieht.

Drittes Kapitel
Zulegung

§ 35
Voraussetzungen

Die zuständige Behörde kann auf Antrag dem Inhaber einer Gewinnungsberechtigung durch Zulegung das Recht erteilen, den Abbau eines Bodenschatzes aus dem Feld seiner Gewinnungsberechtigung (Hauptfeld) in das Feld einer benachbarten fremden Gewinnungsberechtigung, die sich auf den gleichen Bodenschatz bezieht, fortzuführen (grenzüberschreitender Abbau), wenn

1. der Antragsteller nachweist, daß er sich ernsthaft um eine Einigung über den grenzüberschreitenden Abbau zu angemessenen Bedingungen, erforderlichenfalls unter Angebot geeigneter Abbaumöglichkeiten innerhalb der eigenen Gewinnungsberechtigungen, bemüht hat,
2. aus bergwirtschaftlichen oder bergtechnischen Gründen ein grenzüberschreitender Abbau geboten ist,
3. Gründe des Allgemeinwohls, insbesondere die Versorgung des Marktes mit Bodenschätzen oder andere gesamtwirtschaftliche Gründe, einen grenzüberschreitenden Abbau erfordern,

4. nicht damit gerechnet werden muß, daß die in dem Feld der benachbarten Berechtigung anstehenden Bodenschätze von einem anderen Gewinnungsbetrieb auch ohne Zulegung ebenso wirtschaftlich gewonnen werden,
5. Bodenschätze, deren Schutz im öffentlichen Interesse liegt, durch die Zulegung nicht beeinträchtigt werden,
6. folgende Angaben und Unterlagen des Antragstellers vorliegen:
   a) Ein Lageriß mit genauer Eintragung des Hauptfeldes und des Feldes der fremden Berechtigung unter besonderer Kennzeichnung des zuzulegenden Feldesteiles,
   b) eine Darstellung der zur bergwirtschaftlichen und bergtechnischen Beurteilung der Zulegung bedeutsamen tatsächlichen Verhältnisse,
   c) Angaben über das im Hauptfeld durchgeführte sowie über das im Feld der fremden Berechtigung beabsichtigte Arbeitsprogramm, insbesondere über die technische Durchführung der Gewinnung, die danach erforderlichen Einrichtungen unter und über Tage und den Zeitplan,
   d) glaubhafte Angaben darüber, daß die für eine ordnungsgemäße Durchführung des grenzüberschreitenden Abbaus und der damit nach § 2 Abs. 1 Nr. 1 und 2 im Zusammenhang stehenden Tätigkeiten erforderlichen Mittel aufgebracht werden können,
   e) Angaben über Verwendung und Absatz der durch den grenzüberschreitenden Abbau zu gewinnenden Bodenschätze,
   f) eine Begründung zu dem Vorliegen der in den Nummern 3 und 4 bezeichneten Voraussetzungen.

§ 36
Verfahren

Auf das Verfahren sind die Vorschriften über das förmliche Verwaltungsverfahren nach Teil V Abschnitt 1 des Verwaltungsverfahrensgesetzes mit folgender Maßgabe anzuwenden:

1. Beteiligter ist auch, wem ein Recht zur Gewinnung in dem Feld der fremden Berechtigung zusteht, sowie der Inhaber eines dinglichen Rechtes an der fremden Berechtigung. Liegt die fremde Berechtigung ganz oder teilweise im Bezirk einer anderen zuständigen Behörde, so ist auch diese zu laden.
2. Von Amts wegen ist ein Vertreter auch zu bestellen für Mitberechtigte, wenn sie der Aufforderung der zuständigen Behörde, einen gemeinsamen Vertreter zu bestellen, innerhalb der ihnen gesetzten Frist nicht nachgekommen sind.
3. In der mündlichen Verhandlung ist auf eine Einigung hinzuwirken. Kommt eine Einigung zustande, so ist diese in der Verhandlungsniederschrift zu beurkunden. Auf die Beurkundung sind die §§ 3 bis 13 und 16 bis 26 des Beurkundungsgesetzes vom 28. August 1969 (BGBl. I S. 1513), zuletzt geändert durch Gesetz vom 20. Februar 1980 (BGBl. I S. 157), entsprechend anzuwenden. Die Niederschrift über die Einigung steht einer notariellen Beurkundung der Einigung gleich. Eine Auflassung kann die zuständige Behörde nicht entgegennehmen.
4. Kommt eine Einigung nicht zustande, so entscheidet die zuständige Behörde über den Antrag. Das Recht zum grenzüberschreitenden Abbau ist für ein bestimmtes Feld, für bestimmte Bodenschätze und zeitlich beschränkt zu erteilen. § 16 Abs. 3 gilt entsprechend.

An die Stelle der Vorschriften über das förmliche Verwaltungsverfahren nach Teil V Abschnitt 1 des Verwaltungsverfahrensgesetzes treten die entsprechenden Vorschriften der Verwaltungsverfahrensgesetze der Länder, soweit dies landesrechtlich angeordnet ist.

§ 37
Entschädigung

(1) Für die Erteilung des Rechts zum grenzüberschreitenden Abbau hat der Berechtigte eine Entschädigung an den Inhaber der fremden Berechtigung zu leisten. Kommt eine Einigung nicht zustande, so ist die Entschädigung in der Entscheidung über die Erteilung des Rechts zum grenzüberschreitenden Abbau festzusetzen.

(2) Die Entschädigung wird für den durch den grenzüberschreitenden Abbau eintretenden Rechtsverlust und für andere dadurch eintretende Vermögensnachteile geleistet. Soweit zur Zeit der Entscheidung Nutzungen gezogen werden, ist von dem Maß ihrer Beeinträchtigung auszugehen. Hat der Entschädigungsberechtigte Maßnahmen getroffen, um die Nutzungen zu steigern, und ist nachgewiesen, daß die Maßnahmen die Nutzungen nachhaltig gesteigert hätten, so ist dies zu berücksichtigen. Die Entschädigung ist auf Verlangen des Inhabers der fremden Berechtigung in wiederkehrenden Leistungen zu zahlen. Ist die fremde Berechtigung mit dinglichen Rechten Dritter belastet, so gelten die Artikel 52 und 53 des Einführungsgesetzes zum Bürgerlichen Gesetzbuch entsprechend.

§ 38
Inhalt der Zulegung, Aufhebung, Förderabgabe

(1) Für das Recht zum grenzüberschreitenden Abbau gelten die §§ 8, 15, 16 Abs. 5 und § 18 Abs. 1 und 3 entsprechend. § 31 gilt in dem Umfang entsprechend, in dem er für den Inhaber der fremden Berechtigung gelten würde.

(2) Das Recht darf erst ausgeübt werden, wenn der Berechtigte
1. die Entschädigung geleistet oder
2. bei einer Entschädigung in wiederkehrenden Leistungen die erste Rate und für die übrigen Raten angemessene Sicherheit geleistet hat.

Dritter Teil
Aufsuchung, Gewinnung und Aufbereitung

Erstes Kapitel
Allgemeine Vorschriften über die Aufsuchung und Gewinnung

Erster Abschnitt
Aufsuchung

§ 39
Einigung mit dem Grundeigentümer, Zustimmung anderer Behörden, Entschädigung

(1) Wer zum Zwecke der Aufsuchung ein fremdes Grundstück benutzen will, hat vor Beginn der Aufsuchung
1. die Zustimmung des Grundeigentümers und der sonstigen Nutzungsberechtigten und,

2. wenn das Grundstück durch Gesetz oder auf Grund eines Gesetzes einem öffentlichen Zweck gewidmet ist, auch die Zustimmung der für die Wahrung dieses Zweckes zuständigen Behörde

einzuholen. §905 Satz 2 des Bürgerlichen Gesetzbuchs bleibt unberührt.

(2) Bei einem unter Absatz 1 Satz 1 Nr. 2 fallenden Grundstück ist

1. die Zustimmung nach Absatz 1 Satz 1 Nr. 1 nicht erforderlich, wenn das Grundstück ausschließlich dem öffentlichen Zweck dient, dem es gewidmet ist,
2. die Zustimmung nach Absatz 1 Satz 1 Nr. 2 nicht erforderlich, wenn
   a) sich Art und Form der Tätigkeit, die der Aufsuchung dient oder zu dienen bestimmt ist, nicht von den Tätigkeiten unterscheidet, die im Rahmen der Widmung ausgeübt werden dürfen oder von der Widmung nicht betroffen sind oder
   b) für die Zulassung der Tätigkeiten nach den Vorschriften, auf denen die Widmung beruht, eine besondere behördliche Erlaubnis, Genehmigung oder Zustimmung vorgesehen und diese von der dafür zuständigen Behörde erteilt worden ist.

(3) Der Aufsuchungsberechtigte hat nach Abschluß der Aufsuchungsarbeiten den früheren Zustand fremder Grundstücke wiederherzustellen, es sei denn, daß die Aufrechterhaltung der Einwirkungen auf die Grundstücke nach Entscheidung der zuständigen Behörde für spätere Gewinnungsarbeiten zulässig ist oder die zuständige Behörde zur Wiedernutzbarmachung der Oberfläche eine Abweichung von dem früheren Zustand angeordnet hat.

(4) Der Aufsuchungsberechtigte hat dem Grundeigentümer und den sonstigen Nutzungsberechtigten für die durch die Aufsuchungsarbeiten entstandenen, nicht durch Wiederherstellung des früheren Zustandes oder andere Maßnahmen nach Absatz 3 ausgeglichenen Vermögensnachteile Ersatz in Geld zu leisten. Der Ersatzanspruch haftet den Inhabern von dinglichen Rechten, mit denen das Grundstück belastet ist, in entsprechender Anwendung der Artikel 52 und 53 des Einführungsgesetzes zum Bürgerlichen Gesetzbuch.

(5) Zur Sicherung ihrer Ansprüche aus den Absätzen 3 und 4 können der Grundeigentümer und sonstige Nutzungsberechtigte eine angemessene Sicherheitsleistung verlangen.

§40
Streitentscheidung

(1) Wird die nach §39 Abs. 1 Satz 1 Nr. 1 erforderliche Zustimmung versagt, so kann sie auf Antrag durch eine Entscheidung der zuständigen Behörde ersetzt werden, wenn öffentliche Interessen, insbesondere die Durchforschung nach nutzbaren Lagerstätten, die Aufsuchung erfordern. Wenn unter Gebäuden, auf Betriebsgrundstücken, in Gärten oder eingefriedeten Hofräumen aufgesucht werden soll, kann die Zustimmung nur aus überwiegenden öffentlichen Interessen durch eine Entscheidung der zuständigen Behörde ersetzt werden.

(2) Die zuständige Behörde entscheidet auf Antrag auch über die Höhe des Entschädigungsanspruchs (§39 Abs. 4) oder der Sicherheit (§39 Abs. 5), wenn eine Einigung hierüber nicht zustande kommt; die Kosten des Verfahrens trägt der Aufsuchungsberechtigte. Erst wenn der Ersatz geleistet oder eine Sicherheit hinterlegt ist, darf die Aufsuchung begonnen oder fortgesetzt werden.

§ 41
Gewinnung von Bodenschätzen bei der Aufsuchung

Der Aufsuchungsberechtigte hat das Recht, Bodenschätze zu gewinnen, soweit die Bodenschätze nach der Entscheidung der zuständigen Behörde bei planmäßiger Durchführung der Aufsuchung aus bergtechnischen, sicherheitstechnischen oder anderen Gründen gewonnen werden müssen. Das Recht des Aufsuchungsberechtigten, andere als bergfreie Bodenschätze in eigenen Grundstücken zu gewinnen, bleibt unberührt.

Zweiter Abschnitt
Gewinnung

§ 42
Mitgewinnung von Bodenschätzen bei der Gewinnung bergfreier Bodenschätze

(1) Bei der Gewinnung bergfreier Bodenschätze hat der Gewinnungsberechtigte das Recht, innerhalb des Feldes seiner Gewinnungsberechtigung andere Bodenschätze mitzugewinnen, soweit sie nach der Entscheidung der zuständigen Behörde bei planmäßiger Durchführung der Gewinnung aus bergtechnischen oder sicherheitstechnischen Gründen nur gemeinschaftlich gewonnen werden können. Andere an diesen Bodenschätzen Berechtigte hat der Gewinnungsberechtigte von der Entscheidung nach Satz 1 unverzüglich in Kenntnis zu setzen.

(2) Der Gewinnungsberechtigte hat die Herausgabe

1. mitgewonnener bergfreier Bodenschätze, für die Aneignungsrechte Dritter bestehen, und
2. mitgewonnener nicht bergfreier Bodenschätze

dem jeweils anderen Berechtigten gegen Erstattung der für die Gewinnung und eine erforderliche Aufbereitung gemachten Aufwendungen und einer für die Gewinnung zu zahlenden Förderabgabe anzubieten und diese Bodenschätze auf Verlangen herauszugeben. Der andere Berechtigte kann die Herausgabe nur innerhalb von zwei Monaten nach Kenntnisnahme nach Absatz 1 Satz 2 verlangen. Die bis zu dem Zeitpunkt des Verlangens mitgewonnenen Bodenschätze unterliegen nicht der Herausgabepflicht. Das gleiche gilt, wenn

1. die Trennung der mitgewonnenen Bodenschätze von den übrigen Bodenschätzen nicht möglich oder wegen der damit verbundenen Aufwendungen nicht zumutbar ist oder
2. die mitgewonnenen Bodenschätze zur Sicherung des eigenen Betriebes des Gewinnungsberechtigten oder in diesem Betrieb zur Sicherung der Oberfläche verwendet werden.

Können herauszugebende Bodenschätze nicht voneinander getrennt werden oder ist eine Trennung wegen der damit verbundenen Aufwendungen nicht zumutbar und stehen sie mehreren anderen Berechtigten zu, so hat der Gewinnungsberechtigte jedem dieser Berechtigten einen seiner Berechtigung entsprechenden Anteil herauszugeben.

(3) Ist dem jeweils anderen Berechtigten die Übernahme herauszugebender Bodenschätze nicht zumutbar, so kann er für diese Bodenschätze von dem Gewinnungsberechtigten einen angemessenen Ausgleich in Geld verlangen, soweit der Gewinnungsberechtigte die Bodenschätze verwerten kann. Die Aufwendungen für die Gewinnung und eine erforderliche Aufbereitung sowie eine für die Gewinnung zu zahlende Förderabgabe sind anzurechnen.

(4) Auf Antrag des Gewinnungsberechtigten oder eines anderen Berechtigten entscheidet die zuständige Behörde über die Unmöglichkeit oder Unzumutbarkeit der Trennung der Bodenschätze und die Größe der Anteile.

§43
Mitgewinnung von Bodenschätzen bei der Gewinnung grundeigener Bodenschätze

Bei der Gewinnung grundeigener Bodenschätze gilt für die Mitgewinnung bergfreier Bodenschätze §42 entsprechend.

§44
Hilfsbaurecht

(1) Der Gewinnungsberechtigte hat das Recht, außerhalb des Feldes seiner Gewinnungsberechtigung unterirdische Anlagen zu errichten, die der technischen oder wirtschaftlichen Verbesserung seines Gewinnungsbetriebes, insbesondere der Wasserlösung oder Wetterführung, zu dienen bestimmt sind (Hilfsbaue). Dies gilt nicht, wenn ein Hilfsbau im Feld einer anderen Gewinnungsberechtigung errichtet werden soll und dadurch die Gewinnung des anderen Gewinnungsberechtigten gefährdet oder wesentlich beeinträchtigt würde.

(2) Der Hilfsbauberechtigte hat für den Schaden, der dem anderen Gewinnungsberechtigten durch den Hilfsbau entsteht, Ersatz in Geld zu leisten.

§45
Mitgewinnung von Bodenschätzen bei Anlegung von Hilfsbauen

(1) Der Hilfsbauberechtigte hat das Recht, alle Bodenschätze mitzugewinnen, die nach der Entscheidung der zuständigen Behörde bei ordnungsgemäßer Anlegung eines Hilfsbaues gelöst werden müssen. Andere an diesen Bodenschätzen Berechtigte hat er von der Entscheidung nach Satz 1 unverzüglich in Kenntnis zu setzen.

(2) Bergfreie Bodenschätze, für die Aneignungsrechte Dritter bestehen, und fremde nicht bergfreie Bodenschätze hat der Hilfsbauberechtigte den anderen Berechtigten unentgeltlich herauszugeben, wenn diese es innerhalb eines Monats nach Kenntnisnahme nach Absatz 1 Satz 2 verlangen. §42 Abs. 2 Satz 3 bis 5 und Abs. 4 gilt entsprechend.

§46
Hilfsbau bei Bergwerkseigentum

Ein Hilfsbau, der auf Grund von Bergwerkseigentum rechtmäßig angelegt worden ist, gilt als dessen wesentlicher Bestandteil. Eine Eintragung in das Grundbuch ist nicht erforderlich.

§47
Benutzung fremder Grubenbaue

(1) Der Gewinnungsberechtigte hat das Recht, fremde unter Tage errichtete Baue (Grubenbaue) zu benutzen, wenn

1. die Voraussetzungen des §44 Abs. 1 Satz 1 vorliegen und

2. er einen angemessenen Teil der Aufwendungen für die Errichtung und Unterhaltung der zu benutzenden Grubenbaue übernimmt.

Satz 1 gilt nicht für Grubenbaue, die für andere Zwecke als die Aufsuchung oder Gewinnung bergfreier oder grundeigener Bodenschätze benutzt werden.

(2) Ist eine zweckmäßige Benutzung nach Absatz 1 Satz 1 nur bei entsprechender Veränderung der Grubenbaue möglich und wird dadurch die Gewinnung durch den anderen Berechtigten nicht gefährdet oder wesentlich beeinträchtigt, so ist dieser verpflichtet, die Veränderung nach eigener Wahl entweder selbst vorzunehmen oder zu dulden. Die Aufwendungen für die Veränderung trägt der Gewinnungsberechtigte. Die Übernahme von Aufwendungen nach Absatz 1 Satz 1 Nr. 2 entfällt, wenn der Grubenbau vom anderen Berechtigten nicht mehr benutzt wird; in diesem Fall trägt der Gewinnungsberechtigte die Aufwendungen für die Unterhaltung allein.

(3) Für den durch die Benutzung entstehenden Schaden hat der Gewinnungsberechtigte dem anderen Berechtigten Ersatz in Geld zu leisten.

(4) In Streitfällen entscheidet auf Antrag die zuständige Behörde über das Recht zur Benutzung.

Dritter Abschnitt
Verbote und Beschränkungen

§ 48
Allgemeine Verbote und Beschränkungen

(1) Unberührt bleiben Rechtsvorschriften, die auf Grundstücken solche Tätigkeiten verbieten oder beschränken, die ihrer Art nach der Aufsuchung oder Gewinnung dienen können, wenn die Grundstücke durch Gesetz oder auf Grund eines Gesetzes einem öffentlichen Zweck gewidmet oder im Interesse eines öffentlichen Zwecks geschützt sind. Bei Anwendung dieser Vorschriften ist dafür Sorge zu tragen, daß die Aufsuchung und Gewinnung so wenig wie möglich beeinträchtigt werden.

(2) In anderen Fällen als denen des Absatzes 1 und des § 15 kann, unbeschadet anderer öffentlich-rechtlicher Vorschriften, die für die Zulassung von Betriebsplänen zuständige Behörde eine Aufsuchung oder eine Gewinnung beschränken oder untersagen, soweit ihr überwiegende öffentliche Interessen entgegenstehen. **Soweit die öffentlichen Interessen zugleich den Schutz von Rechten Dritter umfassen, kann die für die Zulassung von Betriebsplänen zuständige Behörde den Plan auslegen, wenn voraussichtlich mehr als 300 Personen betroffen sind oder der Kreis der Betroffenen nicht abschließend bekannt ist. § 73 Abs. 3, 4 und 5 Satz 1 und 2 Nr. 1, 2 und 4 Buchstabe b des Verwaltungsverfahrensgesetzes ist mit der Maßgabe entsprechend anzuwenden, daß an die Stelle der Gemeinde die zuständige Behörde tritt. Verspätet erhobene Einwendungen sind ausgeschlossen. Hierauf ist in der Bekanntmachung hinzuweisen.**

Zu § 48

Übersicht

I. Allgemeines

Durch Art. 1 Nr. 2 des Gesetzes zur Änderung des Bundesberggesetzes vom 12. 2. 1990 (BGBl. I S. 215) sind dem Absatz 2 die Sätze 2 bis 5 angefügt worden. Diese Ergänzung erfolgte auf Vorschlag des Ausschusses für Wirtschaft des Deutschen Bundestages (BT-Drucks. 11/5601 S. 15/16 = ZfB 131, 109). Den Anlaß dazu gab die Rechtsprechung des Bundesverwaltungsgerichts zur rechtlichen Bedeutung des § 48 Abs. 2. **1**

Schon seit dem Erlaß des BBergG wird die Frage erörtert, inwieweit **außerbergrechtliche** öffentliche Belange in die bergbehördlichen Entscheidungen über die Zulässigkeit bergbaulicher Vorhaben einfließen können. Dabei richtet sich das Interesse insbesondere auf § 48 Abs. 2 als mögliche **„Öffnungsklausel"**. **2**

II. Anwendungsbereich des § 48 Abs. 2

Durch § 48 Abs. 2 Satz 1 wird der für die Zulassung von Betriebsplänen zuständigen Behörde die Möglichkeit eingeräumt, eine Aufsuchung oder Gewinnung von Bodenschätzen **zu beschränken oder zu untersagen, soweit überwiegende öffentliche Interessen entgegenstehen.** Es handelt sich bei dieser „Kann"-Vorschrift, wie das BVerwG klargestellt hat, nicht um eine Ermessens-, sondern um eine **Befugnisnorm** (BVerwG v. 4. 7. 1986, BVerwGE 74, 315 = ZfB 128, 60). Die Vorschrift gestattet der Bergbehörde, einem Aufsuchungs- und Gewinnungsberechtigten im Einzelfall die Ausübung seines Rechts zu untersagen oder zu beschränken; sie weist aber einige **Vorbehalte** auf. Nach ihrem Wortlaut kommt sie nur „in anderen Fällen als denen des Absatzes 1 und des § 15" zum Zuge. Demnach gilt sie **nicht** für bergbauliche Tätigkeiten, die sich auf im öffentlichen Interesse geschützte Grundstücke beziehen und zu deren Durchführung eine Befreiung von den in § 48 Abs. 1 genannten Schutzvorschriften erforderlich ist. Auch findet sie **keine** Anwendung bei der Erteilung von Bergbauberechtigungen, da insoweit die Berücksichtigung öffentlicher Interessen nach Maßgabe des § 11 Nr. 10 erfolgt und durch die Beteiligung anderer Behörden gem. § 15 sichergestellt ist (vgl. im Hauptband § 48 Rdn. 8; *Piens / Schulte / Graf Vitzthum,* BBergG, § 48 Rdn. 14; *Rausch,* Umwelt- und Planungsrecht beim Bergbau, Baden-Baden 1990, S. 205 ff). Ferner grenzt § 48 Abs. 2 **3** die Befugnis der Behörde zur Beschränkung oder Untersagung von Aufsuchung und Gewinnung aufgrund entgegenstehender öffentlicher Interessen dahin ein, daß sie nur „unbeschadet anderer öffentlich-rechtlicher Vorschriften" besteht. Sie ist also **nur insoweit** gegeben, wie nicht bereits **andere öffentlich-rechtliche Vorschriften eine spezielle Behörde mit der Wahrnehmung der zu schützenden öffentlichen Interessen betraut hat** (BVerwG v. 4.7.1986, BVerwGE 74, 315 = ZfB 128, 60; s. auch im Hauptband § 48 Rdn. 8, 10; *Piens / Schulte / Graf Vitzthum,* BBergG, § 48 Rdn. 17).

4 Während die vorstehend skizzierte **Begrenzung** der Anwendbarkeit des § 48 Abs. 2 aus dem Wortlaut der Vorschrift eindeutig hervorgeht, ist nicht klar erkennbar, **in welcher Weise** die Bergbehörde nach dem Willen des Gesetzgebers von der ihr eingeräumten Befugnis **Gebrauch machen kann,** insbesondere fehlt eine deutliche Abgrenzung zu den Vorschriften über das **Betriebsplanverfahren.** Im Hinblick auf die Entstehung der Norm und auf ihre systematische Stellung im Gesetz wird in den ersten Kommentierungen zum BBergG davon ausgegangen, daß § 48 Abs. 2 nur eine eigenständige, dem Betriebsplan neben- und nachgeordnete Anordnungsbefugnis begründet und den materiellen Zulassungskatalog des § 55 nicht erweitert (*Piens / Schulte / Graf Vitztum,* BBergG, § 48 Rdn. 4, 5; vgl. auch im Hauptband § 48 Rdn. 7 sowie *Dapprich/Römermann,* BBergG, § 48 Anm. 1). Dagegen setzte sich im übrigen bergrechtlichen Schrifttum zunehmend die Auffassung durch, § 48 Abs. 2 könne auch im Rahmen des Betriebsplanzulassungsverfahrens Berücksichtigung finden (so erstmals *Schulte,* Das Bundesberggesetz, NJW 1981, 88 [94]; später auch *Kühne,* Die Bedeutung der Erfordernisse der Raumordnung und Landesplanung bei bergbaulichen Vorhaben, DVBl. 1984, 709 [713], der insbesondere verfahrensökonomische Gründe ins Feld führt, die bereits bei *Piens / Schulte / Graf Vitzthum,* a. a. O. § 48 Rdn. 4, § 55 Rdn. 144 anklingen).

5 Eine erste höchstrichterliche Stellungnahme zur Frage des Verhältnisses zwischen § 48 Abs. 2 und § 55 enthielt die sog. Altenberg-Entscheidung des BVerwG v. 4.7.1986 (BVerwGE 74, 315 = ZfB 128, 60 = DVBl. 1986, 1273 m. Anm. v. *Seibert* = NuR 1987, 125). Danach ist § 48 Abs. 2 eine **die Befugnisse der Bergbehörde im Betriebsplanzulassungsverfahren erweiternde Norm,** die § 55 Abs. 1 ergänzt. Liegen bereits bei der Entscheidung der Bergbehörde über die Zulassung eines eingereichten Betriebsplans Umstände vor, die der Bergbehörde Anlaß geben, die Aufsuchung oder Gewinnung gem. § 48 Abs. 2 zu beschränken oder zu untersagen, so hat sie dies nach Auffassung des BVerwG bei ihrer Entscheidung durch Beschränkung oder Versagung der Zulassung zu berücksichtigen (BVerwG a. a. O.). Das BVerwG hat diesen Standpunkt in den seither zu diesem Thema ergangenen Entscheidungen beibehalten (vgl. insbes. das Moers-Kapellen-Urteil v. 16.3.1989, BVerwGE 81, 329 = ZfB 130, 199 = DVBl. 1989, 663 m. Anm. v. *Beckmann* = NVwZ 1989, 1157 m. Anm. v. *Schulte* S. 1139 = NuR 1990, 311; ferner das Quarz-Urteil v. 16.3.1989, ZfB 130, 210 sowie das Urteil v. 14. 12. 1990, ZfB 132, 140). Auch in der übrigen Rechtsprechung und in der Literatur ist die Auslegung des BVerwG in der Folgezeit übernommen worden (vgl. dazu die Zusammenstellung von *Rausch*, Umwelt- und Planungsrecht beim Bergbau, Baden-Baden 1990, S. 213). Wenn § 48 Abs. 2 hiernach als **„Ergänzung" des § 55 Abs. 1** aufzufassen ist, bedeutet das zugleich, daß er keine öffentlichen Belange umfaßt, die bereits zu den dort enumerativ aufgeführten Zulässigkeitsvoraussetzungen gehören.

Es stellt sich die Frage, ob § 48 Abs. 2 bei dieser Auslegung auch **nach** der **6**
Entscheidung über die Betriebsplanzulassung noch zur Anwendung kommen kann und gegebenenfalls in welcher Form. Als rechtliches Instrument zur behördlichen Einflußnahme auf einen zugelassenen Bergbaubetrieb sieht das BBergG zunächst in § 56 Abs. 1 Satz 2 die **nachträgliche Aufnahme, Änderung oder Ergänzung von Auflagen** vor, soweit es zur Sicherstellung der Zulassungsvoraussetzungen nach § 55 erforderlich ist. Ferner gewährt das Gesetz in § 71 der zuständigen Behörde die **zur Durchführung der Bergaufsicht notwendigen Anordnungsbefugnisse.** Beide Eingriffsmöglichkeiten sind auf den Schutz der in § 55 aufgeführten Rechtsgüter und Belange ausgerichtet. Bei § 56 Abs. 1 folgt dies unmittelbar aus dem Wortlaut der Vorschrift. Die Bergbehörde kann aber auch auf der Grundlage des § 71 Abs. 1 nicht Anordnungen zugunsten solcher Belange treffen, auf deren Schutz es im Betriebsplanzulassungsverfahren nicht ankommt (BVerwG v. 16. 3. 1989, BVerwGE 81, 329 = ZfB 130, 199 [205]). Somit stellt § 55 ein wesentliches Abgrenzungskriterium für alle bergbehördlichen Maßnahmen dar.

Da anfangs davon auszugehen war, daß der Katalog des § 55 eine erschöp- **7**
fende Aufzählung der Betriebsplanvoraussetzungen enthalte, wurde im Hauptband, § 48 Rdn. 10, in Übereinstimmung mit *Piens / Schulte / Graf Vitzthum*, § 48 Rdn. 21, der Standpunkt vertreten, daß es zur Beschränkung oder Untersagung der Aufsuchung oder Gewinnung wegen nicht unter § 55 fallender entgegenstehender öffentlicher Interessen nach § 48 Abs. 2 stets einer gesonderten Entscheidung bedürfe. Diese Meinung kann nach der nunmehr als gefestigt zu betrachtenden Rechtsprechung des BVerwG nicht mehr aufrechterhalten werden. Wenn § 48 Abs. 2 so auszulegen ist, daß er den Umfang der **materiellen** Zulassungsvoraussetzungen des § 55 Abs. 1 erweitert, so bedeutet dies, daß insoweit auch eine **Berücksichtigung außerbergrechtlicher Belange** bei der nachträglichen Aufnahme, Änderung oder Ergänzung von **Auflagen** sowie beim Erlaß von bergaufsichtlichen **Anordnungen** möglich ist. Damit erübrigt sich nicht nur bei der Betriebszulassung, sondern auch nachher ein besonderer Verwaltungsakt für die Entscheidung nach § 48 Abs. 2; vielmehr kann diese gegebenenfalls im Rahmen der Anordnung nachträglicher Auflagen nach Maßgabe des § 56 Abs. 1 oder des Erlasses einer bergaufsichtlichen Anordnung nach § 71 Abs. 1 getroffen werden (vgl. *Heitmann*, Die Leitlinien des Bundesverwaltungsgerichts für den Bergbau, ZfB 131, 179 [188]). Ein darüber hinausgehendes

Bedürfnis nach einer eigenständigen Entscheidung ist kaum noch erkennbar. Zweifel auch bei *Rausch*, Umwelt- und Planungsrecht beim Bergbau, 1990, S. 216.

8 Ausdrücklich **ausgeschlossen** werden spätere Entscheidungen nach § 48 Abs. 2 Satz 1 durch § 57 a Abs. 5 zweiter Halbsatz für die Fälle, in denen ein **bergrechtliches Planfeststellungsverfahren stattgefunden hat.** Der Gesetzgeber wollte damit klarstellen, daß nach der umfassenden Prüfung des § 48 Abs. 2 im Rahmen des Planfeststellungsverfahrens für eine weitere Behördenentscheidung nach § 48 Abs. 2 außerhalb dieses Verfahrens, aber bezogen auf dasselbe Vorhaben, kein Raum mehr ist, da § 48 Abs. 2 grundsätzlich von der Konzentrationswirkung voll erfaßt wird (Amtl. Begr. BT-Drucks. 11/4015 S. 12 = ZfB 131, 97). Ausgenommen von der Konzentrationswirkung sind nach § 57 a Abs. 5 zweiter Halbsatz jedoch die in § 48 Abs. 2 Satz 2 angesprochenen Fälle, in denen nach Ansicht des BVerwG öffentliche Interessen ausnahmsweise auch den Schutz von Rechten Dritter umfassen. Wenn sich also erst später herausstellt, daß ein zugelassenes Vorhaben **zu einer unverhältnismäßigen Beeinträchtigung des Oberflächeneigentums führen kann,** ist trotz Vorliegens eines Planfeststellungsbeschlusses noch eine behördliche Entscheidung nach § 48 Abs. 2 in Form einer nachträglichen Auflage oder einer Anordnung denkbar.

III. Materieller Regelungsgehalt, Drittschutz

9 Materiellrechtlich beinhaltet § 48 Abs. 2 **die Ermächtigung der Bergbehörde, die Aufsuchung oder Gewinnung von Bodenschätzen i. S. des § 3 im Einzelfall unter bestimmten Voraussetzungen zu beschränken oder zu untersagen.** Bei der Ausübung dieser Befugnis zum Eingriff in private Rechte unterliegt die Behörde nach dem Verhältnismäßigkeitsgrundsatz dem Gebot des geringstmöglichen Eingriffs, d. h. sie hat jeweils die **den Berechtigten am wenigsten belastende Maßnahme** zu treffen. Voraussetzung für eine Beschränkung oder Untersagung nach § 48 Abs. 2 Satz 1 ist, daß der Aufsuchung oder Gewinnung im gegebenen Fall **„überwiegende öffentliche Interessen entgegenstehen“.** Dabei scheiden nach den oben unter Rdn. 3 und 5 getroffenen Feststellungen solche öffentlichen Interessen aus der Betrachtung aus, deren Wahrnehmung einer speziellen Behörde in einem anderen Zulassungs- oder Genehmigungsverfahren obliegt oder die unter die Zulassungsvoraussetzungen des § 55 Abs. 1 zu subsumieren sind.

Das Bundesverwaltungsgericht hat ferner klargestellt, daß im Rahmen des § 48 Abs. 2 grundsätzlich **nur solche öffentlichen Interessen berücksichtigt werden können, die in öffentlich-rechtlichen Verboten oder Beschränkungen ihren Niederschlag finden** (BVerwG v. 14. 12. 1990, ZfB 132, 140). Es kommen generell also nur rechtlich geregelte öffentliche Belange über § 48 Abs. 2 zum Zuge (*Bohne*, ZfB 130, 112). Dieser Grundsatz wird allerdings durch § 52

Abs. 2 a Satz 3 für die bergrechtliche Planfeststellung dahin modifiziert, daß auch **Anforderungen eines vorsorgenden Umweltschutzes,** die sich bei der UVP ergeben und die über die Zulassungsvoraussetzungen des § 55 sowie der auf das Vorhaben anwendbaren Vorschriften in anderen Gesetzen hinausgehen („überschießende" Anforderungen), als öffentliche Interessen i. S. des § 48 Abs. 2 anzusehen sind (vgl. dazu § 57 a Rdn. 64).

Zu den gesetzlich normierten öffentlichen Belangen, die im Rahmen des § 48 Abs. 2 Berücksichtigung finden, gehört nach der Rechtsprechung das für immissionsschutzrechtlich nicht genehmigungsbedürftige Anlagen gem. § 22 **BImSchG** geltende Gebot, nach dem Stand der Technik vermeidbare schädliche Umwelteinwirkungen zu verhindern und unvermeidbare auf ein Mindestmaß zu beschränken (BVerwG v. 4. 7. 1986, BVerwGE 74, 315 = ZfB 128, 50). Außerdem hat die Bergbehörde in bezug auf bergbauliche Vorhaben, die nicht dem bauaufsichtlichen Genehmigungsverfahren unterliegen, bei der Betriebsplanzulassung gegebenenfalls nach Maßgabe des § 48 Abs. 2 über die **bauplanungsrechtlichen** Voraussetzungen des Vorhabens mitzuentscheiden (BVerwG v. 16. 3. 1989, ZfB 130, 120 [215]). In diesem Zusammenhang ist festzustellen, daß das BVerwG prinzipiell in den §§ 29, 35 BauGB keine zwingenden Versagungsgründe sieht, sondern nur beachtliche Orientierungshilfen, um zu abgewogenen fachplanerischen Entscheidungen gelangen zu können (*Berkemann,* Planerische Lenkung des Abbaus von oberflächennahen Bodenschätzen — Zulässigkeit und Grenzen, DVBl. 1989, 625 [629]). Auch den Erfordernissen der **Raumordnung und Landesplanung** kann, wie *Kühne,* Die Erfordernisse der Raumordnung und Landesplanung bei bergbaulichen Vorhaben, DVBl. 1984, 709, eingehend begründet hat, über die Öffnungsklausel des § 48 Abs. 2 Rechnung getragen werden, soweit sie hinreichend konkretisiert sind. Weitere öffentliche Interessen, die für eine Berücksichtigung innerhalb des § 48 Abs. 2 in Betracht kommen, können sich aus den landesrechtlichen Vorschriften des **Naturschutz-** und des **Denkmalschutzrechts** ergeben, sofern darüber nicht in einem eigenen fachlichen Genehmigungsverfahren oder im Rahmen des § 55 Abs. 1 Satz 1 Nr. 1–9 zu entscheiden ist (vgl. dazu im einzelnen die zusammenfassende Darstellung von *Rausch,* Umwelt- und Planungsrecht beim Bergbau, Baden-Baden 1990, S. 216 ff). 10

In dem Moers-Kapellen-Urteil v. 16. 3. 1989 (BVerwGE 81, 329 = ZfB 130, 199 = DVBl. 1989, 663 m. Anm. v. *Beckmann* = NVwZ 1989, 1157 m. Anm. v. *Schulte* S. 1139 = NuR 1990, 311) hat sich das BVerwG mit der Frage befaßt, ob in die Prüfung nach § 48 Abs. 2 u. U. auch der **Schutz des privaten Oberflächeneigentums** einbezogen werden kann. Während die Rechtsprechung in Übereinstimmung mit der bergrechtlichen Literatur bisher davon ausgegangen war, die Bergschadensregulierung finde ausschließlich auf **privatrechtlicher** Ebene statt, hat sich das BVerwG auf den Standpunkt gestellt, der **grundrechtliche Anspruch auf Schutz des Eigentums aus Art. 14 Abs. 1 GG** räume 11 drittbetroffenen Oberflächeneigentümern in begrenztem Umfang auch eine Rechtsposition im **öffentlich-rechtlichen Zulassungsverfahren** ein. Anlaß für eine Einbeziehung des Oberflächeneigentums in das behördliche Verfahren besteht danach insbesondere dann, wenn Eigentümer voraussichtlich von nicht unerheblichen Schäden betroffen sein werden, die insgesamt das Ausmaß eines Gemeinschadens (§ 55 Abs. 1 Satz 1 Nr. 9) erreichen. Die Beeinträchtigung eines einzelnen Oberflächeneigentümers durch Maßnahmen des Bergbaus stellt zwar nach Ansicht des BVerwG — auch wenn sie im Einzelfall erheblich ist — nach dem Wortlaut und der Systematik des BBergG für sich gesehen kein überwiegendes öffentliches Interesse i. S. des § 48 Abs. 2 dar. Wohl aber wären öffentliche Interessen dann berührt, wenn der gebotene **Schutz des Grundrechts des Oberflächeneigentümers aus Art. 14 Abs. 1 GG** im Verfahren der Bergbehörde in verfassungswidriger Weise generell hintangestellt werden dürfte und **ohne Möglichkeit der abwägenden Prüfung des Einzelfalls** in einem Verwaltungsverfahren auch **unverhältnismäßige Eigentumsbeeinträchtigungen** durch die Zulassung von bergbaulichen Tätigkeiten zu gestatten wären. § 48 Abs. 2 ist aber nach Auffassung des Gerichts für eine Auslegung offen, wonach die Bergbehörde den Grundrechtsschutz zugunsten des Oberflächeneigentums in ihren Verfahren — etwa bei Zulassung eines Rahmenbetriebsplans — in geeigneter Weise und in dem erforderlichen Umfang sowohl formell als auch materiell zu gewährleisten hat, wenn — unbeschadet der in §§ 114 ff getroffenen Bergschadensregelung — nur dadurch eine **unverhältnismäßige Beeinträchtigung des Oberflächeneigentums** vermieden werden kann. Dabei ist abzustellen auf die Unverhältnismäßigkeit des zu befürchtenden Schadens zum möglichen Gewinnungsvorteil (BVerwG, ZfB 130, 208). Die Bestandsgarantie des Eigentums sowie der Grundsatz der Verhältnismäßigkeit bewirken nach Meinung des BVerwG eine **„Berücksichtigungsgarantie"** für das Oberflächeneigentum in formeller und materieller Hinsicht (*Heitmann,* Die Leitlinien des Bundesverwaltungsgerichts für den Bergbau, ZfB 131, 179 [181]).

12 Eine auf § 48 Abs. 2 gestützte Beschränkung oder Untersagung der Aufsuchung oder Gewinnung setzt voraus, daß **überwiegende öffentliche Interessen entgegenstehen.** Es genügt nicht das bloße Entgegenstehen, sondern die öffentlichen Interessen müssen das Interesse an der Aufsuchung oder Gewinnung der betreffenden Bodenschätze „überwiegen". Dies erfordert eine **abwägende Entscheidung** der Bergbehörde. In die Abwägung sind auf der einen Seite alle entgegenstehenden öffentlichen Interessen, soweit sie im Rahmen des § 48 Abs. 2 berücksichtigt werden können, einzustellen; auf der anderen Seite steht das Interesse des Bergbauberechtigten an der Ausübung seines durch Art. 14 Abs. 1 GG geschützten Rechts, wobei zusätzlich ins Gewicht fällt, daß das BBergG mit der Rohstoffsicherungsklausel in § 48 Abs. 1 Satz 2 und der Vorschrift des § 1 Nr. 1 zu erkennen gibt, daß es dem Interesse an der Aufsuchung und Gewinnung von Bodenschätzen jedenfalls grundsätzlich den **Vorrang** eingeräumt wissen will (BVerwG v. 16.3.1989, BVerwGE 81, 329 = ZfB 130, 199 [206]; ebenso BVerwGE 74, 315 [318]). Die Abwägung im Einzelfall muß diese schon im Gesetz vorgenommene Wertung berücksichtigen (*Heitmann,* ZfB 131, 181).

Die nach §48 Abs.2 vorzunehmende Abwägung ist dogmatisch als eine **nachvollziehende Abwägung bei der Auslegung unbestimmter Rechtsbegriffe** im Gegensatz zu einer gestaltenden Abwägung bei der Planung einzustufen (*Weyreuther,* DÖV 1977, 419 [420]; *Wahl,* DVBl. 1982, 51 [55]). Das BBergG hat die Zulassung eines bergrechtlichen Betriebsplans in §55 als eine gesetzlich gebundene Entscheidung ausgestaltet (BVerwG v. 16.3.1989, BVerwGE 81, 329 = ZfB 130, 199). Der Unternehmer hat einen Zulassungsanspruch, wenn Versagungsgründe nicht vorliegen. Nichts anderes gilt aufgrund des §48 Abs.2; er gestattet der Bergbehörde, die beantragte Zulassung des Betriebsplans zu versagen oder zu beschränken, wenn andere öffentlich-rechtliche Vorschriften entgegenstehen, die nicht in einem anderen Genehmigungs- oder Zulassungsverfahren für die beabsichtigten Maßnahmen zu prüfen sind. **§48 Abs.2 ermächtigt die Bergbehörde nicht zu einer planerischen oder fachplanerischen Entscheidung,** bei der die bergbaulichen Interessen des Unternehmers, die gem. §55 einschlägigen öffentlichen Interessen und alle sonstigen einschlägigen Interessen im Sinne einer planerischen Abwägung zu berücksichtigen wären. Er erweitert zwar die Befugnisse der Bergbehörde auf die Anwendung außerbergrechtlicher Vorschriften, aber nur insoweit, als sie Verbote oder Beschränkungen für das Vorhaben aussprechen (BVerwG v. 14.12.1990, ZfB 132, 140). 13

In Zusammenhang mit der Rechtsprechung des BVerwG zur Bedeutung des §48 Abs.2 ist auch die Frage einer **drittschützenden Wirkung** öffentlich-rechtlicher Normen ins Blickfeld gerückt. Drittschutz vermitteln nach der Rechtsprechung des BVerwG nur solche Vorschriften, die nach dem in ihnen enthaltenen, durch Auslegung zu ermittelnden Entscheidungsprogramm für die Behörde auch der Rücksichtnahme auf einen individualisierbaren, d.h. sich von der Allgemeinheit unterscheidenden Personenkreis dienen (BVerwG v. 16.3.1989, BVerwGE 81, 329 = ZfB 130, 199 [204]). Der **§55** gewährt hiernach hinsichtlich der Sachgüter Dritter **keinen Nachbarschutz** (BVerwG a.a.O.; so auch *Hoppe,* Das Spannungsverhältnis von Bergwerkseigentum und Oberflächeneigentum im Lichte des Verfassungsrechts, Schriftenreihe der Juristischen Gesellschaft Berlin, 1991, S.20 Fn.38). Dagegen besteht eine dem **§22 BImSchG** zukommende drittschützende Wirkung auch, wenn im Betriebsplanverfahren über die Einhaltung der Vorschrift entschieden wird (BVerwG v. 4.7.1986, BVerwGE 74, 315 = ZfB 128, 60). Demgegenüber kann sich ein nachbarlicher Rücksichtnahmeanspruch, soweit er allein auf drittschützende Bestimmungen des einfachen **Bauplanungsrechts** gestützt wird, bei der nach §48 Abs.2 gebotenen abwägenden Entscheidung gegenüber dem Vorrang des Bergbaus nicht durchsetzen (BVerwG v. 16.3.1989, ZfB 130, 210 [214]). §48 Abs.2 läßt aber 14

Raum für eine Berücksichtigung des nach **Art. 14 Abs. 1 GG** in Verbindung mit dem Verhältnismäßigkeitsgrundsatz gebotenen **öffentlich-rechtlichen Nachbarschutzes.** § 48 Abs. 2 selbst stellt aber keine Schutznorm i. S. des § 823 Abs. 2 BGB dar (*Hüffer,* Bergbau, Eigentum und Schadensrisiko, Festschrift für Niederländer, 1991, S. 267 [283]).

15 Das BVerwG hat zwar in den Urteilen vom 16. 3. 1989 (ZfB 130, 199, 210) ausgeführt, § 48 Abs. 2 könne in verfassungskonformer Auslegung **unmittelbar Drittschutz** gegenüber einer Betriebsplanzulassung vermitteln, wenn nur durch eine Beschränkung oder Untersagung des bergbaulichen Vorhabens eine **unverhältnismäßige Beeinträchtigung des Oberflächeneigentums,** nämlich durch zu erwartende Bergschäden, vermieden werden könne, was insbesondere bei einem zu erwartenden Schaden vom Ausmaß eines Gemeinschadens (§ 55 Abs. 1 Satz 1 Nr. 9) der Fall sein könne. Jedoch hat das BVerwG diesen Rechtsgedanken nur für Fälle entwickelt, in denen sich ein Eigentümer gegen die von einem betriebsplanmäßig zugelassenen Bergbau drohenden **Bergschäden** oder sonstigen — mittelbaren — schädlichen Auswirkungen des Bergbaus auf sein Grundstück wendet. Dieser Rechtsgedanke kann **nicht** auf Fälle ausgeweitet werden, in denen ein Betriebsplan für eine bergbauliche Maßnahme **auf einem Grundstück,** d. h. für die gezielte Inanspruchnahme der Erdoberfläche, zugelassen wird; denn der Eigentümer hat in solchen Fällen die Möglichkeit, in dem für die Inanspruchnahme seines Grundstücks erforderlichen Grundabtretungsverfahren die Rechtmäßigkeit der bergbaulichen Maßnahme zur Überprüfung zu stellen (BVerwG v. 14. 12. 1990, ZfB 132, 140). Auch auf die Beziehungen des Bergbaus zu den Inhabern von **Wasserrechten** lassen sich die vom BVerwG aufgestellten Grundsätze nicht übertragen.

IV. Verfahrensfragen

16 Die neu in § 48 Abs. 2 aufgenommenen **Sätze 2 bis 5** müssen vor dem Hintergrund der bereits mehrfach erwähnten Entscheidungen des Bundesverwaltungsgerichts vom 16. 3. 1989 (BVerwGE 81, 329 = ZfB 130, 199 ff) gesehen werden. Das BVerwG vertritt dort den Standpunkt, die grundgesetzlich verankerte Bestandsgarantie des Eigentums gebiete es, daß in Fällen, in denen mit schwerwiegenden Beeinträchtigungen der Oberfläche durch die geplanten bergbaulichen Maßnahmen zu rechnen ist, den voraussichtlich betroffenen Grundeigentümern vor der betriebsplanmäßigen Zulassung Gelegenheit zur Geltendmachung aller für die Verhältnismäßigkeit des beabsichtigten Bergbaus erheblichen Einwendungen gegeben wird. Zu diesem Zweck hat das Gericht **Leitlinien** für eine den gebotenen Grundrechtsschutz gewährleistende Handhabung des Zulassungsverfahrens aufgestellt (vgl. dazu im einzelnen *Heitmann,* Die Leitlinien des Bundesverwaltungsgerichts für den Bergbau, ZfB 131, 179). Danach hat die Bergbehörde nach Eingang eines Betriebsplans zunächst zu prüfen, ob aufgrund der dargestellten Maßnahmen des Bergbaus **mit Eigentumsbeeinträchtigungen**

an der Oberfläche von einigem Gewicht nach Lage der Dinge mit einer gewissen Wahrscheinlichkeit zu rechnen ist. Ergibt die Prüfung, daß **mit schwereren als kleinen und mittleren Schäden im üblichen Umfang** gerechnet werden muß, hat die Bergbehörde dafür zu sorgen, daß die davon Betroffenen sich mit ihren Einwendungen im Verfahren zu Gehör bringen können, damit gegebenenfalls vor der Entscheidung über die Zulassung eine Abwägung der entgegenstehenden Interessen am Maßstab des Verhältnismäßigkeitsgrundsatzes stattfinden kann (BVerwG, ZfB 130, 209; zur Frage der Grundrechtsfähigkeit juristischer Personen vgl. *Kremer,* Juristische Personen — Beteiligung nach den Grundsätzen des „Moers-Kapellen-Urteils"?, Glückauf 1990, 868).

Bei der durch das Änderungsgesetz vom 12.2.1990 (BGBl. I S. 215) vorge- **17**
nommenen Ergänzung des § 48 Abs. 2 handelt es sich um eine rein **verfahrenstechnische Regelung.** Sie ermöglicht in Anlehnung an vergleichbare Fälle in anderen Fachgesetzen (z. B. § 10 BImSchG), durch ein **Auslegungsverfahren** einerseits eine große Zahl von Eigentümern, vor allem aber auch die der Behörde unbekannten Betroffenen wirksam am Betriebsplanverfahren zu beteiligen (vgl. BT-Drucks. 11/5601 S. 15/16 = ZfB 131, 109). Dabei reicht es für die Anwendbarkeit der Vorschrift, wenn **eine** der beiden Voraussetzungen — mehr als 300 Betroffene oder Kreis der Betroffenen nicht abschließend bekannt — alternativ erfüllt ist. Das in den Sätzen 2 bis 5 bezeichnete Verfahren **kann insgesamt nur zum Zuge kommen,** „soweit die öffentlichen Interessen" — i. S. des § 48 Abs. 2 Satz 1 — „zugleich den Schutz von Rechten Dritter umfassen", d. h. **soweit der auf Art. 14 Abs. 1 GG beruhende öffentlich-rechtliche Nachbarschutz,** also der Schutz vor einer unverhältnismäßigen Beeinträchtigung des Oberflächeneigentums **eine Beteiligung Dritter bei der Betriebsplanzulassung erforderlich macht.** Ergibt die Prüfung der Bergbehörde, daß an den Grundstücken von weniger als 300 Eigentümern mit schwereren als kleinen und mittleren Schäden üblichen Umfangs zu rechnen ist und ist der Kreis Betroffenen abschließend bekannt, erfolgt anstelle der öffentlichen eine **individuelle** Bekanntmachung des Vorhabens an die Betroffenen. Darüber hinaus hat die Bergbehörde diesen nach Maßgabe des § 28 VwVfG Gelegenheit zur Äußerung zu geben.

Hinsichtlich der **Modalitäten der Auslegung** wird in Satz 3 auf einschlägige **18**
Bestimmungen des Verwaltungsverfahrensgesetzes über das Anhörungsverfahren bei der Planfeststellung verwiesen. Dabei wird eine „entsprechende" Anwendung vorgeschrieben, d. h. die in Bezug genommenen Vorschriften des § 73 VwVfG sind so anzuwenden, wie es der Eigenart dieses speziellen Verfahrens entspricht. Eine ausdrückliche Abweichung von den allgemeinen Bestimmungen des VwVfG enthält Satz 3 in Verbindung mit Satz 2 hinsichtlich der **Zuständigkeit** für die Durchführung des Auslegungsverfahrens; danach tritt an die Stelle der Gemeinden die für die Betriebsplanzulassung zuständige Behörde, also die **Bergbehörde.**

Im einzelnen bedeutet die entsprechende Anwendung des § 73 Abs. 3, 4 und 5 **19**
Satz 1 und 2 Nr. 1, 2 und 4 Buchst. b VwVfG folgendes: Die für die Zulassung

des Betriebsplanes zuständige Behörde hat den Plan **einen Monat zur Einsicht auszulegen. Einwendungen** gegen den Plan können **bis zwei Wochen nach Ablauf der Auslegungsfrist** schriftlich oder zur Niederschrift bei der Bergbehörde **erhoben werden. Einwendungsberechtigt sind Eigentümer von Grundstücken, auf denen mit schwereren als kleinen oder mittleren Bergschäden zu rechnen ist;** denn eine Beteiligungspflicht besteht nach Auffassung des BVerwG nur, „soweit öffentliche Interessen im Einzelfall auch den Schutz von Rechten Dritter umfassen". Daher hat der Wirtschaftsausschuß des Deutschen Bundestages auch das Auslegungsverfahren nur für die Beteiligung der „insoweit betroffenen Dritten" vorgesehen (BT-Drucks. 11/5601 S. 16 = ZfB 130, 109). Die Bergbehörde hat die Auslegung nach § 73 Abs. 5 VwVfG **mindestens eine Woche vorher ortsüblich bekanntzumachen.** Dabei ist darauf hinzuweisen, daß etwaige Einwendungen bei der zu bezeichnenden Stelle innerhalb der Einwendungsfrist vorzubringen sind und daß die Zustellung der Entscheidung über die Einwendungen durch öffentliche Bekanntmachung ersetzt werden kann, wenn mehr als 300 Benachrichtigungen oder Zustellungen vorzunehmen sind. **Nach § 48 Abs. 2 Satz 5 ist in der Bekanntmachung ferner darauf hinzuweisen, daß verspätet erhobene Einwendungen ausgeschlossen sind.** Diese Präklusionswirkung folgt aus § 48 Abs. 2 Satz 4.

20 Es entspricht dem Gleichbehandlungsgebot und liegt in der Zielrichtung der in § 48 Abs. 2 Satz 2 bis 5 getroffenen Neuregelung, daß bei einer **Einzelbeteiligung** von „insoweit betroffenen Dritten" **nach denselben Regeln** vorgegangen wird, denn die Planauslegung stellt nur eine verfahrenstechnische Alternative zur individuellen Bekanntmachung des Vorhabens dar. In materiellrechtlicher Hinsicht dürfen keine unterschiedlichen Wirkungen eintreten. Beide Verfahrensweisen müssen den in Betracht kommenden betroffenen Dritten die gleiche Möglichkeit rechtlichen Gehörs verschaffen. Eine Erörterung der Einwendungen ist nicht vorgesehen; die Behörde muß aber das rechtserhebliche Vorbringen der Betroffenen bei ihrer Entscheidung inhaltlich zur Kenntnis nehmen, es ernsthaft in Erwägung ziehen und spätestens in der Begründung ihrer Entscheidung darauf eingehen (*Heitmann,* Die Leitlinien des Bundesverwaltungsgerichts für den Bergbau, ZfB 131, 179 [184]).

§ 49
Beschränkung der Aufsuchung auf dem Festlandsockel und innerhalb der Küstengewässer

Im Bereich des Festlandsockels und der Küstengewässer ist die Aufsuchung insoweit unzulässig, als sie

1. den Betrieb oder die Wirkung von Schiffahrtsanlagen oder -zeichen,
2. das Legen, die Unterhaltung oder den Betrieb von Unterwasserkabeln oder Rohrleitungen sowie ozeanographische oder sonstige wissenschaftliche Forschungen mehr als nach den Umständen unvermeidbar
3. die Benutzung der Schiffahrtswege, die Schiffahrt oder den Fischfang unangemessen

4. die Pflanzen- und Tierwelt sowie die Gewässer als Bestandteil des Naturhaushalts unangemessen

beeinträchtigt.

Zu §49

Die Textänderung ist durch Art. 1 Nr. 3 des Gesetzes zur Änderung des Bundesberggesetzes vom 12. 2. 1990 (BGBl. I S. 215) erfolgt. In Nr. 3 sind die Worte „die Erhaltung der lebenden Meeresschätze" gestrichen und durch die neue Nr. 4 ersetzt worden. **1**

Die Nr. 4 wurde auf Vorschlag des Bundesrates eingefügt, und zwar mit dem Ziel, im Bereich des Festlandsockels und der Küstengewässer die Aufsuchung von Bodenschätzen über die bisherigen Beschränkungen im Interesse der Schifffahrt und der Ausbeutung der Meere hinaus auch im Interesse der Pflanzen- und Tierwelt einschließlich des Meeres als ihrer Lebensgrundlage einzugrenzen. Damit sollte die im wesentlichen der Genfer Konvention über den Festlandsockel vom 29. 4. 1958 entsprechende Regelung der bisherigen Nrn. 1 bis 3 zeitgemäß weiter **ausgedehnt** werden (BR-Drucks. 399/88 — Beschluß — S. 1). **2**

Im Interesse der Rohstoffsicherung sollen aber nur **unangemessene** Beeinträchtigungen der neu genannten Schutzgüter die Aufsuchung verhindern (BT-Drucks. 11/5601 S. 13 = ZfB 131, 106). Bei der Anwendung des unbestimmten Gesetzesbegriffs „unangemessen" ist nicht nur auf das Maß der Beeinträchtigung abzustellen, sondern auch die volkswirtschaftliche Bedeutung der Exploration im Verhältnis zu den durch Nr. 4 geschützten Belangen zu berücksichtigen. Vgl. dazu im Hauptband §49 Rdn. 3. **3**

Zweites Kapitel
Anzeige, Betriebsplan

§50
Anzeige

(1) Der Unternehmer hat der zuständigen Behörde die Errichtung und Aufnahme
1. eines Aufsuchungsbetriebes,
2. eines Gewinnungsbetriebes und
3. eines Aufbereitungsbetriebes

rechtzeitig, spätestens zwei Wochen vor Beginn der beabsichtigten Tätigkeit anzuzeigen; in der Anzeige ist der Tag des Beginns der Errichtung oder der Aufnahme des Betriebes anzugeben. Zum Betrieb gehören auch die in §2 Abs. 1 bezeichneten Tätigkeiten und Einrichtungen. Die Pflicht zur Anzeige entfällt, wenn ein Betriebsplan nach §52 eingereicht wird.

(2) Absatz 1 gilt für die Einstellung des Betriebes mit Ausnahme der in §57 Abs. 1 Satz 1 und Absatz 2 bezeichneten Fälle entsprechend. §57 Abs. 1 Satz 2 bleibt unberührt.

(3) Unternehmer, deren Betrieb nicht nach §51 der Betriebsplanpflicht unterliegt, haben der Anzeige über die Errichtung oder die Aufnahme eines Gewinnungsbetriebes

einen Abbauplan beizufügen, der alle wesentlichen Einzelheiten der beabsichtigten Gewinnung, insbesondere

1. die Bezeichnung der Bodenschätze, die gewonnen werden sollen,
2. eine Karte in geeignetem Maßstab mit genauer Eintragung des Feldes, in dem die Bodenschätze gewonnen werden sollen,
3. Angaben über das beabsichtigte Arbeitsprogramm, die vorgesehenen Einrichtungen unter und über Tage und über den Zeitplan,
4. Angaben über Maßnahmen zur Wiedernutzbarmachung der Oberfläche während des Abbaues und über entsprechende Vorsorgemaßnahmen für die Zeit nach Einstellung des Betriebes

enthalten muß. Wesentliche Änderungen des Abbauplanes sind der zuständigen Behörde unverzüglich anzuzeigen.

§ 51
Betriebsplanpflicht

(1) Aufsuchungsbetriebe, Gewinnungsbetriebe und Betriebe zur Aufbereitung dürfen nur auf Grund von Plänen (Betriebsplänen) errichtet, geführt und eingestellt werden, die vom Unternehmer aufgestellt und von der zuständigen Behörde zugelassen worden sind. Zum Betrieb gehören auch die in § 2 Abs. 1 bezeichneten Tätigkeiten und Einrichtungen. Die Betriebsplanpflicht gilt auch für die Einstellung im Falle der Rücknahme, des Widerrufs oder der Aufhebung einer Erlaubnis, einer Bewilligung oder eines Bergwerkseigentums sowie im Falle des Erlöschens einer sonstigen Bergbauberechtigung.

(2) Absatz 1 gilt nicht für einen Aufsuchungsbetrieb, in dem weder Vertiefungen in der Oberfläche angelegt noch Verfahren unter Anwendung maschineller Kraft, Arbeiten unter Tage oder mit explosionsgefährlichen oder zum Sprengen bestimmten explosionsfähigen Stoffen durchgeführt werden.

(3) Die zuständige Behörde kann Betriebe von geringer Gefährlichkeit und Bedeutung auf Antrag des Unternehmers ganz oder teilweise oder für einen bestimmten Zeitraum von der Betriebsplanpflicht befreien, wenn der Schutz Beschäftigter und Dritter und das Wiedernutzbarmachen der Oberfläche nach diesem Gesetz und der auf Grund dieses Gesetzes erlassenen Rechtsverordnungen auch ohne Betriebsplanpflicht sichergestellt werden können. Dies gilt nicht für die Errichtung und die Einstellung des Betriebes und für Betriebe im Bereich des Festlandsockels.

§ 52
Betriebspläne für die Errichtung und Führung des Betriebes

(1) Für die Errichtung und Führung eines Betriebes sind Hauptbetriebspläne für einen in der Regel zwei Jahre nicht überschreitenden Zeitraum aufzustellen. Eine Unterbrechung des Betriebes für einen Zeitraum bis zu zwei Jahren gilt als Führung des Betriebes, eine längere Unterbrechung nur dann, wenn sie von der zuständigen Behörde genehmigt wird.

(2) Die zuständige Behörde kann verlangen, daß

1. für einen bestimmten längeren, nach den jeweiligen Umständen bemessenen Zeitraum Rahmenbetriebspläne aufgestellt werden, die allgemeine Angaben über das beabsichtigte Vorhaben, dessen technische Durchführung und voraussichtlichen zeitlichen Ablauf enthalten müssen;

2. für bestimmte Teile des Betriebes oder für bestimmte Vorhaben Sonderbetriebspläne aufgestellt werden.

(2a) Die Aufstellung eines Rahmenbetriebsplanes ist zu verlangen und für dessen Zulassung ein Planfeststellungsverfahren nach Maßgabe der §§ 57a und 57b durchzuführen, wenn ein Vorhaben nach § 57c einer Umweltverträglichkeitsprüfung bedarf. Die zuständige Behörde soll mit dem Unternehmer auf der Grundlage des Verlangens Gegenstand, Umfang und Methoden der Umweltverträglichkeitsprüfung sowie sonstige für die Durchführung dieser Prüfung erhebliche Fragen erörtern; hierzu können andere Behörden, Sachverständige und Dritte hinzugezogen werden. Anforderungen eines vorsorgenden Umweltschutzes, die sich bei der Umweltverträglichkeitsprüfung ergeben und über die Zulassungsvoraussetzungen des § 55 sowie der auf das Vorhaben anwendbaren Vorschriften in anderen Gesetzen hinausgehen, sind dabei öffentliche Interessen im Sinne des § 48 Abs. 2.

(2b) Für Vorhaben einschließlich notwendiger Folgemaßnahmen, die wegen ihrer räumlichen Ausdehnung oder zeitlichen Erstreckung in selbständigen Abschnitten oder Stufen durchgeführt werden, kann der Rahmenbetriebsplan nach Absatz 2a Satz 1 entsprechend den Abschnitten oder Stufen aufgestellt und zugelassen werden, es sei denn, daß dadurch die erforderliche Einbeziehung der erheblichen Auswirkungen des gesamten Vorhabens auf die Umwelt ganz oder teilweise unmöglich wird. Für Vorhaben, die einem besonderen Verfahren im Sinne des § 54 Abs. 2 Satz 3 unterliegen, finden Absatz 2a, § 7 Abs. 1 Satz 2 Wasserhaushaltsgesetz und § 8 Abs. 10 Bundesnaturschutzgesetz keine Anwendung, wenn in diesem Verfahren die Durchführung einer Umweltverträglichkeitsprüfung gewährleistet ist, die den Anforderungen dieses Gesetzes entspricht. Das Ergebnis dieser Umweltverträglichkeitsprüfung ist bei Zulassungen, Genehmigungen oder sonstigen behördlichen Entscheidungen über die Zulässigkeit des Vorhabens nach Maßgabe der dafür geltenden Vorschriften zu berücksichtigen.

(2c) Die Absätze 2a und 2b gelten auch für die wesentliche Änderung eines Vorhabens im Sinne des Absatzes 2a Satz 1, wenn die Änderung erhebliche Auswirkungen auf die Umwelt haben kann.

(3) Für Arbeiten und Einrichtungen, die von mehreren Unternehmen nach einheitlichen Gesichtspunkten durchgeführt, errichtet oder betrieben werden müssen, haben die beteiligten Unternehmer auf Verlangen der zuständigen Behörde gemeinschaftliche Betriebspläne aufzustellen.

(4) Die Betriebspläne müssen eine Darstellung des Umfanges, der technischen Durchführung und der Dauer des beabsichtigten Vorhabens sowie den Nachweis enthalten, daß die in § 55 Abs. 1 Satz 1 Nr. 1 und 3 bis 13 bezeichneten Voraussetzungen erfüllt sind. Sie können verlängert, ergänzt und abgeändert werden.

(5) Für bestimmte Arbeiten und Einrichtungen, die nach einer auf Grund dieses Gesetzes erlassenen Rechtsverordnung einer besonderen Genehmigung bedürfen oder allgemein zuzulassen sind, kann in Haupt- und Sonderbetriebsplänen an Stelle der nach Absatz 4 Satz 1 erforderlichen Darstellung und Nachweise der Nachweis treten, daß die Genehmigung oder Zulassung vorliegt oder beantragt ist.

Zu § 52

Übersicht

I. Allgemeines

1. Zweck der Gesetzesänderung

1 Die Textänderung des Abs. 2 und die Einfügung der Absätze 2 a bis 2 c ist durch Art. 1 Nr. 4 a bis c des Gesetzes zur Änderung des Bundesberggesetzes vom 12. 2. 1990 (BGBl. I S. 215) erfolgt.

2 Mit dem Gesetz zur Änderung des Bundesberggesetzes erfolgt die Umsetzung der Richtlinie des Rates vom 27. 6. 1985 über die Umweltverträglichkeitsprüfung bei bestimmten öffentlichen und privaten Projekten (85/337/EWG) – UVP-Richtlinie – (ABl. Nr. L 175/40) in innerstaatliches Recht für den Bereich des Bergbaus.

2. EG-Richtlinie Umweltverträglichkeitsprüfung

a) Ziel der Richtlinie

3 Die UVP-Richtlinie stützt sich im wesentlichen auf das in den Aktionsprogrammen der Europäischen Gemeinschaften aus den Jahren 1973, 1977 und 1983

verankerte **Vorsorgeprinzip.** Hiernach sind „Umweltbelastungen von vornherein zu vermeiden, statt sie erst nachträglich in ihren Auswirkungen zu bekämpfen", und bei allen fachlichen Planungs- und Entscheidungsprozessen die Auswirkungen auf die Umwelt so früh wie möglich zu berücksichtigen (vgl. ABl. Nr. C 112 vom 20. 12. 1973, S. 1). Diesen Anforderungen will die UVP-Richtlinie durch Einführung einer Umweltverträglichkeitsprüfung (UVP) nachkommen. Neben einer frühzeitigen Prüfung soll die UVP mittels ihres **medienübergreifenden Ansatzes** eine „Gesamtschau" aller Umweltauswirkungen des Vorhabens ermöglichen (vgl. BT-Drucks. 11/3919, S. 13; vgl. zur UVP-Richtlinie auch *Cupei,* Umweltverträglichkeitsprüfung [UVP], Köln 1986).

b) Inhalt der Richtlinie

Kernpunkt der UVP-Richtlinie bilden die Vorgaben für das Verfahren der UVP. Einer UVP sollen öffentliche und private Projekte unterzogen werden, „bei denen insbesondere aufgrund ihrer Art, ihrer Größe und ihres Standortes mit erheblichen Auswirkungen auf die Umwelt zu rechnen ist" (Art. 1 Abs. 1). Welche Vorhaben dies im einzelnen sind, ist in der UVP-Richtlinie für besonders umweltrelevante Vorhaben — wie z. B. Anlagen zur Vergasung und zur Verflüssigung von täglich mindestens 500 t Kohle, Wärmekraftwerke von mindestens 300 MW — verbindlich für die Mitgliedsstaaten im Anhang I aufgeführt. Inwieweit die in einem Anhang II aufgeführten Projekte, zu denen auch die Gewinnung von Bodenschätzen zählt, einer UVP zu unterziehen sind, bestimmen die Mitgliedsstaaten (Art. 4 Abs. 2). Die UVP hat die unmittelbaren und mittelbaren Auswirkungen eines Projektes auf Mensch, Fauna und Flora, Boden, Wasser, Luft, Klima und Landschaft sowie die Wechselwirkungen zwischen diesen Faktoren und die Sachgüter und das kulturelle Erbe zu berücksichtigen (Art. 3). Die UVP-Richtlinie stellt an das **Verfahren der UVP** im wesentlichen folgende Mindestanforderungen: 4

- Informationspflicht des Projektträgers (Art. 5)
- Information und Anhörung der nationalen Behörden, die von dem Projekt in ihrem Aufgabenbereich betroffen sein können (Art. 6 Abs. 1)
- Information der Öffentlichkeit und Stellungnahmemöglichkeit der betroffenen Öffentlichkeit (Art. 6 Abs. 2)
- Information und Konsultation der Mitgliedsstaaten, sofern diese durch das Projekt betroffen sind (Art. 7)
- Berücksichtigung der erlangten Informationen bei der Entscheidung (Art. 8)
- Information der betroffenen Öffentlichkeit und der betroffenen Mitgliedsstaaten über die Entscheidung (Art. 9)

Die UVP umfaßt nicht die Entscheidung über die Zulässigkeit eines Vorhabens, sondern dient der Entscheidungsvorbereitung (vgl. *Bohne,* Die Umweltverträglichkeitsprüfung bergbaulicher Vorhaben nach den Gesetzentwürfen der Bundesregierung zur Umsetzung der EG-Richtlinie vom 27. 6. 1985 [85/337/EWG], ZfB 130, 93 [99]).

3. Umsetzung der UVP-Richtlinie

a) Umsetzungsformen

5 Die Bundesregierung ist ihrer Verpflichtung zur Umsetzung der UVP-Richtlinie durch drei Gesetze nachgekommen: Gesetz zur Umsetzung der Richtlinie des Rates vom 27. 6. 1985 über die Umweltverträglichkeitsprüfung bei bestimmten öffentlichen und privaten Projekten (85/337/EWG) vom 12. 2. 1990 (BGBl. I S. 205); Gesetz zur Änderung des Bundesberggesetzes vom 12. 2. 1990 (BGBl. I S. 215) und Gesetz zur Änderung des Raumordnungsgesetzes vom 11. 7. 1989 (BGBl. I S. 1417). Die drei Gesetze **integrieren** die UVP **in bestehende verwaltungsbehördliche Verfahren.** Ein eigenständiges UVP-Verfahren und die Errichtung einer neuen Behörde ist nicht erfolgt. Die Gesetze stehen damit im Einklang mit dem Beschluß des Deutschen Bundestages vom 25. November 1983 (Plenarprotokoll 10/38 in Verbindung mit BT-Drucks. 10/613), wonach „die Richtlinie möglichst weitgehend in das deutsche Recht zu transformieren und auf die Einführung zusätzlicher bürokratischer Verfahren sowie die Schaffung neuer Behörden" zu verzichten ist.

6 Nach den rahmenrechtlichen Vorgaben des **Raumordnungsgesetzes** schließt das Raumordnungsverfahren die Ermittlung, Beschreibung und Bewertung der raumbedeutsamen Auswirkungen der Planung oder Maßnahmen auf die Umwelt ein. Die Bundesregierung hat durch die Verordnung zu § 6 a Abs. 2 des Raumordnungsgesetzes (Raumordnungsverordnung — RoV) vom 13. 12. 1990 (BGBl. I S. 2766) die Vorhaben bestimmt, für die wegen ihrer Raumbedeutsamkeit und möglicherweise erheblichen Auswirkungen auf die Umwelt in der Regel ein Raumordnungsverfahren durchzuführen ist. Das Ergebnis des Raumordnungsverfahrens einschließlich UVP ist von den zuständigen Stellen bei der Entscheidung über die Zulässigkeit des Vorhabens zu berücksichtigen. Im nachfolgenden Zulassungsverfahren kann von den Anforderungen an die UVP abgesehen werden, wenn diese Verfahrensschritte bereits im Raumordnungsverfahren durchgeführt worden sind (§ 6 a ROG).

Von einem Raumordnungsverfahren einschließlich UVP können die Länder jedoch dann absehen, wenn für das Vorhaben räumlich und sachlich hinreichend konkrete Ziele der Raumordnung und Landesplanung in Programmen und Plänen dargestellt werden und das Verfahren den Anforderungen an die UVP im Raumordnungsverfahren entspricht. Mit dieser Ausnahmeregelung wird dem Land Nordrhein-Westfalen ermöglicht, an ihrem besonderen landesplanerischen Instrumentarium (z. B. Gebietsentwicklungsplan, Braunkohlenplan) festzuhalten (vgl. BT-Drucks. 11/4678 S. 16). Inwieweit das Land davon Gebrauch macht, hängt von der Novellierung des Landesplanungsgesetzes ab.

7 Schwerpunkt des Gesetzes zur Umsetzung der Richtlinie des Rates vom 27. 6. 1985 über die Umweltverträglichkeitsprüfung bei bestimmten öffentlichen und privaten Projekten (85/337/EWG) bildet Art. 1 mit dem **Gesetz über die**

Umweltverträglichkeitsprüfung [UVPG] (vgl. u.a. *Weber/Hellmann,* Das Gesetz über die Umweltverträglichkeitsprüfung (UVP-Gesetz), NJW 1990, 1625; *Soell/Dirnberger,* Wieviel Umweltverträglichkeit garantiert die UVP?, NVwZ 1990, 705). In den Folgeartikeln werden Anpassungen von Umweltschutz- und Verkehrswegegesetzen (z.B. Abfallgesetz, Bundes-Immissionsschutzgesetz, Wasserhaushaltsgesetz, Bundesnaturschutzgesetz) an das UVPG vorgenommen. Das UVPG enthält als sogenanntes Stammgesetz eine eigenständige, übergreifende Regelung der allgemeinen Anforderungen der UVP (vgl. BT-Drucks. 11/3919 S. 15), denen die UVP in den einzelnen Genehmigungsverfahren mindestens entsprechen müssen. Nach dem UVPG ist die UVP ein unselbständiger Teil der verwaltungsbehördlichen Verfahren, die der Entscheidung über die Zulässigkeit von Vorhaben dienen (§ 2 Abs. 1 Satz 1 UVPG). Die UVP umfaßt die Ermittlung, Beschreibung und Bewertung der Auswirkungen eines Vorhabens auf Menschen, Tiere und Pflanzen, Boden, Wasser, Luft, Klima und Landschaft, einschließlich der jeweiligen Wechselwirkungen sowie Kultur- und sonstige Sachgüter (§ 2 Abs. 1 Satz 2 UVPG). Der UVP unterliegen die Vorhaben, die in der Anlage zum UVPG aufgeführt sind (§ 3 Abs. 1 Satz 1 UVPG). Zu den in der Anlage zu § 3 einschließlich Anhang aufgeführten Vorhaben zählen neben den im Anhang I der UVP-Richtlinie enthaltenen Projekten mit zum Teil zur UVP-Richtlinie strengeren Schwellenwerten u.a. auch bergbauliche Vorhaben, die der Planfeststellung nach dem Bundesberggesetz bedürfen (Anlage zu § 3 Nr. 7 UVPG). Für das Verfahren der UVP legt das UVPG im wesentlichen folgende Verfahrensanforderungen fest:

- Erörterung von Gegenstand, Umfang und Methode der UVP zwischen dem Vorhabenträger und der Behörde (§ 5 UVPG)
- Antragstellung durch den Vorhabenträger zusammen mit den entscheidungserheblichen Prüfunterlagen, für die Mindestangaben sowie unter bestimmten Voraussetzungen weitergehende Angaben vorgeschrieben sind (§ 6 UVPG)
- Beteiligung der betroffenen deutschen Behörden sowie bei grenzüberschreitenden Umweltauswirkungen Unterrichtung der zuständigen Behörden betroffener EG-Mitgliedsstaaten (§§ 7, 8 UVPG)
- Einbeziehung der Öffentlichkeit durch öffentliche Bekanntmachung des Vorhabens, Erörterung mit Betroffenen sowie Unterrichtung dieser Personen über die getroffene Entscheidung (§ 9 UVPG)
- zusammenfassende Darstellung der Umweltauswirkungen des Vorhabens (§ 11 UVPG)
- Bewertung der Umweltauswirkungen und Berücksichtigung der Ergebnisse bei der Entscheidung (§ 12 UVPG)

Diese Verfahrensabschnitte gelten grundsätzlich auch für die UVP bei Vorbescheiden und Teilzulassungen (§ 13 UVPG). Bedarf ein Vorhaben der Zulassung durch mehrere Behörden, so bestimmen die Länder die für die UVP zuständige

„federführende“ Behörde (§ 14 UVPG). In Übereinstimmung mit § 6a ROG ist bei Durchführung einer UVP im Raumordnungsverfahren oder in einem anderen raumordnerischen Verfahren die UVP in dem anschließenden Zulassungsverfahren auf die nicht bereits im Raumordnungsverfahren durchgeführten Verfahrensabschnitte zu beschränken (§ 16 Abs. 3 UVPG).

Wie in der UVP-Richtlinie vorgesehen, stellt die UVP nach dem UVPG nur eine Verfahrensregelung ohne jegliche unmittelbare materielle Anforderung dar. Im UVP-Verfahren fällt noch keine Entscheidung über die Zulässigkeit oder Unzulässigkeit eines Vorhabens (vgl. *Gaentzsch,* Bauleitplanung und Baugenehmigungspraxis unter den Anforderungen des Naturschutzes und der Umweltverträglichkeit, NuR 1990, S. 1).

8 Die Umsetzung der UVP-Richtlinie für bergbauliche Vorhaben ist mit dem **Gesetz zur Änderung des Bundesberggesetzes** fachspezifisch vorgenommen worden, und zwar durch die Änderung und Ergänzung des § 52 Abs. 2 und Abs. 2a bis 2c sowie die Einfügung der §§ 57a bis 57c. Hierbei wurde der Rahmenbetriebsplan, dessen Zulassung in einer Art Planfeststellungsverfahren erfolgt, als Instrument zur Durchführung der UVP gewählt, da sich dieser dazu eignet (vgl. *Jarass,* Umweltverträglichkeitsprüfung zwischen Optimierung der EG-Richtlinie und nahtloser Integration ins deutsche Recht. Probleme im Bergbau- und Energierecht, in: Umweltverträglichkeitsprüfung bei Projekten des Bergbaus und der Energiewirtschaft, 1989, 53 [59]; grundlegend ferner *Gaentzsch,* Die bergrechtliche Planfeststellung, Festschrift für Sendler, München 1991, S. 403 ff).

b) Verhältnis BBergG und UVPG

9 Während sich die UVP für bergbauliche Vorhaben **inhaltlich** weitgehend nach dem UVPG richtet, sind für die **verfahrensmäßigen** Modalitäten die Regelungen des BBergG maßgebend (vgl. BT-Drucks. 11/4015 S. 10 = ZfB 131, 94; BT-Drucks. 11/3919 S. 30). Im einzelnen wird das Verhältnis des UVPG und des BBergG von den §§ 4 und 18 UVPG bestimmt. Gemäß § 4 UVPG findet das UVPG nur Anwendung, soweit andere Rechtsvorschriften die Prüfung der Umweltverträglichkeit nicht näher bestimmen oder in ihren Anforderungen diesem Gesetz nicht entsprechen. § 18 UVPG modifiziert § 4 UVPG insoweit, als bei bergbaulichen Vorhaben, die nach dem BBergG einem Planfeststellungsverfahren unterliegen, die UVP im bergrechtlichen Planfeststellungsverfahren durchgeführt wird und die §§ 5 bis 14 UVPG nicht anwendbar sind (vgl. *Bohne,* ZfB 130, 93 [103]). Insoweit ist die Nichtanwendbarkeit der §§ 5 bis 14 UVPG eindeutig. Außerdem entspricht das bergrechtliche Planfeststellungsverfahren den Anforderungen des UVPG (vgl. *Bohne,* Die Umweltverträglichkeitsprüfung bergbaulicher Vorhaben nach den Gesetzentwürfen der Bundesregierung zur Umsetzung der EG-Richtlinie vom 27. 6. 1985 [85/337/EWG] in: Umweltverträglichkeitsprüfung bei Projekten des Bergbaus und der Energiewirtschaft,

1989, 13 [27]). Ob die in §§ 1 bis 3 sowie 15 bis 21 UVPG enthaltenen Regelungen für die UVP bergbaulicher Vorhaben Geltung haben, hängt gemäß § 4 UVPG davon ab, ob das BBergG jeweils entsprechende Regelungen enthält. Hierbei allein auf den Zweck des BBergG abzustellen (vgl. *Bohne*, ZfB 130, 93 [103]), dürfte allerdings dem Wortlaut des § 4 UVPG nicht gerecht werden.

§ 1 UVPG umschreibt **den Zweck** des UVPG. Da diese Vorschrift inhaltlich **10**
nicht vollständig durch die Zweckvorschrift des BBergG erfaßt wird, ist **§ 1 UVPG grundsätzlich auch bei einer UVP für ein bergbauliches Vorhaben maßgebend.** § 1 UVPG begründet jedoch keine Rechte und Pflichten für den Bürger und kommt auch nicht als eigenständige Rechtsgrundlage für behördliche Maßnahmen in Betracht.

Die in **§ 2 UVPG** enthaltenen Begriffsbestimmungen haben für die UVP bei **11**
bergbaulichen Vorhaben **teilweise** Geltung. Abs. 1 Satz 1 bis 3 findet bei einer UVP für bergbauliche Vorhaben nach dem Verweis in § 18 UVPG Anwendung. Insoweit geht § 18 UVPG als Sondervorschrift der allgemeinen Konkurrenzvorschrift des § 4 UVPG vor. Der Verweis auf § 2 Abs. 1 Satz 1 UVPG, wonach die UVP einen unselbständigen Teil verwaltungsbehördlicher Verfahren darstellt, entfaltet jedoch keinen eigenständigen Regelungsgehalt, da bereits § 18 die UVP bei bergbaulichen Vorhaben ausdrücklich dem Planfeststellungsverfahren zuweist. Unabhängig von § 18 UVPG ist Satz 2 auch bei der UVP bergbaulicher Vorhaben zugrunde zu legen, da das BBergG auf eine eigene Begriffsbestimmung der UVP verzichtet. Die zu Satz 3 angesprochene Einbeziehung der Öffentlichkeit wird bereits durch die Vorschrift über das Anhörungsverfahren beim Planfeststellungsverfahren (§ 52 Abs. 2a Satz 1 i. V. m. § 73 VwVfG) gewährleistet. Die in Satz 4 enthaltene Regelung kommt nicht zum Zug, soweit die Konzentrationswirkung des bergrechtlichen Planfeststellungsbeschlusses reicht (§ 52 Abs. 2a Satz 1 i. V. m. § 75 Abs. 1 Satz 1 VwVfG) (vgl. Rdn. 23).

Abs. 2 Nr. 1 bis 4 UVPG könnte allenfalls insoweit Geltung beanspruchen, wie das BBergG keine eigenen Regelungen für den Vorhabensbegriff enthält. Die Festlegung der bergbaulichen Vorhaben ist aber in § 1 UVP-V Bergbau (vgl. § 57c Rdn. 5) erfolgt. § 52 Abs. 2c enthält eine abschließende berggesetzliche Regelung für Änderungen des Vorhabens.

§ 3 Abs. 1 Satz 1, wonach der UVP die in der Anlage zum UVPG aufgeführ- **12**
ten Vorhaben unterliegen, ist durch die Anlage zu § 3 Nr. 7 UVPG in Verbindung mit § 1 UVP-V Bergbau ausgefüllt. Die in Abs. 1 Satz 2 enthaltene **Ermächtigung** der Bundesregierung zur Änderung der Anlage zu § 3 UVPG findet aufgrund der Sonderregelung des § 18 UVPG, der die UVP bergbaulicher Vorhaben dem Planfeststellungsverfahren nach dem Bundesberggesetz zuweist, **keine Anwendung.** Änderungen der einer UVP zu unterziehenden bergbaulichen Vorhaben können nur gemäß § 57c Nr. 1 in der UVP-V Bergbau vorgenommen werden.

13 § 4 UVPG (Vorrang anderer Rechtsvorschriften) tritt, soweit die Spezialregelung des § 18 UVPG gilt, zurück. § 15 UVPG (Linienbestimmung und Genehmigung von Flugplätzen) hat für bergbauliche Vorhaben keine Bedeutung.

§ 16 UVPG, der die Berücksichtigung einer im Raumordnungsverfahren oder in einem anderen raumordnerischen Verfahren durchgeführten UVP zum nachfolgenden Zulassungsverfahren regelt, findet Anwendung, da das Bundesberggesetz hierfür keine Sonderregelung enthält (vgl. Rdn. 74). Die §§ 17 und 19 UVPG (Aufstellung von Bebauungsplänen, Flurbereinigungsverfahren) sind für die bergrechtliche UVP nicht relevant.

14 Von den nach § 20 UVPG zu erlassenden Verwaltungsvorschriften können lediglich die Verwaltungsvorschriften über die Kriterien und Verfahren zur Ermittlung und Beschreibung von Umweltauswirkungen auf bergbauliche Vorhaben unmittelbar Anwendung finden (Nr. 1). Dies gilt jedoch **nicht für die Bewertung** von Umweltauswirkungen, da der hierfür maßgebende § 12 UVPG nach § 18 UVPG keine Anwendung findet (a. A. wohl *Bohne*, ZfB 130, 93 [103]). Gleiches gilt für die Verwaltungsvorschriften zu §§ 5 und 11 UVPG (Nr. 2, 3). § 20 UVPG schließt die Anwendung des § 143 Abs. 1 Satz 1 nicht aus.

15 Die fachspezifische Überleitungsregelung des Artikel 2 des Gesetzes zur Änderung des Bundesberggesetzes (vgl. § 57 a Rdn. 91–93) geht der Übergangsvorschrift des § 22 UVPG vor.

c) UVP und Planfeststellungsverfahren

16 **Das Verfahren zur Durchführung der UVP ist ein unselbständiger Teil des bergrechtlichen Planfeststellungsverfahrens** (§ 2 Abs. 1 Satz 1 UVPG). Für die Durchführung des Planfeststellungsverfahrens sind — unabhängig von der UVP — die Vorschriften der Verwaltungsverfahrensgesetze für das Planfeststellungsverfahren maßgebend, soweit nicht die §§ 57 a und b hierzu abweichende vorrangige Regelungen enthalten (§ 52 Abs. 2 a Satz 1). Bereits mit den Regelungen für bergrechtliche Planfeststellungsverfahren werden Teile der Verfahrensabschnitte der UVP konkretisiert. Dies gilt für

- die vom Unternehmer vorzulegenden Antragsunterlagen (§ 57 a Abs. 2 Satz 1, § 73 Abs. 1 VwVfG),
- die innerstaatliche Behördenbeteiligung (§ 73 Abs. 2 VwVfG),
- die Einbeziehung der Öffentlichkeit (§ 73 Abs. 3 ff VwVfG),
- die Berücksichtigung der Bewertungsergebnisse bei der Entscheidung (§ 75 Abs. 1 Satz 1 VwVfG).

Nur soweit durch das bergrechtliche Planfeststellungsverfahren nicht bereits Verfahrensabschnitte der UVP abgedeckt werden, enthalten die §§ 52 Abs. 2 a, 57 a bis c zusätzliche von der UVP-Richtlinie gestellte Anforderungen, wie z. B. hinsichtlich der vom Unternehmer vorzulegenden Angaben (§ 57 a Abs. 2 Sätze 2 und 3).

17 Zwischen **UVP** und **Planfeststellungsverfahren** besteht eine **Wechselbeziehung** (vgl. BT-Drucks. 11/4015 S. 1 = ZfB 131, 89). Während Ausgangspunkt

für das Verfahren der UVP die Vorschriften des bergrechtlichen Planfeststellungsverfahrens sind, hängt die Frage, ob ein Planfeststellungsverfahren durchzuführen ist, davon ab, ob ein Bergbauvorhaben aufgrund der möglichen erheblichen Auswirkungen auf die Umwelt einer UVP bedarf (§ 52 Abs. 2a Satz 1). Die dazu gehörenden Vorhaben sind abschließend in der aufgrund § 57c erlassenen UVP-V Bergbau aufgeführt (vgl. § 57c Rdn. 5).

II. Der Rahmenbetriebsplan

1. Betriebsplanarten

Aufsuchungs-, Gewinnungs- und Aufbereitungsbetriebe dürfen nur auf- **18**
grund von Betriebsplänen errichtet, geführt und eingestellt werden, die vom Unternehmer aufgestellt und von der Bergbehörde zugelassen worden sind (§ 51 Abs. 1). Das BBergG unterscheidet zwischen Rahmenbetriebsplan, Hauptbetriebsplan, Sonderbetriebsplan, gemeinschaftlichem Betriebsplan und Abschlußbetriebsplan. Diese Aufzählung ist abschließend. Die Betriebsplanarten werden im Bundesberggesetz im wesentlichen durch zeitliche und inhaltliche Kriterien unterschieden.

Der **Rahmenbetriebsplan** muß nur allgemeine Angaben über das beabsichtigte Vorhaben, dessen technische Durchführung und voraussichtlichen zeitlichen Ablauf enthalten (§ 52 Abs. 2 Nr. 1). Zur Durchführung des Vorhabens berechtigt die Zulassung des Rahmenbetriebsplanes nicht (vgl. Hauptband § 52 Rdn. 3).

Im **Hauptbetriebsplan** sind die für die Errichtung und Führung des Betriebes vorgesehenen Arbeiten und Maßnahmen darzustellen. Der Hauptbetriebsplan soll in der Regel eine Laufzeit von 2 Jahren haben (§ 52 Abs. 1). Bei einer unbedingten Zulassung des Hauptbetriebsplans können die vorgesehenen Maßnahmen vom Unternehmer durchgeführt werden; die Hauptbetriebsplanzulassung hat gestattende Wirkung (OVG Berlin vom 23. 3. 1990, ZfB 131, 200 [209]; vgl. Hauptband § 52 Rdn. 2).

Für besondere Teile des Betriebes oder für bestimmte Vorhaben, über die im Hauptbetriebsplan nicht abschließend entschieden wird oder werden soll, kann ein **Sonderbetriebsplan** aufgestellt werden (§ 52 Abs. 2 Nr. 2). Der Sonderbetriebsplan dient der verwaltungstechnischen Vereinfachung (*Kühne,* Verfahrensstufung im bergrechtlichen Betriebsplanverfahren, UPR 1986, S. 81). Eine zeitliche Begrenzung der Laufzeit dieses Betriebsplanes sieht das BBergG nicht vor (vgl. Hauptband § 52 Rdn. 4).

Können Arbeiten und Einrichtungen verschiedener Unternehmer nur nach einheitlichen Gesichtspunkten durchgeführt, errichtet und betrieben werden, sind diese Maßnahmen in einem **gemeinschaftlichen Betriebsplan** darzustellen (§ 52 Abs. 3). Die Betriebspläne können inhaltlich die Form eines Rahmen-, Haupt- oder Sonderbetriebsplans haben (vgl. Hauptband § 52 Rdn. 5).

Für die Einstellung eines Bergbaubetriebes ist ein **Abschlußbetriebsplan** aufzustellen, der eine genaue Darstellung der technischen Durchführung und der Dauer der beabsichtigten Betriebseinstellung enthält (§ 53 Abs. 1; vgl. Hauptband § 53 Rdn. 1 ff).

Allen Betriebsplänen gemeinsam ist, daß sie je nach Betriebsplanart eine Darstellung des Umfangs, der technischen Durchführung und der Dauer des jeweiligen Vorhabens enthalten müssen (§ 52 Abs. 4 Satz 1). Während die Aufstellung des Haupt- und des Abschlußbetriebsplans ohne weiteren Vollzugsakt der Behörde gesetzlich vorgeschrieben ist, hängt die Vorlage des Rahmenbetriebsplans, des gemeinschaftlichen Betriebsplanes und des Sonderebetriebsplanes — soweit man von § 52 Abs. 2 a Satz 1 absieht — vom Einzelfall ab. Sofern die Bergbehörde die Vorlage eines solchen Betriebsplanes für erforderlich erhält, bietet das BBergG in § 52 Abs. 2 und 3 die Rechtsgrundlage für ein entsprechendes Verlangen der Behörde. Es bestehen keine rechtlichen Hindernisse, daß der Unternehmer diese Betriebspläne auch von sich aus aufstellt und zur Zulassung vorlegt (vgl. Hauptband § 52 Rdn. 6). Für den Rahmenbetriebsplan hat dies auch das OVG Berlin in seiner Entscheidung vom 23. 3. 1990 (ZfB 131, 200 [213]) anerkannt. Dies ist auch im Hinblick auf die privatrechtlichen Rechtsfolgen eines Rahmenbetriebsplans für den Unternehmer — Anpassungspflicht des Bauherrn, § 110 Abs. 2; Kostentragungspflicht des Trägers der öffentlichen Verkehrsanlagen, § 124 Abs. 2 — geboten (*Kühne*, UPR 1986, 81 [85]).

19 Über das **Verhältnis des Rahmenbetriebsplanes zu den nachfolgenden Betriebsplänen** enthielt das bisherige BBergG keine Regelungen; insoweit wird dieses nach den allgemeinen Grundsätzen von dem Regelungsgehalt der Rahmenbetriebsplanzulassung bestimmt, der zugleich für die Bindungswirkung maßgeblich ist. Das OVG Berlin vertritt die Ansicht, daß die Rahmenbetriebsplanzulassung ein gleichsam isoliertes, vorläufiges positives Gesamturteil über die Genehmigungsfähigkeit des Vorhabens darstellt, das unter dem Vorbehalt des Gleichbleibens der Sach- und Rechtslage sowie einer Detailprüfung in nachfolgenden Betriebsplänen steht (ZfB 131, 200 [209]; so auch OVG Lüneburg, ZfB 131, 19 [25]). Das VG Berlin sieht die Rahmenbetriebsplanzulassung lediglich als eine Zusicherung im Sinne des § 38 Abs. 1 VwVfG (ZfB 130, 127). Diese Qualifizierungen berücksichtigen nicht im ausreichenden Umfang den Inhalt und die Voraussetzungen für die Zulassung eines Rahmenbetriebsplanes. Der Inhalt des Betriebsplanes und der Regelungsgehalt der Betriebsplanzulassung müssen in ihrem Umfang vom Prüfauftrag der Bergbehörde abgeleitet werden. Der Rahmenbetriebsplan muß „allgemeine Angaben" über das Vorhaben enthalten (§ 52 Abs. 2 Nr. 1), die eine Prüfung des Vorhabenskonzepts mit den einschlägigen Zulassungsvoraussetzungen ermöglichen. Die Zulassungsvoraussetzungen erstrecken sich bei einem Rahmenbetriebsplan mit Ausnahme des § 55 Abs. 1 Satz 1 Nr. 2 auf alle in § 55 Abs. 1 Satz 1 aufgeführten Belange einschl. § 48 Abs. 2. Die Zulassung des Rahmenbetriebsplans beinhaltet die Feststellung, daß das Vorhaben mit den Zulassungsvoraussetzungen vereinbar ist. Eine verminderte Bindungswirkung der Rahmenbetriebsplanzulassung im Vergleich zu anderen Betriebsplänen läßt sich hieraus somit nicht herleiten. Die Rahmenbetriebsplanzulassung entspricht vielmehr der Struktur nach dem Konzeptvorbescheid innerhalb des Bundes-Immissionsschutzgesetzes und des Atomgesetzes mit Elementen eines Standortvorbescheides. Die Bindungswirkung der Rahmenbetriebsplanzulassung steht dabei — ebenso wie die eines Vorbescheides — nicht unter dem Vorbehalt gleichbleibender Sach- und Rechtslage (so auch *Kühne*, UPR 1986, 81 [86]; *ders.*, Die Einführung der Umweltverträglichkeit im Bergrecht, UPR 1989, 326 [329]; *Fluck*, Anmerkung zum Urteil des VG Berlin, ZfB 130, 142 [145]; im Ergebnis auch *Hoppe/Beckmann*, Grundeigentumsschutz bei heranrückendem Bergbau, 1988, S. 131 ff). Die vom OVG Berlin (ZfB 131, 200 [209]) gegen den Vorbescheidscharakter der Rahmenbetriebsplanzulassung auf § 57 b Abs. 2 gestützte Auffassung verkennt, daß die in § 57 b Abs. 2 für Vorbescheide getroffene Regelung nur die entsprechenden Vorschriften in anderen — nicht berggesetzlichen — Rechtsvorschriften betrifft. Die von einer Rahmenbetriebsplanzulassung erfaßten Tatbestände können, soweit über sie mit der Zulassung entschieden wurde, insoweit nicht mehr Gegenstand nachfolgender Betriebsplanverfahren sein. Für die mit der letzten Berggesetznovelle eingeführten Rahmenbetriebspläne, für deren Zulassung ein Planfeststellungsverfahren durchzuführen ist (§ 52 Abs. 2 a), gilt dies ebenfalls. Aus dieser Regelung kann keine hiervon abweichende Bindungswirkung der Rahmenbetriebsplanzulassung hergeleitet werden; vielmehr stützt sie die hier vertretene Auffassung und findet im Gesetz darin ihren Niederschlag, daß gemäß § 57 a Abs. 5 Satz 1 besondere Rechtswirkungen eines planfestgestellten Rahmenbetriebsplans auf die nachfolgenden Betriebspläne festgelegt werden (vgl. auch § 57 a Rdn. 74 ff). Das OVG Berlin verkennt in seiner Entscheidung, daß bergrechtlicher Gegenstand des Planfeststellungsverfahrens nach § 52 Abs. 2 a nämlich „nur die Zulassung des Rahmenbetriebsplans, nicht dagegen auch die der übrigen Betriebspläne für dasselbe Vorhaben“ (BT-Drucks. 11/4015, 12 = ZfB 131, 97) ist.

2. Fakultativer und obligatorischer Rahmenbetriebsplan

Durch das Gesetz zur Änderung des Bundesberggesetzes vom 12. 2. 1990 **20**
(BGBl. I S. 215) ist eine Rahmenbetriebsplanzulassung anderer Qualität eingeführt worden, die sich auch im Verfahren niederschlägt. Es ist deshalb zwischen einem **fakultativen** und einem **obligatorischen** Rahmenbetriebsplan zu unterscheiden. Nach bisherigem Recht steht es im **Ermessen** der Bergbehörde, ob sie im Einzelfall die **Aufstellung eines Rahmenbetriebsplanes verlangt** (fakultativer Rahmenbetriebsplan). Diese Rahmenbetriebsplanart bleibt erhalten. Die Umformulierung des § 52 Abs. 2 ist nur redaktioneller Natur; sie erfolgte, um den Unterschied zwischen dem bisherigen fakultativen und dem neu eingefügten Rahmenbetriebsplan deutlich zu machen (BT-Drucks. 11/4015, 9 = ZfB 131, 93).

Bedarf ein bergbauliches Vorhaben nach der UVP-V Bergbau einer UVP, **hat** die Bergbehörde gemäß § 52 Abs. 2 a Satz 1 die Aufstellung eines Rahmenbetriebsplans vom Unternehmer zu verlangen (obligatorischer Rahmenbetriebsplan). Der Behörde steht im Gegensatz zum fakultativen Rahmenbetriebsplan kein Ermessen zu.

21 Auch wenn das BBergG für den obligatorischen Rahmenbetriebsplan keine eigenständige Umschreibung des Inhalts vorsieht und somit § 52 Abs. 2 Nr. 1 gilt, wird aufgrund der in den zusätzlichen Anforderungen für obligatorische Betriebspläne (§ 57 a Abs. 2) zum Ausdruck kommenden verschiedenen Zielrichtungen auch der **Gegenstand** von obligatorischen und fakultativen Rahmenbetriebsplänen zu unterscheiden sein. Der fakultative Betriebsplan muß sich nicht auf das gesamte Bergbauvorhaben erstrecken, sondern kann sich auch auf einen räumlich oder zeitlich in sich abgeschlossenen und abgrenzbaren Teil eines gesamten Bergbauvorhabens beschränken. Insoweit können nebeneinander **mehrere Rahmenbetriebspläne** für jeweils abgeschlossene Sachbereiche bestehen. Da im Rahmen des obligatorischen Betriebsplans eine UVP durchzuführen ist und mit Ausnahme der durch bergrechtliche Vorschriften erfaßten Tatbestände für andere Belange eine grundsätzlich endgültige Entscheidung getroffen werden soll, wird Gegenstand eines obligatorischen Betriebsplans insoweit **nur das Gesamtvorhaben** sein. Für diese gegenständliche Unterscheidung spricht auch § 52 Abs. 2 b Satz 1, wonach obligatorische Betriebspläne unter bestimmten Voraussetzungen auch abschnittsweise aufgestellt und zugelassen werden können, soweit dies eine Prüfung der Auswirkungen des „gesamten Vorhabens" auf die Umwelt nicht ganz oder teilweise unmöglich macht.

22 Darüber hinaus unterscheiden sich der fakultative und der obligatorische Rahmenbetriebsplan auch im **Zulassungsverfahren.** Während der fakultative Rahmenbetriebsplan ausschließlich nach den für bergrechtliche Betriebspläne geltenden Verfahrensvorschriften durchzuführen ist, ist für die Zulassung des obligatorischen Rahmenbetriebsplans ein Planfeststellungsverfahren nach Maßgabe der §§ 57 a und 57 b sowie eine UVP durchzuführen. Der fakultative Rahmenbetriebsplan hat für seine Zulassung ausschließlich die Angaben und Nachweise zu enthalten, die sich aus den berggesetzlichen Zulassungsvoraussetzungen ergeben. Bei einem obligatorischen Rahmenbetriebsplan ist zusätzlich den sich aus der Durchführung des Planfeststellungsverfahrens und der UVP ergebenden Anforderungen durch Vorlage entsprechender Unterlagen gerecht zu werden (§ 57 a Abs. 2).

23 Aus den verschiedenen Zulassungsverfahren ergeben sich unterschiedliche **Rechtswirkungen** der Zulassung des Rahmenbetriebsplanes. Bei der Zulassung eines fakultativen Rahmenbetriebsplanes sind neben weiteren berggesetzlichen Genehmigungen – wie z. B. die Hauptbetriebsplanzulassung – auch die aufgrund anderer gesetzlicher Vorgaben erforderlichen Genehmigungen, Erlaubnisse usw. einzuholen. Der obligatorische Rahmenbetriebsplan, dessen Zulassung mittels Planfeststellungsbeschluß erfolgt, schließt dagegen andere behördliche Entscheidungen, insbesondere öffentlich-rechtliche Genehmigungen, Verleihungen, Erlaubnisse, Bewilligungen und Zustimmungen, ein (§ 75 Abs. 1 VwVfG). Das Erfordernis weiterer Betriebspläne entfällt jedoch auch beim obligatorischen Rahmenbetriebsplan durch die Konzentrationswirkung des Planfeststellungsbeschlusses nicht. Jedoch erstrecken sich die Rechtswirkungen des Planfeststellungsbeschlusses – im Gegensatz zur Zulassung eines fakultativen Rahmenbetriebsplanes – hinsichtlich der Einwendungen Dritter, deren Belange durch das Vorhaben berührt werden, und Beteiligter i. S. d. § 54 Abs. 2 auch auf die nachfolgenden Haupt-, Sonder- und Abschlußbetriebspläne (§ 57 a Abs. 5 Satz 1). Sowohl für das von einem fakultativen als auch einem obligatorischen Rahmenbetriebsplan erfaßte Vorhaben hat der Unternehmer vor Durchführung seiner Maßnahmen zumindest einen Hauptbetriebsplan gemäß § 52 Abs. 1 aufzustellen.

III. Die UVP im bergrechtlichen Planfeststellungsverfahren

1. UVP-pflichtige Vorhaben

Nicht bei allen Vorhaben, die dem Geltungsbereich des Bergrechts unterlie- **24**
gen, ist mit erheblichen Auswirkungen auf die Umwelt zu rechnen, die die Durchführung einer UVP rechtfertigen. Diesem Umstand trägt bereits die UVP-Richtline Rechnung. Hiernach ist zwischen Projekten des Anhangs I zu unterscheiden, für die die Mitgliedstaaten auf jeden Fall eine UVP vorschreiben müssen, und den Projekten des Anhangs II, bei denen die Mitgliedstaaten zu entscheiden haben, ob eine UVP hierfür durchzuführen ist (vgl. Rdn. 4). Der deutsche Gesetzgeber ist dieser differenzierten Betrachtungsweise auch bei Bergbauvorhaben gefolgt und hat in der Anlage zu § 3 Nr. 7 UVPG nur die bergbaulichen Vorhaben erfaßt, die grundsätzlich der Planfeststellung nach dem Bundesberggesetz bedürfen. Mit dem Verweis auf das Bundesberggesetz wird **die Konkretisierung der UVP-pflichtigen Bergbauvorhaben** auf das **Bergrecht** verlagert. Gemäß § 52 Abs. 2 a Satz 1 hängt die Durchführung des Planfeststellungsverfahrens davon ab, ob das Verfahren nach § 57 c einer UVP bedarf. § 57 c enthält selbst nicht die einzelnen UVP-pflichtigen Bergbauvorhaben. Die Entscheidung hierüber hat der Gesetzgeber mittels der Ermächtigung in § 57 c Nr. 1 auf den Bundesminister für Wirtschaft als Verordnungsgeber übertragen (vgl. *Kremer*, Umweltverträglichkeitsprüfung im Bergrecht – Anmerkungen zur vierten Änderung des Bundesberggesetzes, NVwZ 1990, 736; *Kühne*, UPR 1989, 326 [329]). Somit **bestimmt sich die UVP-Pflichtigkeit eines Bergbauvorhabens** letztlich **ausschließlich danach, ob dieses Vorhaben in der Verordnung gemäß § 57 c aufgeführt ist.** Dies gilt auch für die bergbaulichen Vorhaben, die die auf § 6 a Abs. 2 ROG gestützte Verordnung nennt (§ 1 Nr. 16 RoV) (vgl. Rdn. 71).

25 Der Bundesminister für Wirtschaft hat mit der **Verordnung über die Umweltverträglichkeitsprüfung bergbaulicher Vorhaben (UVP-V Bergbau)** vom 13. 7. 1990 (BGBl. I S. 1420) von der ihm gemäß § 57 c Nr. 1 eingeräumten Ermächtigung Gebrauch gemacht, die UVP-pflichtigen Vorhaben festzulegen. § 1 UVP-V Bergbau enthält in einer abschließenden Aufzählung die betriebsplanpflichtigen Vorhaben, die einer UVP zu unterziehen sind (Text des § 1 UVP-V Bergbau vgl. § 57 c Rdn. 5).

26 Nach der UVP-V Bergbau sind im wesentlichen die **Gewinnung** von Bodenschätzen, die hierzu erforderlichen Betriebsanlagen und Betriebseinrichtungen sowie die **Aufbereitungsanlagen** als Anknüpfungskriterien gewählt worden. Die **Aufsuchung** von Bodenschätzen bedarf keiner UVP, es sei denn, daß damit die Errichtung einer Halde mit einem Flächenbedarf von 10 ha und mehr verbunden ist (§ 1 Nr. 3 UVP-V Bergbau). Während die Gewinnung von **Erdöl** und **Erdgas** nur im Bereich der Küstengewässer und des Festlandsockels als UVP-pflichtig angesehen wird (§ 1 Nr. 2 UVP-V Bergbau), differenziert die Verordnung bei der Gewinnung der anderen Bodenschätze nach **Tiefbau** und **Tagebau** mit jeweils unterschiedlichen Kriterien, z. B. Flächenbedarf, Senkungen, Beeinträchtigung bestimmter Schutzgüter, Förderkapazität (§ 1 Nr. 1 UVP-V Bergbau). Während Senkungen der Oberfläche von weniger als 1 m keine erhebliche Auswirkung auf die Umwelt darstellen, ist bei 3 m und mehr Senkungen eines untertägigen Vorhabens eine UVP durchzuführen. Bei Oberflächensenkungen von 1 m bis weniger als 3 m ist eine UVP-Pflichtigkeit des Vorhabens gegeben, wenn neben diesen Senkungen **zusätzlich** nicht nur geringe, sondern **erhebliche** Beeinträchtigungen an besonders hochwertigen Gütern zu erwarten sind. Vorflut und Grundwasser werden dabei als solche angesehen; andere Kulturgüter oder diesen vergleichbare Schutzgüter sind nur dann zu berücksichtigen, wenn deren Bewertung und damit Schutzwürdigkeit nach außen dokumentiert wird, z. B. durch Eintragung in einer Denkmalliste.

27 Unabhängig davon, ob es sich um eine Aufsuchung oder Gewinnung handelt und welche Bodenschätze betroffen sind, sind **Halden,** sofern sie nicht bereits von § 1 Nr. 1 a aa UVP-V Bergbau erfaßt werden, bei einem Flächenbedarf von 10 ha oder mehr ebenso UVP-pflichtig wie **Schlammlagerplätze** und **Klärteiche** mit einem Flächenbedarf von 5 ha oder mehr (§ 1 Nr. 3 und 4 UVP-V Bergbau).

28 Während § 1 Nr. 1–4 UVP-V Bergbau bergbauspezifische Vorhaben anführen, enthalten die Nrn. 5 und 6 bergbauliche **Aufbereitungs- und Feuerungsanlagen.** Soweit diese Bergbauvorhaben mit Vorhaben der Anlage zu § 3 UVPG vergleichbar sind, sind diese unverändert in § 1 Nr. 5 UVP-V Bergbau aufgenommen worden (vgl. BR-Drucks. 340/90, S. 6 ff), wenn von einigen sprachlichen Abweichungen abgesehen wird. Darüber hinaus werden in Nr. 5 e bestimmte Aufbereitungsanlagen von schwefelwasserstoffhaltigem Erdgas sowie in Nr. 5 f in einer Art Auffangregelung alle übrigen bergbaulichen Aufbereitungsanlagen erfaßt, soweit in diesen nicht Kohlenwasserstoffe aufbereitet werden und diese

eine Durchsatzkapazität von 3000 t oder mehr je Tag besitzen. Während bei den Schwellenwerten in Nr. 5 e und f mit der Bezugsgröße Durchsatzkapazität auf ein konstruktives Merkmal abgestellt wird, kommt es bei den anderen Schwellenwerten in Nr. 5 in Anlehnung an die Regelung für genehmigungsbedürftige Anlagen nach dem Bundes-Immissionsschutzgesetz auf den rechtlich und tatsächlich möglichen Betriebsumfang an (vgl. § 1 Abs. 1 Satz 3 der 4. BImSchV); für letztere ist hiernach auf die im Rahmen der Genehmigung mögliche Nutzung der installierten Leistung oder Größe abzustellen (vgl. *Feldhaus*, Bundes-Immissionsschutzrecht, Nr. 2.4 zu § 1 4. BImSchV Rdn. 4).

Kraftwerke, Heizkraftwerke und **Heizwerke** sowie **sonstige Feuerungsanlagen** sind nach § 1 Nr. 6 UVP-V Bergbau einer UVP im bergrechtlichen Verfahren zu unterziehen, wenn diese überwiegend der Aufsuchung, Gewinnung und Aufbereitung oder der Wiedernutzbarmachung der Oberfläche dienen (§ 2 Abs. 1 Nr. 3, vgl. hierzu im Hauptband § 2 Rdn. 24) **und** die Feuerungswärmeleistung **200 Megawatt übersteigt.**

In Umsetzung von Anhang I UVP-Richtlinie ist nach § 1 Nr. 7 UVP-V Bergbau für die Errichtung und den Betrieb einer Anlage zur **Sicherstellung oder Endlagerung radioaktiver Stoffe** i. S. d. § 126 Abs. 3 eine UVP durchzuführen. In der Praxis dürfte dieser Regelung kaum Bedeutung zukommen. Zwar erstreckt sich die Konzentrationswirkung des für diese Anlagen erforderlichen atomrechtlichen Planfeststellungsbeschlusses nicht auf die Zulässigkeit des Vorhabens nach den Vorschriften des Bergrechts (§ 9 b Abs. 4 Nr. 3 AtG), jedoch statuiert § 57 b Abs. 3 Satz 2 für das atomrechtliche Genehmigungsverfahren für die Fälle des § 126 Abs. 3 (Endlagerung radioaktiver Abfälle) einen Vorrang zum bergrechtlichen Verfahren (BT-Drucks. 11/4015 S. 13 = ZfB 131, 98), so daß keine zwei UVP-Verfahren für dasselbe Vorhaben durchzuführen sind. Dieses Ergebnis würde im übrigen auch über Nr. 3 Anlage zu § 3 UVPG i. V. m. § 14 UVPG (Zulassung eines Vorhabens durch mehrere Behörden) erzielt. **29**

Handelt es sich um ein Vorhaben nach § 1 UVP-V Bergbau und erfüllt oder überschreitet dieses eines der angeführten Kriterien, ist eine UVP durchzuführen. Bei der Feststellung, ob einer der Schwellenwerte oder ein anderes Kriterium zumindest erfüllt wird, ist grundsätzlich allein auf die Auswirkungen des geplanten betriebsplanpflichtigen Vorhabens abzustellen. Eine Addition der Kriterien mit einer bestehenden Anlage oder Auswirkungen von laufenden Betrieben ist unzulässig. Nur bei Tiefbauvorhaben, die mit Senkungen verbunden sind, d. h. in Bergwerksfeldern, in denen bereits Abbau stattgefunden hat, sind für die Feststellung der UVP-Pflichtigkeit ausnahmsweise auch Auswirkungen aus vorangegangenen betriebsplanpflichtigen Vorhaben unter der Voraussetzung mitzuberücksichtigen, daß das **vorangegangene betriebsplanpflichtige Vorhaben nicht planfestgestellt und nach dem 1. 8. 1990 begonnen wurde oder am 1. 8. 1990 lief** (§ 1 Nr. 1 a aa UVP-V Bergbau). Die zuständige Behörde hat bei der Prüfung, ob eine der Voraussetzungen vorliegt, **von den Antragsunterlagen des** **30**

Unternehmers auszugehen; der Bergbauunternehmer bestimmt nämlich als Antragsteller durch seinen Zulassungsantrag den Inhalt des Vorhabens und damit den zu beurteilenden Verfahrensgegenstand (vgl. BVerwG v. 4.7.1980, NJW 1981, 776). Ein durch mögliche behördliche Nebenbestimmung später eintretender erhöhter Flächenbedarf hat dabei außer acht zu bleiben. Wie die in § 1 Nr. 1 a aa UVP-V Bergbau angeführten Beispiele (Schacht- und Stollenanlagen, Werkstätten, Verwaltungsgebäude, Halden) deutlich machen, muß die Flächeninanspruchnahme von einer gewissen Dauer sein.

2. Behördliches Verlangen nach § 52 Abs. 2 a Satz 1

31 Die UVP ist ein **unselbständiger Teil** der bestehenden Verwaltungsverfahren (§ 2 Abs. 1 Satz 1 UVPG). Der Beginn der UVP bei bergbaulichen Vorhaben richtet sich deshalb nach den Verfahrensvorschriften für das bergrechtliche Planfeststellungsverfahren. Spätestens mit Einreichung des vom Bergbauunternehmer aufgestellten Betriebsplans erhält die Bergbehörde von dem geplanten Bergbauvorhaben Kenntnis. Die zuständige Behörde hat anschließend zu prüfen, ob es sich um ein Vorhaben nach § 1 UVP-V Bergbau handelt (vgl. Rdn. 25–30). Ist dies der Fall, muß die Behörde den Unternehmer auffordern, einen Rahmenbetriebsplan aufzustellen, für dessen Zulassung ein bergrechtliches Planfeststellungsverfahren einschließlich UVP durchzuführen ist. Ohne ein solches Verlangen der Behörde ist für ein bergbauliches Vorhaben keine UVP durchzuführen. **Das Verlangen stellt einen Verwaltungsakt dar** (vgl. BT-Drucks. 11/4015 S. 11 = ZfB 131, 95; § 57 a Rdn. 11). Vor Erlaß des Verwaltungsaktes hat eine Abklärung zwischen Behörde und Unternehmer zu erfolgen. Dies gehört nicht nur zu den Amtspflichten der Behörde, sondern liegt auch in ihrem Interesse (BT-Drucks. 11/4015 S. 11 = ZfB 131, 95). Der Inhalt des Verwaltungsaktes hängt nämlich von den Voraussetzungen für und den Anforderungen an den Rahmenbetriebsplan ab.

32 Die Bergbehörde hat in ihrem Verlangen den Unternehmer aufzufordern, für das nach seinen Planungsunterlagen beschriebene Bergbauvorhaben einen Rahmenbetriebsplan vorzulegen, dessen Inhalt so gestaltet ist, daß die Zulassung als bergrechtliches Planfeststellungsverfahren einschließlich UVP erfolgen kann. Die Bergbehörde hat damit den Verfahrensgegenstand des Planfeststellungsverfahrens festgelegt. Es bestehen keine Bedenken, wenn die Behörde **in ihrem Verlangen** auch nähere Einzelheiten über den **Gegenstand und den Umfang der UVP** festlegt, soweit es die Angaben des Unternehmers erlauben; insbesondere wegen der weitreichenden Folgen ist es dann geboten, daß die Behörde vor Erlaß ihres Verwaltungsaktes den Unternehmer anhört. Reichen die Angaben des Unternehmers nicht aus, hat sich die Behörde auf das Verlangen zur Vorlage eines Rahmenbetriebsplans zu beschränken; die Behörde würde andernfalls unzulässigerweise in die Funktion von „Planungsbüros“ gedrängt (BT-Drucks. 11/3919 S. 23). § 52 Abs. 2 a Satz 1 sieht für diesen Fall eine Erörterung über den

Untersuchungsrahmen vor. Die Behörde hat in der Begründung ihres Verlangens insbesondere dann auf die Tatbestandsvoraussetzungen des § 1 UVP-V Bergbau einzugehen, wenn diese mittels prognostischer Aussagen auszufüllen sind, wie z. B. erhebliche Beeinträchtigungen im Hinblick auf geschützte Kulturgüter (§ 1 Nr. 1 a cc UVP-V Bergbau); gleiches gilt bei der Festlegung von Einzelheiten der UVP. Zur Frage der Anfechtbarkeit des Verlangens der Behörde vgl. § 57 a Rdn. 85; zur Drittwirkung der UVP vgl. § 57 a Rdn. 89.

3. Erörterung über den Untersuchungsrahmen

Soweit sie nicht im Rahmen des bergbehördlichen Verlangens nach § 52 **33**
Abs. 2 a Satz 1 erfolgt ist, stellt **die Erörterung über Gegenstand, Umfang und Methode der UVP** sowie sonstiger prüfungserheblicher Fragen den **ersten Abschnitt** des eigentlichen UVP-Verfahrens dar (§ 52 Abs. 2 a Satz 2 erster Halbsatz). Die Erörterung des Untersuchungsrahmens der UVP dient der Klärung, welche Auswirkungen des Vorhabens näher ermittelt und beschrieben werden sollen. In diesem Verfahrensabschnitt wirken der Unternehmer als Vorhabenträger und die Behörde insoweit zusammen, als diese in gegenseitiger Abstimmung alle mit der Durchführung der UVP im Zusammenhang stehenden Fragen umfassend erörtern (vgl. *Soell/Dirnberger,* Wieviel Umweltverträglichkeit garantiert die UVP?, NVwZ 1990, 705 [707]). Zwar ist die Behörde gemäß § 25 VwVfG bereits nach geltendem Recht verpflichtet, dem Verfahrensbeteiligten bei der Abgabe von Erklärungen und Anträgen behilflich zu sein, jedoch stellt die vorgesehene Erörterung zwischen Behörde und Unternehmer im Vorfeld eines Genehmigungsverfahrens eine dem deutschen Recht weitgehend unbekannte verfahrensrechtliche Vorschrift dar, die allenfalls in § 2 der 9. BImSchV ansatzweise enthalten ist. Der Gesetzgeber des UVPG sah es im Hinblick auf die Komplexität des medienübergreifenden Prüfansatzes der UVP (vgl. BT-Drucks. 11/3919 S. 23) als notwendig an, eine Vorabklärung über die Durchführung der UVP zwischen Vorhabenträger und Behörde als zusätzlichen Verfahrensabschnitt in das Zulassungsverfahren aufzunehmen (§ 5 Satz 1 UVPG). Im BBergG wurde diese Regelung in § 52 Abs. 2 Satz 2 erster Halbsatz übernommen, auch wenn das bergrechtliche Planfeststellungsverfahren und damit die bergrechtliche UVP bereits mit dem behördlichen Verlangen nach § 52 Abs. 2 a Satz 1 beginnt und es sich damit um eine Vorabklärung nicht vor, sondern während des Genehmigungsverfahrens handelt. Bei diesem Verfahrensabschnitt stand das in den USA und den Niederlanden bekannte **"scoping"** Pate. Mit diesem Verfahrensabschnitt wird auch dem Umstand Rechnung getragen, daß im Rahmen der UVP nicht alle Umweltgesichtspunkte bis ins Detail untersucht werden können, sondern es im Interesse einer leistungsfähigen UVP liegt, Schwerpunkte zu setzen (vgl. *Jarass,* Grundstrukturen des Gesetzes über die Umweltverträglichkeitsprüfung, unveröffentliches Manuskript, S. 10). Darüber hinaus dient eine frühzeitige Erörterung des Untersuchungsrahmens einer sachgerechten und verfahrensökonomischen Durchführung der UVP (vgl. BT-

Drucks. 11/3919 S. 23). Der Vorhabenträger kann somit gezielt die für die UVP erforderlichen Unterlagen erarbeiten und seine Planungen konkretisieren, darüber hinaus wird den begrenzten Ressourcen der Behörde Rechnung getragen und die Öffentlichkeit nicht mit einer Unmenge von Informationen überschwemmt, die sie nicht verarbeiten kann (vgl. *Jarass,* a. a. O. S. 10 f).

34 Während das UVPG die Erörterung des Untersuchungsrahmens in § 5 Satz 1 und 2 UVPG umfassend regelt, wird dieser Verfahrensabschnitt im BBergG von § 52 Abs. 2 a Satz 2 erster Halbsatz erfaßt. Auch wenn die Erörterung über den Untersuchungsrahmen keine zwingende Verpflichtung für die Behörde darstellt, dürfte diese auf eine solche allenfalls in Ausnahmefällen verzichten, da die Erörterung allen Verfahrensbeteiligten dient. Ausgangspunkt der Erörterung ist dabei das vom Unternehmer geplante Vorhaben auf der Grundlage des Verlangens der Behörde. Einer Bezugnahme auf den jeweiligen Planungsstand des Vorhabens, wie es § 5 Satz 1 UVPG vorsieht, bedurfte es hinsichtlich des bergrechtlichen Betriebsplanverfahrens nicht, da der Planungsstand des Bergbauvorhabens durch die Ansiedlung der UVP im Rahmenbetriebsplanverfahren vorgegeben ist. **Gegenstand der UVP und damit auch der Erörterung können nur die in § 2 Abs. 1 Satz 2 UVPG aufgeführten Umweltgüter sein,** soweit das geplante Vorhaben darauf Auswirkungen hat. Auswirkungen aus vorher zugelassenen Vorhaben sind als Teil der Ausgangslage des geplanten Projekts anzusehen. Die nach § 1 Nr. 1 a aa UVP-V Bergbau ausnahmsweise mitzuberücksichtigenden Auswirkungen vorangegangener Vorhaben sind ausschließlich für die **Bestimmung der UVP-Pflichtigkeit** maßgeblich. Wie die UVP durchzuführen ist, d. h. was als Auswirkung des UVP-pflichtigen Vorhabens mitzuberücksichtigen ist, richtet sich allein nach den Auswirkungen des geplanten Projekts. Bei der Abstimmung zwischen Behörde und Unternehmer ist mit dem Ziel der Schwerpunktbildung der UVP zu klären, welche Auswirkungen des Vorhabens wegen ihrer zu erwartenden **Erheblichkeit** zu untersuchen und damit für die UVP bedeutsam sind (vgl. § 57 a Abs. 2 Satz 2 Nr. 1 und 3; § 2 Abs. 1 Nr. 1 UVP-V Bergbau). Bei der Erörterung über den Gegenstand und den Umfang der UVP, zu dem auch die Detailschärfe der Untersuchungen zu zählen ist, ist zu berücksichtigen, daß die Auswirkungen eines statischen Vorhabens genauer voraussehbar sind, als die eines dynamischen Abbaubetriebes im Bergbau. Diesen naturbedingten Besonderheiten hat der Gesetzgeber dadurch Rechnung getragen, daß er die UVP im Rahmenbetriebsplan angesiedelt hat, der sich aus bergrechtlicher Sicht auf allgemeine Angaben über das Vorhaben beschränkt (§ 52 Abs. 2 Nr. 1). Zu den Methoden, die bei der UVP angewandt werden, sind nicht nur wissenschaftliche Untersuchungen, sondern auch bereits dokumentierte Erkenntnisse zu rechnen. Neben dem für alle Untersuchungen im Rahmen der UVP geltenden Grundsatz der Verhältnismäßigkeit und der inhaltlichen Umschreibung der Unterlagen in § 57 a Abs. 2 Sätze 2 und 3 sowie § 2 UVP-V Bergbau wird bei der Abstimmung auch zu beachten sein, daß **nur Angaben verlangt werden kön-**

nen, die bei der materiell-rechtlichen Entscheidung berücksichtigt werden können, d. h. die **entscheidungserheblich** sind (§ 57c Satz 1 Nr. 2, § 2 UVP-V Bergbau).

Je nach Sachlage kann es bei der Erörterung nützlich sein, wenn **andere Fachbehörden, Sachverständige und Dritte** hinzugezogen werden (§ 52 Abs. 2a Satz 2 zweiter Halbsatz). Dies ist der Fall, wenn diese Stellen und Personen über die für die Beurteilung des konkreten Vorhabens und seine Auswirkungen notwendigen Fachkenntnisse verfügen und die zuständige Behörde nicht selbst über das notwendige Fachwissen verfügt. Die frühzeitige Klärung des Untersuchungsrahmens der UVP dient nicht der Behandlung von Einwendungen Dritter gegen das Vorhaben. Bei der Hinzuziehung von Dritten ist darüber hinaus das mögliche Interesse des Vorhabenträgers, seine Planungen bis zur Einbeziehung der Öffentlichkeit vertraulich zu behandeln, gegen die Belange einer frühzeitigen Klärung des Untersuchungsrahmens abzuwägen. **Die verfahrensmäßige Ausgestaltung der Erörterung liegt im pflichtgemäßen Ermessen der zuständigen Behörde** (BT-Drucks. 11/3919 S. 23), so daß diese letztlich über die Hinzuziehung anderer Stellen oder Personen sowie über die Art und Weise dieses Verfahrensabschnitts entscheidet. Mit der Hinzuziehung erlangen die Behörden, Sachverständige und Dritte **nicht die Stellung eines Verfahrensbeteiligten** gemäß § 13 VwVfG. **35**

Das Ergebnis der Erörterung findet formal betrachtet seinen Abschluß nicht in einer einvernehmlichen Festlegung des Untersuchungsrahmens (vgl. *Gassner,* Die medien- und verfahrensübergreifende Umweltverträglichkeitsprüfung, UPR 1990, 361 [363]). Den sinnvollen Abschluß der Erörterung bildet die **Unterrichtung des Unternehmers durch die Behörde** über den nach ihrer Ansicht notwendigen voraussichtlichen Untersuchungsrahmen. Soweit eine Erörterung im bergrechtlichen Verfahren durchgeführt wurde, wird eine Unterrichtung in Anlehnung an § 5 Satz 3 UVPG geboten sein, auch wenn das BBergG auf eine solche Regelung verzichtet hat. Eine Unterrichtung könnte in einer Ergänzung des Verwaltungsaktes über das behördliche Verlangen gemäß § 52 Abs. 2a Satz 1 oder auf eine andere informelle Art erfolgen. Selbst wenn es sich nur um einen Realakt handelt, können nach den allgemeinen verwaltungsrechtlichen Grundsätzen des Vertrauensschutzes bestimmte Rechtsfolgen ausgelöst werden, wenn die Behörde später ohne sachlichen Grund den Untersuchungsrahmen der UVP wesentlich ändert (vgl. BT-Drucks. 11/3919 S. 23). Eine Rechtspflicht des Unternehmers, sich über den Untersuchungsrahmen unterrichten zu lassen, besteht nicht (so *Gassner,* UPR 1990, 361 [363]). **36**

4. Vorlage der Unterlagen

Nach der Bestimmung des Untersuchungsrahmens folgt der **nächste Verfahrensabschnitt der UVP** mit der **Vorlage der Unterlagen.** Die Unterlagen sollen Angaben enthalten, mit denen die Ermittlung und Beschreibung der Auswirkun- **37** gen des Vorhabens auf die Umweltgüter nach § 2 Abs. 1 Satz 2 UVPG erfolgt. Diese Unterlagen müssen im Rahmenbetriebsplan enthalten sein (§ 57 a Abs. 2 Satz 2). Es zählt zu den Pflichten des Unternehmers, die Unterlagen mit den entsprechenden Angaben und Beschreibungen vorzulegen. Dies hat grundsätzlich mit der Einreichung des Rahmenbetriebsplanes zu erfolgen. Vom Unternehmer können dabei keine Angaben verlangt werden, deren Beschaffung ihm rechtlich unmöglich ist. Außerdem sind Angaben nur im Rahmen der Verhältnismäßigkeit, d. h. in einem vertretbaren Verhältnis zwischen Aufwand und Ertrag, zulässig (*Gassner,* Die medien- und verfahrensübergreifende Umweltverträglichkeitsprüfung, UPR 1990, 361 [363]). Die Unterlagen können aus Verbalbeschreibungen, aber auch aus Tabellen, graphischen Darstellungen, Karten, Berechnungen, Fotos usw. bestehen. Soweit sich die geforderten Angaben bereits aus den Voraussetzungen für die Durchführung des Planfeststellungsverfahrens ergeben, kommt den Konkretisierungen der Angaben in § 57 a Abs. 2 Sätze 2 und 3 und in § 2 UVP-V Bergbau keine eigenständige Regelung mehr zu, so daß insoweit darüber hinausgehende Angaben und Unterlagen vom Unternehmer nicht mehr verlangt werden können. Eine Verpflichtung des Unternehmers zur Einschaltung Sachverständiger oder Fachstellen sieht das Gesetz nicht vor. Der Unternehmer kann die Arbeiten für die von ihm vorzulegenden Unterlagen ganz oder teilweise selbst durchführen oder hierzu Sachverständige oder Fachstellen hinzuziehen; er kann auf eigene Ermittlungen und Beschreibung der Umwelt oder auf ihm zugängliche Daten zurückgreifen. Auch die bei Behörden für sein Vorhaben zweckdienlichen Informationen stehen ihm zur Verfügung (§ 57 a Abs. 3 Satz 1).

38 Bedeutsam für die UVP sind Angaben (§ 57 a Abs. 2 Satz 2), wenn sie erhebliche Auswirkungen des Vorhabens auf die Umweltgüter des § 2 Abs. 1 Satz 2 UVPG betreffen. Auswirkungen auf andere Belange, wie z. B. wirtschaftliche, gesellschaftliche oder soziale, sind nicht Bestandteil der UVP. Da die UVP lediglich ein formelles Verfahren zur Vorbereitung der Zulassungsentscheidung ist, sind nur die **entscheidungserheblichen** Unterlagen vorzulegen (*Weber/Hellmann,* Das Gesetz über die Umweltverträglichkeitsprüfung [UVP-Gesetz], NJW 1990, 1625 [1627]; § 57 c Nr. 2, § 2 UVP-V Bergbau; vgl. auch noch deutlicher § 6 Abs. 1 Satz 1 UVPG). Hiernach kann nicht die Ermittlung und Beschreibung von Umweltauswirkungen verlangt werden, die nicht in der Entscheidung berücksichtigt werden können. Darüber hinaus bedeutet dies, daß die durch berggesetzliche Vorschriften erfaßten Umweltgüter der UVP nicht bis zur größten Detailschärfe gehende Angaben über die Auswirkungen auf die Umwelt zu enthalten brauchen. Das gilt insbesondere für den in dynamischer Betriebsweise geführten Abbau von Bodenschätzen, über dessen endgültige Führung trotz Erkundung der Lagerstätte aufgrund der lagerstättenmäßigen und bergtechnischen Gegebenheiten vielfach erst bei bereits laufendem Betrieb entschieden werden kann. Der Gesetzgeber hat diesem Umstand dadurch Rechnung getragen, daß er die UVP ausschließlich auf das Rahmenbetriebsplanverfahren konzentrierte (vgl. *Bohne*, Die Umweltverträglichkeitsprüfung bergbaulicher Vorhaben nach den Gesetzentwürfen der Bundesregierung zur Umsetzung der EG-Richtlinie vom 27. 6. 1985 [85/337/EWG], ZfB 130, 93 [107]) und die Konzentrationswirkung des Planfeststellungsbeschlusses nicht auf die nachfolgenden Betriebspläne erstreckt hat (§ 57 a Abs. 5 Satz 1; vgl. BT-Drucks. 11/4015, 12 = ZfB 131, 97) sowie mit der abschnitts- oder stufenweisen Durchführung des Vorhabens gemäß § 52 Abs. 2 b Satz 1. Für die nicht unter die §§ 55 und 48 fallenden vom Planfeststellungsbeschluß eingeschlossenen Entscheidungen wird man dagegen genauere Angaben über die Auswirkungen verlangen können, soweit es sich dabei um statische Vorhaben handelt.

Welche Angaben die vorzulegenden Unterlagen zu enthalten haben, wird in § 57 a Abs. 2 Sätze 2 und 3 sowie § 2 UVP-V Bergbau näher festgelegt. In Übereinstimmung mit § 6 UVPG unterscheidet das BBergG dabei zwischen Unterlagen, die auf jeden Fall vorzulegen sind (Mindestangaben) und solchen, deren Vorlage unter bestimmten Voraussetzungen zu erfolgen hat (weitere Angaben).

a) Mindestangaben

Die zwingend vom Unternehmer vorzulegenden Angaben sind in weitgehen- **39**
der Übereinstimmung mit § 6 Abs. 3 UVPG in § 57 a Abs. 2 Satz 2 und in § 2 Abs. 1 UVP-V Bergbau aufgeführt. Die Anforderungen an diese Angaben sind grundsätzlich gleichrangig, unabhängig davon, ob sie im BBergG oder in der UVP-V Bergbau aufgeführt sind. Neben den in Rdn. 37–38 angeführten allgemeinen Vorgaben sind folgende Mindestangaben für die UVP vorgesehen. § 57 a Abs. 2 Satz 1 Nr. 1 sieht die **Beschreibung der zu erwartenden erheblichen Auswirkungen** des Vorhabens auf die Umweltgüter des § 2 Abs. 1 Satz 2 UVPG vor. Die hierbei anzustellende Prognose hat dabei grundsätzlich von dem zum Zeitpunkt der Antragstellung bestehenden Zustand der Umwelt ohne das geplante Vorhaben und den voraussichtlichen Emissionen oder sonstigen Wirkungen des Vorhabens, soweit diese erheblich sind, auszugehen. Vorbelastungen durch Vorhaben anderer Art stellen dabei einen Teil der **Ausgangslage der Umwelt** ohne das Vorhaben dar. Es kann deshalb sinnvoll sein, sofern erforderlich, teilweise auch den Zustand der Umwelt **vor Durchführung des Vorhabens** zu ermitteln und zu beschreiben (vgl. BT-Drucks. 11/3919 S. 24). Bei den von dem geplanten Vorhaben ausgehenden Wirkungen zur Beschreibung der erheblichen Auswirkungen auf die Umwelt ist grundsätzlich von dem ordnungsgemäßen Betrieb der Anlage auszugehen. Die Angaben können nicht gefordert werden, wenn dies nach dem allgemeinen Kenntnisstand und den allgemein anerkannten Prüfungsmethoden vom Unternehmer nicht erwartet werden kann (vgl. BT-Drucks. 11/3919 S. 24). Hiermit soll einer Überforderung des Unternehmers entgegengewirkt werden (vgl. *Dienes*, Das Gesetz über die Umweltverträglichkeitsprüfung [UVPG], Energiewirtschaftliche Tagesfragen 1990, 727 [729]).

40 Nach § 57 a Abs. 2 Satz 1 Nr. 2 (vgl. § 6 Abs. 3 Nr. 2 UVPG) sind Angaben vorzulegen, die es ermöglichen, auf zu erwartende erhebliche Auswirkungen des Vorhabens schließen zu können. Im Gegensatz zu Nr. 1, der eine Beschreibung der Auswirkungen auf die Umweltgüter anspricht, handelt es sich bei den Angaben nach Nr. 2 um solche, mit denen **auf entsprechende Auswirkungen geschlossen werden kann.** Hierbei wird man im wesentlichen eine Darstellung der Emissionen und Reststoffe des Vorhabens zu verstehen haben, wie diese in § 2 Abs. 1 Nr. 1 UVP-V Bergbau näher umschrieben sind. Einzelheiten über das geplante Vorhaben, wie z. B. die technische Ausstattung des Betriebsablaufs oder das Produktionsverfahren, sind im Rahmen der UVP nur vorzulegen, wenn und soweit sie für erhebliche Auswirkungen auf die Umweltgüter kausal sein können.

41 § 57 a Abs. 2 Satz 2 Nr. 3 sieht eine **Beschreibung der vorgesehenen Umweltschutzmaßnahmen** vor. Diese im Einklang mit § 6 Abs. 3 Nr. 3 UVPG stehende Regelung erfaßt die während des Betriebes geplanten Maßnahmen zur Vermeidung und Verminderung von erheblichen Beeinträchtigungen der Umwelt sowie **Ausgleichsmaßnahmen** für durch das Bergbauvorhaben in Anspruch genommene Flächen, wobei diese Maßnahmen bereits nach geltendem Recht ausschließlich als Teil der Wiedernutzbarmachung Bestandteil des Betriebsplans sind (§ 55 Abs. 1 Satz 1 Nr. 7, Abs. 2 Satz 1 Nr. 2). Schließlich hat der Unternehmer, soweit es seine Planungen vorsehen, **Ersatzmaßnahmen** zu beschreiben, die er für nicht ausgleichbare, aber vorrangige Eingriffe in Natur und Landschaft vorsieht.

42 Als Mindestangabe zählt darüber hinaus **§ 2 Abs. 1 Nr. 1 UVP-V Bergbau,** der eine Beschreibung nach Art und Menge der zu erwartenden Emissionen und Reststoffe sowie Angaben über alle sonstigen erheblichen Auswirkungen auf die Umweltgüter vorsieht. Während eine Beschreibung der Emissionen bereits über § 57 a Abs. 2 Nr. 2 erfaßt sein wird, dürfte der Forderung über alle sonstigen erheblichen Auswirkungen des Vorhabens im Hinblick auf § 57 a Abs. 2 Nr. 1 kaum eine eigenständige Bedeutung zukommen.

43 Die nach **§ 2 Abs. 1 Nr. 2 UVP-V Bergbau** vorgesehenen Angaben über den voraussichtlichen Bedarf an Grund und Boden entsprechen § 6 Abs. 3 Satz 1 Nr. 1 UVPG. Daß die Inanspruchnahme von Grund und Boden bei bergbaulichen Vorhaben aufgrund der dynamischen Betriebsweise unterschiedlich sein kann und in der Regel nur zeitlich begrenzt ist, wird mit dem Zusatz „während der Errichtung und des Betriebes" zum Ausdruck gebracht.

b) Weitere Angaben

44 Entsprechend § 6 Abs. 4 UVPG sieht § 57 a Abs. 2 Satz 3 und § 2 Abs. 2 UVP-V Bergbau weitere Angaben vor, deren Vorlagepflicht neben den in Rdn. 37 und 38 angeführten Vorgaben zusätzlich unter dem Vorbehalt der einschränkenden

Merkmale der Erforderlichkeit und Zumutbarkeit stehen (vgl. BT-Drucks. 11/3919 S. 24). Die Erforderlichkeit wird in § 57a Abs. 2 Satz 3 Nr. 1 dahingehend konkretisiert, als die Angaben in Anbetracht der besonderen Merkmale des konkreten Vorhabens und der möglichen Auswirkungen auf die Umwelt von Bedeutung sind. Auswirkungen können nur dann von Bedeutung sein, wenn sie **erheblich in bezug auf die Umweltgüter des § 2 Abs. 1 Satz 2 UVPG** sind. Weitere Angaben dürfen nicht gefordert werden, wenn sie im Hinblick auf den allgemeinen Kenntnisstand und die allgemein anerkannten Prüfungsmethoden für den Unternehmer unzumutbar sind (§ 57 a Abs. 2 Satz 3 Nr. 2); im Gegensatz zur Fassung des BBergG soll dabei gemäß § 2 Abs. 1 Nr. 2 b UVP-V Bergbau der Unternehmer gegebenenfalls begründen, inwieweit die Zusammenstellung weiterer Angaben für ihn nicht zumutbar ist.

Zu den weiteren Angaben, die unter den in Rdn. 44 genannten Voraussetzungen vom Unternehmer verlangt werden können, zählen **Angaben zur Umwelt und ihren Bestandteilen** (§ 57 a Abs. 2 Satz 3 erster Halbsatz). Sofern hierfür im Hinblick auf die bereits vorgeschriebenen Mindestangaben (Rdn. 39–43) noch ein eigenständiger Regelungsrahmen bestehen sollte, kann die Beschreibung der Umwelt und ihrer Bestandteile nur gefordert werden, soweit die Besonderheit des Vorhabens und der hieraus zu erwartenden Auswirkungen es erfordern. Soweit die Ermittlung und Beschreibung des Ist-Zustandes der Umwelt zur Beurteilung der gesetzlichen Zulässigkeitsvoraussetzungen eines Vorhabens erforderlich und zumutbar ist, reicht die Ermittlung und Beschreibung des aktuellen Ist-Zustandes der Umwelt aus. Wenn nicht feststeht, daß sich der Zustand der Umwelt aufgrund wirtschaftlicher, verkehrlicher, technischer oder sonstiger Entwicklungen bis zum Beginn der Vorhabensverwirklichung gegenüber dem aktuellen Umweltzustand erheblich verändert, ist, soweit dies möglich ist, der Zustand der Umwelt zu ermitteln und zu beschreiben, der voraussichtlich zu Beginn der Vorhabensverwirklichung gegeben sein wird. **45**

Darüber hinaus sollen die Unterlagen nach § 57 a Abs. 2 Satz 3 zweiter Halbsatz die Beschreibung der **geprüften Vorhabensalternativen** enthalten. § 2 Abs. 2 Nr. 1 UVP-V Bergbau ergänzt dies um die Angaben über die wesentlichen **Auswahlgründe** für die geprüften Vorhabensalternativen. In Übereinstimmung mit § 6 Abs. 4 Satz 1 Nr. 3 UVPG sind nur Vorhabensalternativen vorzustellen, die der Unternehmer geprüft hat; eine Pflicht des Vorhabenträgers zur Prüfung von Vorhabensalternativen besteht nicht (vgl. *Soell/Dirnberg,* Wieviel Umweltverträglichkeit garantiert die UVP?, NVwZ 1990, 705 [710]). Ob die Behörde auf Grund des auch im UVP-Verfahren geltenden Untersuchungsgrundsatzes nach § 24 VwVfG zur Alternativprüfung verpflichtet ist (so *Beckmann,* Der Rechtsschutz des Vorhabenträgers bei der Umweltverträglichkeitsprüfung, NVwZ 1991, 427 [430]) erscheint zumindest bei gebundenen Kontrollerlaubnissen nicht zwingend. Wenn der Unternehmer Vorhabensalternativen prüft, ist es nicht notwendig, für jede Alternative zulassungsfähige Planungsunterlagen zu erstel- **46** len (vgl. VGH Mannheim vom 21. 10. 1988, NuR 1989, 348 [349]). Die Prüfung der Umwelt ohne das geplante Vorhaben, die sog. Nullvariante, hat der deutsche Gesetzgeber ausdrücklich nicht übernommen. Standortalternativen dürften bei der Lagerstättenbindung von bergbaulichen Vorhaben allenfalls selten und nur für Teilbereiche möglich sein. Außerdem ist das Vorhaben durch den Verwaltungsakt der Behörde gemäß § 52 Abs. 2 a Satz 1 in einigen Bereichen verbindlich festgelegt. Wenn der Unternehmer Alternativen geprüft hat, soll er die wesentlichen Auswahlgründe für das zur Entscheidung anstehende Projekt angeben. Neben Umweltauswirkungen werden dabei insbesondere auch die Lagerstättenbedingungen und die Wirtschaftlichkeit des Projekts Auswahlkriterien darstellen. Eine Verpflichtung des Unternehmers zur Offenlegung seiner wirtschaftlichen und finanziellen Verhältnisse kann hieraus nicht hergeleitet werden. Die Behörde kann vom Unternehmer weder die Prüfung weiterer Vorhabensalternativen verlangen (vgl. *Beckmann*, Der Rechtsschutz des Vorhabenträgers bei der Umweltverträglichkeitsprüfung, NVwZ 1991, 427 [430]) noch aufgrund der vorgelegten Alternativen einer anderen Vorhabensgestaltung den Vorzug geben; andernfalls würde die Behörde in die Planung des Unternehmers eingreifen und unzulässigerweise in die Funktion eines „Planungsbüros" gedrängt (vgl. BT-Drucks. 11/3919 S. 23).

47 Nach § 2 Abs. 2 Nr. 2 a hat der Unternehmer darüber hinaus **zu begründen,** wenn er Vorhabensalternativen **nicht geprüft hat.** Diese über die entsprechenden Regelungen des UVPG (§ 6 Abs. 4 Nr. 3) hinausgehende Bestimmung dürfte bereits insbesondere im Hinblick auf die Lagerstättengebundenheit kaum von Bedeutung sein.

48 Zu den weiteren Unterlagen zählen schließlich Angaben über etwaige **Schwierigkeiten des Unternehmers bei der Angabenzusammenstellung** (§ 57 a Abs. 2 Satz 3). Die vergleichbare Regelung des § 6 Abs. 4 Nr. 4 UVPG führt hierzu als Beispiele technische Lücken oder fehlende Kenntnisse auf. Darüber hinaus können hierunter auch Probleme gefaßt werden, die im Zusammenhang mit der Information beteiligter Behörden an den Unternehmer auftreten sollten (§ 57 a Abs. 3 Satz 1).

c) Information durch die Behörden

49 Aus verfahrensökonomischen Gründen ist es sinnvoll, daß der Unternehmer bei der Zusammenstellung seiner Angaben auf **vorhandene Unterlagen der Behörden** zurückgreifen kann. § 57 a Abs. 3 Satz 1 nimmt die in Art. 5 Abs. 3 UVP-Richtlinie vorgesehene Möglichkeit auf, daß Behörden, die über zweckdienliche Informationen verfügen, diese Informationen dem Projektträger zur Verfügung zu stellen haben (vgl. BT-Drucks. 11/4015, 11 = ZfB 131, 96). Die Verpflichtung der Behörden bezieht sich auf zweckdienliche Informationen, die sowohl für die Mindestangaben gemäß § 57 a Abs. 2 Satz 2 i. V. m. § 2 Abs. 1 UVP-V Bergbau (vgl. Rdn. 39–43) als auch für die weiteren Angaben nach § 57 a

Abs. 2 Satz 3 i. V. m. § 2 Abs. 2 UVP-V Bergbau (vgl. Rdn. 44–48) nützlich sind. Die Behörden werden von dem geplanten Vorhaben entweder im Rahmen der Erörterung über den Untersuchungsrahmen gemäß § 52 Abs. 2a Satz 2 oder aufgrund einer gesonderten Information der für die UVP zuständigen Behörde Kenntnis erlangen. Es bestehen keine rechtlichen Bedenken, wenn der Unternehmer von sich aus die betreffende Behörde über sein Projekt informiert. Sobald die Behörde Kenntnis von dem Vorhaben erlangt, ist sie verpflichtet, zu prüfen, ob sie über zweckdienliche Informationen verfügt. Ist dies der Fall, hat sie den Unternehmer hierüber zu unterrichten. Wenn der Unternehmer an diesen Informationen interessiert ist, hat die Behörde auf ein entsprechendes Verlangen des Unternehmers hin ihre Unterlagen, ggf. gegen Kostenerstattung, zur Verfügung zu stellen. Geschäfts- und Betriebsgeheimnisse anderer Unternehmen können die Behörden dabei nicht weitergeben. Während sich die Verpflichtung der Behörde nach § 5 Satz 4 UVPG auf die für die Durchführung der UVP zuständige Behörde beschränkt, sind gemäß § 57 a Abs. 3 Satz 1 **alle am Verfahren beteiligten Behörden** einschließlich der Planfeststellungsbehörde verpflichtet, die ihnen zugänglichen zweckdienlichen Informationen dem Unternehmer zur Verfügung zu stellen.

In der Regel ist ein bergbauliches Vorhaben vor Durchführung des bergrecht- **50**
lichen Planfeststellungsverfahrens einem **Raumordnungsverfahren** mit UVP zu unterziehen (vgl. Rdn. 71). Die bergrechtliche UVP ist in diesem Fall auf die Ermittlung und Beschreibung der noch nicht ausreichend oder gar nicht erfaßten erheblichen Auswirkungen des Vorhabens beschränkt (vgl. § 16 Abs. 2 und 3 UVPG, der auch für bergbauliche Vorhaben gilt). § 57 a Abs. 3 Satz 2 erster Halbsatz stellt deshalb heraus, daß die Informationen aus einem vorangegangenen Raumordnungsverfahren dem Unternehmer im Rahmen des bergrechtlichen UVP-Verfahrens zur Verfügung zu stellen sind. Darüber hinaus hat die das Raumordnungsverfahren durchführende Behörde gemäß § 57 a Abs. 3 Satz 2 zweiter Halbsatz die gesamten Unterlagen aus dem Raumordnungsverfahren, soweit sie für die UVP von Bedeutung sind, der für die Durchführung des bergrechtlichen Planfeststellungsverfahrens zuständigen Bergbehörde unentgeltlich zur Verfügung zu stellen.

d) Allgemeinverständliche Zusammenfassung

Die nach § 57 a Abs. 2 Sätze 2 und 3 i. V. m. § 2 UVP-V Bergbau vom **51**
Unternehmer vorzulegenden Angaben dienen der umweltbezogenen Beurteilung des Vorhabens durch die hierfür zuständige Behörde. Diese Unterlagen sind meist sehr umfangreich und auch vom Inhalt her für einen Laien schwer verständlich. Die im Rahmen der UVP vorgesehene Information der Öffentlichkeit ist nur sinnvoll, wenn die Öffentlichkeit in die Lage versetzt wird, zumindest einen Überblick über das Vorhaben und seine erheblichen Auswirkungen zu bekommen. § 57 a Abs. 2 Satz 5 verpflichtet deshalb den Unternehmer, neben

einem zur Auslegung geeigneten Plan eine **allgemeinverständliche Zusammenfassung** der von ihm geforderten Angaben vorzulegen, die den Inhalt der Unterlagen in den wesentlichen Punkten wiedergeben (vgl. hierzu auch § 57 a Rdn. 29).

5. Einbeziehung von Behörden und Öffentlichkeit

52 Wenn der Unternehmer die nach § 57 a Abs. 2 Sätze 2 und 3 sowie § 2 UVP-V Bergbau geforderten Angaben, ggf. nach Aufforderung der Behörde, die Unterlagen zu ergänzen, vollständig vorgelegt hat, beginnt der nächste Verfahrensabschnitt der UVP. Hierfür ist die für die Durchführung des Planfeststellungsverfahrens zuständige Behörde verantwortlich. Mit der Geltung der Vorschriften über das **Anhörungsverfahren gemäß § 73 VwVfG** im bergrechtlichen Planfeststellungsverfahren sind die Anforderungen, die die UVP-Richtlinie nach Art. 6 und Art. 7 an die Einbeziehung der Öffentlichkeit und die Beteiligung von Behörden stellt, für die UVP bei bergbaulichen Vorhaben in vollem Umfang in nationales Recht umgesetzt.

a) Beteiligung von inländischen Behörden

53 Die Bergbehörde holt die **Stellungnahme der Behörden** ein, deren Aufgabenbereich durch das geplante Bergbauvorhaben berührt wird (§ 73 Abs. 2 VwVfG). Zu den Behörden zählen insbesondere diejenigen, deren Entscheidung durch den Planfeststellungsbeschluß ersetzt wird. Den anzuhörenden Behörden sind neben den Antragsunterlagen auch die vom Unternehmer vorzulegenden Angaben über die möglichen erheblichen Auswirkungen des Vorhabens (§ 57 a Abs. 2 Sätze 3 und 4, § 2 UVP-V Bergbau) zugänglich zu machen. Im Interesse einer Verfahrensbeschleunigung wird die Behörde bei der Anforderung der Stellungnahme der anzuhörenden Behörde eine angemessene Frist zur Äußerung setzen. In ihrer Stellungnahme wird die betroffene Behörde sich zu den Umweltgesichtspunkten des Vorhabens nur soweit äußern, wie es ihr Kompetenzbereich zuläßt, da sie nur insoweit als fachkundig anzusehen ist. Im Hinblick auf das anschließende Anhörungsverfahren der Öffentlichkeit sollte die Behörde ihre Stellungnahme in schriftlicher Form vorlegen. Zu weiteren Einzelheiten vgl. § 57 a Rdn. 31.

b) Grenzüberschreitende Behördeninformation

54 Da erhebliche Auswirkungen eines Vorhabens auf die Umweltgüter nach § 2 Abs. 1 Satz 2 UVPG auch Staatsgrenzen überschreiten können, sieht Art. 7 UVP-Richtlinie für diesen Fall eine Behördeninformation vor. Für bergbauliche Vorhaben wird Art. 7 UVP-Richtlinie durch § 57 a Abs. 6 i. V. m. § 3 UVP-V Bergbau in nationales Recht umgesetzt. Eine **grenzüberschreitende Behördeninformation** ist nur für den Fall vorgesehen, daß es sich um ein UVP-pflichtiges Bergbauvorhaben handelt (§ 1 UVP-V Bergbau) und dieses erhebliche Auswirkungen auf die Umwelt im Staatsgebiet eines Nachbarstaates haben kann. Nach § 3 Abs. 1 Satz 1 UVP-V Bergbau hat die Information der von dem anderen Mitgliedstaat der EG benannten Behörde zum gleichen Zeitpunkt zu erfolgen, wie die der am Planfeststellungsverfahren zu beteiligenden Behörden. Die Information der Behörde des EG-Mitgliedstaates stellt damit **keine Verfahrensbeteiligung am Verwaltungsverfahren** dar. Die ausländische Behörde ist im gleichen Umfang zu informieren wie die zu beteiligenden inländischen Behörden. Ein Recht zur Stellungnahme gemäß § 73 Abs. 2 VwVfG sieht § 57 a Abs. 6 nicht vor. Zu weiteren Einzelheiten über die grenzüberschreitende Behördeninformation vgl. § 57 a Rdn. 32–36.

c) Anhörung der Öffentlichkeit

Ein wichtiges Anliegen der UVP ist die Einbeziehung der Öffentlichkeit vor **55**
einer Entscheidung der Behörde über ein Vorhaben. Mit der Öffentlichkeitsbeteiligung soll einerseits die Möglichkeit geschaffen werden, daß ein größerer Kreis präsumtiv Betroffener von einem geplanten Vorhaben Kenntnis erhält. Andererseits wird die Behörde in die Lage versetzt, ihre Entscheidung auf einer breiteren Informationsbasis zu treffen. Der Bundesgesetzgeber hat der nach der UVP-Richtlinie gebotenen Einbeziehung der Öffentlichkeit für bergbauliche Vorhaben **durch die Einführung eines Planfeststellungsverfahrens** Rechnung getragen. Die mit dem Planfeststellungsverfahren verbundene Beteiligung der Öffentlichkeit soll dazu beitragen, die heute immer wichtigere Akzeptanz bei den zu treffenden Entscheidungen zu erhöhen (BT-Drucks. 11/5601, 15 = ZfB 131, 108). Wie die Öffentlichkeit im bergrechtlichen Planfeststellungsverfahren zu beteiligen ist, ergibt sich abschließend aus den einschlägigen Vorschriften des **§ 73 VwVfG über das Anhörungsverfahren.** Vgl. dazu im einzelnen § 57 a Rdn. 37–47.

6. Bewertung und Berücksichtigung der Umweltauswirkungen

Nach Durchführung des Anhörungsverfahrens wird die Behörde sich einen **56**
zusammenfassenden Überblick über die mit dem geplanten Vorhaben verbundenen erheblichen Auswirkungen verschaffen. Grundlage bilden hierbei die Unterlagen des Vorhabenträgers, die Stellungnahmen der beteiligten Behörden, die Äußerungen aus der Anhörung der Öffentlichkeit und die Ermittlungen, die die Behörde selbst durchgeführt hat. Die Zusammenfassung der Umweltauswirkungen stellt einen **behördeninternen** Vorgang dar, für den in diesem Verfahrensstand nach den bergrechtlichen Vorschriften weder eine bestimmte Form noch ein eigenständiges Dokument vorgesehen ist. Da aufgrund des Planfeststellungsverfahrens die Behörde, von der die UVP durchgeführt wird, die Entscheidung über die Genehmigung des Vorhabens trifft, konnte auf eine § 11 Sätze 1–3 UVPG vergleichbare Regelung im Bergrecht verzichtet werden.

57 Den letzten Abschnitt des UVP-Verfahrens bildet die **Bewertung** und die **Berücksichtigung** dieser Bewertung bei der Entscheidung über das Vorhaben. Während dies in § 12 UVPG, der nicht bei bergbaulichen Vorhaben Anwendung findet (§ 18 Satz 2 UVPG), ausdrücklich geregelt wird, enthält das BBergG eine solche UVP-spezifische Regelung nicht. Eine Bewertung und Berücksichtigung der Umweltauswirkungen ist jedoch auch bei der bergrechtlichen UVP durchzuführen. Gemäß § 52 Abs. 2a Satz 1 bedürfen die in § 1 UVP-V Bergbau aufgeführten Vorhaben einer UVP, zu der nach der auch im Bergrecht geltenden Begriffsbestimmung des § 2 Abs. 1 Satz 2 UVPG (§ 18 Satz 1 UVPG) die Bewertung zählt. Die Berücksichtigung der Bewertungsergebnisse hat im Rahmen der für den Planfeststellungsbeschluß maßgeblichen Vorschriften zu erfolgen (§§ 55 Abs. 1, 57a Abs. 4 Sätze 1–2, 52 Abs. 2a Satz 3).

58 Während des Gesetzgebungsverfahrens zum UVPG und in der Literatur ist der Frage nachgegangen worden, ob die Bewertung der Umweltauswirkungen und die Berücksichtigung dieser Ergebnisse bei der Entscheidung **zwei getrennte Verfahrensabschnitte** darstellen. Der Klarheit des Entscheidungsprozesses würde es zwar dienen, die Auswirkungen des Vorhabens zunächst allein unter ausschließlich ökologischer Zielsetzung zu bewerten und erst in einem zweiten Schritt, d. h. bei der Entscheidung, andere Gesichtspunkte, wie z. B. wirtschaftliche oder soziale Belange mitzuberücksichtigen (vgl. *Jarass,* Auslegung und Umsetzung der EG-Richtlinie zur Umweltverträglichkeitsprüfung, 1989, S. 54ff; *Hoppe/Püchel,* Zur Anwendung des Art. 3 und 8 EG-Richtlinie zur UVP bei Genehmigung nach dem Bundes-Immissionsschutzgesetz, DVBl. 1988, 1 [2]). Diese Ansicht erscheint jedoch zu theoretisch. Bewertungen setzen Wertmaßstäbe voraus. Getrennte Verfahrensschritte wären nur sinnvoll, wenn Wertungsmaßstäbe vorhanden sind, die sich ausschließlich auf die Bewertung aller Umweltgüter des § 2 Abs. 1 Satz 2 UVPG mit ökologischer Zielrichtung beziehen. Da durch die die Bewertung berücksichtigende Entscheidung in Rechtspositionen natürlicher oder juristischer Personen eingegriffen wird, kann die Bewertung nur durch gesetzliche oder gesetzlich vermittelte Wertmaßstäbe erfolgen (*Peters,* Rechtliche Maßstäbe des Bewertens in der gesetzlichen UVP und die Berücksichtigung in der Entscheidung, NuR 1990, 103). Nach der Gesetzesbegründung zum UVPG ergibt sich diese Forderung aus der Bindung der Verwaltung an Gesetz und Recht (Art. 20 Abs. 3 GG) [BT-Drucks. 11/3919, S. 27]. Umfassende gesetzliche Bewertungsmaßstäbe, die allein auf die Umweltgüter der UVP abstellen, enthalten jedoch weder die geltenden Fachgesetze noch das UVPG noch das BBergG. Das UVPG stellt daher – wenn auch vom Wortlaut her nicht eindeutig – darauf ab, daß die Bewertung der Umweltauswirkungen „nach Maßgabe der geltenden Gesetze" zu erfolgen hat (vgl. BT-Drucks. 11/3919, S. 27; *Dohle,* Anwendungsprobleme eines Gesetzes zur Umweltverträglichkeitsprüfung [UVPG-Gesetz], NVwZ 1989, S. 697 [704]). Berücksichtigt man darüber hinaus, daß das UVPG und das BBergG keine

Alternativprüfung zwingend vorschreibt und somit eine ökologische Bewertung auch nicht in dem Sinne erfolgen kann, die „umweltfreundlichste Alternative" zu finden (*Jarass,* Grundstrukturen des Gesetzes über die Umweltverträglichkeitsprüfung, unveröffentlichtes Manuskript, S. 16), **erscheint eine nach außen sichtbare verfahrensmäßige Trennung der Bewertung und der Berücksichtigung bei der Entscheidung** zumindest in der Praxis **kaum durchführbar.** Diese Auffassung findet auch darin ihre Stütze, daß das UVPG bei der Durchführung einer UVP durch eine federführende Behörde die Bewertung der Umweltauswirkungen den Behörden zuordnet, die Entscheidungen zu treffen haben (§ 14 Abs. 2 UVPG). Dies gilt erst recht für die bergrechtliche UVP, bei der die gesamte UVP von derselben Behörde durchgeführt wird wie das Planfeststellungsverfahren.

Ausgangspunkt der Bewertung sind die in den vorangegangenen Verfahrens- **59**
abschnitten erlangten Informationen über die Umweltauswirkungen des Vorhabens. Die Bewertung dieser Auswirkungen erfolgt **nach Maßgabe der geltenden Rechtsvorschriften,** soweit diese sich auf Umweltgüter des § 2 Abs. 1 Satz 2 UVPG beziehen und im konkreten Fall anzuwenden sind. Auch wenn die UVP nur der Vorbereitung der Entscheidung dient und somit die Bewertung nicht die Entscheidung vorwegnimmt, ist in den Fällen, in denen Bewertung und Entscheidung von einer Behörde durchgeführt werden, die Bewertung als **Teil der Entscheidung anzusehen.** Im bergrechtlichen Planfeststellungsverfahren sind für die Bewertung die für die Zulassung des Rahmenbetriebsplans und die anderen für das konkrete Vorhaben maßgeblichen Vorschriften, die im Planfeststellungsbeschluß eingeschlossen sind, maßgeblich. Zu diesen Vorschriften für die Bewertung zählen Gesetze und Rechtsverordnungen. Die Regelungen enthalten neben konkreten Bewertungsmaßstäben vielfach Bestimmungen mit **unbestimmten Gesetzesbegriffen.** Hierzu zählen z. B. die Betriebsplanzulassungsvoraussetzungen der ordnungsgemäßen Abfallbeseitigung, die ordnungsmäße Gestaltung der in Anspruch genommenen Oberfläche und die Vermeidung gemeinschädlicher Einwirkungen (§ 55 Abs. 1 Satz 1 Nr. 6, 7 und 9), die in § 5 Abs. 1 Nr. 1 bis 3 BImSchG aufgeführten schädlichen Umwelteinwirkungen, erhebliche Nachteile und erhebliche Belästigungen sowie die Vorsorge gegen schädliche Umwelteinwirkungen sowie die in § 8 Abs. 1 BNatSchG angeführte erhebliche und nachteilige Beeinträchtigung der Leistungsfähigkeit des Naturhaushaltes und des Landschaftsbildes (vgl. *Bohne,* Die Umweltverträglichkeitsprüfung bergbaulicher Vorhaben nach den Gesetzentwürfen der Bundesregierung zur Umsetzung der EG-Richtlinie vom 27. 6. 1985 [85/337/EWG] in: Umweltverträglichkeitsprüfung bei Projekten des Bergbaus und der Energiewirtschaft 1989, 13 [39] mit weiteren Beispielen). Diese unbestimmten Rechtsbegriffe werden vielfach durch norminterpretierende **Verwaltungsvorschriften,** wie z. B. die TA Luft und TA Abfall, wertungskonkretisierend ausgefüllt. Auch wenn diese Verwaltungsvorschriften nur behördeninterne Bindung haben, wird

man die dort enthaltenen Bewertungsmaßstäbe heranziehen können. Wertungskriterien, die von privaten Interessengemeinschaften, wie z. B. dem Deutschen Institut für Normung, aufgestellt werden, können nur dann von der Behörde herangezogen werden, wenn diese im Gesetz oder in der Rechtsverordnung mittels einer statischen Verweisung Bestandteil der Rechtsvorschrift sind. Im übrigen können diese privaten Regeln lediglich ein „Indiz" für die Bewertung sein (vgl. *Steinberg,* Die Bewertung der Umweltauswirkungen eines Vorhabens nach dem UVPG, DVBl. 1990, 1369 [1374]; *Bohne,* a. a. O., 43).

60 Die Gesamtheit aller für die Zulassung eines Vorhabens einschlägigen Gesetze mit ihren zum Teil unbestimmten Gesetzesbegriffen stellen im ausreichenden Umfang Wertungsmaßstäbe zur Verfügung (*Bohne,* a. a. O., 40). Der Auffassung, daß die für die UVP erforderlichen Bewertungsmaßstäbe weitgehend fehlen (*Hoppe/Püchel,* DVBl. 1988, 1 [2]; *Erbguth,* Der Entwurf eines Gesetzes über die Umweltverträglichkeitsprüfung: Musterfall querschnittsorientierter Gesetzgebung aufgrund EG-Recht?, NVwZ 1988, 969 [972]), kann nicht gefolgt werden.

61 Während das UVPG die materiell-rechtlichen Vorschriften, die für die Bewertung maßgeblich sein können, unverändert läßt, sind die bergrechtlichen Zulassungsvoraussetzungen im Hinblick auf die UVP dahingehend ergänzt worden, daß **Belange des vorsorgenden Umweltschutzes** ausnahmsweise über die Zulassungsvoraussetzungen des § 55 und der im konkreten Fall anwendbaren Vorschriften aus anderen Gesetzen hinaus ein **öffentliches Interesse im Sinne des § 48 Abs. 2** darstellen. Als öffentliche Interessen können damit auch rechtlich bisher nicht geregelte Umweltbelange zum Zuge kommen. Zwar wird man hierdurch dem medienübergreifenden integrativen Prüfungsansatz der UVP besser gerecht werden können, ob jedoch diese Erweiterung im Hinblick auf untertägige Auswirkungen des Vorhabens große Bedeutung haben wird (*Bohne,* a. a. O., S. 37), erscheint fraglich.

Unabhängig davon, ob der Begriff des vorsorgenden Umweltschutzes ausreichend konkret ist, um den grundgesetzlichen Anforderungen an die Bewertungsmaßstäbe gerecht zu werden, dürften bereits die geltenden Vorschriften für das Planfeststellungsverfahren ausreichend für die Bewertung der Umweltauswirkungen des Vorhabens sein. Sollten ausnahmsweise wichtige Anforderungen an den vorsorgenden Umweltschutz nicht von den geltenden Vorschriften erfaßt werden, können diese, wenn sie von einigem Gewicht sind, als öffentliche Interessen im Sinne des § 48 Abs. 2 angesehen werden. Mit dieser Fiktion werden zwar diese Anforderungen in den Entscheidungsprozeß mit eingeführt, jedoch wird mit der Bewertung nicht darüber entschieden, ob diese „öffentlichen Interessen" sich im konkreten Fall durchsetzen. Dies ist erst nach einem bei der Entscheidung durchzuführenden Abwägungsvorgang mit der in § 48 Abs. 2 vorgegebenen Gewichtung zu entscheiden.

Auch wenn für die Bewertung die gesetzlichen Zulassungsvoraussetzungen als Bewertungsmaßstab herangezogen werden, ist nicht davon auszugehen, daß die Bewertung in allen Fällen nur **in einer Weise** erfolgt. Soweit die Bewertung und Entscheidung über das Vorhaben von derselben Behörde durchgeführt wird, ist dies ohne Bedeutung. Wird jedoch die Bewertung und Entscheidung von verschiedenen Behörden getroffen, kann die Anwendung von Rechtsvorschriften im Einzelfall zu unterschiedlichen Ergebnissen führen. Da die UVP einen unselbständigen Teil des Verwaltungsverfahrens darstellt und die Bewertung die Entscheidung nicht rechtsverbindlich vorwegnimmt, ist die Entscheidungsbehörde nicht an die in der Bewertung zum Ausdruck kommende Anwendung der Rechtsvorschriften gebunden. Die Entscheidungsbehörde hat die Bewertung nur zu „berücksichtigen". Andernfalls würde die Entscheidung im Widerspruch zu den Zuständigkeitsregelungen der Länder für den Vollzug des Fachgesetzes stehen. **62**

Nach der im Rahmen der Entscheidungsfindung durchzuführenden Bewertung der Umweltauswirkungen anhand der umweltbezogenen Zulässigkeitsvoraussetzungen der anzuwendenden Fachvorschriften ist unter Heranziehung aller für den Planfeststellungsbeschluß maßgebenden Vorschriften **eine Entscheidung zu treffen.** Zu den einzelnen materiellen Entscheidungsgrundlagen vgl. § 57 a Rdn. 59–65. **63**

7. Zusammenfassende Darstellung der Umweltauswirkungen

Das bergrechtliche Planfeststellungsverfahren einschließlich UVP wird mit dem Planfeststellungsbeschluß abgeschlossen. Der Planfeststellungsbeschluß ist zu begründen. Diese Begründung muß gemäß § 57 a Abs. 4 Satz 3 eine **zusammenfassende Darstellung der Umweltauswirkungen** enthalten. Da die Darstellung einen Bestandteil der Begründung der Entscheidung bildet, ist sie nur in dem Umfang nötig, wie dies für die Nachvollziehbarkeit der Entscheidung hinsichtlich der Bewertung der Auswirkungen des Vorhabens notwendig ist. Die Regelung entspricht inhaltlich § 11 Satz 4 UVPG (vgl. auch § 57 a Rdn. 67). **64**

8. Rechtsschutz

Die Einführung der UVP führt zwangsläufig zu der Frage, ob hierdurch neue Rechtspositionen geschaffen wurden, deren Verletzung gerichtlich überprüft werden kann. Hierbei ist zwischen dem Rechtsschutz für den Vorhabenträger und Dritten zu unterscheiden. Ausgehend von dem Ablauf des UVP-Verfahrens können sich zwischen **Vorhabenträger** und Behörde unterschiedliche Auffassungen darüber ergeben, ob das Bergbauvorhaben einer UVP zu unterziehen ist; dies kann sich insbesondere bei dem auslegungsfähigen Begriff der erheblichen Beeinträchtigung im Hinblick auf Vorflut, Grundwasser, Böden, geschützte Kulturgüter oder vergleichbare Schutzgüter gemäß § 1 Nr. 1 a cc UVP-V Bergbau ergeben. Die Bergbehörde dokumentiert ihre Auslegung in Anwendung des **65**

§ 1 UVP-V Bergbau durch einen Verwaltungsakt gemäß § 52 Abs. 2 a Satz 1, mit dem sie die Vorlage eines Rahmenbetriebsplanes verlangt.

Gegen diesen Verwaltungsakt kann der Vorhabenträger nach Durchführung eines Widerspruchsverfahrens Anfechtungsklage vor dem Verwaltungsgericht erheben (vgl. auch § 57 a Rdn. 85). Gleiches gilt für ein Verlangen der Bergbehörde bei einer wesentlichen Änderung eines Vorhabens, das mit erheblichen Auswirkungen verbunden ist (§ 52 Abs. 2 c). Erläßt die Behörde keinen Verwaltungsakt gemäß § 52 Abs. 2 a Satz 1 i. V. m. § 1 UVP-V Bergbau, so stellt dies eine Verletzung der Rechte des Vorhabenträgers dar, gegen die dieser Verpflichtungsklage erheben kann. Auch wenn die nationalen Vorschriften zur Umsetzung der UVP-Richtlinie erst nach Verstreichen der für die Mitgliedstaaten der EG vorgegebenen Frist in Kraft getreten sind, wird die Behörde nicht für die in diesem Zeitraum beantragten Vorhaben mit dem Hinweis auf eine unmittelbare Anwendung der UVP-Richtlinie eine UVP durchführen können (so aber *Krämer,* Zur innerstaatlichen Wirkung von Umwelt-Richtlinien der EWG, WuV 1990, 138 [141]). Diese Auffassung verkennt, daß der Europäische Gerichtshof die **unmittelbare Anwendung von Richtlinien nur zugunsten des Bürgers** in besonders gelagerten Fällen anerkannt hat. Die nach diesem Verlangen durchzuführenden Abschnitte der UVP stellen einen unselbständigen Teil des bergrechtlichen Planfeststellungsverfahrens dar, so daß eine isolierte gerichtliche Nachprüfung der UVP nicht zulässig ist. **Mängel der UVP** sind deshalb **nicht selbständig anfechtbar** und können gemäß § 44 a VwGO allenfalls nur zusammen mit der Anfechtung der Zulassungsentscheidung geltend gemacht werden. Unterrichtet die Behörde über den nach ihrer Ansicht notwendigen voraussichtlichen Untersuchungsrahmen (vgl. Rdn. 36), kann der Vorhabenträger von der Behörde Schadensersatz verlangen, wenn sie eine fehlerhafte Auskunft bei der Abstimmung des Untersuchungsrahmens gibt. Wenn eine verschuldensunabhängige Haftung wegen unrichtiger Auskünfte, z. B. gemäß § 39 OBG, besteht, wird dies erst recht für eine über die Auskunfts- und Beratungspflicht nach dem VwVfG hinausgehende Erörterung und Abstimmung über den Untersuchungsrahmen der UVP gelten (vgl. *Beckmann,* Der Rechtsschutz des Vorhabenträgers bei Umweltverträglichkeitsprüfung, NVwZ 1991, 427 [429]). Ist der Vorhabenträger der Ansicht, daß die von der Behörde verlangten Unterlagen im Rahmen der UVP den gesetzlich vorgegebenen Rahmen überschreiten, und verweigert die Behörde deshalb die Durchführung des UVP-Verfahrens, wird der Vorhabenträger im Rahmen des ablehnenden Bescheides der Behörde eine gerichtliche Prüfung darüber erreichen können, ob die von ihm vorgelegten Unterlagen ausreichend sind. Zum Rechtsschutz im bergrechtlichen Planfeststellungsverfahren vgl. § 57 a Rdn. 85–89.

66 Da die UVP den unselbständigen Teil des bergrechtlichen Planfeststellungsverfahrens darstellt, können Dritte nur im Rahmen des Planfeststellungsverfahrens möglicherweise ihre bestehenden Rechte geltend machen. Auch wenn im

Rahmen der UVP die Auswirkungen auf den Menschen zu prüfen sind, räumt die UVP im BBergG und im UVPG dem **Dritten** keine zusätzlichen neuen materiellen Rechte ein, deren Verletzung der Dritte gerichtlich überprüfen könnte. Die Bewertung der Umweltauswirkungen erfolgt anhand der gesetzlichen oder gesetzlich vermittelten Bewertungsmaßstäbe, so daß die den Dritten eingeräumten materiellen Rechte ebenfalls aus den Fachgesetzen und nicht aus den UVP-Vorschriften abgeleitet werden können. Eine Erweiterung der Position des Dritten durch die UVP ist nicht erfolgt (*Beckmann*, Rechtsschutz Drittbetroffener bei der Umweltverträglichkeitsprüfung, DVBl. 1991, 385 [360]). Hinsichtlich der verfahrensrechtlichen Bestimmungen wird einem Dritten kein Rechtsschutzinteresse eingeräumt werden können. Sowohl die Erörterung über den Untersuchungsrahmen als auch die Vorlage von Unterlagen durch den Vorhabenträger und die Behördenbeteiligung haben lediglich verfahrensvorbereitende Funktionen (*Bunge*, Die Umweltverträglichkeitsprüfung von Projekten: Verfahrensrechtliche Erfordernisse auf der Basis der EG-Richtlinie vom 27.6.1985, DVBl. 1987, 819 [825]). Zweck der Öffentlichkeitsbeteiligung ist, der Behörde im Rahmen der Tatbestandsermittlung ein möglichst vollständiges Bild über die entscheidungserheblichen Tatsachen zu geben. Diesen Vorschriften wird man deshalb keine drittschützende Wirkung beimessen können. Auch wenn darüber hinaus der Zweck der UVP darin gesehen werden sollte, daß der Betroffene seine Einwendungen offenlegt (*Beckmann*, a. a. O., 361), ändert das an dieser Aussage nichts, da dem Dritten in diesem Fall das Klagerecht nicht aufgrund der Anhörung im UVP-Verfahren zusteht, sondern die Klagebefugnis des Dritten von der Verletzung einer auch seinem Schutz dienenden materiell-rechtlichen Norm abhängt. Eine Klage kann von Dritten auch nicht mit der Verletzung der Informationspflicht der Öffentlichkeit begründet werden, da diese Regelung nicht dem Schutz der Gesundheit und des Lebens einzelner dient (*Beckmann*, a. a. O., 362). Schließlich wird ein Dritter seine Klage auch nicht damit begründen können, daß aufgrund der verspäteten Umsetzung der UVP-Richtlinie diese unmittelbar anzuwenden ist. Nach der Entscheidung des VG München vom 21.2.1989 (NuR 1989, 320), ist die UVP-Richtlinie zu unbestimmt, um unmittelbar verbindlich zu sein. Selbst, wenn diese generelle Feststellung als zu weit angesehen werden sollte, ist diese Ansicht zumindest für die Mehrheit der bergbaulichen Vorhaben zutreffend, da diese in dem Anhang II UVP-Richtlinie enthalten sind und den Mitgliedstaaten insoweit ein Umsetzungsspielraum eingeräumt worden ist. Auch wenn den Mitgliedstaaten gemäß Art. 2 Abs. 2 UVP-Richtlinie kein freies Ermessen für die Bestimmung der UVP-Pflichtigkeit der bergbaulichen Vorhaben eingeräumt wird, ist es im Hinblick auf die Rechtsposition des Vorhabenträgers (vgl. Rdn. 65) nicht zulässig, daß die zuständige Behörde eine Entscheidung darüber trifft, ob das Vorhaben einer UVP zu unterziehen ist (so aber *Beckmann*, a. a. O., 364).

IV. Sonderregelungen

1. Abschnittsweise Durchführung des Vorhabens

67 Grundsätzlich hat ein nach § 52 Abs. 2 a Satz 1 aufzustellender „obligatorischer" Rahmenbetriebsplan das gesamte UVP-pflichtige bergbauliche Vorhaben zu umfassen (vgl. oben Rdn. 21). Bergbauvorhaben größeren Umfangs werden jedoch in vielen Fällen in selbständigen **Abschnitten** oder **Stufen** durchgeführt und sind häufig mit zahlreichen Folgemaßnahmen an anderen Anlagen verbunden, z. B. Ausbau von Gewässern, Bau von Ersatzstraßen. Hinzu kommt, daß die Betriebsweise angesichts der Abhängigkeit von Art, Beschaffenheit und Verlauf der Lagerstätte manchmal von Daten und Entwicklungen abhängig ist, die bei Beginn eines Großvorhabens nicht vollständig bekannt sein können. Wenn derartige Vorhaben vielfach eine Laufzeit von mehreren Jahrzehnten haben und wenn bei einzelnen Abbauflächen eine Entscheidung darüber, ob sie überhaupt oder in welchem Umfang sie in Angriff genommen werden, frühestens nach etwa zehn Jahren möglich ist, sind detaillierte Regelungen bei Beginn eines Vorhabens nur für die überschaubaren Abschnitte oder Stufen möglich. Soweit es sich dabei um selbständige Abschnitte oder Stufen handelt, sieht § 52 Abs. 2 b Satz 1 die Möglichkeit vor, **den Rahmenbetriebsplan entsprechend diesen Abschnitten oder Stufen aufzustellen und zuzulassen.** Diese Möglichkeit scheidet allerdings aus, wenn dadurch die Prüfung der erheblichen Umweltauswirkungen des gesamten Vorhabens ganz oder teilweise unmöglich würde. Amtl. Begr. BT-Drucks. 11/4015 S. 10 = ZfB 131, 94. Die Entschlußfassung über eine abschnitts- oder stufenweise Aufstellung des Rahmenbetriebsplanes liegt beim Unternehmer. Die Zulassungsbehörde hat aber vor Einleitung des Verfahrens festzustellen, ob durch diese Vorgehensweise eine Prüfung der erheblichen Umweltauswirkungen des Gesamtvorhabens ganz oder teilweise unmöglich würde, d. h. ob der genannte Ausschlußgrund gegeben ist. Ist das nicht der Fall, **hat die Behörde** das Zulassungsverfahren mit UVP **für die jeweiligen Abschnitte oder Stufen** nach Maßgabe der §§ 57 a und 57 b **durchzuführen,** und zwar unter Einbeziehung der nach dem jeweiligen Planungsstand erkennbaren erheblichen Auswirkungen des gesamten Vorhabens auf die Umwelt in die UVP.

2. UVP bei Vorbescheid und Teilgenehmigung

68 Soweit in anderen Gesetzen für die von einem bergrechtlichen Planfeststellungsbeschluß eingeschlossenen behördlichen Entscheidungen die Möglichkeit des **Vorbescheides** als einer abschließenden Entscheidung über bestimmte Genehmigungsvoraussetzungen (z. B. § 9 BImSchG) oder der **Teilgenehmigung** als eigenständiger Genehmigung hinsichtlich eines Teiles des Vorhabens (z. B. § 8 BImSchG) vorgesehen ist, finden diese Vorschriften im bergrechtlichen Planfeststellungsverfahren gem. § 57 b Abs. 2 entsprechende Anwendung (vgl. § 57 b

Rdn. 5 ff). Die materiellen Voraussetzungen für die Erteilung eines Vorbescheides oder einer Teilgenehmigung richten sich nach den Bestimmungen des jeweiligen **Fachgesetzes;** die Zuständigkeit für die Entscheidung liegt aber bei der Planfeststellungsbehörde.

Das **UVPG** enthält in seinem **§ 13** Vorschriften über die Durchführung der UVP bei einer Stufung des Entscheidungsvorgangs durch Vorbescheide oder Teilzulassungen. Da dieser Paragraph gem. § 18 UVPG auf das bergrechtliche Planfeststellungsverfahren keine Anwendung findet, hat der Gesetzgeber hierfür **in § 57 b Abs. 2 eine eigene Regelung getroffen,** die aber im wesentlichen mit § 13 UVPG übereinstimmt. **69**

Dem Grundsatz der Frühzeitigkeit entsprechend schreibt § 57 b Abs. 2 **Nr. 1** vor, daß schon bei der Erteilung eines Vorbescheides oder einer Teilgenehmigung **eine UVP stattzufinden** hat. Diese erstreckt sich abschließend **auf den Gegenstand des Vorbescheides oder der Teilgenehmigung;** es sind aber auch die nach dem jeweiligen Planungsstand erkennbaren erheblichen Umweltauswirkungen des Gesamtvorhabens in die Prüfung **einzubeziehen.** Nach § 57 b Abs. 2 **Nr. 2** hat die Behörde bei Erteilung des Vorbescheids oder der Teilgenehmigung eine abschließende Entscheidung im Planfeststellungsbeschluß **vorzubehalten.** Für die abschließende Entscheidung ist gem. § 57 b Abs. 2 **Nr. 3** eine erneute UVP **nur durchzuführen,** soweit **70**

a) bisher nicht berücksichtigte, für die Umweltverträglichkeit des Vorhabens bedeutsame Merkmale des Vorhabens vorliegen oder
b) bisher nicht berücksichtigte erhebliche Umweltauswirkungen erkennbar werden.

Durch diese Regelung soll eine doppelte Prüfung derselben Gesichtspunkte vermieden werden. Amtl. Begr., BT-Drucks. 11/4015 S. 13 = ZfB 131, 98; vgl. auch die amtl. Begr. zu § 13 UVPG, BT-Drucks. 11/3919 S. 28.

3. Vorgelagerte Verfahren

a) Raumordnungsverfahren

In vielen Fällen, nämlich immer dann, wenn ein UVP-pflichtiges bergbauliches Vorhaben einem **Raumordnungsverfahren** oder **einem vergleichbaren raumordnerischen Verfahren** i. S. des § 6 a Abs. 2 des Raumordnungsgesetzes (ROG) i. d. F. d. Bek. v. 19. 7. 1989 (BGBl. I S. 1461) unterworfen ist, wird die UVP **in zwei Stufen** durchgeführt. In der **Verordnung zu § 6 a Abs. 2 des Raumordnungsgesetzes (Raumordnungsverordnung — RoV)** vom 13. 12. 1990 (BGBl. I S. 2766) werden die Vorhaben aufgeführt, für die wegen ihrer Raumbedeutsamkeit und möglicherweise erheblichen Auswirkungen auf die Umwelt in der Regel ein Raumordnungsverfahren nach § 6 a ROG durchzuführen ist. Dazu gehören gem. § 1 Nr. 16 RoV bergbauliche Vorhaben, soweit sie **71** der Planfeststellung nach § 52 Abs. 2 a bis 2 c BBergG bedürfen, d. h. es werden auch wesentliche Änderungen eines Vorhabens erfaßt, wenn die Änderung erhebliche Umweltauswirkungen haben kann. Voraussetzung für die Anwendung der Vorschrift ist nach § 1 Satz 1 RoV, daß das Vorhaben von „überörtlicher Bedeutung" ist, d. h. **es muß regionalbedeutsam sein.** Die **Durchführung** der raumordnerischen **Verfahren** richtet sich nach den von den **Ländern** im Rahmen der bundesgesetzlichen Vorgaben zu erlassenden Landesplanungs- bzw. Raumordnungsgesetzen.

72 Nach § 6 a Abs. 1 ROG wird durch ein Raumordnungsverfahren festgestellt, ob raumbedeutsame Planungen oder Maßnahmen mit den Erfordernissen der Raumordnung übereinstimmen und wie sie unter den Gesichtspunkten der Raumordnung aufeinander abgestimmt oder durchgeführt werden können. Das Raumordnungsverfahren **schließt** gem. § 6 a Abs. 1 Satz 2 ROG **eine UVP entsprechend dem Planungsstand ein.** Die UVP wird in dieser ersten Stufe unter überörtlichen Gesichtspunkten der Raumordnung durchgeführt. In der raumordnerischen UVP sind also nur die raumordnungsrelevanten Auswirkungen des Vorhabens auf die Umwelt zu prüfen — „Makro-Prüfung" — (*Franke*, Das bergrechtliche Planfeststellungsverfahren für den Steinkohlenbergbau in Nordrhein-Westfalen, Glückauf 1990, 970). Vgl. dazu auch § 16 Abs. 1 UVPG.

73 Das Raumordnungsverfahren bzw. das entsprechende raumordnerische Verfahren i. S. des § 6 a Abs. 2 Satz 2 ROG ist dem bergrechtlichen Planfeststellungsverfahren **vorgelagert;** es endet nicht in einer abschließenden bindenden Entscheidung, die UVP findet bei bergbaulichen Vorhaben erst auf der Stufe des Planfeststellungsverfahrens ihren Abschluß. Soweit im Raumordnungsverfahren schon der Untersuchungsrahmen für das nachfolgende Planfeststellungsverfahren festgelegt werden soll, sind die für die Raumordnung zuständigen Behörden gehalten, die **Bergbehörde** und die später **zu beteiligenden Fachbehörden beizuziehen,** § 6 a Abs. 4 ROG. Gemeinsam soll eine Abgrenzung der im Raumordnungsverfahren und im Planfeststellungsverfahren benötigten Angaben, Unterlagen und Untersuchungen vorgenommen werden.

74 Einzelheiten über die gestufte Durchführung der UVP im vorgelagerten raumordnerischen Verfahren und im nachfolgenden Zulassungsverfahren ergeben sich aus § 6 a Abs. 6 ROG und aus § 16 UVPG, der gem. § 18 UVPG auch für das bergrechtliche Planfeststellungsverfahren Geltung hat. Nach § 6 a Abs. 6 Satz 1 ROG ist das Ergebnis des Raumordnungsverfahrens mit der darin eingeschlossenen UVP bei der Entscheidung über die Planfeststellung nach Maßgabe der dafür geltenden Vorschriften zu berücksichtigen. § 16 Abs. 2 UVPG bestimmt, daß die im Raumordnungsverfahren ermittelten und beschriebenen Umweltauswirkungen des Vorhabens **der UVP im Zulassungsverfahren zugrunde zu legen sind.** Damit soll nach der Gesetzesbegründung doppelter Verfahrensaufwand vermieden werden; beispielsweise sind im Zulassungsverfahren die für die

UVP im Raumordnungsverfahren vorgelegten Unterlagen des Vorhabenträgers zu berücksichtigen (BT-Drucks. 11/3919 S. 30). Vgl. dazu auch § 57 a Rdn. 14.

Für die Stufe des raumordnerischen Verfahrens schreibt § 6 a Abs. 4 Satz 3 ROG die **Unterrichtung der Öffentlichkeit** vor. In § 6 a Abs. 6 Satz 3 ROG werden in Übereinstimmung mit § 9 Abs. 3 UVPG die vier unverzichtbaren Elemente einer **weitergehenden** Einbeziehung der Öffentlichkeit beschrieben. Falls die Öffentlichkeitsbeteiligung im raumordnerischen Verfahren diesen Mindestanforderungen entsprochen hat, können die Anhörung der Öffentlichkeit und die Bewertung der Umweltauswirkungen im Planfeststellungsverfahren auf **zusätzliche** oder **andere erhebliche Umweltauswirkungen** beschränkt werden (§ 6 a Abs. 6 Satz 3 ROG, § 16 Abs. 3 UVPG; vgl. dazu auch *Bohne,* Die Umweltverträglichkeitsprüfung bergbaulicher Vorhaben, ZfB 130, 93 [123]). **75**

b) Andere Planungsverfahren

Unabhängig von den allgemeinen Regelungen des § 6 a ROG und des § 16 UVPG über die gestufte Prüfung der Umweltverträglichkeit im Raumordnungsverfahren und in nachfolgenden Zulassungsverfahren (s. oben Rdn. 71–75) sieht § 52 Abs. 2 b Satz 2 in Übereinstimmung mit § 6 a Abs. 2 Satz 2 ROG zur Vermeidung von Doppelprüfungen die Möglichkeit vor, daß bereits **in einem raumordnerischen Verfahren eine abschließende UVP für bergbauliche Vorhaben stattfindet.** In diesem Fall kann nach Ansicht des Gesetzgebers auf ein bergrechtliches Planfeststellungsverfahren mit erneuter UVP verzichtet werden. Deshalb finden insoweit § 52 Abs. 2 a BBergG, § 7 Abs. 1 Satz 2 WHG und § 8 Abs. 10 BNatSchG, die eine UVP im Zulassungsverfahren vorschreiben, keine Anwendung. **76**

Damit die in § 52 Abs. 2 b Sätze 2 und 3 vorgesehene Sonderregelung zur Anwendung kommen kann, müssen allerdings **landesrechtlich** die hier geforderten Tatbestandsvoraussetzungen erfüllt sein. Dazu gehört zunächst, daß für bergbauliche Vorhaben ein „besonderes Verfahren" i. S. des § 54 Abs. 2 Satz 3 existiert. Darunter ist ein gesetzlich vorgeschriebenes besonderes Planungsverfahren zu verstehen, in dem insbesondere die Abbaugrenzen und Haldenflächen eines Gewinnungsbetriebes festgelegt und genehmigt werden, wie dies beispielsweise im **Braunkohlenplanverfahren** nach den §§ 24 ff LPlG NW i. d. F. v. 5. 10. 1989 (GV.NW S. 476) der Fall ist. **77**

Als weitere Voraussetzung wird in § 52 Abs. 2 b Satz 2 verlangt, daß in diesem Verfahren die Durchführung einer **UVP** gewährleistet ist, **die den Anforderungen des BBergG entspricht.** Wie in § 54 Abs. 2 Satz 3 hat der Bundesgesetzgeber insoweit den Ländern eine gewisse bergrechtliche Regelungsbefugnis eingeräumt. Um die Erfüllung der berggesetzlichen Anforderungen zu „gewährleisten", wird man auf entsprechende **Rechtsnormen** nicht verzichten können. Das besondere Planungsverfahren muß hiernach zunächst bergbauliche Vorhaben **78** zum Gegenstand haben, die gem. § 57c i. V. mit § 1 UVP-V Bergbau **an sich UVP-pflichtig** sind. Das Planungsverfahren ist ferner so auszugestalten, daß es die **Ermittlung, Beschreibung und Bewertung der Umweltauswirkungen eines solchen Vorhabens ermöglicht.** Zu diesem Zweck sind die allgemein für eine UVP geforderten Verfahrensschritte vorzusehen. Dazu gehören die Erörterung über den Untersuchungsrahmen zwischen Planungsbehörde und Unternehmer, Vorlage der für die UVP bedeutsamen Unterlagen, Beteiligung von Behörden, Einbeziehung der Öffentlichkeit sowie die Bewertung der Umweltauswirkungen. Die zusammenfassende Darstellung und die Bewertung der Umweltauswirkungen können in einen Erläuterungsbericht zu dem Plan bzw. der Plangenehmigung aufgenommen werden.

79 Soweit die genannten Voraussetzungen erfüllt sind, treten die in § 52 Abs. 2b Sätze 2 und 3 genannten Rechtswirkungen ein, d. h. es bedarf zur Durchführung des bergbaulichen Vorhabens **keines bergrechtlichen Planfeststellungsverfahrens und keiner weiteren UVP;** eine Konsequenz, die durch Nr. 7 der Anlage zu § 3 Abs. 1 und § 18 UVPG sanktioniert wird, wonach nur für solche bergbaulichen Vorhaben eine UVP erforderlich ist, die der Planfeststellung nach dem BBergG bedürfen (*Bohne,* ZfB 130, 124). In diesen Fällen kommt also ein Verlangen der Behörde gem. § 52 Abs. 2a Satz 1 nicht in Betracht. Da das besondere Planungsverfahren i. S. des § 54 Abs. 2 Satz 3 unter den genannten Voraussetzungen ein bergrechtliches Planfeststellungsverfahren entbehrlich macht, entfällt auch die Konzentrationswirkung des bergrechtlichen Planfeststellungsbeschlusses. Demnach sind für die hier in Betracht kommenden bergbaulichen Vorhaben neben der Betriebsplanzulassung die in anderen Fachgesetzen vorgeschriebenen behördlichen Entscheidungen einzuholen. Für diese ist jedoch **eine erneute UVP nicht mehr erforderlich.** § 7 Abs. 1 Satz 2 WHG und § 8 Abs. 10 BNatSchG finden gem. § 52 Abs. 2b Satz 2 in diesem Fall ebenso wie § 52 Abs. 2a keine Anwendung. Damit ist sichergestellt worden, daß die UVP **auf ein Verfahren konzentriert wird** und die Konzentration der UVP in dem besonderen Planungsverfahren neben den planerischen und bergrechtlichen auch die wasserrechtlichen und naturschutzrechtlichen Gesichtspunkte erfaßt; BT-Drucks. 11/5601 S. 16 = ZfB 131, 109. Nach § 52 Abs. 2b Satz 3 ist **das Ergebnis der in dem besonderen Planungsverfahren durchgeführten UVP** bei Zulassungen, Genehmigungen und sonstigen behördlichen Entscheidungen über die Zulässigkeit des Vorhabens nach Maßgabe der dafür geltenden Vorschriften **zu berücksichtigen.**

4. Änderungen des Vorhabens

80 Nach § 52 Abs. 2c gelten die in den Absätzen 2a und 2b enthaltenen Bestimmungen auch für die **wesentliche Änderung** eines UVP-pflichtigen bergbaulichen Vorhabens, wenn die Änderung **erhebliche Auswirkungen auf die Umwelt** haben kann. Mit dieser abschließenden Regelung, die in Einklang mit

§2 Abs. 2 Nr. 4 UVPG steht, hat der Berggesetzgeber die UVP-Pflichtigkeit wesentlicher Anlagenänderungen, soweit sie zu erheblichen Umweltauswirkungen führen können, sichergestellt. Amtl. Begr., BT-Drucks. 11/4015 S. 10 = ZfB 131, 94; ferner BT-Drucks. 11/3919 S. 21.
Die Anwendbarkeit der Vorschrift setzt voraus, daß

1. eine „wesentliche Änderung" des zugelassenen Vorhabens geplant ist und
2. die Änderung „erhebliche Auswirkungen" auf die Umwelt haben kann.

Ob diese beiden Voraussetzungen erfüllt sind, muß im konkreten Einzelfall **81**
geprüft werden. Dabei hat die **dynamische Betriebsweise des Bergbaus** Berücksichtigung zu finden. Danach kann von einer „wesentlichen" Änderung eines Vorhabens nur gesprochen werden, wenn eine Abweichung von der dem zugelassenen Rahmenbetriebsplan zugrunde liegenden Gesamtkonzeption vorgesehen ist. Dagegen liegen die gerade beim Untertagebergbau oft zwangsläufig notwendigen Anpassungen der Abbauführung an die wechselnden und nicht vollständig prognostizierbaren geologischen Gegebenheiten im Rahmen des zugelassenen Vorhabens und bedürfen, auch wenn sie mit unterschiedlichen Auswirkungen auf die Oberfläche verbunden sein sollten, in der Regel keines erneuten Planfeststellungsverfahrens. Bei der Aufstellung des Rahmenbetriebsplans nach §52 Abs. 2a Satz 1 wird hierauf Bedacht zu nehmen sein. Die Planfeststellungsbehörde hat ihrerseits die Möglichkeit, im Planfeststellungsbeschluß durch Festsetzung von Umweltqualitätszielen die Erfüllung der Anforderungen des Umweltschutzes bei der Durchführung des gesamten Vorhabens sicherzustellen. Bei der Bewertung der „Erheblichkeit" der Umweltauswirkungen sind die in §1 UVP-V Bergbau genannten Kriterien zum Anhalt zu nehmen. Zum Verfahren vgl. im übrigen §57a Rdn. 79–81.

§53
Betriebsplan für die Einstellung des Betriebes, Betriebschronik

(1) Für die Einstellung eines Betriebes ist ein Abschlußbetriebsplan aufzustellen, der eine genaue Darstellung der technischen Durchführung und der Dauer der beabsichtigten Betriebseinstellung, den Nachweis, daß die in §55 Abs. 1 Satz 1 Nr. 3 bis 13 und Absatz 2 bezeichneten Voraussetzungen erfüllt sind, und in anderen als den in §55 Abs. 2 Satz 1 Nr. 3 genannten Fällen auch Angaben über eine Beseitigung der betrieblichen Anlagen und Einrichtungen oder über deren anderweitige Verwendung enthalten muß. Abschlußbetriebspläne können ergänzt und abgeändert werden.

(2) Dem Abschlußbetriebsplan für einen Gewinnungsbetrieb ist eine Betriebschronik in zweifacher Ausfertigung beizufügen. Diese muß enthalten

1. den Namen des Gewinnungsbetriebes mit Bezeichnung der Gemeinde und des Kreises, in denen der Betrieb liegt,
2. Name und Anschrift des Unternehmers und, wenn dieser nicht zugleich Inhaber der Gewinnungsberechtigung ist, auch Name und Anschrift des Inhabers dieser Berechtigung,

3. die Bezeichnung der gewonnenen Bodenschätze nebst vorhandenen chemischen Analysen, bei Kohlen- und Kohlenwasserstoffen unter Angabe des Heizwertes, eine Beschreibung der sonst angetroffenen Bodenschätze unter Angabe der beim Betrieb darüber gewonnenen Kenntnisse sowie Angaben über Erschwerungen des Betriebes in bergtechnischer und sicherheitstechnischer Hinsicht,
4. die Angaben über den Verwendungszweck der gewonnenen Bodenschätze,
5. eine Beschreibung der technischen und wirtschaftlichen Betriebsverhältnisse und, soweit ein Grubenbild nicht geführt wurde, eine zeichnerische Darstellung des Betriebes,
6. die Angaben des Tages der Inbetriebnahme und der Einstellung des Gewinnungsbetriebes sowie der Gründe für die Einstellung,
7. eine lagerstättenkundliche Beschreibung der Lagerstätte nebst einem Verzeichnis der Vorräte an Bodenschätzen einschließlich der Haldenbestände,
8. eine Darstellung der Aufbereitungsanlagen (Art, Durchsatzleistung und Ausbringung an Fertigerzeugnissen nebst vorhandenen chemischen Analysen [Angabe des Metallgehaltes in den Abgängen]),
9. eine Darstellung der Verkehrslage und der für den Abtransport der Verkaufserzeugnisse wesentlichen Verhältnisse des Gewinnungsbetriebes.

Satz 1 gilt nicht bei Gewinnungsbetrieben, die in Form von Tagebauen betrieben wurden, es sei denn, daß der Lagerstätte nach Feststellung der zuständigen Behörde noch eine wirtschaftliche Bedeutung für die Zukunft zukommen kann.

§ 54
Zulassungsverfahren

(1) Der Unternehmer hat den Betriebsplan, dessen Verlängerung, Ergänzung oder Abänderung vor Beginn der vorgesehenen Arbeiten zur Zulassung einzureichen.

(2) Wird durch die in einem Betriebsplan vorgesehenen Maßnahmen der Aufgabenbereich anderer Behörden oder der Gemeinden als Planungsträger berührt, so sind diese vor der Zulassung des Betriebsplanes durch die zuständige Behörde zu beteiligen. Die Landesregierungen können durch Rechtsverordnung eine weitergehende Beteiligung der Gemeinden vorschreiben, soweit in einem Betriebsplan Maßnahmen zur Lagerung oder Ablagerung von Bodenschätzen, Nebengestein oder sonstigen Massen vorgesehen sind. Satz 2 gilt nicht bei Gewinnungsbetrieben, die im Rahmen eines Planes geführt werden, in dem insbesondere die Abbaugrenzen und Haldenflächen festgelegt sind und der auf Grund eines Bundes- oder Landesgesetzes in einem besonderen Planungsverfahren genehmigt worden ist.

§ 55
Zulassung des Betriebsplanes

Die Zulassung eines Betriebsplanes im Sinne des § 52 ist zu erteilen, wenn
1. für die im Betriebsplan vorgesehene Aufsuchung oder Gewinnung von Bodenschätzen die erforderliche Berechtigung nachgewiesen ist,
2. nicht Tatsachen die Annahme rechtfertigen, daß
   a) der Unternehmer, bei juristischen Personen und Personenhandelsgesellschaften eine der nach Gesetz, Satzung oder Gesellschaftsvertrag zur Vertretung berechtig-

ten Personen, die erforderliche Zuverlässigkeit und, falls keine unter Buchstabe b fallende Person bestellt ist, auch die erforderliche Fachkunde oder körperliche Eignung nicht besitzt,

b) eine der zur Leitung oder Beaufsichtigung des zuzulassenden Betriebes oder Betriebsteiles bestellten Personen die erforderliche Zuverlässigkeit, Fachkunde oder körperliche Eignung nicht besitzt,

3. die erforderliche Vorsorge gegen Gefahren für Leben, Gesundheit und zum Schutz von Sachgütern, Beschäftigter und Dritter im Betrieb, insbesondere durch die den allgemein anerkannten Regeln der Sicherheitstechnik entsprechenden Maßnahmen, sowie dafür getroffen ist, daß die für die Errichtung und Durchführung eines Betriebes auf Grund dieses Gesetzes erlassenen oder geltenden Vorschriften und die sonstigen Arbeitsschutzvorschriften eingehalten werden,
4. keine Beeinträchtigung von Bodenschätzen, deren Schutz im öffentlichen Interesse liegt, eintreten wird,
5. für den Schutz der Oberfläche im Interesse der persönlichen Sicherheit und des öffentlichen Verkehrs Sorge getragen ist,
6. die anfallenden Abfälle ordnungsgemäß beseitigt werden,
7. die erforderliche Vorsorge zur Wiedernutzbarmachung der Oberfläche in dem nach den Umständen gebotenen Ausmaß getroffen ist,
8. die erforderliche Vorsorge getroffen ist, daß die Sicherheit eines nach den §§ 50 und 51 zulässigerweise bereits geführten Betriebes nicht gefährdet wird,
9. gemeinschädliche Einwirkungen der Aufsuchung oder Gewinnung nicht zu erwarten sind und

bei einem Betriebsplan für einen Betrieb im Bereich des Festlandsockels oder der Küstengewässer ferner,

10. der Betrieb und die Wirkung von Schiffahrtsanlagen und -zeichen nicht beeinträchtigt werden,
11. die Benutzung der Schiffahrtswege und des Luftraumes, die Schiffahrt, der Fischfang und die **Pflanzen- und Tierwelt** nicht unangemessen beeinträchtigt werden,
12. das Legen, die Unterhaltung und der Betrieb von Unterwasserkabeln und Rohrleitungen sowie ozeanographische oder sonstige wissenschaftliche Forschungen nicht mehr als nach den Umständen unvermeidbar beeinträchtigt werden und
13. sichergestellt ist, daß sich die schädigenden Einwirkungen auf das Meer auf ein möglichst geringes Maß beschränken.

Satz 1 Nr. 2 gilt nicht bei Rahmenbetriebsplänen.

(2) Für die Erteilung der Zulassung eines Abschlußbetriebsplanes gilt Absatz 1 Satz 1 Nr. 2 bis 13 mit der Maßgabe entsprechend, daß

1. der Schutz Dritter vor den durch den Betrieb verursachten Gefahren für Leben und Gesundheit auch noch nach Einstellung des Betriebes sowie
2. die Wiedernutzbarmachung der Oberfläche in der vom einzustellenden Betrieb in Anspruch genommenen Fläche und
3. im Bereich des Festlandsockels und der Küstengewässer die vollständige Beseitigung der betrieblichen Einrichtungen bis zum Meeresuntergrund

sichergestellt sein müssen. Soll der Betrieb nicht endgültig eingestellt werden, so darf die Erfüllung der in Satz 1 genannten Voraussetzungen nur insoweit verlangt werden, als dadurch die Wiederaufnahme des Betriebes nicht ausgeschlossen wird.

Zu §55

1 Durch Art. 1 Nr. 5 des Gesetzes zur Änderung des Bundesberggesetzes vom 12. 2. 1990 (BGBl. I S. 215) sind in Abs. 1 Satz 1 Nr. 11 die Worte „Erhaltung der lebenden Meeresschätze" durch die Worte „Pflanzen- und Tierwelt" ersetzt worden.

2 Die Änderung dient der Vereinheitlichung der Terminologie innerhalb des BBergG, und zwar in Anpassung an die in §49 Nr. 4 verwendeten Begriffe. Im Gegensatz zu §49 Nr. 4 ist eine Erweiterung der Schutzgüter hier nicht erfolgt. Demnach ist eine **materielle Rechtsänderung** der Zulassungsvoraussetzungen in §55 **nicht** eingetreten.

3 Zu der Frage, inwieweit im Betriebszulassungsverfahren nach §55 auch eine **Berücksichtigung des §48 Abs. 2** in Betracht kommt, vgl. §48 Rdn. 5 ff.

§56
Form und Inhalt der Zulassung, Sicherheitsleistung

(1) Die Zulassung eines Betriebsplanes bedarf der Schriftform. Die nachträgliche Aufnahme, Änderung oder Ergänzung von Auflagen ist zulässig, wenn sie

1. für den Unternehmer und für Einrichtungen der von ihm betriebenen Art wirtschaftlich vertretbar und
2. nach den allgemein anerkannten Regeln der Technik erfüllbar

sind, soweit es zur Sicherstellung der Voraussetzungen nach §55 Abs. 1 Satz 1 Nr. 2 bis 13 und Absatz 2 erforderlich ist.

(2) Die zuständige Behörde kann die Zulassung von der Leistung einer Sicherheit abhängig machen, soweit diese erforderlich ist, um die Erfüllung der in §55 Abs. 1 Satz 1 Nr. 3 bis 13 und Absatz 2 genannten Voraussetzungen zu sichern. Der Nachweis einer entsprechenden Versicherung des Unternehmers mit einem im Geltungsbereich dieses Gesetzes zum Geschäftsbetrieb zugelassenen Versicherer darf von der zuständigen Behörde als Sicherheitsleistung nur abgelehnt werden, wenn die Deckungssumme nicht angemessen ist. Über die Freigabe einer gestellten Sicherheit entscheidet die zuständige Behörde.

(3) Die Absätze 1 und 2 gelten für die Verlängerung, Ergänzung oder Änderung eines Betriebsplanes entsprechend.

§57
Abweichungen von einem zugelassenen Betriebsplan

(1) Kann eine Gefahr für Leben oder Gesundheit Beschäftigter oder Dritter nur durch eine sofortige Abweichung von einem zugelassenen Betriebsplan oder durch sofortige, auf die endgültige Einstellung des Betriebes gerichtete Maßnahme abgewendet werden, so darf die Abweichung oder die auf die Einstellung gerichtete Maßnahme auf ausdrückliche Anordnung des Unternehmers bereits vor der Zulassung des hierfür erforderlichen Betriebsplanes vorgenommen werden. Der Unternehmer hat der zuständigen Behörde die Anordnung unverzüglich anzuzeigen.

(2) Werden infolge unvorhergesehener Ereignisse zur Abwendung von Gefahren für bedeutende Sachgüter sofortige Abweichungen von einem zugelassenen Betriebsplan erforderlich, so gilt Absatz 1 entsprechend mit der Maßgabe, daß die Sicherheit des Betriebes nicht gefährdet werden darf.

(3) Die Zulassung der infolge der Abweichung erforderlichen Änderung des Betriebsplanes oder des für die Einstellung erforderlichen Betriebsplanes ist unverzüglich zu beantragen.

§57a
Planfeststellungsverfahren, Umweltverträglichkeitsprüfung

(1) Das im Falle des §52 Abs. 2a durchzuführende Planfeststellungsverfahren tritt an die Stelle des Verfahrens nach den §§54 und 56 Abs. 1. Anhörungsbehörde und Planfeststellungsbehörde ist die für die Zulassung von Betriebsplänen zuständige Behörde. Bei Vorhaben im Bereich des Festlandsockels tritt bei der Anwendung der Vorschriften der Verwaltungsverfahrensgesetze über das Planfeststellungsverfahren an die Stelle der Gemeinde die zuständige Behörde; als Bereich, in dem sich das Vorhaben voraussichtlich auswirken wird, gilt der Sitz dieser Behörde.

(2) Der Rahmenbetriebsplan muß den Anforderungen genügen, die sich aus den Voraussetzungen für die Durchführung des Planfeststellungsverfahrens unter Berücksichtigung der Antragserfordernisse für die vom Planfeststellungsbeschluß eingeschlossenen behördlichen Entscheidungen ergeben. Der Rahmenbetriebsplan muß alle für die Umweltverträglichkeitsprüfung bedeutsamen Angaben enthalten, soweit sie nicht schon nach Satz 1 zu machen sind, insbesondere

1. **eine Beschreibung der zu erwartenden erheblichen Auswirkungen des Vorhabens auf die Umwelt unter Berücksichtigung des allgemeinen Kenntnisstandes und der allgemein anerkannten Prüfungsmethoden,**
2. **alle sonstigen Angaben, um solche Auswirkungen feststellen und beurteilen zu können, sowie**
3. **eine Beschreibung der Maßnahmen, mit denen erhebliche Beeinträchtigungen der Umwelt vermieden, vermindert oder soweit möglich ausgeglichen werden, sowie der Ersatzmaßnahmen bei nicht ausgleichbaren aber vorrangigen Eingriffen in Natur und Landschaft.**

Weitere Angaben zur Umwelt und ihren Bestandteilen, Angaben zu geprüften Vorhabenalternativen und über etwaige Schwierigkeiten bei der Angabenzusammenstellung sind erforderlich, soweit

1. **sie in Anbetracht der besonderen Merkmale des Vorhabens und der möglichen Auswirkungen auf die Umwelt von Bedeutung sind und**
2. **ihre Zusammenstellung für den Unternehmer unter Berücksichtigung des allgemeinen Kenntnisstandes und der allgemein anerkannten Prüfungsmethoden zumutbar ist.**

Einzelheiten regelt der Bundesminister für Wirtschaft durch Rechtsverordnung nach §57c. Der Unternehmer hat dem Rahmenbetriebsplan einen zur Auslegung geeigneten Plan und eine allgemeinverständliche Zusammenfassung der beizubringenden Angaben beizufügen.

(3) Verfügen die beteiligten Behörden zu den nach Absatz 2 Satz 2 und 3 zu machenden Angaben über zweckdienliche Informationen, so unterrichten sie den Unternehmer und stellen ihm die Informationen auf Verlangen zur Verfügung. Das

gilt insbesondere für Informationen aus einem vorausgegangenen Raumordnungsverfahren; die dafür zuständige Behörde hat die Unterlagen aus diesem Verfahren, die für die Umweltverträglichkeitsprüfung von Bedeutung sein können, der nach Absatz 1 Satz 2 zuständigen Behörde zur Verfügung zu stellen.

(4) Die Entscheidung über die Planfeststellung ist hinsichtlich der eingeschlossenen Entscheidungen nach Maßgabe der hierfür geltenden Vorschriften zu treffen. Das Verhältnis zwischen Unternehmer und Betroffenen und der Schutz von Belangen Dritter im Sinne des Bergrechts bestimmen sich nach den dafür geltenden Vorschriften dieses Gesetzes; dies gilt auch für eine Aufhebung des Planfeststellungsbeschlusses. In der Begründung der Entscheidung ist zur Bewertung der Auswirkungen des Vorhabens auf die Umwelt eine zusammenfassende Darstellung dieser Auswirkungen aufzunehmen.

(5) Hinsichtlich der vom Vorhaben berührten Belange Dritter und der Aufgabenbereiche Beteiligter im Sinne des § 54 Abs. 2 erstrecken sich die Rechtswirkungen der Planfeststellung auch auf die Zulassung und Verlängerung der zur Durchführung des Rahmenbetriebsplanes erforderlichen Haupt-, Sonder- und Abschlußbetriebspläne, soweit über die sich darauf beziehenden Einwendungen entschieden worden ist oder bei rechtzeitiger Geltendmachung hätte entschieden werden können; Entscheidungen nach § 48 Abs. 2 werden außer in den in § 48 Abs. 2 Satz 2 genannten Fällen des Schutzes von Rechten Dritter durch einen Planfeststellungsbeschluß ausgeschlossen.

(6) Bei Vorhaben, die in einem anderen Mitgliedstaat der Europäischen Gemeinschaften erhebliche Auswirkungen auf die Umwelt haben können, sind die zuständigen Behörden des anderen Mitgliedstaats wie die im Planfeststellungsverfahren beteiligten Behörden zu unterrichten. Für Nachbarstaaten der Bundesrepublik Deutschland, die nicht Mitgliedstaaten der Europäischen Gemeinschaften sind, gilt unter den Voraussetzungen der Grundsätze von Gegenseitigkeit und Gleichwertigkeit Satz 1 entsprechend. Einzelheiten regelt der Bundesminister für Wirtschaft durch Rechtsverordnung nach § 57 c.

Zu § 57 a

Übersicht

I. Allgemeines

1. Einführung eines Planfeststellungsverfahrens in das Bergrecht

Die §§ 57 a bis 57 c sind durch Art. 1 Nr. 6 des Gesetzes zur Änderung des Bundesberggesetzes vom 12. 2. 1990 (BGBl. I S. 215) in das Gesetz aufgenommen worden. Sie stehen in engem Zusammenhang mit den ebenfalls neu eingefügten Absätzen 2 a bis 2 c des § 52. Die §§ 57 a und 57 b regeln die Modalitäten des in § 52 Abs. 2 a Satz 1 angesprochenen Planfeststellungsverfahrens mit UVP. § 57 c ermächtigt den Bundesminister für Wirtschaft, durch Rechtsverordnung die für die Durchführung der neuen Vorschriften notwendigen Bestimmungen zu treffen. **1**

Im Mittelpunkt der berggesetzlichen Regelungen über die behördliche Kontrolle bergbaulicher Vorhaben hat in Deutschland seit jeher das **Betriebsplanverfahren** gestanden. Es hat sich in der Praxis als ein den besonderen Anforderungen des Bergbaus angepaßtes Rechtsinstitut für die präventive und laufende Betriebsüberwachung durchaus bewährt. Die Betriebsplanzulassung durch die Bergbehörde war lange Zeit der einzige für die Eröffnung und Führung eines Bergwerksbetriebes erforderliche behördliche Rechtsakt. Später traten dann auch für bergbauliche Betriebe nach anderen, außerbergrechtlichen Gesetzen erforderliche Genehmigungen, Erlaubnisse u. ä. hinzu, die nicht von der Betriebsplanzulassung eingeschlossen werden, sondern in den jeweils dafür vorgesehenen Verfahren von den zuständigen Behörden erteilt werden müssen. Der Verzicht auf eine Verfahrenskonzentration wurde im Schrifttum als gewisse Schwäche des Betriebsplanverfahrens bezeichnet (vgl. im Hauptband vor § 50 Rdn. 9), und es wurde die Frage erörtert, inwieweit etwa die Rahmenbetriebs- **2** planzulassung **mit Konzentrationswirkung ausgestattet** werden könnte (*Kühne*, Verfahrensstufung im bergrechtlichen Betriebsplanverfahren, UPR 1986, 81 [88]; *ders.*, Die Entwicklung des Umweltschutzgedankens im Bergrecht, UTR 1989, 165 [186]; *H. Schulte*, Bergbau, Umweltrecht, Raumplanung, ZfB 128, 178 [226, 229]; *ders.*, Gemeinschädliche Einwirkungen nach § 55 BBergG, Festschrift für Fabricius, S. 149 [161]). Dazu bedurfte es allerdings einer **Gesetzesänderung.**

3 Den Anlaß zu einer entsprechenden Gesetzesinitiative gab die **Richtlinie des Rates der Europäischen Gemeinschaften über die Umweltverträglichkeitsprüfung bei bestimmten öffentlichen und privaten Projekten (UVP-Richtlinie)** vom 27. 6. 1985 (ABl. Nr. L 175/40). Diese Richtlinie, die eine frühzeitige Prüfung und angemessene Berücksichtigung von Umweltauswirkungen bei den behördlichen Entscheidungen über umweltrelevante Vorhaben zum Ziel hat, sollte nach Art. 12 binnen drei Jahren in nationales Recht umgesetzt werden. Die Bundesrepublik Deutschland entschied sich für eine Integration der von der Richtlinie geforderten UVP in die nach deutschem Recht bereits bestehenden Genehmigungsverfahren (vgl. dazu im einzelnen § 52 Rdn. 5 ff). Da auch bergbauliche Tätigkeiten und Einrichtungen i. S. des § 2 BBergG zu den Projekten gehören können, bei denen eine UVP durchzuführen ist, ergab sich die Notwendigkeit, ihre Genehmigung einer Regelung zu unterwerfen, die den Anforderungen der UVP-Richtlinie der EG entspricht. Das bestehende bergrechtliche Instrumentarium reichte für die Durchführung einer UVP in der durch die Richtlinie vorgebenen Form nicht aus; es fehlte insbesondere die obligatorische Einbeziehung der Öffentlichkeit in das bergbehördliche Zulassungsverfahren, wenn man von der Sonderregelung des § 126 Abs. 1 Satz 2 absieht.

4 Der Bundesgesetzgeber hat sich daher zu einer Ergänzung der berggesetzlichen Vorschriften über die Genehmigung bergbaulicher Vorhaben entschlossen, und zwar durch die Ausgestaltung des Rahmenbetriebsplanverfahrens zu einem **Planfeststellungsverfahren** in den Fällen, in denen eine UVP durchzuführen ist. Nach der amtl. Begr. hat sich der Gesetzgeber dabei von der Zielvorstellung leiten lassen, ein Planfeststellungsverfahren mit den Modalitäten zu schaffen, die einerseits die angestrebte Entscheidungskonzentration und die notwendige Öffentlichkeitsbeteiligung gewährleisten, andererseits aber auch der bergbaulichen Betriebsweise und damit den besonderen Gegebenheiten des bergrechtlichen Betriebsplanverfahrens Rechnung tragen (BT-Drucks. 11/4015 S. 1; ZfB 131, 89). Darüber hinaus war sicherzustellen, daß bei der Ausgestaltung des bergrechtlichen Planfeststellungsverfahrens alle in der UVP-Richtlinie der EG enthaltenen Anforderungen für bergbauliche Vorhaben berücksichtigt werden. Die neuen Planfeststellungsvorschriften des BBergG regeln nämlich das Verfahren der UVP für den Bereich des Bergbaus **abschließend.** Die Bestimmungen der §§ 5 bis 14 des Gesetzes über die Umweltverträglichkeitsprüfung (UVPG) vom 12. 2. 1990 (BGBl. I S. 205) finden insoweit keine Anwendung. Gem. § 18 Satz 1

UVPG wird die UVP bei bergbaulichen Vorhaben, abgesehen von vorgelagerten raumordnerischen Verfahren (vgl. § 52 Rdn. 71–79), **allein im Planfeststellungsverfahren nach dem BBergG** durchgeführt (vgl. im einzelnen § 52 Rdn. 9). Durch die Einführung eines bergrechtlichen Zulassungsverfahrens mit Konzentrationswirkung hat der Gesetzgeber im übrigen der im neuen Fachschrifttum allgemein angeregten Abschaffung „paralleler Genehmigungen" und Konzentration der verschiedenen Kontrollerfordernisse und -vorgänge in einem Verwaltungsverfahren entsprochen. Vgl. dazu *Jarass,* Konkurrenz, Konzentration und Bindungswirkung von Genehmigungen, Berlin 1984; *Gaentsch,* Konkurrenz paralleler Anlagengenehmigungen, NJW 1986, 2787 ff; *Kühling,* Fachplanungsrecht, 1988, S. 169 Rdn. 385.

Um die gesetzten Ziele zu erreichen, konnte sich der Gesetzgeber nicht darauf **5**
beschränken, lediglich die Durchführung eines Planfeststellungsverfahrens für UVP-pflichtige bergbauliche Vorhaben anzuordnen mit der Konsequenz, daß für das Verfahren allein die Vorschriften des VwVfG maßgebend gewesen wären. Durch die §§ 57 a und 57 b sind vielmehr die allgemeinen Planfeststellungsvorschriften insoweit **ergänzt und modifiziert** worden, wie es zu einer fachspezifischen Umsetzung der UVP-Richtlinie in innerstaatliches Recht und zur Eingliederung des neuen Verfahrens in das bestehende wohlausgewogene System berggesetzlicher Spezialregelungen erforderlich war. Das bergrechtliche Planfeststellungsverfahren stellt infolgedessen kein typenreines Planfeststellungsverfahren dar. Die Eigenart dieses Verfahrens besteht vor allem darin, daß es einer besonderen „Planrechtfertigung" nicht bedarf und daß der planfeststellenden Behörde ein Planungsermessen nicht zusteht (vgl. Rdn. 48–51).

Im Vergleich zu sonstigen Planfeststellungsverfahren bietet das bergrechtliche Verfahren nicht die Möglichkeit einer planerisch-schöpferischen Gestaltung durch die Planfeststellungsbehörde (*Hoppe,* Das Spannungsverhältnis von Bergwerkseigentum und Oberflächeneigentum im Lichte des Verfassungsrechts, Heft 123 der Schriftenreihe der Juristischen Gesellschaft Berlin, 1991, S. 27). Damit hat der Gesetzgeber den besonderen Sachgesetzlichkeiten des Bergbaus Rechnung getragen und erreicht, daß mit der Novellierung des BBergG keine Veränderung der Rechtsposition der dem Planfeststellungsverfahren unterworfenen Unternehmer Platz greift, die über die mit den verfahrensrechtlichen Vorschriften verbundenen Änderungen hinausgehen (BT-Drucks. 11/4015 S. 12 = ZfB 131, 96). Zur Rechtsnatur vgl. im einzelnen *Gaentzsch,* Die bergrechtliche Planfeststellung, Festschrift für Sendler, München 1991, S. 403 ff.

2. Anzuwendende Verfahrensvorschriften

Wird durch Rechtsvorschrift — wie hier durch § 52 Abs. 2 a — ein Planfest- **6**
stellungsverfahren angeordnet, so gelten dafür gem. § 72 VwVfG die §§ 73 bis 78 VwVfG und, soweit sich aus ihnen nichts Abweichendes ergibt, die übrigen Vorschriften des VwVfG. Nach § 5 BBergG ist das VwVfG, d. h. das VwVfG des

im gegebenen Fall für den Vollzug zuständigen Landes, auch auf die Ausführung des BBergG anzuwenden, soweit in diesem nichts anderes bestimmt ist (vgl. im Hauptband § 5 Rdn. 1). Dies bedeutet, daß primär die jeweils **spezielleren Vorschriften** Anwendung finden, z. B. die des BBergG vor denen des VwVfG. Soweit aber das BBergG ein Gebiet oder eine Frage nicht abschließend regelt, bleibt das VwVfG anwendbar. Innerhalb des VwVfG haben die Sonderregelungen über das Planfeststellungsverfahren Vorrang vor den übrigen Vorschriften des Gesetzes.

7 Diese durch das **Subsidiaritätsprinzip** bestimmte Rangfolge wurde auch den nachfolgenden Erläuterungen zugrundegelegt. In erster Linie werden also die berggesetzlichen Vorschriften gewürdigt. Da diese aber keine abschließende Regelung des Planfeststellungsverfahrens enthalten, ist auch auf die zusätzlich anwendbaren Bestimmungen des VwVfG einzugehen. Insoweit können allerdings nur die für die Praxis wichtigsten Fragen behandelt werden. Zur Vertiefung wird im übrigen an die einschlägige Fachliteratur, insbesondere auf die bekannten Kommentare zum VwVfG verwiesen.

II. Das bergrechtliche Planfeststellungsverfahren

1. Planaufstellung

8 Das Planfeststellungsverfahren im verwaltungsverfahrensrechtlichen Sinn fängt grundsätzlich erst mit der Vorlegung des für die Planfeststellung bestimmten Planes bei der zuständigen Behörde an. Die §§ 72 ff VwVfG erfassen nicht die vor der Planeinreichung liegenden Planungsstufen der Erarbeitung und internen Prüfung des Planentwurfs, sondern beginnen erst in der Auslegungsstufe des § 73 VwVfG (*Stelkens/Bonk/Leonhardt*, VwVfG, 3. Aufl. 1990, § 72 Rdn. 15). Demgegenüber enthalten die **§§ 52, 57 a bis 57 c BBergG** als fachspezifische Besonderheit auch schon für das Stadium der **Planaufstellung** eine dezidierte gesetzliche Regelung. Soweit in ihr der Erlaß von Verwaltungsakten vorgesehen ist, finden ergänzend die allgemein für Verwaltungsakte geltenden Bestimmungen des VwVfG Anwendung. Die durch die Berggesetznovelle vom 12. 2. 1990 neu eingefügten Vorschriften, die eine Synthese von Rahmenbetriebsplanzulassungs- und Planfeststellungsverfahren beinhalten, sind untereinander eng verzahnt und müssen insgesamt als Einheit betrachtet werden. Infolgedessen bedarf es auch bei der Kommentierung des § 57 a einiger Anmerkungen zu § 52 Abs. 2 a, wobei hinsichtlich der Einzelheiten auf die Erläuterungen zu § 52 verwiesen wird.

a) Behördliches Verlangen und Erörterung (Scoping)

9 Die rechtliche Bedeutung des § 52 Abs. 2 a Satz 1 besteht zunächst in der **ausdrücklichen gesetzlichen Anordnung eines Planfeststellungsverfahrens.** Diese hat die Wirkung, daß für die hier in Betracht kommenden Vorhaben mit den sich aus den §§ 57 a und 57 b ergebenden Modifizierungen gem. § 72 VwVfG die besonderen Bestimmungen der §§ 73 bis 78 VwVfG über das Planfeststellungsverfahren anzuwenden sind.

Darüber hinaus folgt aus § 52 Abs. 2 a Satz 1, daß ein bergrechtliches Planfeststellungsverfahren **nicht ohne behördliches Verlangen durchgeführt werden kann.** Die Aufstellung von Betriebsplänen ist grundsätzlich Sache des Unternehmers. Dieser trifft die unternehmerische Entscheidung darüber, ob und in welcher Weise seine Bergbauberechtigung ausgeübt werden soll. Dementsprechend gestaltet er seinen Betriebsplan und legt ihn der Bergbehörde zur Zulassung vor. Zwingend vorgeschrieben sind durch das Gesetz Hauptbetriebspläne für die Errichtung und Führung eines Betriebes (§ 52 Abs. 1) sowie ein Abschlußbetriebsplan für die Einstellung eines Betriebes (§ 53 Abs. 1). Als weitere Betriebsplanarten kennt das BBergG Rahmen- und Sonderbetriebspläne (§ 52 Abs. 2) sowie gemeinsame Betriebspläne (§ 52 Abs. 3). Diese können von den Unternehmern nach den von ihnen gesehenen Erfordernissen aufgestellt werden; darüber hinaus hat aber auch die zuständige Behörde die Befugnis, die Aufstellung solcher Betriebspläne zu verlangen, was für den Unternehmer zur Folge hat, daß sich die rechtliche Möglichkeit zur Aufstellung eines bestimmten Betriebsplantyps im Einzelfall zu einer Rechtspflicht verdichtet (vgl. im Hauptband § 52 Rdn. 6 sowie oben § 52 Rdn. 18), ohne daß dies jedoch als eine Art von Betriebszwang aufzufassen wäre. **10**

Während die Aufforderung zur Aufstellung eines fakultativen Rahmenbetriebsplans im behördlichen Ermessen liegt, ist die Bergbehörde gem. § 52 Abs. 2 a Satz 1 **verpflichtet, vom Unternehmer die Aufstellung eines Rahmenbetriebsplanes zu verlangen,** wenn sie – z. B. durch Anzeige nach § 50 oder aufgrund eines gem. § 54 eingereichten Betriebsplans – von der beabsichtigten Durchführung eines nach § 57 c UVP-pflichtigen bergbaulichen Vorhabens Kenntnis erhält. Der Berggesetzgeber hat hiermit zum Ausdruck gebracht, daß die Vorlegung eines Rahmenbetriebsplans in diesem Falle wegen der damit verbundenen weitreichenden verfahrensrechtlichen Konsequenzen nicht im Belieben des Unternehmers steht, sondern eine behördliche Entscheidung voraussetzt. Das **Verlangen** nach Aufstellung eines Rahmenbetriebsplans i. S. des § 52 Abs. 2 a Satz 1 ist ein **gebundener Verwaltungsakt,** der davon abhängt, daß ein Betrieb errichtet und geführt werden soll, der nach § 57 c einer UVP bedarf. Die zuständige Behörde hat also nach Maßgabe der §§ 24 ff VwVfG zu ermitteln, ob es sich um ein in § 1 der Verordnung über die Umweltverträglichkeitsprüfung bergbaulicher Vorhaben (siehe § 57 c Rdn. 5) aufgeführtes betriebsplanpflichtiges Vorhaben handelt. Wenn das der Fall ist, hat sie die Aufstellung eines Rahmenbetriebsplanes zu verlangen und für dessen Zulassung ein bergrechtliches Planfeststellungsverfahren durchzuführen. Dabei steht ihr ein **Beurteilungsspielraum** nur zu, soweit die in der Verordnung festgelegten Kriterien dies gestatten (vgl. im einzelnen § 52 Rdn. 20 f). Eine bestimmte **Form** ist für das behördliche Verlangen **nicht** vorgeschrieben. Der **Inhalt** des Verlangens richtet sich nach den **11** gegebenen Voraussetzungen und hängt davon ab, welche Anforderungen an den jeweiligen Rahmenbetriebsplan zu stellen sind. Eine entsprechende Abklärung vor dem Verlangen gehört, wie es in der amtl. Begr. heißt, nicht nur zu den Amtspflichten, sondern auch zu den im eigenen Interesse der Behörde liegenden Aufgaben (BT-Drucks. 11/4015 S. 11 = ZfB 131, 95). Zur Frage der **Anfechtbarkeit** des Verlangens vgl. Rdn. 85.

12 Auf der Grundlage des Verlangens **soll die Behörde** nach § 52 Abs. 2 a Satz 2 mit dem Unternehmer Gegenstand, Umfang und Methode der UVP sowie sonstige prüfungserhebliche Fragen **erörtern** (sog. Scoping). Wenn es sich hierbei auch nicht um eine zwingende Vorschrift handelt, wird die Erörterung in der Praxis die Regel sein, denn rechtzeitige Gespräche zwischen Vorhabenträger und Behörde über den Untersuchungsrahmen der UVP entlasten das Verfahren und erleichtern die Entscheidungsfindung. Zu einem zügigen Verfahrensablauf kann auch die im 2. Halbsatz vorgesehene frühzeitige **Einschaltung betroffener Fachbehörden, Sachverständiger und Dritter** beitragen (vgl. BT-Drucks. 11/5532 S. 38). Die federführende Bergbehörde sollte bereits in diesem Stadium des Verfahrens darauf hinwirken, daß der Unternehmer in die Lage versetzt wird, bei seinen eigenen Konzeptionen und Planungen die für die UVP relevanten Gesichtspunkte zu berücksichtigen. Zum „Scoping" vgl. im einzelnen § 52 Rdn. 33–36.

b) Behördliche Informationspflicht

13 Von erheblicher Bedeutung ist in diesem Zusammenhang die in § 57 a Abs. 3 verankerte **Informationspflicht der beteiligten Behörden.** Die Vorschrift entspricht inhaltlich im wesentlichen dem § 5 Satz 3 UVPG, weist jedoch einige verfahrensmäßige Besonderheiten auf. Nach § 57 a Abs. 3 haben die beteiligten Behörden den Unternehmer zu **unterrichten,** wenn sie hinsichtlich der für die UVP im konkreten Fall bedeutsamen Angaben über zweckdienliche Informationen verfügen. Zu den „beteiligten Behörden" i. S. dieser Bestimmung zählt wie in § 5 Satz 3 UVPG zunächst die für die Durchführung des Verfahrens zuständige Behörde; außerdem gehören dazu diejenigen Behörden, deren Geschäfts- bzw. Aufgabenbereich durch das geplante Vorhaben berührt wird. Äußert der Unternehmer aufgrund der Unterrichtung ein entsprechendes Verlangen, sind die Behörden **verpflichtet,** ihm die Informationen **zur Verfügung zu stellen.** Ein Ermessen räumt ihnen das Berggesetz im Unterschied zum UVPG insoweit nicht ein. Die Behörden haben also dem Unternehmer auf dessen Verlangen die bei ihnen verfügbaren Informationen, die für die Erfüllung der in § 57 a Abs. 2 an den Rahmenbetriebsplan gestellten Anforderungen zweckdienlich sind, zur Verfügung zu stellen, soweit nicht Rechte Dritter, insbesondere Vorschriften über Geheimhaltung und Datenschutz, entgegenstehen. Falls eine Behörde die ihr zur Verfügung stehenden Informationen nicht an den Vorhabenträger weitergibt, können sich daraus Amtspflichtverletzungen ergeben (*Beckmann,* Der Rechtsschutz des Vorhabenträgers bei der Umweltverträglichkeitsprüfung, NVwZ 1991, 427 [429]).

§ 57 a Abs. 3 Satz 2 stellt heraus, daß bei der gebotenen Information insbesondere auch auf die Ergebnisse aus einem vorausgegangen **Raumordnungsverfahren** zurückgegriffen werden kann. Deshalb ist die für das Raumordnungsverfahren zuständige Behörde verpflichtet, der für die bergrechtliche Planfeststellung zuständigen Behörde die Unterlagen aus dem Raumordnungsverfahren, die für die UVP von Bedeutung sein können, zur Verfügung zu stellen. Die Planfeststellungsbehörde ihrerseits hat nach Satz 1 zu verfahren. **14**

c) Anforderungen an den obligatorischen Rahmenbetriebsplan

aa) Allgemeine Anforderungen

Der „Rahmenbetriebsplan" ist nach § 52 Abs. 2 Nr. 1 dadurch gekennzeichnet, daß er für einen bestimmten längeren, nach den jeweiligen Umständen bemessenen Zeitraum aufzustellen ist und allgemeine Angaben über das beabsichtigte Vorhaben, dessen technische Durchführung und voraussichtlichen zeitlichen Ablauf erhalten muß. In den Rahmenbetriebsplänen ist also ein Vorhaben noch nicht in allen Einzelheiten zu beschreiben, sie haben jedoch klar den Rahmen abzustecken, innerhalb dessen bestimmte einzelne Vorhaben – durch Zulassung von Haupt-, Sonder- und sonstigen Betriebsplänen abgesichert – in Zukunft durchgeführt werden sollen (vgl. BT-Drucks. 11/4015 S. 7 = ZfB 131, 91). Ausgehend von dieser gesetzlichen Vorgabe werden in **§ 57 a Abs. 2** die Unternehmerpflichten im Zusammenhang mit der Einreichung der Unterlagen für einen zur Planfeststellung bestimmten „obligatorischen" Rahmenbetriebsplan umschrieben. **Satz 1** legt zunächst fest, daß ein solcher Rahmenbetriebsplan über die in § 52 Abs. 2 Nr. 1 enthaltene Inhaltsbestimmung hinaus den Anforderungen gerecht werden muß, die sich aus den Voraussetzungen für die Durchführung des Planfeststellungsverfahrens ergeben. Zu diesen Voraussetzungen gehört gemäß § 52 Abs. 2 a Satz 1, daß es sich um ein Vorhaben handelt, das nach § 57 c einer UVP bedarf. Der planfestzustellende Rahmenbetriebsplan muß also erkennen lassen, inwieweit die Kriterien der nach § 57 c erlassenen Verordnung erfüllt sind. Liegen die Voraussetzungen vor, ist er so auszugestalten, daß er eine **medienübergreifende Prüfung der Umweltauswirkungen des Gesamtvorhabens** ermöglicht (vgl. § 52 Rdn. 3). **15**

bb) Antragserfordernisse eingeschlossener Entscheidungen

Neben dieser allgemeinen Aussage enthält § 57 a Abs. 2 Satz 1 noch die speziellere Bestimmung, daß bei der Planfeststellung diejenigen Antragserfordernisse zu berücksichtigen sind, die für **alle vom Planfeststellungsbeschluß eingeschlossenen behördlichen Entscheidungen** erfüllt sein müssen. Diese Regelung beruht auf der Erwägung, daß die Entscheidung im Planfeststellungs- **16** verfahren in der Regel mehrere eingeschlossene Genehmigungen, Erlaubnisse oder dergleichen enthält, für die häufig eigene Verfahrensbestimmungen über die **Beibringung bestimmter Unterlagen** gelten, die in vollem Umfang erhalten bleiben sollen (Amtl. Begr. BT-Drucks. 11/4015 S. 11 = ZfB 131, 96). Dagegen kommen sonstige Verfahrensvorschriften anderer Rechtsbereiche aufgrund der verfahrensrechtlichen Konzentrationswirkung der Planfeststellung nicht zum Zuge (vgl. Rdn. 56).

17 Zu den fachgesetzlichen Anforderungen in diesem Sinne gehört vor allem die für alle Betriebsplanarten gültige Vorschrift des **§ 52 Abs. 4 Satz 1.** Danach müssen Betriebspläne eine Darstellung des Umfanges, der technischen Durchführung und der Dauer des beabsichtigten Vorhabens sowie den Nachweis enthalten, daß die in § 55 Abs. 1 Satz 1 Nr. 1 und 3 bis 13 bezeichneten Voraussetzungen für die Betriebsplanzulassung erfüllt sind. Demnach ist auch der zur Planfeststellung bestimmte Rahmenbetriebsplan **inhaltlich** so auszugestalten, daß für die Planfeststellungsbehörde erkennbar wird, ob das dargestellte Vorhaben den berggesetzlichen Zulassungsvoraussetzungen entspricht. Hinsichtlich **Aufbau** und **Form** sind bei der Betriebsplanaufstellung die zur Verfahrensvereinheitlichung erlassenen Verwaltungsvorschriften zum Anhalt zu nehmen (vgl. dazu im Hauptband § 52 Rdn. 11 sowie die bei *Zydek/Heller*, Deutsches Bergrecht, abgedruckten Verwaltungsvorschriften).

18 In gleicher Weise sind die für die **übrigen** vom Planfeststellungsbeschluß eingeschlossenen behördlichen Entscheidungen geltenden Antragserfordernisse bei der Planaufstellung zu berücksichtigen. Der Unternehmer hat also auch die in den jeweils anwendbaren außerberggesetzlichen Rechtsvorschriften für den Antrag auf Erteilung einer notwendigen Genehmigung oder Erlaubnis geforderten zeichnerischen und textlichen Darstellungen in den Rahmenbetriebsplan aufzunehmen. Insoweit muß dieser demnach denselben Konkretheitsgrad besitzen wie die Antragsunterlagen, die — ohne Planfeststellung — für die verschiedenen Genehmigungen oder Erlaubnisse erforderlich wären (*Bohne*, ZfB 130, 108).

cc) Ergänzende Angaben über Umweltauswirkungen

19 Während § 57 a Abs. 2 **Satz 1** — ebenso wie § 6 Abs. 1 Satz 1 UVPG — zum Ausdruck bringt, daß sich Inhalt und Umfang der vom Vorhabenträger beizubringenden Unterlagen grundsätzlich nach den Rechtsvorschriften bestimmen, die für die Entscheidung über die Zulässigkeit des Vorhabens maßgebend sind, werden in den **Sätzen 2 und 3** — entsprechend § 6 Abs. 3 und 4 UVPG — die an den planfeststellungsbedürftigen Rahmenbetriebsplan im Hinblick auf die UVP zu stellenden besonderen Anforderungen genannt, und zwar wird dabei zwischen Mindestangaben (Satz 2) und weiteren Angaben (Satz 3) unterschieden. Weitere Einzelheiten sind gemäß **Satz 4** durch § 2 der Verordnung über die Umweltverträglichkeitsprüfung bergbaulicher Vorhaben (UVP-V Bergbau) vom

13.7.1990 (BGBl. I S. 1420) geregelt worden (vgl. § 57 c Rdn. 5). Somit muß der zur Planfeststellung bestimmte Rahmenbetriebsplan einerseits den in Satz 1 bezeichneten fachspezifischen Antragserfordernissen entsprechen, andererseits hat er alle für die UVP bedeutsamen, in den Sätzen 2 und 3 i. Verb. mit § 2 UVP-V Bergbau konkretisierten Angaben zu enthalten. Soweit diese Angaben bereits aus den nach Satz 1 beizubringenden Unterlagen hervorgehen, ist die gesetzliche Forderung erfüllt, und es können **keine darüber hinausgehenden Anforderungen** an den Unternehmer gestellt werden. Andernfalls bedarf es einer **Ergänzung** des Rahmenbetriebsplans durch die noch fehlenden Angaben.

In **Satz 2** werden die **Mindestanforderungen** genannt, denen ein planfestzustellender Rahmenbetriebsplan genügen muß, um die Prüfung der Umweltverträglichkeit des Vorhabens entsprechend den Anforderungen des Art. 5 Abs. 2 der UVP-Richtlinie der EG (vgl. dazu § 52 Rdn. 2–4) zu ermöglichen. Der Anforderungskatalog der **Nummern 1 bis 3** wird ergänzt durch **§ 2 Abs. 1 der UVP-V Bergbau** (Wortlaut s. § 57 c Rdn. 5). Beide Bestimmungen sind als Einheit anzusehen und beinhalten eine **Konkretisierung** des im ersten Satzteil des § 57 a Abs. 2 Satz 2 enthaltenen Begriffs „für die Umweltverträglichkeitsprüfung bedeutsame Angaben“. In diesem Sinne muß demnach auch die in § 2 UVP-V Bergbau verwendete Formulierung „entscheidungserhebliche Angaben“ verstanden werden. Inhaltlich stimmen die hier geforderten Angaben mit den in § 6 Abs. 3 UVPG bezeichneten Mindestangaben überein, wobei § 2 Abs. 1 Nr. 2 der VO noch über § 6 UVPG hinausgeht. Die Entscheidungserheblichkeit wird grundsätzlich von den gesetzlichen Zulassungsvoraussetzungen bestimmt. Was nicht entscheidungserheblich ist, ist weder für die Bewertung noch für die Ermittlung und Beschreibung von Umweltauswirkungen relevant (*Feldmann*, UVP-Gesetz und UVP-Verwaltungsvorschrift, UPR 1991, 127 [129]). **20**

In **Nr. 1** wird wie in § 6 Abs. 3 Nr. 4 UVPG eine Beschreibung der **zu erwartenden erheblichen Umweltauswirkungen** des Vorhabens verlangt. Das setzt eine Prognose voraus, nach der mit erheblichen, d. h. nicht nur unbedeutenden Auswirkungen des Vorhabens auf die Umwelt gerechnet werden muß. In Zusammenhang damit stellt das Gesetz klar, daß keine Unterlagen gefordert werden dürfen, die im Hinblick auf den allgemeinen Kenntnisstand und die allgemein anerkannten Prüfungsmethoden vom Unternehmer nicht erwartet werden können (Amtl. Begr. d. UVPG, BT-Drucks. 11/3919 S. 24). **21**

Nr. 2 schreibt alle sonstigen Angaben vor, die erforderlich sind, um solche erheblichen Umweltauswirkungen **feststellen und beurteilen** zu können. Die Vorschrift ist in Verbindung mit § 2 Abs. 1 Nr. 1 der UVP-V Bergbau zu sehen und entspricht dann inhaltlich § 6 Abs. 3 Nr. 2 UVPG. Danach müssen Angaben zu den voraussichtlichen Emissionen und zu anderen von dem Vorhaben ausgehenden umweltbelastenden Faktoren gemacht werden. Ferner werden Angaben über alle sonstigen erheblichen Auswirkungen des Vorhabens auf die in § 2 Abs. 1 Satz 2 UVPG bezeichneten Schutzgüter gefordert. **22**

23 Die **Nr. 3** ist wortgleich mit § 6 Abs. 3 Nr. 3 UVPG und verlangt eine Beschreibung der erforderlichen **Umweltschutzmaßnahmen.** Die Vorschrift dient der Umsetzung der in Art. 5 Abs. 2 der EG-Richtlinie getroffenen Regelung, wonach die vom Projektträger vorzulegenden Angaben eine Beschreibung der Maßnahmen zu enthalten haben, mit denen bedeutende nachteilige Auswirkungen **vermieden, eingeschränkt** und soweit möglich **ausgeglichen** werden sollen. Soweit mit dem Vorhaben Eingriffe in Natur und Landschaft verbunden sind, die nicht ausgeglichen werden können, jedoch wegen der vorrangigen Bedeutung des Vorhabens hingenommen werden müssen, sind nach Nr. 3 auch die vorgesehenen **Ersatzmaßnahmen** im Betriebsplan zu beschreiben.

24 Die Aufzählung der Mindestanforderung wird abgeschlossen durch **§ 2 Abs. 1 Nr. 2 UVP-V Bergbau.** Dort werden zunächst Angaben über den voraussichtlichen **Bedarf an Grund und Boden** während der Errichtung und des Betriebes des Vorhabens gefordert. Das entspricht inhaltlich dem § 6 Abs. 3 Satz 1 Nr. 1 UVPG; die Hinzufügung der Worte „während der Errichtung und des Betriebes" läßt im übrigen anklingen, daß der Bedarf an Grund und Boden infolge der dynamischen Betriebsweise des Bergbaus während der Dauer des Vorhabens variieren kann und eine Landinanspruchnahme für bergbauliche Zwecke in der Regel zeitlich begrenzt ist.

Schließlich enthält § 2 Abs. 1 Nr. 2 UVP-V Bergbau noch eine Auffangbestimmung, und zwar werden ohne weitere Differenzierung Angaben über **andere Kriterien** verlangt, die für die Umweltverträglichkeitsprüfung eines Vorhabens maßgebend sind.

25 **Satz 3** sieht in Anlehnung an § 6 Abs. 4 UVPG weitere Angaben vor, die aber nur mit den in den **Nummern 1 und 2** genannten **Einschränkungen** erforderlich sind. Dazu gehört erstens, daß die Angaben in Anbetracht der besonderen Merkmale des Vorhabens und der möglichen Auswirkungen auf die Umwelt von Bedeutung sind. Zweitens muß ihre Zusammenstellung für den Unternehmer unter Berücksichtigung des allgemeinen Kenntnisstandes und der allgemein anerkannten Prüfungsmethoden zumutbar sein. Hiernach dürfen keine Unterlagen verlangt werden, die für die UVP nach der Art des Vorhabens nicht notwendig sind oder deren Beibringung dem Unternehmer nach objektiven Maßstäben nicht zugemutet werden kann (vgl. dazu die amtl. Begr. d. UVPG, BT-Drucks. 11/3919 S. 24).

26 Zu den unter den Voraussetzungen der Nummern 1 und 2 in Betracht kommenden weiteren Angaben gehört zunächst eine **Beschreibung der Umwelt und ihrer Bestandteile.** Wie in § 6 Abs. 4 Satz 1 Nr. 2 UVPG besteht hierzu jedoch nur insoweit eine Notwendigkeit, als die besonderen Merkmale des Vorhabens und die möglichen Auswirkungen dieses Vorhabens auf die Umwelt dazu Veranlassung geben. Die Angaben zur Umwelt und ihren Bestandteilen müssen also stets **vorhabenbezogen** sein.

Weiterhin erwähnt Satz 3 Angaben zu **geprüften Vorhabenalternativen.** 27
Diese Aussage wird durch § 2 Abs. 2 Nr. 1 UVP-V Bergbau dahingehend ergänzt, daß hierzu insbesondere die Angabe der **wesentlichen Auswahlgründe** für die vom Unternehmer geprüften Vorhabenalternativen unter besonderer Berücksichtigung der Umweltauswirkungen gehört. Insoweit entspricht die Vorschrift dem § 6 Abs. 4 Satz 1 Nr. 3 UVPG. Darüber hinaus wird in § 2 Abs. 2 Nr. 2 Buchst. a UVP-V Bergbau noch eine **Begründung** des Unternehmers verlangt, wenn Vorhabenalternativen **nicht geprüft** worden sind. Alle Anforderungen stehen unter dem Vorbehalt der Nummern 1 und 2, d. h. es kommen nur Angaben in Frage, die für die UVP des Vorhabens relevant und für den Unternehmer zumutbar sind. Grundsätzlich wird es von der Rspr. nicht für notwendig erachtet, für sämtliche Planungsalternativen gleichartige Pläne herzustellen, d. h. auch für andere geprüfte Alternativen Pläne auszuarbeiten, die Grundlage eines Planfeststellungsbeschlusses sein können. Es reicht aus, daß ein mit den örtlichen Verhältnissen vertrauter Betrachter die Vor- und Nachteile der verschiedenen Alternativen beurteilen kann (VGH Mannheim, Urt. v. 21. 10. 1988, NuR 1989, 348 [349]). Einer alternativen **Standortplanung** sind bei bergbaulichen Vorhaben durch die Bindung der Mineralgewinnung an die Lagerstätte enge Grenzen gesetzt. Zu einer Bekanntgabe wirtschaftlicher und finanzieller Erwägungen und zu Angaben über die Wettbewerbssituation des Unternehmers besteht in der Regel keine rechtliche Verpflichtung.

Schließlich zählen zu den weiteren Anforderungen nach Satz 3 noch Angaben 28
über etwaige **Schwierigkeiten bei der Angabenzusammenstellung.** Die hier gegebene Möglichkeit stimmt mit § 6 Abs. 4 Satz 1 Nr. 4 UVPG überein, wo zusätzlich als Beispiele denkbarer Schwierigkeiten technische Lücken oder fehlende Kenntnisse genannt werden. — Abgeschlossen wird die Aufzählung der weiteren Angaben i. S. des Satzes 3 letztendlich durch § 2 Abs. 2 Nr. 2 Buchst. b UVP-V Bergbau. Über die Regelungen des UVPG hinaus ist danach in den Rahmenbetriebsplan eine **Begründung** des Unternehmers aufzunehmen, wenn nach § 57 a Abs. 2 Satz 3 erforderliche Angaben für diesen **unzumutbar** sind.

dd) Allgemeinverständliche Zusammenfassung

Durch die Bestimmungen des § 57 a Abs. 2 **Sätze 1 bis 4** i. Verb. mit § 2 29
UVP-V Bergbau wird gewährleistet, daß der für die Planfeststellung zuständigen Behörde vom Unternehmer sämtliche Unterlagen zur Verfügung gestellt werden, die zu einer Gesamtbeurteilung des Vorhabens im Hinblick auf die **fachgesetzlichen Zulassungsvoraussetzungen** und zu einer umfassenden **Prüfung der Umweltverträglichkeit** benötigt werden. **Satz 5** hat demgegenüber die **Information der Öffentlichkeit** über das Vorhaben zum Ziel. Die hier geforderte Vorlage einer allgemeinverständlichen Zusammenfassung der beizubringenden Angaben durch den Unternehmer ist an vergleichbaren Vorschriften in anderen Bereichen orientiert, z. B. an § 4 Abs. 3 der 9. BImSchV. Diese Forde-

rung entspricht im übrigen § 6 Abs. 3 Satz 2 und Abs. 4 Satz 2 UVPG. Die genannten Bestimmungen sind aber bergbauspezifisch dahingehend erweitert worden, daß dem eigentlichen Rahmenbetriebsplan ein „zur Auslegung geeigneter Plan“ beizufügen ist, d. h. ein Plan, der dem Informationszweck der Auslegung genügt, und zwar insbesondere hinsichtlich der Umweltauswirkungen des Vorhabens.

2. Anhörungsverfahren

30 Falls der zur Planfeststellung bestimmte Rahmenbetriebsplan den Anforderungen des § 57 a Abs. 2 entspricht, d. h. wenn er die dort sowie in § 2 UVP-V Bergbau bezeichneten Angaben enthält, hat der Unternehmer **die ihm obliegende Darlegungs- und Beibringungspflicht erfüllt,** und die zuständige Behörde leitet als nächsten Verfahrensabschnitt das **Anhörungsverfahren** ein. Sind die Unterlagen nicht vollständig, ist die Behörde nach Maßgabe der §§ 24, 25 VwVfG berechtigt und verpflichtet, den Unternehmer zur **Ergänzung** und zur **Behebung etwaiger Mängel** aufzufordern. Das Anhörungsverfahren richtet sich in Ermangelung spezieller berggesetzlicher Vorschriften nach den Bestimmungen des § 73 Abs. 2 bis 8 VwVfG. Diese erfahren lediglich in bezug auf die grenzüberschreitende Behördenbeteiligung eine Ergänzung durch § 57 a Abs. 6. Beim bergrechtlichen Planfeststellungsverfahren steht die **Informationsfunktion** des Anhörungsverfahrens im Vordergrund.

a) Einholung der Stellungnahmen von Drittbehörden

31 Nach § 73 Abs. 2 VwVfG holt die Anhörungsbehörde — das ist gem. § 57 a Abs. 1 Satz 2 die für die Zulassung von Betriebsplänen zuständige Behörde, also die Bergbehörde (vgl. Rdn. 90) — die Stellungnahmen der Behörden ein, deren Aufgabenbereich durch das Vorhaben berührt wird. Dazu gehören insbesondere **die Behörden, deren Entscheidungen** infolge der Konzentrationswirkung der Planfeststellung gem. § 75 Abs. 1 Satz 1 VwVfG **nicht mehr erforderlich** sind. Ferner sind **die Behörden** zur Stellungnahme aufzufordern, **deren Beteiligung** vor dem Erlaß einer sonst notwendigen Entscheidung **vorgeschrieben** ist, wie z. B. in § 54 Abs. 2. Demnach ist neben Bundes- und Landesbehörden auch **Gemeinden,** deren Planungshoheit durch das Vorhaben berührt wird, Gelegenheit zur Stellungnahme zu geben (vgl. auch *Kopp,* VwVfG, 4. Aufl. § 73 Rdn. 13, 15, 30). Zum Aufgabenbereich i. S. des § 73 Abs. 2 VwVfG gehören nur **öffentlich-rechtliche** Wahrnehmungszuständigkeiten. Ist nur die zivilrechtliche Eigentumssphäre einer juristischen Person des öffentlichen Rechts von dem Vorhaben berührt, so ist die Behörde nicht nach Abs. 2, sondern nach Abs. 3 bis 7 zu beteiligen (*Stelkens/Bonk/Leonhardt,* VwVfG, 3. Aufl., § 73 Rdn. 17 m. w. Nachw.). Die Bergbehörde muß den Behörden, deren Stellungnahme nach § 73 Abs. 2 VwVfG einzuholen ist, die Möglichkeit geben, sich innerhalb angemessener Frist — möglichst schriftlich — zu dem Vorhaben äußern. Ihnen sind mit der Aufforderung in der Regel die vom Unternehmer nach § 57 a Abs. 2 vorzulegenden Angaben zuzuleiten (vgl. amtl. Begr. zu § 7 UVPG, BT-Drucks. 11/3919 S. 24).

b) Grenzüberschreitende Behördeninformation

Da nicht auszuschließen ist, daß sich die Auswirkungen eines Vorhabens über die Staatsgrenzen hinweg in ein anderes Land erstrecken, enthält § 57 a Abs. 6 eine Regelung für die Unterrichtung von Behörden anderer Staaten. Die durch § 3 UVP-V Bergbau konkretisierte Vorschrift dient in Anlehnung an § 8 UVPG der Umsetzung des Art. 7 der UVP-Richtlinie der EG. **32**

§ 57 a Abs. 6 Satz 1 geht davon aus, daß in erster Linie **Mitgliedstaaten der EG** betroffen sein können. In der Regel kommen an die Bundesrepublik Deutschland **angrenzende** Mitgliedstaaten in Betracht; bei weiträumigen Umweltauswirkungen ist aber auch eine Betroffenheit **anderer** Mitgliedstaaten nicht auszuschließen. Grundlage der Informationsverpflichtung sind im allgemeinen die Angaben des Unternehmers über mögliche erhebliche Auswirkungen seines Vorhabens auf die in § 2 Abs. 1 Satz 2 UVPG definierten Schutzgüter in einem EG-Mitgliedstaat sowie eigene Informationen der Anhörungsbehörde. Eine Verpflichtung zur Information kann jedoch auch dadurch ausgelöst werden, daß der möglicherweise betroffene Mitgliedstaat einen entsprechenden Antrag gem. Art. 7 der EG-Richtlinie an die Bundesrepublik Deutschland richtet (Amtl. Begr. zu § 8 UVPG, BT-Drucks. 11/3919 S. 24). **33**

Nach **§ 3 Abs. 1 Satz 1 UVP-V Bergbau** hat die Information an die von dem anderen Mitgliedstaat der EG benannten Behörden zu erfolgen, und zwar sind die Behörden gem. **Satz 2** zum gleichen Zeitpunkt und im gleichen Umfang über das Vorhaben zu unterrichten wie die am Planfeststellungsverfahren beteiligten Behörden. Mit dieser Bestimmung hat der Verordnungsgeber den Erfordernissen des Art. 7 der UVP-Richtlinie der EG Rechnung getragen. Zugleich macht die Formulierung deutlich, daß die ausländischen Behörden **keine Verfahrensbeteiligten** im Sinne des deutschen Verwaltungsverfahrensrechts sind. Für den Fall, daß die zuständigen Behörden noch nicht benannt wurden, ist in § 3 Abs. 1 **Satz 3** UVP-V Bergbau als Informationsempfänger die jeweils oberste Umweltschutzbehörde des betroffenen EG-Staates bestimmt worden. **34**

§ 57 a Abs. 6 Satz 2 enthält eine Regelung über die Information von Staaten, die **nicht Mitglied der EG** sind. Die Vorschrift wurde ebenso wie § 8 Abs. 2 UVPG erst im Laufe des Gesetzgebungsverfahrens in das Gesetz aufgenommen, und zwar im Hinblick auf die zentrale Lage der Bundesrepublik Deutschland (vgl. BT-Drucks. 11/5532 S. 38). Im Unterschied zu Satz 1 kommt hier allerdings **nur** eine Unterrichtung von **Nachbarstaaten,** d. h. von Staaten, die an die Bundesrepublik Deutschland angrenzen, in Frage. Die Informationsverpflichtung nach Satz 2 setzt ferner voraus, daß die **Grundsätze von Gegenseitigkeit und Gleichwertigkeit** gewährleistet sind. In § 3 Abs. 1 UVP-V Bergbau werden Nachbarstaaten, die nicht Mitglied der EG sind, zwar nicht ausdrücklich erwähnt; im Hinblick auf die entsprechende Geltung der Grundforderung des § 57 a Abs. 3 Satz 1 ist aber davon auszuge- **35** hen, daß die Bestimmungen des § 3 Abs. 1 UVP-V Bergbau über Zeitpunkt und Umfang der Unterrichtung und über die Behördenzuständigkeit vorbehaltlich der Gewährleistung von Gegenseitigkeit und Gleichwertigkeit ebenfalls entsprechend anwendbar sind.

36 Während die Anhörungsbehörde innerstaatlich gem. § 73 Abs. 2 VwVfG die betroffenen Drittbehörden **zur Stellungnahme aufzufordern** hat, schreibt § 57 a Abs. 6 im Verhältnis zu anderen Staaten lediglich eine **Unterrichtung** der zuständigen Behörde vor. Die Information kann als Grundlage für etwa notwendige bilaterale **Konsultationen** zwischen der deutschen und ausländischen Behörde dienen. Die Konsultationen sind gem. § 3 Abs. 2 UVP-V Bergbau nach den Grundsätzen der Gegenseitigkeit und Gleichwertigkeit zu führen. Dieses Gebot wurde entsprechend § 8 Abs. 3 UVPG in die VO aufgenommen, um die erforderliche Ausgewogenheit sicherzustellen. Die Gleichwertigkeit muß hinsichtlich der verfahrensmäßigen wie auch der inhaltlichen Anforderungen gewahrt sein. Eine Bitte um detaillierte Konsultationen könnte daher z. B. unter Hinweis auf nicht vergleichbar anspruchsvolle Kriterien im Verfahren des anderen Staates abgelehnt werden (Amtl. Begr. zu § 8 UVPG, BT-Drucks. 11/3919 S. 25).

c) Einbeziehung der Öffentlichkeit, Planauslegung

37 Ein wesentlicher Grund für die Novellierung des BBergG war die in der UVP-Richtlinie der EG enthaltene Forderung nach Einbeziehung der Öffentlichkeit in das behördliche Zulassungsverfahren bei Vorhaben, die einer UVP bedürfen. Die anwendbaren Planfeststellungsvorschriften des VwVfG tragen diesem Anliegen für UVP-pflichtige bergbauliche Vorhaben in vollem Umfang Rechnung. Durch § 73 Abs. 3 Satz 1 VwVfG wird die Anhörungsbehörde verpflichtet, die **Auslegung** der Planunterlagen in den Gemeinden, in denen sich das Vorhaben voraussichtlich auswirkt, **zu veranlassen.** Die Planauslegung dient der Information der von dem geplanten Vorhaben potentiell Betroffenen (BVerwGE 75, 214 [224]). Ist der Kreis der Betroffenen bekannt, kann von der Auslegung nach § 73 Abs. 3 Satz 2 VwVfG abgesehen werden; den Betroffenen muß in diesem Fall jedoch innerhalb angemessener Frist Gelegenheit zur individuellen Planeinsicht gegeben werden. Betroffen im Sinne dieser Vorschrift ist, wer durch das Vorhaben in seinen subjektiven Rechten beeinträchtigt werden kann.

38 Die **Bestimmung** der Gemeinden, in denen der Plan auszulegen ist, obliegt der **Anhörungsbehörde.** Sie hat aufgrund der vom Unternehmer vorgelegten Unterlagen zu prognostizieren, in welchem räumlichen Bereich sich das planfestzustellende Vorhaben voraussichtlich auswirkt. Dabei können für den untertägigen Bergbau beispielsweise die in § 1 Nr. 1 Buchst. a UVP-V Bergbau aufgeführten Kriterien zum Anhalt genommen werden. Im übrigen ist auf die für das Vorhaben beanspruchten Flächen abzustellen.

Die **Anhörungsbehörde** trifft auch die Entscheidung darüber, **welche Planunterlagen auszulegen sind.** Dabei ist davon auszugehen, daß die Auslegung vor allem **Anstoßfunktion** hat, d. h. sie hat den Zweck, Dritten das Vorhaben vorzustellen und ihnen die Beurteilung zu ermöglichen, ob ihre Belange von der Planung berührt werden und ob sie deshalb im anschließenden Anhörungsverfahren zur Wahrung ihrer Rechte Einwendungen erheben sollen (*Kopp*, VwVfG, 4. Aufl. § 73 Rdn. 17; *Stelkens/Bonk/Leonhardt*, VwVfG, 3. Aufl., § 73 Rdn. 22 m. w. Nachw.). Das setzt die Offenlegung derjenigen Unterlagen voraus, die Angaben über die Auswirkungen des Vorhabens auf die Umwelt enthalten und deren Inhalt für die Belange Dritter erheblich sein kann. Dagegen wird die Darstellung von betrieblichen Vorgängen **ohne Außenwirkung** von dem Informationszweck der Auslegung grundsätzlich **nicht** erfaßt. Hierzu gehören auch Angaben über die vorgesehenen Arbeitsschutzmaßnahmen. Die Entlastung der auszulegenden Unterlagen von technischen Details dient der **Übersichtlichkeit** und liegt damit im Interesse des Publikums. Eine den genannten Anforderungen entsprechende Planauslegung wird durch § 57 a Abs. 2 Satz 5 ermöglicht. Danach hat der Unternehmer dem Rahmenbetriebsplan einen „zur Auslegung geeigneten" Plan und eine allgemeinverständliche Zusammenfassung der beizubringenden Angaben beizufügen. Mit der Offenlegung dieser Unterlagen wird der Auslegungszweck erfüllt. Vgl. dazu BVerwGE 75, 214 = DVBl. 1987, 573 [576]); danach bestimmt sich nach dem jeweiligen Informationszweck der Planauslegung, welche Unterlagen im einzelnen auszulegen sind. **39**

§ 73 Abs. 3 Satz 1 VwVfG begründet eine **Pflicht der Gemeinden,** die Offenlegung der Planunterlagen im Wege der Amtshilfe vorzunehmen, und zwar nach näherer Maßgabe des Absatzes 5. Die Dauer der Auslegung beträgt gem. Abs. 3 Satz 1 einen Monat. Nach Abs. 5 Satz 1 haben die Gemeinden, in denen der Plan auszulegen ist, die Tatsache der Auslegung mindestens eine Woche vorher **ortsüblich bekannt zu machen.** Der Inhalt der Bekanntmachung richtet sich nach Abs. 5 Satz 2. Die ordnungsgemäße Bekanntmachung mit dem vorgeschriebenen Inhalt ist wesentliche **Voraussetzung** für den Lauf der in Abs. 4 bestimmten **Einwendungsfrist** und für den Eintritt der verfahrensrechtlichen **Präklusionswirkung** nach Abs. 6 Satz 1. **40**

Für den **Festlandsockel** (zur räumlichen Abgrenzung vgl. im Hauptband § 2 Rdn. 43 ff) ist in § 57 a Abs. 1 Satz 3 eine Sonderregelung getroffen worden. Danach werden im bergrechtlichen Planfeststellungsverfahren für Vorhaben im Bereich des Festlandsockels die Aufgaben, die nach den gem. § 5 BBergG zur Anwendung kommenden Vorschriften des VwVfG den Gemeinden obliegen, z. B. öffentliche Bekanntmachung, Planauslegung, von der **nach Bergrecht zuständigen Behörde** wahrgenommen. Durch die im zweiten Halbsatz enthaltene Fiktion wird erreicht, daß die Auslegung nur an einer Stelle zu erfolgen braucht. **41**

d) Einwendungen gegen den Plan

42 Nach § 73 Abs. 4 VwVfG haben natürliche und juristische Personen und nach § 11 Nr. 2 VwVfG beteiligungsfähige Vereinigungen, deren Belange durch das geplante Vorhaben berührt werden, die Befugnis, binnen **zwei Wochen** nach Ablauf der Auslegungsfrist bzw. der von der Behörde gem. Abs. 3 Satz 2 gesetzten Frist **Einwendungen gegen den Plan** zu erheben, und zwar schriftlich oder zur Niederschrift bei der Anhörungsbehörde oder bei der Gemeinde, in der die Planauslegung stattfindet. In seinen Belangen berührt im Sinne dieser Vorschrift ist jeder, dessen Rechte, berechtigte Interessen oder rechtliche Interessen durch das Verfahren berührt werden können. Einwendung ist jedes sachliche, auf die Verhinderung, Veränderung oder sonstige Modifizierung des Vorhabens abzielende Vorbringen (BVerfGE 61, 82; 60, 297), nicht dagegen der nicht näher spezifizierte Protest (*Ronellenfitsch*, Die Planfeststellung, VerwArch. 1989, 92 [102]). Inhaltlich ist unter „Einwendungen" i. S. des § 73 Abs. 4 VwVfG die Geltendmachung von tatsächlichen und rechtlichen Gesichtspunkten zu verstehen, die der Wahrung **eigener,** durch das Verfahren berührter **Belange** desjenigen dienen, der die Einwendung erhebt, also nicht Gesichtspunkte des Allgemeininteresses, soweit sie nicht zugleich auch eigene rechtlich geschützte, berechtigte oder rechtliche Interessen betreffen. Wegen der Einzelheiten zum Einwendungsbegriff und zur Einwendungsbefugnis wird auf die Erläuterungen zu § 73 Abs. 4 VwVfG in den einschlägigen Kommentaren verwiesen, z. B. *Kopp*, VwVfG, 4. Aufl., § 73 Rdn. 22 ff; *Meyer/Borgs*, VwVfG, 2. Aufl., § 73 Rdn. 36 ff; *Stelkens/Bonk/Leonhardt*, VwVfG, 3. Aufl., § 73 Rdn. 36 ff.

43 Die **Frist** zur Erhebung von Einwendungen endet gem. § 73 Abs. 4 Satz 1 VwVfG **zwei Wochen nach Ablauf der Auslegungsfrist,** wobei die Berechnung der Frist nach § 31 VwVfG i. V. mit § 187 Abs. 2 Satz 1 BGB erfolgt. Einwendungen können aber auch schon während der Auslegungsfrist erhoben werden. Dagegen sind vor Beginn des Auslegungsverfahrens geltend gemachte Einwendungen nicht als solche im Sinne des § 73 Abs. 4 VwVfG zu betrachten. Die **Versäumung der Einwendungsfrist** hat grundsätzlich – d. h. sofern kein Wiedereinsetzungsgrund nach § 32 VwVfG vorliegt – zur Folge, daß der Betroffene **keinen Anspruch mehr auf Erörterung seiner Einwendungen gegen den Plan in dem nachfolgenden Erörterungstermin** besitzt, denn nach § 73 Abs. 6 Satz 1 erster Halbsatz VwVfG hat die Anhörungsbehörde nur die „rechtzeitig erhobenen" Einwendungen zu erörtern. Die Behörde kann allerdings gem. § 73 Abs. 6 Satz 1 zweiter Halbsatz VwVfG nach pflichtgemäßem Ermessen auch verspätet erhobene Einwendungen noch berücksichtigen und erörtern. Der Ausschluß von Einwendungen durch § 73 Abs. 6 Satz 1 erster Halbsatz VwVfG hat **nur verfahrensrechtliche Bedeutung** und bewirkt nicht den Verlust von Rechten für ein gerichtliches Streitverfahren (sog. **formelle Präklusion**). Zur Präklusionswirkung des § 57 a Abs. 5 erster Halbsatz vgl. Rdn. 76.

e) Erörterungstermin

Im Mittelpunkt des Anhörungsverfahrens steht der **durch § 73 Abs. 6 VwVfG vorgeschriebene Erörterungstermin,** von dem gem. § 73 Abs. 6 Satz 6 i. V. mit § 67 Abs. 2 Nr. 1 bzw. 4 VwVfG nur abgesehen werden darf, wenn der Plan in der Sache selbst bei allen Beteiligten auf einhellige Zustimmung stößt oder wenn alle Behörden, Einwender und Betroffenen ausdrücklich auf eine mündliche Erörterung in einem besonderen Erörterungstermin verzichten. Ort und Zeit des Erörterungstermins sind gem. § 73 Abs. 6 Satz 2 VwVfG mindestens **eine Woche vorher** ortsüblich bekanntzumachen. Außerdem sind gem. Satz 3 die nach Absatz 2 in Betracht kommenden Behörden, der Unternehmer als Träger des Vorhabens sowie diejenigen, die Einwendungen erhoben haben, von dem Erörterungstermin zu benachrichtigen. Die ortsübliche Bekanntmachung und die individuelle Benachrichtigung können bei sog. **Massenverfahren** gem. § 73 Abs. 6 Sätze 4 und 5 VwVfG durch öffentliche Bekanntmachung ersetzt werden. Zu den Einzelheiten, insbes. zur Berechnung der Zahl von mindestens 300 Benachrichtigungen, vgl. *Stelkens/Bonk/Leonhardt,* VwVfG, 3. Aufl., § 73 Rdn. 48. **44**

Die Anhörungsbehörde hat die rechtzeitig erhobenen und die zugelassenen verspäteten Einwendungen gegen den Plan und die Stellungnahmen der Behörden zu dem Plan mit dem Unternehmer, den Behörden, den Betroffenen, d. h. denjenigen, deren Rechtsposition durch das Vorhaben beeinflußt wird, und den sonstigen Einwendern **zu erörtern.** Zweck der Erörterung ist neben der Feststellung und Klärung aller für die Entscheidung erheblichen Tatsachen und Gesichtspunkte die Anhörung der Betroffenen (§§ 28, 66 VwVfG) sowie ein sachliches Gespräch über die faktischen und rechtlichen Aspekte des Vorhabens mit dem Ziel einer möglichst gütlichen Erledigung der Einwendung (vgl. § 74 Abs. 2 Satz 1 VwVfG) oder einer Optimierung des Plans und einem Ausgleich der unterschiedlichen Belange und Interessen. **45**

Für den **Verlauf des Erörterungstermines** und die dabei zu berücksichtigenden **Formerfordernisse** sind gem. § 73 Abs. 6 Satz 6 VwVfG die Vorschriften des **§ 68 VwVfG** über die mündliche Verhandlung im förmlichen Verwaltungsverfahren maßgebend. Es ist Aufgabe der Verhandlungsführung, für eine faire und sachbezogene Erörterung zu sorgen (BVerwG v. 5. 12. 1986, BVerwGE 75, 214 = DVBl. 1987, 573 [578]). Eine **Erstattung von Anwaltskosten** ist **nicht vorgesehen.** Das Offenlegungsverfahren ist kein Rechtsbehelfsverfahren. Es dient vielmehr der Anhörung der von der Planung Betroffenen und damit der Vorbereitung der Entscheidung der Planfeststellungsbehörde. Auf die Kosten, die einem Beteiligten bis zum Erlaß des Bescheides erwachsen sind, ist § 80 VwVfG weder unmittelbar noch sinngemäß anwendbar. Daher besteht eine Pflicht, die Erstattung von Anwaltskosten für das Verfahren vor dem Erlaß eines Planfeststellungsbeschlusses anzuordnen, nicht. BVerwG, Beschl. v. 1. 9. 1989, NVwZ 1990, 59. **46**

Nach § 73 Abs. 9 VwVfG hat die Anhörungsbehörde als Abschluß des Anhörungsverfahrens eine Stellungnahme zu dem Ergebnis abzugeben und diese **47** mit dem Plan und allen übrigen Unterlagen möglichst innerhalb eines Monats der Planfeststellungsbehörde zuzuleiten. Da gem. § 57 a Abs. 1 Satz 2 Anhörungs- und Planfeststellungsbehörde identisch sind, **entfällt** diese Berichts- und Vorlagepflicht im bergrechtlichen Planfeststellungsverfahren, so daß das Verfahren ohne Verzögerung fortgeführt werden kann. Zur Behördenzuständigkeit vgl. im einzelnen Rdn. 90.

3. Planfeststellungsbeschluß

a) Rechtsnatur

48 An das Anhörungsverfahren schließt sich als letzter Verfahrensschritt die **Entscheidung** der Planfeststellungsbehörde über die Planfeststellung an. Dieser Abschnitt, der auch als „Planfeststellungsverfahren im eigentlichen Sinn" bezeichnet wird, findet seine gesetzliche Grundlage vor allem in den §§ 74, 75 VwVfG. Wesentliches Merkmal der Planfeststellung ist danach deren **Konzentrationswirkung,** die prinzipiell dem Zweck dient, in **einem Verfahren** über ein raumbedeutsames Vorhaben eine einheitliche und umfassende Gesamtentscheidung durch **eine Behörde** herbeizuführen. Für das bergrechtliche Planfeststellungsverfahren enthält das BBergG hierzu eigene Regelungen, die gem. § 1 Abs. 1 VwVfG Vorrang vor den allgemeinen verwaltungsverfahrensrechtlichen Vorschriften haben. Durch die berggesetzlichen Bestimmungen wird insbesondere zum Ausdruck gebracht, daß das Planfeststellungsverfahren hier nur eine **verfahrensrechtliche Konzentration** beinhaltet und die materiell-rechtlichen Regelungen der betroffenen Rechtsgebiete durch die Konzentrationswirkung nicht verdrängt oder geändert werden. Ferner wird deutlich, daß es im bergrechtlichen Planfeststellungsverfahren **keiner Planrechtfertigung,** d. h. keiner Prüfung der Erforderlichkeit des Vorhabens bedarf und daß die Planfeststellungsbehörde im Unterschied zu sonstigen Planfeststellungsverfahren **keine planerische Gestaltungsfreiheit** in Form eines **Planungsermessens** besitzt.

49 Bei der Betrachtung der rechtlichen Qualität des bergrechtlichen Planfeststellungsverfahrens ist zunächst von § 57 a Abs. 1 Satz 1 auszugehen. Danach tritt dieses Verfahren **an die Stelle der Betriebsplanzulassung** nach den §§ 54 und 56 Abs. 1. Hiermit wird klargestellt, daß im Falle der Durchführung eines Planfeststellungsverfahrens zur Zulassung eines Rahmenbetriebsplanes das herkömmliche berggesetzliche Verfahren einschl. der Aufnahme nachträglicher Auflagen nicht mehr in Betracht kommt. Zugleich geht daraus hervor, daß die Planfeststellung in diesem Fall nicht als Planungsentscheidung einer Behörde aufzufassen ist, sondern daß es sich um eine besondere Form **behördlicher Präventivkontrolle und Gestattung eines vom Unternehmer geplanten Vorhabens** handelt. Ferner ist durch die Formulierung des § 57 a Abs. 1 Satz 1 festgelegt worden, daß die in § 56 Abs. 2 enthaltenen Vorschriften über die **Sicherheitsleistung** auch im Planfeststellungsverfahren zur Zulassung eines Rahmenbetriebsplans Anwen-

dung finden (Amtl. Begr. BT-Drucks. 11/4015 S. 11 = ZfB 131, 95). Dies bedeutet eine Modifizierung und Ergänzung der allgemeinen verwaltungsverfahrensrechtlichen Bestimmungen über die Aufnahme von Nebenbestimmungen in einen begünstigenden Verwaltungsakt.

Kennzeichnend für den Rechtscharakter der berggesetzlichen Planfeststellung ist besonders die Vorschrift des § 57 a Abs. 4 Satz 1, die besagt, daß die Entscheidung über die Planfeststellung hinsichtlich der aufgrund des § 75 VwVfG eingeschlossenen Entscheidungen **nach Maßgabe der hierfür geltenden Vorschriften** zu treffen ist. Die Planfeststellungsbehörde ist hiernach bei ihrer Entscheidung an die für die Zulassung des Vorhabens maßgebenden materiellrechtlichen Vorschriften des Bergrechts und sonstiger betroffener Rechtsgebiete, z. B. des Bau-, Immissionsschutz- oder Wasserrechts, gebunden. Hierdurch soll nach dem Willen des Gesetzgebers klargestellt werden, daß allein durch die Einführung eines Planfeststellungsverfahrens keine Veränderung der materiellen Rechtsposition der in Betracht kommenden Unternehmer erfolgt ist. Diese Regelung bedeutet weiter, daß eine über die in den von der Planfeststellung mitumfaßten einzelgesetzlichen Vorschriften hinausgehende zusätzliche „Planrechtfertigung“ nicht erforderlich ist und daß der planfeststellenden Behörde bei ihrer Entscheidung ein über das geltende Recht hinausgehender zusätzlicher Entscheidungsspielraum nicht zusteht. Amtl. Begr. BT-Drucks. 11/4015 S. 12 = ZfB 131, 96; vgl. auch *Kühne,* Die Einführung der Umweltverträglichkeitsprüfung im Bergrecht, UPR 1989, 326 (327); *H. Schulte,* Gemeinschädliche Einwirkungen nach § 55 BBergG, Bochumer Beiträge zum Berg- und Energierecht Bd. 7 S. 149 (162). Dies alles bestätigt, daß die bergrechtliche Planfeststellung nur eine verfahrensrechtliche Konzentration darstellt, d. h. es werden mehrere Verwaltungsverfahren zu einem einzigen zusammengefaßt und mit einer Gesamtentscheidung abgeschlossen. Zur Frage der Rechtsnatur vgl. im übrigen die grundlegenden Ausführungen von *Gaentzsch,* Die bergrechtliche Planfeststellung, Festschrift für Sendler, München 1991, S. 403 ff [414]. **50**

Schließlich kommt die Eigenart der bergrechtlichen Planfeststellung in der durch § 57 a Abs. 4 Satz 2 erfolgten Begrenzung rechtsgestaltender Regelungen durch die Planfeststellungsbehörde zum Ausdruck. Dort ist nämlich festgelegt worden, daß sich das **Verhältnis zwischen Unternehmer und Betroffenen** und der **Schutz von Belangen Dritter** im Sinne des Bergrechts **nach den dafür geltenden Vorschriften des BBergG bestimmen,** und zwar gilt das auch für eine Aufhebung des Planfeststellungsbeschlusses. Insoweit findet eine Modifizierung des § 75 Abs. 1 Satz 2 VwVfG statt. Hierdurch sollte nach der amtl. Begr. des RegE klargestellt werden, daß die besonderen Regelungen des BBergG für das Verhältnis zwischen Unternehmer und anderen Personen **dem allgemeinen Verfahrensrecht,** z. B. den §§ 74, 75 und 77 VwVfG, **vorgehen.** Anwendbar bleiben insbesondere die Vorschriften dieses Gesetzes über die Grundabtretung — §§ 77 ff —, über die Baubeschränkungen — §§ 107 ff —, über die Anpassung **51**

— §§ 110 ff — und über Bergschäden — §§ 114 ff — einschließlich der Regelung über das Verhältnis zwischen Bergbau und Verkehrsträgern und über Oberflächenmessungen. Damit wollte der Gesetzgeber vermeiden, daß das komplexe bergrechtliche Instrumentarium, das einen besonders gearteten Interessenausgleich zwischen Unternehmer, Grundeigentümer und sonstigen Dritten in einem ausgewogenen System vorsieht, durch die Einführung eines Planfeststellungsverfahrens aus dem Gleichgewicht gebracht oder zu Lasten einer Seite verändert wurde. So müssen beispielsweise die Vorschriften über die Grundabtretung den planfeststellungsverfahrensrechtlichen Vorschriften vorgehen, um sicherzustellen, daß die Inanspruchnahme von Grundstücken weiterhin der eigenständigen und eingehenden berggesetzlichen Prüfung nach Maßgabe der §§ 77 ff unterliegt. Auch die Regelung des Verhältnisses zwischen Bergbau und Grundeigentum, das durch genau festgelegte Duldungspflichten des Grundeigentümers sowie umgekehrt durch weitreichende Ersatzpflichten des Unternehmers (§§ 114 ff) gekennzeichnet ist, darf nach dem Willen des Gesetzgebers nicht dadurch in Frage gestellt werden, daß Eingriffsmöglichkeiten der Behörde z. B. durch die Befugnis geschaffen werden, nach § 74 Abs. 2 Satz 2 VwVfG dem Träger des Vorhabens Vorkehrungen zur Vermeidung nachteiliger Wirkungen auf Rechte anderer aufzuerlegen, während das Bergrecht den Interessenkonflikt anderweitig abschließend und insbesondere nicht einseitig zu Lasten einer Seite löst. Amtl. Begr. BT-Drucks. 11/4015 S. 12 = ZfB 131, 97. Insoweit kommt also **§ 74 Abs. 2 Satz 2 VwVfG** als eigenständige Rechtsgrundlage für die Anordnung von Schutzvorkehrungen, Schutzanlagen usw. **ebenso nicht in Betracht wie § 74 Abs. 2 Satz 3 VwVfG** als Anspruchsgrundlage für Entschädigungsansprüche Betroffener. Gleiches gilt für die nachträgliche Anordnung von Schutzmaßnahmen bzw. die Festsetzung einer Entschädigung nach **§ 75 Abs. 2 Sätze 2 bis 4 VwVfG.** Unberührt bleibt aber die Befugnis der Behörde, den Planfeststellungsbeschluß **nach Maßgabe des § 36 VwVfG mit Nebenbestimmungen zu versehen.** Es mag zwar zutreffen, daß § 36 Abs. 1 VwVfG wegen der planerischen Gestaltungsfreiheit im herkömmlichen Planfeststellungsverfahren nicht anwendbar ist (so *Stelkens/Bonk/Leonhardt,* VwVfG, 3. Aufl., § 72 Rdn. 44); für das bergrechtliche Planfeststellungsverfahren kann das jedoch schon deshalb nicht gelten, weil die entscheidende Behörde hier keine planerische Gestaltungsfreiheit hat (vgl. Rdn. 48, 50). Es ist deshalb davon auszugehen, daß § 36 VwVfG bei der bergrechtlichen Planfeststellung gem. § 72 Abs. 1 erster HS VwVfG in vollem Umfang zur Anwendung kommt. Nach § 36 Abs. 1 VwVfG kann die Planfeststellungsbehörde daher ihre Entscheidung mit Nebenbestimmungen versehen, wenn es der Sicherstellung der gesetzlichen Voraussetzungen für die Zulassung des Rahmenbetriebsplanes durch den Planfeststellungsbeschluß dient.

b) Verfahrensgrundsätze

52 Nach § 74 Abs. 1 Satz 1 VwVfG erfolgt die Feststellung des Planes durch einen **Planfeststellungsbeschluß** der zuständigen Behörde, d. h. durch einen

Verwaltungsakt, für den gem. § 74 Abs. 1 Satz 2 VwVfG im wesentlichen dieselben formellen Erfordernisse gelten wie für Entscheidungen im förmlichen Verfahren nach § 69 VwVfG, insbesondere das Gebot der Schriftlichkeit und der Begründungszwang nach § 69 Abs. 2 VwVfG. „Plan" im Sinne des § 74 Abs. 1 Satz 1 VwVfG ist bei der bergrechtlichen Planfeststellung der **vom Unternehmer** aufgrund des behördlichen Verlangens nach § 52 Abs. 2 **aufgestellte und eingereichte Rahmenbetriebsplan,** der die erforderlichen Angaben über das beabsichtigte Vorhaben, dessen technische Durchführung und voraussichtlichen zeitlichen Ablauf enthalten muß. **Planfeststellungsbehörde** ist gem. § 57 a Abs. 1 Satz 2 die für die Zulassung von Betriebsplänen zuständige Behörde; das ist in allen Ländern die Bergverwaltung. Die instanzmäßige Zuständigkeit ist jeweils landesrechtlich geregelt, vgl. dazu Rdn. 90.

Da die Aufstellung und Ausgestaltung des planfeststellungsbedürftigen Rahmenbetriebsplans vorbehaltlich des behördlichen Verlangens nach § 52 Abs. 2 a Satz 1 Aufgabe des Unternehmers ist, kommt dessen unternehmerischer Entscheidung im Einzelfall maßgebliche Bedeutung für **Gegenstand und Umfang** der bergrechtlichen Planfeststellung zu. Grundsätzlich sollte der für die Planfeststellung bestimmte Rahmenbetriebsplan alle Maßnahmen umfassen, die zu dem Vorhaben gehören, das gem. § 57 c i. V. m. § 1 UVP-V Bergbau der UVP bedarf und somit Anlaß für die Planfeststellung ist. Als „Vorhaben" ist der betreffende **Bergbaubetrieb im Sinne der Definition des § 114 Abs. 1** zu verstehen. In den Rahmenbetriebsplan und damit in die Planfeststellung werden, wie sich aus § 52 Abs. 2 b Satz 1 ergibt, entsprechend der allgemeinen Regelung in § 75 Abs. 1 Satz 1 erster Halbsatz VwVfG aber auch **notwendige Folgemaßnahmen** an anderen Anlagen einbezogen, z. B. der Ausbau von Gewässern oder der Bau von Ersatzstraßen. Mit Rücksicht darauf, daß bei Bergbauvorhaben größeren Umfangs eine verbindliche Vorausschau oft nur für begrenzte Zeiträume möglich ist, ist es jedoch nicht zwingend, die Planfeststellung für ein Gesamtvorhaben stets in einem einzigen Verfahren durchzuführen. § 52 Abs. 2 b Satz 1 sieht vielmehr die Möglichkeit vor, den Rahmenbetriebsplan horizontal **in Abschnitten** und vertikal **in Stufen** aufzustellen und zuzulassen, falls ein Vorhaben einschließlich notwendiger Folgemaßnahmen wegen seiner räumlichen Ausdehnung oder zeitlichen Erstreckung in selbständigen Abschnitten oder Stufen durchgeführt werden soll. Amtl. Begr. BT-Drucks. 11/4015 S. 10 = ZfB 131, 94; *Schmidt,* Umweltverträglichkeitsprüfung bei Projekten des Bergbaus, Glückauf 1989, 302 (303); s. auch § 52 Rdn. 67. In diesen Fällen ist für jeden Abschnitt bzw. jede Stufe des Gesamtvorhabens ein eigenes bergrechtliches Planfeststellungsverfahren durchzuführen. Voraussetzung für diese Verfahrensaufteilung ist allerdings, daß dadurch die Berücksichtigung der erheblichen Umweltauswirkungen des gesamten Vorhabens nicht unmöglich wird, § 52 Abs. 2 b Satz 1 letzter Satzteil. Kommt die für die bergrechtliche Planfeststellung zuständige Behörde aufgrund der ihr vorliegenden Unterlagen zu dem Ergebnis, daß eine ausreichende Prü- **53** fung der erheblichen Auswirkungen des gesamten Vorhabens auf die Umwelt nur im Rahmen eines einzigen Planfeststellungsverfahrens möglich ist, kann sie die Durchführung getrennter Verfahren ablehnen, andernfalls hat sie den vom Unternehmer entsprechend den Abschnitten oder Stufen aufgestellten Rahmenbetriebsplan jeweils in gesonderen Planfeststellungsverfahren zuzulassen.

54 Eine **gesetzliche Ausnahme** von der grundsätzlichen **Verfahrenskonzentration** der bergrechtlichen Planfeststellung enthält § 56 b Abs. 3 Satz 3 für **zeitlich sehr entfernt liegende,** aus dem spezifisch bergrechtlichen Bereich herausfallende **Folgemaßnahmen,** für die in anderen Vorschriften ein Planfeststellungsverfahren vorgesehen ist. Derartige Folgemaßnahmen brauchen nicht in das bergrechtliche Planfeststellungsverfahren einbezogen zu werden, sondern unterliegen der Planfeststellung nach den jeweiligen fachgesetzlichen Regelungen (vgl. § 57 b Rdn. 12). Ob Folgemaßnahmen der einen oder anderen Kategorie zuzuordnen sind, muß im Einzelfall entschieden werden. Dabei wird es darauf ankommen, inwieweit eine Folgemaßnahme untrennbar mit dem Hauptvorhaben verbunden ist.

55 Durch § 74 Abs. 3 VwVfG wird die Planfeststellungsbehörde ermächtigt, den Planfeststellungsbeschluß als solchen bereits zu erlassen, jedoch bestimmte Teile, die noch nicht abschließend beschieden werden können, **einer späteren Entscheidung vorzubehalten** und dabei dem Träger des Vorhabens die Vorlage weiterer Unterlagen aufzugeben. Voraussetzung ist, daß über den Rahmenbetriebsplan selbst im wesentlichen bereits entschieden werden kann und daß die vorbehaltene Teilentscheidung im Verhältnis zur Gesamtentscheidung von nachgeordneter Bedeutung ist und keine Rückwirkungen auf den bereits entschiedenen Teil hat. Vgl. im einzelnen *Kopp*, VwVfG, 4. Aufl., § 74 Rdn. 52 ff; *Stelkens/Bonk/Leonhardt,* VwVfG, 3. Aufl., § 74 Rdn. 38. Im Unterschied zu der in § 52 Abs. 2 b Satz 1 behandelten abschnitts- oder stufenweisen Zulassung des Rahmenbetriebsplans ist in diesem Falle grundsätzlich kein eigenständiges Planfeststellungsverfahren durchzuführen. Die Entscheidung über die vorbehaltenen Teile geschieht durch einen **Planergänzungsbeschluß,** der zwar selbständiger Verwaltungsakt ist, aber mit dem Planfeststellungsbeschluß zu einer Einheit verschmilzt (*Stelkens/Bonk/Leonhardt,* § 74 Rdn. 38 a. E.). Der Vorbehalt von Teilentscheidungen nach § 74 Abs. 3 VwVfG gewährt ebenso wie die abschnittsweise Planfeststellung nach § 52 Abs. 2 b Satz 1, die Zulassung vorzeitigen Beginns nach § 57 b Abs. 1 sowie Vorbescheide und Teilgenehmigungen i. S. des § 57 b Abs. 2 die Möglichkeit, das bergrechtliche Planfeststellungsverfahren beweglich zu gestalten und den Erfordernissen der Praxis anzupassen. Der Gesetzgeber hat das Instrument der bergrechtlichen Planfeststellung bewußt flexibel ausgestaltet und dadurch erreicht, daß sich der Entscheidungsvorgang bei Bedarf von einem vorläufigen positiven Gesamturteil abschnitts- und stufenweise konkretisieren und bis zum endgültigen positiven Gesamturteil fortlaufend verfestigen kann. *Gaentzsch,* Die bergrechtliche Planfeststellung, Festschrift für Sendler, München 1991, S. 419, 422.

Das wesentliche Merkmal des bergrechtlichen Planfeststellungsverfahrens ist die **verfahrensrechtliche Konzentration,** d. h. es werden mehrere Verwaltungsverfahren zu einem einzigen zusammengefaßt, in dem alle einschlägigen, das Vorhaben materiell betreffenden gesetzlichen Vorschriften angewandt werden. Die Kompetenz der über die Planfeststellung entscheidenden Behörde wird um die Sachentscheidungskompetenz der durch die Konzentrationsvorschrift verdrängten Behörden erweitert (*Gaentsch,* Konkurrenz paralleler Anlagegenehmigungen, NJW 1986, 2787 [2789]). Für das Zustandekommen der Entscheidung sind die gesetzlichen Regelungen des Planfeststellungsrechts maßgebend, das die einzelgesetzlichen Verfahrensvorschriften vollständig verdrängt. Nach h. M. richtet sich daher das Verfahren ausschließlich nach den Verfahrensvorschriften, die für die Planfeststellungsbehörde gelten, sofern nicht ausdrücklich spezialgesetzlich für die Planfeststellung etwas anderes geregelt ist (*Stelkens/Bonk/Leonhardt,* VwVfG, 3. Aufl., § 75 Rdn. 11). Dies bedeutet, daß die **Verfahrensvorschriften,** die für die gem. §§ 57 a Abs. 1 Satz 1, 57 b Abs. 3 Satz 1 BBergG, § 75 Abs. 1 Satz 1 VwVfG **verdrängten öffentlichrechtlichen Entscheidungen maßgebend gewesen wären,** im bergrechtlichen Planfeststellungsverfahren **keine Anwendung finden** (so im Prinzip auch *Bohne,* Die Umweltverträglichkeitsprüfung bergbaulicher Vorhaben, ZfB 130, 93 [109]). Die für das bergrechtliche Planfeststellungsverfahren maßgebenden Vorschriften des BBergG und des VwVfG enthalten keine Bestimmung des Inhalts, daß die Planfeststellungsbehörde bei ihrer Entscheidung über die Planfeststellung an die Zustimmung anderer Behörden gebunden wäre. Eine solche Einschränkung widerspräche auch dem Grundgedanken der Planfeststellung, wonach die Zuständigkeitskonzentration nicht durch Mitentscheidungsbefugnisse der „an sich“ zuständigen, nunmehr aber eben nicht mehr zuständigen Behörden unterlaufen werden darf (*Ronellenfitsch,* Die Planfeststellung, VerwArch. 1989, 92 [94]). Deshalb ist davon auszugehen, daß **bei der bergrechtlichen Planfeststellung eine Mitentscheidungsbefugnis (Einvernehmen, Zustimmung) anderer Behörden nicht besteht.** Wenn von *Bohne,* a. a. O., ZfB 130, 111, die Ansicht vertreten wird, für „Umweltbehörden“ gelte eine Ausnahme von diesem Grundsatz, kann dem nicht gefolgt werden. Abgesehen davon, daß eine Rechtsgrundlage hierfür fehlt, wäre eine unterschiedliche Behandlung von „Umweltbehörden“ und „sonstigen“ Behörden kaum zu rechtfertigen. Im übrigen ist ein Bedürfnis für ein vom allgemeinen Planfeststellungsrecht abweichendes besonderes Zustimmungserfordernis nicht erkennbar. Die Planfeststellungsbehörde ist aufgrund des § 57 a Abs. 4 Satz 1 bei dem Erlaß eines Planfeststellungsbeschlusses in gleicher Weise wie die an sich zuständigen Fachbehörden an die für die eingeschlossenen Entscheidungen geltenden Vorschriften gebunden, ohne daß ihr ein zusätzlicher Ermessensspielraum zusteht. Durch die in § 57 a Abs. 3 verankerte Informationspflicht und die in § 73 Abs. 2 VwVfG vorgeschriebene Beteiligung anderer Behörden (vgl. oben Rdn. 13, 31) ist gewährleistet, daß alle Behörden, deren Aufgabenbereich durch das Vorhaben berührt wird, am Planfeststellungsverfah- **56** ren beteiligt werden und Gelegenheit haben, die aus ihrer Sicht entscheidungserheblichen Gesichtspunkte geltend zu machen. Die von den anderen Behörden gem. § 73 Abs. 2 VwVfG abgegebenen Stellungnahmen gehören zu den formellen Grundlagen für die Entscheidung der Planfeststellungsbehörde, so daß sie bei der Entscheidungsfindung nicht außer Betracht bleiben können.

57 Nach § 74 Abs. 2 Satz 1 VwVfG hat die Planfeststellungsbehörde im Planfeststellungsbeschluß auch über die **Einwendungen** zu entscheiden, über die bei der Anhörung keine Einigung erzielt worden ist (vgl. oben Rdn. 45). Die Entscheidungspflicht bezieht sich auf alle rechtzeitig erhobenen oder zugelassenen verspäteten Einwendungen einwendungsbefugter Rechtssubjekte gegen den festzustellenden Rahmenbetriebsplan. Sie erstreckt sich nicht auf Einwendungen, in denen nicht eigene Belange, sondern ausschließlich solche der Allgemeinheit geltend gemacht werden. Eine Pflicht, zu jedem Vorbringen gesondert und ausdrücklich Stellung zu nehmen, besteht nicht; aus dem Gesamtzusammenhang muß aber deutlich werden, daß sich die Behörde mit den Argumenten auseinandergesetzt hat (*Stelkens/Bonk/Leonhardt,* VwVfG, 3. Aufl., § 74 Rdn. 27). Die Behörde wird zweckmäßigerweise in der Begründung des Planfeststellungsbeschlusses zum Ausdruck bringen, inwieweit Einwendungen Dritter bei der Entscheidung berücksichtigt wurden und warum bestimmten Einwendungen nicht Rechnung getragen werden konnte. Dabei ist davon auszugehen, daß die Planfeststellungsbehörde bei ihrer Entscheidung an die gesetzlichen Zulassungsvoraussetzungen für das bergbauliche Vorhaben gebunden ist.

58 Die **Bekanntgabe** des Planfeststellungsbeschlusses richtet sich nach § 74 Abs. 4 und 5 VwVfG. In Abs. 4 Satz 1 wird zunächst eine **individuelle Zustellung** des Planfeststellungsbeschlusses vorgeschrieben, und zwar an den Träger des Vorhabens, im bergrechtlichen Verfahren also den Unternehmer, an die bekannten Betroffenen, auch wenn sie keine Einwendungen erhoben haben, sowie an diejenigen, über deren Einwendungen nach § 74 Abs. 2 VwVfG entschieden worden ist. Zuzustellen ist nur der Planfeststellungsbeschluß, d. h. der Tenor der Entscheidung mit Begründung, nicht auch der festgestellte Plan. Abs. 4 Satz 2 sieht zusätzlich eine **öffentliche Bekanntmachung** vor, mit der sichergestellt werden soll, daß die Planfeststellung auch gegenüber unbekannten Betroffenen Wirksamkeit erlangt und unanfechtbar werden kann. Eine Ausfertigung des Planfeststellungsbeschlusses ist zu diesem Zweck mit einer Rechtsbehelfsbelehrung und einer Ausfertigung des festgestellten Planes in den Gemeinden — gemeint sind entsprechend § 73 Abs. 3 VwVfG die Gemeinden, in denen sich das Vorhaben voraussichtlich auswirkt — zwei Wochen zur Einsicht auszulegen; der Ort und die Zeit der Auslegung sind ortsüblich bekanntzumachen. Gem. Abs. 4 Satz 3 gilt der Planfeststellungsbeschluß mit dem Ende der Auslegungsfrist gegenüber den unbekannten Betroffenen als zugestellt; auf diese Rechtswirkung ist in der Bekanntmachung hinzuweisen.

Zur Verfahrenserleichterung ermöglicht § 74 Abs. 5 VwVfG bei sog. **Massenverfahren** eine Handhabung, wonach der Planfeststellungsbeschluß **lediglich**

dem Unternehmer zugestellt zu werden braucht, während **im übrigen eine öffentliche Bekanntmachung ausreicht.** Dies kommt in Betracht, wenn nach Abs. 4 Satz 1 außer an den Unternehmer mehr als 300 weitere individuelle Zustellungen vorgenommen werden müßten. Die öffentliche Bekanntmachung wird gem. § 74 Abs. 5 Satz 2 VwVfG in diesem Falle dadurch bewirkt, daß der verfügende Teil des Planfeststellungsbeschlusses bzw. eine Zusammenfassung des wesentlichen Inhalts, die Rechtsbehelfsbelehrung und ein Hinweis auf die nach Abs. 4 Satz 2 stattfindende Auslegung im amtlichen Veröffentlichungsblatt der zuständigen Behörde und außerdem in örtlichen Tageszeitungen bekanntgemacht werden, die in dem Bereich verbreitet sind, in dem sich das Vorhaben voraussichtlich auswirken wird. Mit dem Ende der Auslegungsfrist gilt der Planfeststellungsbeschluß nach § 74 Abs. 5 Satz 3 VwVfG gegenüber den Betroffenen und denjenigen, die Einwendungen erhoben haben, als zugestellt. In der Bekanntmachung ist auf diese Rechtsfolge hinzuweisen. Ferner ist in der öffentlichen Bekanntmachung darauf hinzuweisen, daß der Planfeststellungsbeschluß bis zum Ablauf der Rechtsbehelfsfrist von den Betroffenen und von denjenigen, die Einwendungen erhoben haben, schriftlich angefordert werden kann, § 74 Abs. 5 Satz 4 VwVfG.

c) Materiellrechtliche Entscheidungsgrundlagen

Die nur verfahrensrechtlich wirkende Konzentration eines Planfeststellungs- **59**
beschlusses bedeutet prinzipiell, daß die materiellrechtlichen Grundlagen der Entscheidung über die Planfeststellung allein den für die eingeschlossenen behördlichen Entscheidungen geltenden Rechtsvorschriften zu entnehmen sind. Dies ist bezüglich des bergrechtlichen Planfeststellungsverfahrens durch § 57 a Abs. 4 Satz 1 ausdrücklich festgeschrieben worden. Danach sind **die materiellrechtlichen Rechtsgrundlagen der verdrängten öffentlichrechtlichen Entscheidungen für den bergrechtlichen Planfeststellungsbeschluß bindend** (*Bohne,* ZfB 130, 111). Welche Rechtsvorschriften im einzelnen zur Anwendung kommen, hängt von dem Inhalt des im konkreten Fall zuzulassenden Rahmenbetriebsplans ab. Dabei wird sich der Umfang der anzuwendenden Vorschriften weitgehend danach richten, inwieweit Folgemaßnahmen in das Verfahren einzubeziehen sind bzw. ob von der Möglichkeit einer abschnitts- oder stufenweisen Planfeststellung Gebrauch gemacht wird.

aa) Zulassungsvoraussetzungen nach § 55

An erster Stelle der dem bergrechtlichen Planfeststellungsbeschluß zugrunde **60**
zu legenden materiellen Rechtsvorschriften stehen die **berggesetzlichen Regelungen über die Betriebsplanzulassung.** In § 55 werden die Voraussetzungen für die Zulassung eines Betriebsplans abschließend aufgeführt. Die Bergbehörde hat die Zulassung des Betriebsplans als gebundene Erlaubnis zu erteilen, wenn die in § 55 genannten Voraussetzungen erfüllt sind (BVerwG v. 16. 3. 1989,

BVerwGE 81, 329 = ZfB 130, 199 [203]; vgl. auch im Hauptband § 55 Rdn. 4). Bezüglich der einzelnen in § 55 Abs. 1 Satz 1 Nr. 1 bis 13 bezeichneten Zulassungsvoraussetzungen für die Errichtung und Führung eines Betriebes, von denen die Nr. 2 allerdings gem. Satz 2 bei Rahmenbetriebsplänen, auch wenn ihre Zulassung durch Planfeststellung erfolgt, nicht gilt, wird auf die Kommentierung im Hauptband, § 55 Rdn. 6 bis 42, verwiesen. Die dort gemachten Ausführungen sind im wesentlichen durch die Rechtsprechung bestätigt worden und haben im Schrifttum Zustimmung gefunden. Bestätigt wurde beispielsweise die im Hauptband § 55 Rdn. 7 vertretene Ansicht, daß nach § 55 Abs. 1 Satz 1 **Nr. 1** für die Zulassung eines Rahmenbetriebsplanes ein lückenloser Nachweis der Abbauberechtigung keine zwingende Voraussetzung ist, VG Stade v. 28. 1. 1987, ZfB 128, 365 (373). Unterschiedlich beurteilt wird allerdings die rechtliche Bedeutung der Zulassungsvoraussetzung des § 55 Abs. 1 Satz 1 **Nr. 3.** Abweichend von der hier vertretenen Auffassung wird dieser Vorschrift vom OVG Berlin drittschützende Außenwirkung beigemessen (OVG Berlin v. 23. 3. 1990, ZfB 131, 200, im Anschluß an das Urteil des VG Berlin v. 18. 5. 1988, ZfB 130, 127). Diese Auslegung kann jedoch weder nach dem Gesetzeswortlaut noch nach dem in der Gesetzesbegründung zum Ausdruck kommenden Willen des Gesetzgebers Bestand haben. Die von der Nr. 3 erfaßten Schutzgüter wurden in den entsprechenden Bestimmungen der Landesberggesetze, an deren Stelle das BBergG getreten ist, mit „Sicherheit der Baue" und „Sicherheit des Lebens und der Gesundheit der Arbeiter" umschrieben. Da die Nr. 3, wie aus der amtl. Begr. (BT-Drucks. 8/3515 S. 111 = ZfB 122, 165) hervorgeht, inhaltlich dem früheren Recht entsprechen soll, bezieht sich auch die in § 55 Abs. 1 Satz 1 Nr. 3 geforderte Gefahrenvorsorge nur auf Beschäftigte und Dritte **„im Betrieb"**. Soweit es sich um den **Sachgüterschutz** handelt, ist diese Begrenzung vom BVerwG eindeutig klargestellt worden (BVerwGE 81, 329 = ZfB 130, 199 [205]; vgl. auch *Weller,* Betriebssicherheit und Arbeitsschutz als Gegenstand des Bergrechts, ZfB 126, 290 [296]). Danach erfaßt der Vorsorgegrundsatz der Nr. 3 jedenfalls nicht Sachgüter Dritter außerhalb des Betriebes des Bergbauunternehmens (ebenso bereits OVG Lüneburg v. 18. 12. 1985, ZfB 127, 358 [365]; VG Aachen v. 25. 11. 1987, ZfB 129, 223 [226]; vgl. ferner *Heitmann,* ZfB 131, 182 Fn. 20; Zweifel auch bei *Beckmann,* DVBl. 1989, 670). Daß sich auch die Vorsorge gegen **Gefahren für Leben und Gesundheit** nur auf Beschäftigte und Dritte **im Betrieb** bezieht, ergibt sich aus dem Sinnzusammenhang und geht eindeutig aus der Entstehungsgeschichte der Vorschrift hervor (vgl. dazu im Hauptband § 55 Rdn. 13; ebenso *Piens / Schulte / Graf Vitzthum,* BBergG, § 55 Rdn. 33). Der Schutz vor bergbaubedingten Gefahren für die körperliche Unversehrtheit von Personen **außerhalb** des Betriebes ist Gegenstand der Vorsorgepflicht des Unternehmers nach § 55 Abs. 1 Satz 1 Nr. 5 (vgl. dazu *Piens / Schulte / Graf Vitzthum,* BBergG, § 55 Rdn. 49). Eine spezielle Regelung hierzu enthält außerdem § 55 Abs. 2 Satz 1 Nr. 2 für die Zulassung eines Abschlußbetriebsplans. Richtungweisend hat sich das BVerwG inzwischen zur Frage des **Gemein-**

schadens i. S. des § 55 Abs. 1 Satz 1 **Nr. 9** geäußert (BVerwG v. 4. 7. 1986, BVerwGE 74, 315 = ZfB 128, 60). Danach ist Voraussetzung für die Annahme gemeinschädlicher Einwirkungen, daß der geplante Betrieb eine ganz erhebliche Gefahrenschwelle überschreitet. Es muß ein Schaden in solchem Umfang drohen, daß er sich auf das Allgemeinwohl auswirkt (BVerwGE 74, 321; so auch im Hauptband § 55 Rdn. 40). Eine kritische Auseinandersetzung mit dem Gemeinschadensbegriff findet sich bei *Schulte,* Gemeinschädliche Einwirkungen nach § 55 BBergG, Bochumer Beiträge zum Berg- und Energierecht, Bd. 7, S. 149 ff. Wenn dort nachgewiesen wird, daß § 55 Abs. 1 Satz 1 **Nr. 9** im Hinblick darauf, daß die wesentlichen öffentlichen Belange bei bergbaulichen Vorhaben entweder im Betriebsplanverfahren anhand der übrigen Zulassungsvoraussetzungen oder aber in anderen erforderlichen Parallelverfahren geprüft werden, **an Bedeutung verloren** hat, trifft dies zwar zu; es erscheint jedoch als zu weitgehend, die Gemeinschadensklausel der Nr. 9 als gegenstandslos zu betrachten. Sie bildet vielmehr weiterhin ein berggesetzliches Zulassungskriterium, und zwar insbesondere hinsichtlich denkbarer bergbautypischer Gefahren; ferner wird sie von der Verordnungsermächtigung des § 66 erfaßt. Die Prüfung der bergrechtlichen Zulassungsvoraussetzungen hat aufgrund der bei der Rahmenbetriebsplanaufstellung gegebenen Prognosemöglichkeiten zu erfolgen. Falls die Planfeststellungsbehörde bei ihrer Prüfung zu dem Ergebnis kommen sollte, daß eine der Zulassungsvoraussetzungen des § 55 nicht erfüllt ist und auch nicht durch Nebenbestimmungen nach § 36 VwVfG sichergestellt werden kann, wäre das ein Grund, den Erlaß des Planfeststellungsbeschlusses zu versagen. Andernfalls folgt eine Prüfung der materiellen Rechtsgrundlagen der übrigen durch den Planfeststellungsbeschluß ersetzten behördlichen Entscheidungen.

bb) Sonstige behördliche Entscheidungen

Welche behördlichen Entscheidungen für die Zulassung eines bergbaulichen **61**
Vorhabens neben der Betriebsplanzulassung an sich erforderlich wären und durch den Planfeststellungsbeschluß ersetzt werden, hängt von Art und Umfang der geplanten Tätigkeiten und Einrichtungen ab und wird weitgehend durch die Auswirkungen des Vorhabens auf die Umwelt bestimmt. Es ist also im Einzelfall zu prüfen, inwieweit die in dem Rahmenbetriebsplan dargestellten Maßnahmen nach außerbergrechtlichen Vorschriften einer Genehmigung, Erlaubnis, Planfeststellung oder sonstigen behördlichen Entscheidung bedürfen. Sodann ist zu klären, ob das Vorhaben die Voraussetzungen für die betreffenden Entscheidungen erfüllt. Welche materiellen Anforderungen an das Vorhaben zu stellen sind, ist den jeweiligen Fachgesetzen zu entnehmen.

Soweit das Vorhaben mit einer Grundstücksnutzung verbunden ist, wird das **Bauplanungsrecht** zu beachten sein, insbesondere kommen Entscheidungen nach § 35 Abs. 3 BauGB in Betracht. Für die Errichtung von Gebäuden bedarf es darüber hinaus einer **Bauerlaubnis** nach Maßgabe der jeweiligen Landesbauordnung. Auf die nach Immissionsschutzrecht genehmigungspflichtigen Anlagen sind die entsprechenden **Genehmigungsvorschriften des BImSchG** anzuwenden, insbesondere §§ 5, 6 BImSchG. Für wasserrechtlich relevante Maßnahmen gelten die Vorschriften des **WHG** und der **Landeswassergesetze.** Sofern das geplante Vorhaben zu Eingriffen in Natur und Landschaft führt, finden § 8 **BNatSchG** und die **Naturschutz- bzw. Landschaftsgesetze** der Länder Anwendung, soweit nicht das BBergG eigene Regelungen enthält (vgl. *Gerigk*, Zum Verhältnis zwischen Bergrecht und Naturschutzrecht, ZfB 128, 232). Zur Rodung von Wald und Umwandlung in eine andere Nutzungsart bedarf es grundsätzlich nach § 9 BWaldG in Verbindung mit dem Forst- bzw. Waldgesetzen der Länder einer **Waldumwandlungsgenehmigung,** die allerdings in Niedersachsen mit der Betriebsplanzulassung erteilt und in Nordrhein-Westfalen durch die Festlegungen im Braunkohlenplan ersetzt wird. Schließlich können behördliche Entscheidungen auch aufgrund der **Denkmalschutzgesetze** der Länder oder, soweit es sich um die Beseitigung nicht bergbaulicher Abfälle handelt, des **AbfG** erforderlich sein.

Es würde über den Rahmen dieses Ergänzungsbandes hinausgehen und muß daher einer Neuauflage des Gesamtkommentars vorbehalten bleiben, auf die Einzelheiten der außerbergrechtlichen Verfahren einzugehen. An dieser Stelle wird auf die ausführliche Darstellung von *Schulte,* Bergbau, Umweltrecht, Raumplanung, ZfB 128, 178 ff, verwiesen (vgl. auch *Bohne,* ZfB 130, 111 ff; *Piens / Schulte / Graf Vitzthum,* BBergG § 56 Rdn. 115 ff). Zur weiteren Vertiefung wird auf die Fachkommentare der verschiedenen Rechtsgebiete zurückzugreifen sein.

cc) Bedeutung des § 48 Abs. 2

62 Unter den zu betrachtenden materiellrechtlichen Entscheidungsgrundlagen des berggesetzlichen Planfeststellungsbeschlusses nimmt **§ 48 Abs. 2** eine besondere Stellung ein, und zwar insbesondere im Hinblick auf den **Schutz von Umweltbelangen.** § 48 Abs. 2 enthält die Ermächtigung der Bergbehörde, eine Aufsuchung oder Gewinnung zu beschränken oder zu untersagen, soweit ihr überwiegende öffentliche Interessen entgegenstehen. Die rechtliche Tragweite dieser Vorschrift war anfangs nicht unumstritten, hat jedoch inzwischen dank der Rechtsprechung des BVerwG festere Konturen gewonnen. Während im Hauptband, § 48 Rdn. 7, in Kenntnis der Entstehung der Vorschrift die Ansicht vertreten wurde, die Anordnung nach § 48 Abs. 2 sei stets ein eigenständiger Verwaltungsakt und die Ermächtigung in § 48 Abs. 2 stelle keine Erweiterung des Katalogs der Zulassungsvoraussetzungen des § 55 dar, hat sich das BVerwG in dem sog. Altenberg-Urteil vom 4. 7. 1986, BVerwGE 74, 315 = ZfB 128, 60, auf den Standpunkt gestellt, durch § 48 Abs. 2 würden die Befugnisse der Bergbehörde **auch im Betriebsplanzulassungsverfahren erweitert.** Hiernach ist § 48 Abs. 2 als „Befugnisnorm" aufzufassen, die es ermöglicht, bei der Entscheidung über die Betriebsplanzulassung außer den in § 55 konkret bezeichneten Belangen auch andere einer Aufsuchung oder Gewinnung entgegenstehende überwiegende öffentliche Interessen zu berücksichtigen. Das BVerwG hat diese Auffassung dann in zwei weiteren Urteilen vom 16. 3. 1989, BVerwGE 81, 329 = ZfB 130, 199 ff, von denen das eine den Fall Moers-Kapellen betraf, ausdrücklich bestätigt. Die Ermächtigung zur Beschränkung oder Untersagung von Aufsuchung und Gewinnung wird in § 48 Abs. 2 allerdings durch den Vorbehalt „unbeschadet anderer öffentlich-rechtlicher Vorschriften" begrenzt, d. h. die Befugnis der Bergbehörde besteht nur dann, wenn der Schutz der in Betracht kommenden öffentlichen Interessen nicht bereits aufgrund anderer öffentlich-rechtlicher Vorschriften in einem Genehmigungs- oder Zulassungsverfahren gewährleistet wird (BVerwG a. a. O.; vgl. ferner im Hauptband § 48 Rdn. 8, 10; *Piens / Schulte / Graf Vitzthum,* BBergG, § 48 Rdn. 17). Das gilt auch für die Fälle, in denen die Zuständigkeit zur Durchführung des in einer außerberggesetzlichen Vorschrift vorgesehenen Zulassungsverfahrens der Bergbehörde übertragen worden ist oder in denen eine nach anderen Fachgesetzen erforderliche Genehmigung durch die bergrechtliche Betriebsplanzulassung ersetzt wird (*Heitmann,* Die Leitlinien des Bundesverwaltungsgerichts für den Bergbau, ZfB 131, 179 [185]). § 48 Abs. 2 ist also eine „Auffangvorschrift" (*Hoppe,* DVBl. 1987, 757 [761]).

Welche öffentlichen Belange, für deren Geltendmachung kein eigenes Verfahren zur Verfügung steht, aufgrund der Öffnungsklausel des § 48 Abs. 2 in das Betriebsplanverfahren Eingang finden können, war zunächst offen. Eine erste Konkretisierung erfolgte durch das (Altenberg-)Urteil des BVerwG v. 4. 7. 1986, BVerwGE 74, 315 = ZfB 128, 60, indem dort die Berücksichtigung der **immissionsschutzrechtlichen** Anforderungen des § 22 BImSchG bei nicht genehmigungsbedürftigen Anlagen für zulässig erklärt wurde. In dem einen Quarzgewinnungsbetrieb betreffenden Urteil vom 16. 3. 1989 — 4 C 25.85 —, ZfB 130, 210, hat das BVerwG dann zum Ausdruck gebracht, daß die Bergbehörde im Betriebsplanverfahren auch über die **bauplanungsrechtliche** Zulässigkeit eines Bergbauvorhabens nach Maßgabe des § 48 Abs. 2 zu entscheiden habe. In dem Moers-Kapellen-Urteil v. 16. 3. 1989, BVerwGE 81, 329 = ZfB 130, 199, kommt das BVerwG schließlich zu dem Ergebnis, § 48 Abs. 2 sei verfassungskonform dahin auszulegen, daß u. U. auch der **Grundrechtsschutz des Oberflächeneigentümers** nach Art. 14 Abs. 1 GG als öffentlicher Belang in die Abwägung einbezogen werden müsse, nämlich dann, wenn nur dadurch eine unverhältnismäßige Beeinträchtigung des Oberflächeneigentums vermieden werden kann. Weitere öffentlichte Interessen, deren Berücksichtigung im Betriebsplanverfahren über § 48 Abs. 2 in Betracht kommen kann, werden von *Schulte* in seiner Abhandlung „Gemeinschädliche Einwirkungen nach § 55 BBergG", Bochumer Beiträge zum Berg- und Energierecht Bd. 7 S. 149 ff, erwähnt, z. B. solche des **Natur-** und des **Denkmalschutzes;** vgl. ferner *Schulte,* Bergbau, Umweltrecht, Raumplanung, ZfB 128, 178 (222). Beachtlich ist der Hinweis von *Heitmann,* Die Leitlinien des Bundesverwaltungsgerichts für den Bergbau, ZfB 131, 179 **63**

(186), daß eine Handlungspflicht der Behörde eindeutig wohl nur anzunehmen wäre, wenn es sich aufdrängt, daß überwiegende öffentliche Interessen eine Beschränkung oder Untersagung des Bergbaus erfordern. Auf jeden Fall hat sich die Abwägung danach auf solche öffentlich-rechtlichen Belange zu erstrecken, deren Wahrnehmung der Bergbehörde auch außerhalb des Bergrechts uneingeschränkt übertragen worden ist.

64 Durch **§ 52 Abs. 2 a Satz 3** ist der Anwendungsbereich des § 48 Abs. 2 **erweitert** worden. Nach der ursprünglichen Fassung kamen nur rechtlich geregelte öffentliche Belange über § 48 Abs. 2 zum Zuge (*Bohne,* ZfB 130, 112). Gem. § 52 Abs. 2 a Satz 3 sind auch **Anforderungen eines vorsorgenden Umweltschutzes,** die sich bei der UVP ergeben und über die Zulassungsvoraussetzungen des § 55 sowie der auf das Vorhaben anwendbaren Vorschriften in anderen Gesetzen hinausgehen, als öffentliche Interessen i. S. des § 48 Abs. 2 anzusehen. Mit dieser Gleichstellung wird es ermöglicht, aus der UVP resultierende materielle Anforderungen an den Umweltschutz, **für die weder im Bergrecht noch in anderen Rechtsnormen eine Grundlage besteht,** in den Entscheidungsprozeß einzubinden, wenn ihnen eine ganz besondere Bedeutung beigemessen werden muß. Damit soll sichergestellt werden, daß **herausragend wichtige Belange,** die noch nicht in Form von Rechtsvorschriften verfestigt sind und damit noch keine Bindungswirkung als Rechtsnormen entfalten können, die sich aber im Prüfungsverfahren als besonders beachtenswert ergeben, auch materiell einer vertretbaren Lösung — z. B. in Form einer Auflage — zugeführt werden können. Amtl. Begr. BT-Drucks. 11/4015 S. 10 = ZfB 130, 94. Hieraus wird deutlich, daß mit den in § 52 Abs. 2 a Satz 3 angesprochenen „überschießenden" Anforderungen nur **ihrem Gegenstand nach ungeregelte Belange** gemeint sind. § 48 Abs. 2 ist durch die Ergänzung kein Einfallstor zur administrativen Verschärfung gesetzlich speziell geregelter Belange geworden (*Kühne,* Die Einführung der Umweltverträglichkeitsprüfung im Bergrecht, UPR 1989, 326 [328]).

65 Ergeben die von der zuständigen Behörde aufgrund ihrer Prüfungspflicht getroffenen Feststellungen, daß Umstände vorliegen, die zu einer Entscheidung nach § 48 Abs. 2 Anlaß geben können, hat die Behörde **eine Abwägung vorzunehmen,** denn § 48 Abs. 2 verlangt, wie das BVerwG betont, eine „abwägende Entscheidung" (BVerwG v. 4. 7. 1986, BVerwGE 74, 315 = ZfB 128, 60). In die Abwägung sind auf der einen Seite das im konkreten Fall bestehende Interesse an der Aufsuchung und Gewinnung von Bodenschätzen und auf der anderen Seite die jeweils erkennbaren entgegenstehenden öffentlichen Belange einzustellen. Das Abwägungsgebot ist in diesem Falle **nicht** mit der Einräumung eines **Ermessens** gleichzusetzen; die Behörde hat vielmehr unter Zugrundelegung des vorhandenen Abwägungsmaterials eine objektive Gewichtung der gegenläufigen Belange und Interessen vorzunehmen, wobei ihr lediglich ein gewisser Beurteilungsspielraum zustehen mag. Bei der Beurteilung der Wertigkeit des geplanten bergbaulichen Vorhabens ist unter Berücksichtigung der vom BVerwG herausgestellten besonderen Sachgesetzlichkeiten des Bergbaus von der z. B. in §§ 1 Nr. 1, 48 Abs. 1 Satz 2 zum Ausdruck gebrachten **Vorrangstellung** auszugehen, die das BBergG dem Aufsuchen und Gewinnen von Bodenschätzen gegenüber anderen Interessen einräumt (BVerwGE 74, 315; 81, 329; vgl. auch *Hoppe*, DVBl. 1987, 761). Der Abwägungsvorrang für den Bergbau erhält seine objektive Berechtigung durch die dem Bergbau eigene absolute Standortgebundenheit sowie – im Rahmen staatlicher Zielvorgaben und bezogen auf die jeweilige Lagerstätte – die energiewirtschaftliche Bedeutung der Rohstoffversorgung (*Kühne*, Die Entwicklung des Umweltschutzgedankens im Bergrecht, UTR 1989 Bd. 9, S. 165 [185]). Führt die Abwägung zu dem Ergebnis, daß entgegenstehende öffentliche Belange **„überwiegen"**, hat die Behörde die Befugnis, die Aufsuchung bzw. Gewinnung zu beschränken oder zu untersagen, d. h. die Betriebsplanzulassung insoweit einzuschränken oder zu verweigern. Stehen dem Bergbauvorhaben keine „überwiegenden" öffentlichen Interessen entgegen, kommt § 48 Abs. 2 dagegen im Zulassungsverfahren nicht zum Zuge. Da der Bergbehörde hiernach auch bei der Einbeziehung des § 48 Abs. 2 in die Betriebsplanprüfung **ein Ermessen nicht zusteht,** bleibt die Betriebsplanzulassung einschl. aller Nebenbestimmungen, die aus der Anwendung des § 48 Abs. 2 resultieren können, eine **gebundene Entscheidung** (*Heitmann*, Die Leitlinien des Bundesverwaltungsgerichts für den Bergbau, ZfB 131, 179 [186]). Diese Auffassung ist vom BVerwG durch Urteil v. 14. 12. 1990, ZfB 132, 140, nachdrücklich bestätigt worden. Danach hat das BBergG die Zulassung eines bergrechtlichen Betriebsplans in § 55 als eine gesetzlich gebundene Entscheidung ausgestaltet. Der Bergbauunternehmer hat einen Zulassungsanspruch, wenn Versagungsgründe nicht vorliegen. Nichts anderes gilt aufgrund des § 48 Abs. 2; er gestattet der Bergbehörde, die beantragte Zulassung des Betriebsplans zu versagen oder zu beschränken, wenn andere öffentlich-rechtliche Vorschriften entgegenstehen, die nicht in einem anderen Genehmigungs- oder Zulassungsverfahren für die bergbaulichen Maßnahmen zu prüfen sind. § 48 Abs. 2 ermächtigt die Bergbehörde nicht zu einer planerischen oder fachplanerischen Entscheidung, bei der die bergbaulichen Interessen des Unternehmers, die gem. § 55 einschlägigen öffentlichen Interessen und alle sonstigen einschlägigen Interessen im Sinne einer planerischen Abwägung zu berücksichtigen wären. Er erweitert zwar die Befugnisse der Bergbehörde auf die Anwendung außerbergrechtlicher Vorschriften, aber nur insoweit, als sie Verbote oder Beschränkungen für das Vorhaben aussprechen. Auch die Erweiterung des § 48 Abs. 2 durch § 52 Abs. 2 a Satz 3 hat die Betriebsplanzulassung nicht in eine Ermessensentscheidung umgewandelt. Sie ist lediglich um den Abwägungsbelang der Umweltverträglichkeit angereichert worden. Vgl. *Ronellenfitsch*, Die Bewältigung der wissenschaftlichen und technischen Entwicklung durch das Verwaltungsrecht, DVBl. 1989, 851 (864). Durch § 52 Abs. 2 a Satz 3 ist der Bergbehörde keine Planungskompetenz im Sinne einer planerischen Gestaltungsfreiheit eingeräumt worden, sondern lediglich eine den Umweltschutz verstärkende Versagungs- oder Beschränkungsbefugnis; die Entscheidung der Bergbehörde bleibt rechtlich gebunden. *Gaentzsch,* Die bergrechtliche Planfeststellung, Festschrift für Sendler, München 1991, S. 403 ff [412].

4. Berücksichtigung des Ergebnisses der UVP im Planfeststellungsbeschluß

a) Grundsätzliches

66 Die **UVP** ist gem. § 2 Abs. 1 Satz 1 UVPG ein zwar unselbständiger, aber deshalb nicht weniger bedeutender Teil des bergrechtlichen Planfeststellungsverfahrens. Sie umfaßt nach § 1 Nr. 1, § 2 Abs. 1 Satz 2 UVPG die **Ermittlung, Beschreibung und Bewertung der Auswirkungen des geplanten Vorhabens auf die Umwelt,** wobei unter „Umwelt" ein Wirkungsgefüge aus Menschen, Tieren und Pflanzen, Boden, Wasser, Luft, Klima und Landschaft, einschließlich der jeweiligen Wechselwirkungen, sowie Kultur- und sonstigen Sachgütern zu verstehen ist. Die UVP wird gem. § 2 Abs. 1 Satz 3 UVPG unter Einbeziehung der Öffentlichkeit durchgeführt, d. h. im bergrechtlichen Planfeststellungsverfahren erfolgt die Öffentlichkeitsbeteiligung nach Maßgabe des § 73 Abs. 3 bis 7 VwVfG (vgl. oben Rdn. 37 ff). Die **Ermittlung** und **Beschreibung** der Auswirkungen des Vorhabens auf die Umwelt ist im wesentlichen Aufgabe des Unternehmers, der zu diesem Zweck die in § 57 a Abs. 2 sowie in § 1 UVP-V Bergbau bezeichneten Unterlagen beizubringen hat (vgl. im einzelnen Rdn. 15 ff, insbes. Rdn. 19–20). Da die UVP lediglich ein formelles Verfahren zur Vorbereitung der Zulassungsentscheidung ist, sind nur die entscheidungserheblichen Unterlagen vorzulegen (*Weber/Hellmann,* Das Gesetz über die Umweltverträglichkeitsprüfung, NJW 1990, 1625 [1627]). Als letzte Phase der UVP hat die Planfeststellungsbehörde eine **Bewertung** der Auswirkungen des Vorhabens auf die Umwelt vorzunehmen und dafür eine **zusammenfassende Darstellung** der Umweltauswirkungen zu erarbeiten. Im Unterschied zu den ausführlicheren Regelungen in § 11 und im ersten Satzteil des § 12 UVPG werden diese Verfahrensschritte in § 57 a Abs. 4 Satz 3 dahingehend zusammengefaßt, daß in der Begründung der Entscheidung über die Planfeststellung, d. h. im Planfeststellungsbeschluß, „zur Bewertung der Auswirkungen des Vorhabens auf die Umwelt eine zusammenfassende Darstellung dieser Auswirkungen aufzunehmen" ist. Dabei ist der Berggesetzgeber offensichtlich davon ausgegangen, daß die Verpflichtung zur Bewertung als solche bereits aus der Begriffsbestimmung des § 2 Abs. 1 Satz 2 UVPG folgt, die gem. § 18 UVPG im bergrechtlichen Planfeststellungsverfahren Anwendung findet und insoweit materiellrechtliche Wirkung entfaltet. Auch der Umstand, daß die Verpflichtung zur **Berücksichtigung** der Bewertung bei der Entscheidung über die Zulässigkeit des Vorhabens im BBergG im Unterschied zu § 12 zweiter Satzteil UVPG nicht mehr besonders normiert worden ist, läßt auf die Ansicht des Gesetzgebers schließen, daß sich bereits aus den §§ 1 und 2 Abs. 1 Satz 2 und 4 die Pflicht zu einer medienübergreifenden Gesamtbeurteilung der Umweltauswirkungen des planfestzustellen-

den Vorhabens ergibt. Für die Bewertung der Umweltauswirkungen und die Berücksichtigung der Bewertungsergebnisse bei der Planfeststellung sind daher neben den berggesetzlichen, den verwaltungsverfahrensrechtlichen und den für die eingeschlossenen Entscheidungen geltenden Vorschriften auch die Regelungen der §§ 1 und 2 Abs. 2 Satz 2 UVPG maßgebend (*Bohne,* Die Umweltverträglichkeitsprüfung bergbaulicher Vorhaben, ZfB 130, 93 [107]).

b) Zusammenfassende Darstellung der Umweltauswirkungen

Nach der allgemeinen Bestimmung des § 11 S. 1 und 2 UVPG, die hier zum **67**
Anhalt genommen werden kann, sind Grundlage der zusammenfassenden Darstellung der Umweltauswirkungen die vom Unternehmer eingereichten Unterlagen, die behördlichen Stellungnahmen, die Äußerungen der Öffentlichkeit sowie die Ergebnisse eigener Ermittlungen. Da die zusammenfassende Darstellung, wie der Wortlaut des § 57a Abs. 4 Satz 3 erkennen läßt, die Grundlage für die Bewertung der Umweltauswirkungen des Vorhabens bildet, muß sie alle wesentlichen Angaben enthalten, die für die Bewertung erforderlich sind.

Die zusammenfassende Darstellung hat sich auf die Auswirkungen zu beziehen, die das Vorhaben auf die in § 2 Abs. 1 Satz 2 UVPG genannten Schutzgüter haben kann, und dabei mögliche Wechselwirkungen einzuschließen. Bei den erforderlichen Prognosen sind die Erfahrungen der Praxis sowie die Erkenntnisse von Wissenschaft und Technik zugrunde zu legen. Die zusammenfassende Darstellung enthält Aussagen über Art und Umfang sowie Eintrittswahrscheinlichkeit bestimmter Umweltauswirkungen einschl. möglicher Schäden und führt zu einer Gesamtabschätzung der Umweltauswirkungen eines Vorhabens **(Umweltrisiko).** Diese **Risikoabschätzung** ist zu unterscheiden von der im nächsten Verfahrensschritt vorzunehmenden **Risikobewertung.** Das bedeutet, daß die zusammenfassende Darstellung keine Aussagen darüber enthält, ob die prognostizierten Umweltauswirkungen tolerierbar, vernachlässigbar oder sonstwie positiv oder negativ zu bewerten sind. Amtl. Begr. zu § 11 UVPG, BT-Drucks. 11/3919 S. 26. Die zusammenfassende Darstellung der Umweltauswirkungen ist also auf die Wiedergabe von Fakten bzw. voraussehbaren Geschehensabläufen beschränkt.

c) Bewertung der Umweltauswirkungen

Die Bewertung der Umweltauswirkungen dient der Vorbereitung der Ent- **68**
scheidung über die Zulässigkeit des Vorhabens. Sie erfolgt zu dem Zweck, festzustellen, ob die umweltbezogenen gesetzlichen Zulässigkeitsvoraussetzungen für das in dem Rahmenbetriebsplan dargestellte bergbauliche Vorhaben erfüllt sind. Gegenstand der (Risiko-)Bewertung ist die sich aus der zusammenfassenden Darstellung ergebende Risikoabschätzung. Die Bewertung ist **projektbezogen,** d. h. es sind nur die Beziehungen zwischen dem konkreten Vorhaben und der Umwelt zu prüfen, nicht jedoch andere Fragen außerhalb dieses Zusammen-

hangs (*Hoppe/Püchel*, Zur Anwendung der Art. 3 und 8 EG-Richtlinie zur UVP bei der Genehmigung nach dem Bundes-Immissionsschutzgesetz, DVBl. 1988, 1 [2]). Aus den §§ 1 und 2 Abs. 2 Satz 2 UVPG i. V. mit § 57 a Abs. 4 Satz 3 ergibt sich dabei die Pflicht zu einer **medienübergreifenden (integrativen) Gesamtbewertung** aller in diesem Sinne entscheidungserheblichen Umweltauswirkungen des Vorhabens. Die Bewertung ist mit Blickrichtung auf die Anforderungen einer wirksamen Umweltvorsorge i. S. des § 1 UVPG vorzunehmen. Dabei sind die in § 2 Abs. 1 Satz 2 UVPG genannten Schutzgüter als System aufzufassen; Wasser, Boden, Luft und andere Umweltgüter sind somit nicht isoliert, sondern als funktionale Bestandteile von Ökosystemen bzw. der Naturhaushalts zu schützen (*Bohne*, Die Umweltverträglichkeitsprüfung bergbaulicher Vorhaben, ZfB 130, 93 [119]).

69 Die Vornahme einer Bewertung erfordert zwangsläufig das Anlegen von Wertmaßstäben. Für die Bewertung von Umweltauswirkungen im Rahmen der UVP ergeben sich die gesetzlichen Maßstäbe grundsätzlich aus den vorhandenen rechtlichen Entscheidungsgrundlagen (*Peters*, Rechtliche Maßstäbe des Bewertens in der gesetzlichen UVP und die Berücksichtigung in der Entscheidung, NuR 1990, 103 [104]). Die **umweltbezogenen Zulässigkeitsvoraussetzungen der anzuwendenden Fachgesetze** enthalten demnach die für eine Gesamtbewertung erforderlichen **Beurteilungsmaßstäbe.** Eine an alternativen Wertmaßstäben orientierte Bewertung wäre mit dem integrativen Charakter der UVP nicht zu vereinbaren (*Feldmann*, UVP-Gesetz und UVP-Verwaltungsvorschrift, UPR 1991, 127 [129]). Im bergrechtlichen Planfeststellungsverfahren sind also die Vorschriften des BBergG über die Betriebsplanzulassung i. V. mit den für die im Planfeststellungsbeschluß eingeschlossenen anderen behördlichen Entscheidungen geltenden Vorschriften maßgebend. Als Rahmen für die Bewertung kommen vor allem die in den Gesetzen enthaltenen **unbestimmten Rechtsbegriffe** in Betracht, deren Wortlaut die zu bewertenden Umweltauswirkungen erfaßt. Sache der Planfeststellungsbehörde ist es, die prognostizierbaren Umweltauswirkungen des Vorhabens unter derartige unbestimmte Rechtsbegriffe zu subsumieren und im Rechtssinne als schädlich, nachteilig, belästigend, erheblich, vernachlässigbar, nicht tolerierbar, gemeinwohlbeeinträchtigend oder dergl. zu werten (*Bohne*, a. a. O., ZfB 130, 116). Erleichtert wird die Einzelfallbewertung, wenn die allgemeinen Wertmaßstäbe unbestimmter Rechtsbegriffe durch sog. **Umweltstandards** konkretisiert worden sind (zum Begriff vgl. *Jarass*, HdUR Sp. 817 ff). In diesen werden Schutzwürdigkeitsprofile und Gefährdungsprofile festgelegt, die der Bewertung zugrunde zu legen sind und die eine Gewichtung nach Schutzwürdigkeits- und Gefährdungskriterien ermöglichen (vgl. dazu *Salzwedel*, Risiko im Umweltrecht — Zuständigkeit, Verfahren und Maßstäbe der Bewertung, NVwZ 1987, 276; *Hoppe/Püchel*, a. a. O., DVBl. 1988, 1 [3]; *Steinberg*, Bemerkungen zum Entwurf eines Bundesgesetzes über die Umweltverträglichkeitsprüfung, DVBl. 1988, 955 [998]). In Form einer RechtsVO erlassene

Umweltstandards konkretisieren Rechtsbegriffe, die in förmlichen Gesetzen enthalten sind. Die Bindungswirkung dieser Umweltstandards hängt also von den Vorgaben des Gesetzes ab (*Jarass*, Der rechtliche Stellenwert technischer und wissenschaftlicher Standards, NJW 1987, 1225 [1227]). Für Bewertungen im Rahmen der UVP bei bergbaulichen Vorhaben sind, wie sich aus § 57 a Abs. 4 Satz 1 und 3 ergibt, nur durch Rechts- oder Verwaltungsvorschriften festgelegte oder vermittelte Umweltstandards behördenverbindlich. Das schließt nicht aus, bei der Einzelbewertung zur Konkretisierung unbestimmter Gesetzesbegriffe auch umweltbezogene Regelwerke privater Fachgremien – z. B. DIN, VDI, VDE – heranzuziehen (*Bohne*, a. a. O., ZfB 130, 114 [117]). Nach *Steinberg*, Die Bewertung der Umweltauswirkungen eines Vorhabens nach dem UVPG, DVBl. 1990, 1369 (1373), kann die Heranziehung privater Regeln lediglich ein „Indiz" für die Bewertung sein, diese jedoch nicht ersetzen.

Einzelheiten über die Kriterien und Verfahren, die generell bei der Ermittlung, Beschreibung und Bewertung von Umweltauswirkungen zugrunde zu legen sind, werden in der gem. § 20 UVPG von der Bundesregierung mit Zustimmung des Bundesrates zu erlassenden allgemeinen Verwaltungsvorschrift geregelt, die aber zur Zeit noch nicht vorliegt. Für bergbauliche Vorhaben vgl. § 52 Rdn. 14. Die Geltung des § 143 Abs. 1 Satz 1 bleibt von § 20 UVPG unberührt.

d) Berücksichtigung der Bewertung bei der Entscheidung

Die Durchführung einer UVP hat nur dann Sinn, wenn deren Ergebnisse **70**
auch Folgen für die Zulassung eines Vorhabens haben können (*Steinberg*, DVBl. 1988, 998). Das **Bewertungsergebnis der UVP** ist daher gem. § 1 Nr. 2, § 2 Abs. 1 Satz 1 UVPG i. V. mit § 57 a Abs. 4 Satz 1 sowie §§ 74, 75 VwVfG bei der Entscheidung über die Planfeststellung des Rahmenbetriebsplans **zu berücksichtigen** (*Bohne*, ZfB 130, 120). Die Bewertung unterscheidet sich von der Berücksichtigung dadurch, daß erstere das Umweltrisiko nach Wahrscheinlichkeit, Art und Umfang bewertet, während letztere diese Risikobewertung unter Abwägung mit gegenläufigen Belangen zu einer abschließenden Entscheidung verarbeitet (*Schmidt*, Umweltverträglichkeitsprüfung bei Projekten des Bergbaus, Glückauf 1989, 302 [306]). Hierbei ist davon auszugehen, daß diese Entscheidung nach § 57 a Abs. 4 Satz 1 an die für die eingeschlossenen Entscheidungen geltenden Vorschriften gebunden ist. Die UVP bildet lediglich ein Vorprüfverfahren, in dem noch keine Entscheidung über die Zulässigkeit oder Unzulässigkeit eines Vorhabens fällt. Sie liefert nur **Beurteilungsgrundlagen** für die Prüfung des Vorhabens am Maßstab der materiellrechtlichen Anforderungen in den einschlägigen Fachgesetzen (*Gaentzsch*, Bauleitplanung und Baugenehmigungspraxis unter den Anforderungen des Naturschutzes und der Umweltverträglichkeit, NuR 1990, 1 [7]). Die Planfeststellungsbehörde hat sich nach Abschluß der UVP mit dem Bewertungsergebnis inhaltlich auseinanderzusetzen, um festzustellen, inwieweit die Umweltauswirkungen des Vorhabens für die Zulassungsentscheidung Bedeutung haben. Im Hinblick darauf, daß sowohl für die Bewertung als

auch für die Berücksichtigung die Fachgesetze maßgebend sind, lassen sich Bewertung und Berücksichtigung der Umweltauswirkungen insgesamt systematisch nicht trennen (*Jarass*, Grundstrukturen des Gesetzes über die Umweltverträglichkeitsprüfung, unveröffentlichtes Manuskript, S. 16).

Bei der Gesetzesanwendung sind die herkömmlichen rechtlichen Auslegungsverfahren heranzuziehen. Ein normativer Vorrang der Umweltbelange vor anderen bei der Entscheidung zu berücksichtigenden Belangen wird durch die §§ 1, 2 Abs. 1 UVPG nicht begründet (*Bohne*, a. a. O., ZfB 130, 113). Die Zulassungsvorschriften sind aber unter Ausnutzung des vorhandenen Beurteilungs- und Entscheidungsspielraums soweit wie möglich **vorsorgekonform** auszulegen. Dies gilt insbesondere für die Interpretation **unbestimmter Rechtsbegriffe.**

71 Ist eine Zulässigkeitsvoraussetzung für die von der Planfeststellung eingeschlossenen Zulassungsentscheidungen nicht erfüllt und kann die Erfüllung der gesetzlichen Voraussetzungen auch nicht durch Nebenbestimmungen nach § 36 VwVfG sichergestellt werden, muß die Planfeststellung **versagt** werden. Stehen der beantragten Zulassung Hindernisse entgegen, die behoben werden können, hat die Behörde den Planfeststellungsbeschluß mit **Bedingungen oder Auflagen** zu versehen, die geeignet sind, die Erfüllung der gesetzlichen Zulässigkeitsvoraussetzungen sicherzustellen. Sind alle Zulässigkeitsvoraussetzungen erfüllt, ist der Planfeststellungsbeschluß **ohne Einschränkungen zu erlassen.** Soweit die Erteilung einer durch den Planfeststellungsbeschluß ersetzten Zulassungsentscheidung im behördlichen **Ermessen** steht, muß die Planfeststellungsbehörde das Ermessen ordnungsgemäß entsprechend dem Gesetzeszweck und unter Beachtung des verfassungsrechtlichen Verhältnismäßigkeitsgrundsatzes ausüben, wobei die zu schützenden **Umweltbelange** ihrer Bedeutung entsprechend **in die Abwägung einzustellen sind.** Das gleiche gilt für die im Rahmen der Befugnisnorm des **§ 48 Abs. 2** vorzunehmende Abwägung, die über die Öffnungsklausel des § 52 Abs. 2 a Satz 3 sogar die Einbeziehung „überschießender", d. h. nicht normierter Umweltbelange gestattet, wenn diese das Interesse an der Rohstoffgewinnung überwiegen (vgl. oben Rdn. 64, 65). Ein weitergehendes **eigenes Planungsermessen** steht der Planfeststellungsbehörde infolge der durch § 57 a Abs. 4 Satz 1 angeordneten strikten Bindung an die materiellrechtlichen Zulassungsvoraussetzungen der anzuwendenden Fachgesetze **nicht zu.** Dieses Ergebnis entspricht im wesentlichen der von *Bohne*, ZfB 130, 112, getroffenen Feststellung, daß angesichts der Regelungsdichte der für den bergrechtlichen Planfeststellungsbeschluß verbindlichen materiellen Vorschriften und im Hinblick auf die Öffnungsklausel des § 52 Abs. 2 a Satz 3 für die Planfeststellungsbehörde kein großer Ermessensspielraum bleibt. Ein Planungsermessen könnte nach Meinung von *Bohne*, a. a. O., allenfalls bei Beurteilungsunsicherheiten materieller Zulassungsvoraussetzungen in der Praxis eine gewisse Bedeutung besitzen, um bestimmte Maßnahmen zur Einhaltung der Zulassungsvoraussetzungen vorsorglich festsetzen zu können. Dieser Erfolg dürfte u. E. aber auch

ohne „Planungsermessen" durch Nebenbestimmungen nach Maßgabe des § 36 VwVfG zu erzielen sein. Wie hier auch *Kühne,* Die Einführung der Umweltverträglichkeitsprüfung im Bergbau, UPR 1989, 326 [327/328]; a. A. *Kühling,* Fachplanungsrecht, 1988, S. 31 Rdn. 69, der die Abwägung im Rahmen des § 48 Abs. 2 als gewisse planerische Abwägung betrachtet.

III. Rechtswirkungen der bergrechtlichen Planfeststellung

1. Verhältnis zwischen Rahmen- und Hauptbetriebsplan

Die Rechtswirkungen der bergrechtlichen Planfeststellung werden maßgeblich durch die **Eigenart des Betriebsplanverfahrens** geprägt. Bei diesem Verfahren handelt es sich bekanntlich um ein bergrechtliches Rechtsinstitut eigener Art für die präventive und laufende Betriebsüberwachung, das den wechselnden lagerstättenmäßigen und bergtechnischen Gegebenheiten Rechnung trägt. Während die früheren Landesberggesetze ursprünglich nur den „Betriebsplan" als solchen kannten, der im allgemeinen für die Dauer eines Jahres aufgestellt wurde, haben sich in der Praxis im Laufe der Zeit verschiedene Formen von Betriebsplänen mit unterschiedlichen Bezeichnungen entwickelt (vgl. im Hauptband Vor § 50 Rdn. 4). Die Entwicklung hat ihren Abschluß in den Bestimmungen der §§ 52 und 53 gefunden, in denen die jetzt gebräuchlichen Betriebsplanarten abschließend aufgeführt und inhaltlich umschrieben werden (vgl. oben § 52 Rdn. 18). Danach ist an die Stelle des früheren Jahresbetriebsplans als Grundlage des Bergbaubetriebes nunmehr der **Hauptbetriebsplan** getreten, der gem. § 52 Abs. 1 Satz 1 in der Regel für zwei Jahre aufgestellt wird und der durch **Sonderbetriebspläne** ergänzt werden kann. Diese beiden Betriebsplanarten entsprechen wegen ihrer Anpassungsfähigkeit in besonderem Maße den durch die dynamische Betriebsweise des Bergbaus bedingten Anforderungen an eine effiziente Betriebskontrolle. Der **Rahmenbetriebsplan** gestattet demgegenüber eine längerfristige Vorausschau auf das Gesamtvorhaben oder wesentliche Teile eines solchen. Über das Verhältnis zwischen Rahmenbetriebsplan und Hauptbetriebsplan enthielt das BBergG bisher keine ausdrückliche Bestimmung. Fest stand nach einhelliger Meinung lediglich, daß ein zugelassener **Hauptbetriebsplan** eine **unverzichtbare Voraussetzung für die Errichtung und Führung eines Bergbaubetriebes** ist (OVG Berlin v. 23. 3. 1990, ZfB 131, 200 [209] m. w. Nachw.). Unterschiedliche Auffassungen gab es dagegen hinsichtlich der Frage, welche Bedeutung dem **Rahmenbetriebsplan** im Gefüge des bergrechtlichen Betriebsplanverfahrens zukommt, wobei sich die vorliegenden Meinungsäußerungen auf die Situation vor Einführung des bergrechtlichen Planfeststellungsverfahrens beziehen. **72**

Abgelehnt wird zu Recht die Ansicht, die Rahmenbetriebsplanzulassung sei mit keinerlei Bindungswirkung ausgestattet, sondern als unverbindliche Verlautbarung zu charakterisieren. Eine solche Bewertung stände in Widerspruch zum Rechtsinstitut der Betriebsplanzulassung, die sich in bezug auf die verschiedenen **73**

Betriebsplanarten nur hinsichtlich ihres Regelungsgehalts, nicht ihres Rechtscharakters als Kontrollerlaubnis unterscheidet (OVG Berlin, ZfB 131, 209/210; vgl. auch *Weller*, Das Bundesberggesetz in der Bewährung – Zwei Jahre BBergG, ZfB 125, 161 [169]). Es ist somit richtigerweise davon auszugehen, daß die Rahmenbetriebsplanzulassung eine **Bindungswirkung entfaltet;** umstritten ist jedoch deren Umfang. Nach der bislang in der Rechtsprechung überwiegend vertretenen Meinung ist die Rahmenbetriebsplanzulassung mit dem **vorläufigen positiven Gesamturteil** im Immissionsschutz- und Atomanlagenrecht (§ 8 BImSchG, § 18 AtVfV) zu vergleichen und hat den Regelungsgehalt einer Zusicherung i. S. von § 38 Abs. 1 Satz 1 VwVfG. Sie steht danach unter dem doppelten Vorbehalt des Gleichbleibens der Sach- und Rechtslage und einer Detailprüfung in späteren Hauptbetriebsplanverfahren (OVG Berlin v. 23. 3. 1990, ZfB 131, 200 [209] unter Hinweis auf OVG Lüneburg v. 20. 10. 1988, ZfB 131, 19).

Dagegen überwiegt in der Literatur die Auffassung, die Rahmenbetriebsplanzulassung entspreche in ihren Rechtswirkungen einem atomrechtlichen **Konzeptvorbescheid** und enthalte demzufolge bereits eine vorbehaltlose definitive Regelung (*Kühne*, Verfahrensstufung im bergrechtlichen Betriebsplanverfahren, UPR 1986, 81 [86]; *ders.*, Die Einführung der Umweltverträglichkeitsprüfung im Bergrecht, UPR 1989, 326 [329]; *Fluck*, ZfB 130, 142 [145]; *Hoppe/Beckmann*, Grundeigentumsschutz bei heranrückendem Bergbau, 1988, S. 132 ff; *Gaentzsch*, Die bergrechtliche Planfeststellung, Festschrift für Sendler, München 1991, S. 408). Dieser Rechtsauffassung dürfte im Hinblick auf die Struktur des bergrechtlichen Betriebsplanverfahrens und seine Zweckbestimmung zuzustimmen sein. Der Rahmenbetriebsplanzulassung kommt hiernach grundsätzlich die Aufgabe zu, den Rahmen abzustecken, innerhalb dessen der Unternehmer seine Bergbauberechtigung in einen konkreten Bergbaubetrieb umsetzen kann. Der Regelungsgehalt der Zulassung besteht in der verbindlichen **Feststellung,** daß das in dem Rahmenbetriebsplan dargestellte **Gesamtvorhaben den materiellrechtlichen Zulässigkeitsvoraussetzungen entspricht,** wobei mit der Zulassung eines herkömmlichen – fakultativen – Rahmenbetriebsplans allerdings im Unterschied zur Planfeststellung lediglich die Vereinbarkeit des Vorhabens mit den **berggesetzlichen** Anforderungen festgestellt wird. Bei der Zulassung der für die Durchführung des Vorhabens erforderlichen Haupt- bzw. Sonderbetriebspläne sind die in der Rahmenbetriebsplanzulassung getroffenen Feststellungen zugrunde zu legen, **ohne daß es insoweit einer nochmaligen Prüfung bedarf.** Die Bergbehörde muß, wenn sie aufgrund nachträglicher Änderungen der Sach- und Rechtslage die Bindungswirkung der Rahmenbetriebsplanzulassung aufheben will, von den Möglichkeiten des § 49 Abs. 2 Nr. 3, 4 VwVfG Gebrauch machen (*Hoppe/Beckmann*, a. a. O., S. 136/137). Vgl. auch § 52 Rdn. 19.

2. Zielvorgaben der Neuregelung

74 Während sich die Rechtswirkungen der herkömmlichen Rahmenbetriebsplanzulassung in Ermangelung einer ausdrücklichen Regelung nur im Wege der

Auslegung im Vergleich mit ähnlichen Rechtsinstituten ermitteln lassen, bestehen für die Wirkung der neuen bergrechtlichen Planfeststellung feste gesetzliche Regeln, und zwar ergeben sich diese aus **§ 57 a BBergG** i. V. mit **§ 75 VwVfG.** Der Bundesgesetzgeber hat es bei der Einführung eines Planfeststellungsverfahrens in das Bergrecht als seine Aufgabe angesehen, von der gesetzlichen Vorgabe des § 52 Abs. 2 Nr. 1 ausgehend zu präzisieren, inwieweit die Rahmenbetriebsplanzulassung neuer Art eine verbindliche Regelung trifft und **in welchen** Bereichen die Flexibilität erhalten bleibt. Durch die Einführung des Planfeststellungsverfahrens mit UVP werden nach der amtl. Begr. entscheidende Gesichtspunkte des Vorhabens einer **verbindlichen Regelung** zugeführt, die **für die gesamte Dauer des Vorhabens Bestand haben soll.** Dies bedeutet nicht nur eine Entlastung des in der Regel alle zwei Jahre stattfindenden Hauptbetriebsplanverfahrens und aller anderen Betriebsplanverfahren, für die der Rahmen insofern ein für allemal festgelegt ist, sondern insbesondere auch eine Entlastung durch Wegfall derjenigen Verfahren und Entscheidungen nach anderen Gesetzen, auf die sich die Konzentrationswirkung des Planfeststellungsbeschlusses erstreckt. BT-Drucks. 11/4015 S. 8 = ZfB 131, 91/92.

3. Wirkungen des Planfeststellungsbeschlusses

75 Nach § 75 VwVfG entfaltet ein Planfeststellungsbeschluß im allgemeinen folgende Rechtswirkungen: 1. **Genehmigungswirkung** (§ 75 Abs. 1 Satz 1 erster HS), 2. **Konzentrationswirkung** (§ 75 Abs. 1 Satz 1 zweiter HS), 3. **Gestaltungswirkung** (§ 75 Abs. 1 Satz 2), 4. **Duldungswirkung** (§ 75 Abs. 2 Satz 1) und 5. **Ausgleichswirkungen** (§ 75 Abs. 2 Satz 2 bis 5). Von diesen Rechtswirkungen werden die drei letztgenannten faktisch durch § 57 a Abs. 4 Satz 2 eliminiert, wonach sich das Verhältnis zwischen Unternehmer und Betroffenen und der Schutz von Belangen Dritter im Sinne des Bergrechts nach den dafür geltenden Vorschriften des BBergG bestimmen (vgl. oben Rdn. 51). In der Gesetzesbegründung wird dazu bemerkt, daß bei der Gestaltung der bergrechtlichen Planfeststellung die vollen **rechtsgestaltenden** Wirkungen des Planfeststellungsverfahrens nicht in jeder denkbaren Hinsicht ausschöpfbar waren, insbesondere weil das BBergG mit dem Bergschadensrecht, der Grundabtretung usw. Vorgaben enthält, die als wohlausgewogene Spezialregelungen nicht verändert werden können und auch nicht durch die Eröffnung konkurrierender Möglichkeiten, z. B. durch eine Entscheidung der planfeststellenden Behörde über Entschädigungen, ihres Sonderstatus entkleidet werden dürfen. BT-Drucks. 11/4015 S. 10 = ZfB 131, 95.

76 Auch in bezug auf die **Konzentrations-** und die **Genehmigungswirkung** bedurfte der § 75 VwVfG für die bergrechtliche Planfeststellung einer Modifizierung. Zwar tritt die **formelle Konzentrationswirkung** nach § 75 Abs. 1 Satz 1 zweiter HS VwVfG **hinsichtlich der eingeschlossenen außerbergrechtlichen Zulässigkeitsentscheidungen in vollem Umfang** ein. Wenn von *Bohne,* ZfB

130, 112, die Ansicht vertreten wird, der Planfeststellungsbeschluß umfasse gem. § 14 Abs. 1 WHG keine Erlaubnisse und Bewilligungen von Gewässerbenutzungen i. S. der §§ 7, 8 WHG, so erscheint dies zumindest nicht unumstritten. Auch neben der Planfeststellung für Abfallentsorgungsanlagen gem. § 7 Abs. 1 AbfG ist nach überwiegender Meinung eine gesonderte wasserrechtliche Erlaubnis oder Bewilligung nicht erforderlich, und zwar ergibt sich dies nach der Aufhebung des § 26 AbfG aus dem allgemeinen Verfahrensrecht nach § 75 Abs. 1 VwVfG (*Gieseke/Wiedemann/Czychowski*, WHG, 5. Aufl., § 14 Rdn. 2 b). Es ist kein Grund ersichtlich, den bergrechtlichen Planfeststellungsbeschluß nicht ebenso zu behandeln, zumal es inzwischen als herrschende Lehre betrachtet wird, daß die Erteilung einer gesonderten Entscheidung für die von einem Planfeststellungsbeschluß eingeschlossene wasserrechtliche Erlaubnis oder Bewilligung nicht erforderlich ist (*Wahl*, Entwicklung des Fachplanungsrechts, NVwZ 1990, 426 [430] m. w. Nachw.; wie hier auch *Gaentzsch*, Die bergrechtliche Planfeststellung, Festschrift für Sendler, München 1991, S. 414). Eine **Einschränkung** erfährt die **Verfahrenskonzentration** der bergrechtlichen Planfeststellung jedoch im Verhältnis zu den für die Errichtung, Führung und Einstellung eines Bergbaubetriebes erforderlichen **Haupt-, Sonder- und Abschlußbetriebsplänen.** Diese werden abweichend von § 75 Abs. 1 Satz 1 zweiter HS VwVfG durch die Planfeststellung **nicht entbehrlich,** wenngleich der Planfeststellungsbeschluß bereits einen nicht unerheblichen Teil ihres Regelungsgehalts beinhaltet. Der Grund für diese rechtliche Konstruktion liegt, wie es in der amtl. Begr. heißt, darin, daß die Dynamik der sich an den Rahmenbetriebsplan grundsätzlich anschließenden einzelnen Betriebspläne erhalten bleiben muß, um die bergbaulichen Vorhaben entsprechend den Erfordernissen der Lagerstätten und sonstigen bergbaulichen Gegebenheiten, insbesondere im Hinblick auf Betriebssicherheit und Arbeitsschutz, entwickeln zu können. BT-Drucks. 11/1015 S. 10 = ZfB 131, 95.

§ 57 a Abs. 5 stellt im ersten Halbsatz das Verhältnis zwischen dem planfestgestellten Rahmenbetriebsplan und den für die Durchführung des Vorhabens noch erforderlichen Haupt-, Sonder- und sonstigen Betriebsplänen klar. Die Vorschrift geht davon aus, daß einerseits **die Zulässigkeit des Vorhabens im Planfeststellungsverfahren im Hinblick auf alle davon berührten und relevanten Belange, d. h. umfassend geprüft und festgestellt** wird, daß andererseits aber formeller bergrechtlicher Gegenstand dieses Verfahrens nur die Zulassung des Rahmenbetriebsplans, nicht dagegen auch die Zulassung der übrigen Betriebspläne für dasselbe Vorhaben ist. Auf diese Weise bleibt für die Kontrolle der bergbautypischen dynamischen Betriebsvorgänge die Beweglichkeit des Betriebsplanverfahrens erhalten; zugleich wird aber durch § 57 a Abs. 5 erster Halbsatz sichergestellt, daß **Einwendungen,** die gegen das dargestellte Vorhaben geltend gemacht werden oder geltend gemacht werden können, **nur einmal und zwar im Rahmen des Planfeststellungsverfahrens geprüft und abschließend behandelt werden.** Diese Regelung bedeutet nicht etwa einen Ausschluß von möglichen Einwendungen, sondern nur die Notwendigkeit, daß alle Einwendungen, die gegen das in dem Rahmenbetriebsplan beschriebene Vorhaben geltend gemacht werden können, im Rahmen des Planfeststellungsverfahrens auch geltend gemacht werden müssen. Amtl. Begr. BT-Drucks. 11/4015 S. 12 = ZfB 131, 97. Insoweit entfaltet die bergrechtliche Planfeststellung materielle Präklusionswirkung (vgl. *Ronellenfitsch,* Die Planfeststellung, VerwArch. 1989, 92 [103]).

Der bergrechtliche Planfeststellungsbeschluß entspricht in seinem Regelungs- **77**
gehalt dem **feststellenden** Teil einer Anlagengenehmigung, d. h. er enthält die **verbindliche Feststellung der Vereinbarkeit des im Rahmenbetriebsplan dargestellten Vorhabens mit den anzuwendenden öffentlich-rechtlichen Vorschriften** (*Gaentzsch,* NJW 1986, 2791). Insbesondere über die **Umweltauswirkungen des Vorhabens** wird bei der Planfeststellung des Rahmenbetriebsplans **abschließend** entschieden, und zwar mit verbindlicher Wirkung für die zur Durchführung des Rahmenbetriebsplans erforderlichen Haupt-, Sonder- und Abschlußbetriebspläne. Insoweit kommt dem Planfeststellungsbeschluß eine „vertikale Konzentrationswirkung" zu (*Bohne,* ZfB 131, 121). Dies bedeutet, daß die nachfolgenden Betriebspläne keine entsprechenden Darstellungen mehr zu enthalten brauchen, sondern eine Verweisung auf den planfestgestellten Rahmenbetriebsplan genügt (vgl. auch § 52 Abs. 5). Dem bergrechtlichen Planfeststellungsbeschluß fehlt aber in bergrechtlicher Hinsicht der **verfügende (gestattende)** Teil der Gesamtentscheidung, d. h. er berechtigt noch nicht zur **Durchführung** des Vorhabens. Hierzu ist die **Zulassung von Haupt- und Sonderbetriebsplänen erforderlich,** die die technischen Einzelheiten enthalten und insbesondere im Hinblick auf die Betriebssicherheit und den Arbeitsschutz zu prüfen sind. Dazu gehört beispielsweise auch die Prüfung der Voraussetzungen nach § 55 Abs. 1 Satz 1 Nr. 2 betr. Zuverlässigkeit, Fachkunde und körperliche Eignung verantwortlicher Personen. Insofern entspricht die Hauptbetriebsplanzulassung hinsichtlich ihres Regelungsgehalts einer **Betriebserlaubnis.** Vgl. auch *Gaentzsch,* Die bergrechtliche Planfeststellung, Festschrift für Sendler, München 1991, S. 417.

Die Präklusionswirkung der bergrechtlichen Planfeststellung erstreckt sich **78**
nach dem **zweiten Halbsatz** des § 57a Abs. 5 im Grundsatz auch auf **Entscheidungen nach § 48 Abs. 2.** Dies folgt daraus, daß nach der umfassenden, durch § 52 Abs. 2 Satz 3 auf sämtliche Umweltbelange ausgedehnten Prüfung im Rahmen des Planfeststellungsverfahrens für eine weitere Behördenentscheidung nach § 48 Abs. 2 außerhalb dieses Verfahrens, aber bezogen auf dasselbe Vorhaben grundsätzlich kein Raum mehr ist. § 48 Abs. 2 wird daher im Prinzip von der Konzentrationswirkung der Planfeststellung mit erfaßt, so daß diese Bestimmung, von der nachstehend beschriebenen Ausnahme abgesehen, **nicht bei jedem noch weiter notwendigen Betriebsplan gesondert zu prüfen ist.** Amtl. Begr. BT-Drucks. 11/4015 S. 12 = ZfB 131, 97. Der Zusatz „außer in den in § 48

Abs. 2 genannten Fällen des Schutzes Dritter" ist erst im letzten Stadium des Gesetzgebungsverfahrens auf Vorschlag des Wirtschaftsausschusses vom Bundestag in das Gesetz aufgenommen worden. Anlaß hierfür war das Moers-Kapellen-Urteil des BVerwG v. 16. 3. 1989, BVerwGE 81, 329 = ZfB 130, 199 = DVBl. 1989, 663, in dem die Auffassung vertreten wird, öffentliche Interessen i. S. des § 48 Abs. 2 könnten bei verfassungskonformer Auslegung der Vorschrift im Einzelfall auch den Schutz von Rechten Dritter umfassen, nämlich dann, wenn nur dadurch eine unverhältnismäßige Beeinträchtigung des Oberflächeneigentums vermieden werden kann (vgl. dazu im einzelnen oben § 48 Rdn. 11 ff). Die durch den Zusatz erfolgte Herausnahme dieser Fälle aus der Bindungswirkung des Planfeststellungsbeschlusses bedeutet, daß die Bergbehörde auch nach Vorliegen eines planfestgestellten Rahmenbetriebsplans noch die Möglichkeit einer Entscheidung nach § 48 Abs. 2 hat, wenn sich herausstellt, daß nur dadurch eine unverhältnismäßige Beeinträchtigung des Oberflächeneigentums vermieden werden kann und die erforderliche Abwägung ergibt, daß der gebotene Grundrechtsschutz des Oberflächeneigentümers nach Art. 14 Abs. 1 GG das vorrangige Interesse an der Rohstoffgewinnung überwiegt. Unberührt von der Planfeststellung bleiben im übrigen die allgemeinen Anordnungsbefugnisse der Bergbehörde nach § 71 zur Abwehr akuter Gefahren des Bergbaubetriebes.

IV. Planänderungen

79 Soll ein durch Planfeststellung zuzulassender Rahmenbetriebsplan **vor Abschluß des noch anhängigen Verfahrens** nach erfolgter Auslegung geändert werden, findet **§ 73 Abs. 8 VwVfG** Anwendung. Werden durch die Planänderung der **Aufgabenbereich einer Behörde oder Belange Dritter erstmalig oder stärker als bisher berührt,** so ist diesen nach § 73 Abs. 8 **Satz 1** VwVfG die Änderung mitzuteilen und ihnen Gelegenheit zu Stellungnahmen und Einwendungen innerhalb von zwei Wochen zu geben. Das gilt nicht, wenn der Aufgabenbereich anderer Behörden oder Belange Dritter weniger als bisher berührt werden oder die Planänderung ausschließlich positive Auswirkungen hat oder wenn es sich nur um geringfügige Neubelastungen handelt (*Meyer/Borgs,* VwVfG, 2. Aufl., § 73 Rdn. 59; *Stelkens/Bonk/Leonhardt,* VwVfG, 3. Aufl., § 73 Rdn. 58; a. A. *Kopp,* VwVfG, 4. Aufl., § 73 Rdn. 61). Ein erneuter Erörterungstermin ist gesetzlich nicht vorgeschrieben, kann sich aber im Einzelfall als zweckdienlich erweisen. Bei Änderungen eines Planes nach § 73 Abs. 8 VwVfG, **die das Gesamtkonzept nicht berühren,** brauchen nur diejenigen erneut beteiligt zu werden, deren Belange durch die Planänderungen selbst unmittelbar berührt werden (BVerwG v. 12. 6. 1989, NVwZ 1990, 366; vgl. auch *Kuschnerus,* Planänderungen vor Erlaß eines Planfeststellungsbeschlusses, DVBl. 1990, 235). Wirkt sich die Änderung **auf das Gebiet einer anderen Gemeinde** aus, so ist der geänderte Plan gem. § 73 Abs. 8 **Satz 2** VwVfG in dieser Gemeinde auszulegen und ein Anhörungsverfahren entsprechend den Absätzen 3 bis 6 des § 73 VwVfG durchzuführen. In diesem Falle kommt es nicht auf das Gewicht der Änderungen, sondern allein darauf an, daß sich das geänderte Vorhaben überhaupt erstmals in einer Gemeinde auswirken kann, die von dem früheren Plan nicht berührt wurde.

Soll **ein bereits festgestellter Plan** vor Beendigung des Vorhabens geändert **80**
werden, kommt § 76 VwVfG zur Anwendung, der allerdings **durch § 52 Abs. 2 c modifiziert** wird. Nach § 52 Abs. 2 c gelten die Absätze 2 a und 2 b auch für die wesentliche Änderung eines UVP-pflichtigen Vorhabens, wenn die Änderung erhebliche Auswirkungen auf die Umwelt haben kann; es muß sich also um eine **wesentliche Änderung** handeln und diese muß **erhebliche Umweltauswirkungen** haben können. Sind beide Voraussetzungen erfüllt, hat die zuständige Behörde gem. § 52 Abs. 2 a Satz 1 vom Unternehmer **die Aufstellung eines Rahmenbetriebsplanes zu verlangen,** der die vorgesehenen Änderungen zum Inhalt hat und für dessen Zulassung ein **Planfeststellungsverfahren mit UVP** nach Maßgabe der §§ 57 a und 57 b durchzuführen ist. Das Verfahren beschränkt sich grundsätzlich auf die geänderten Teile des Vorhabens, die Behörde hat jedoch zu prüfen, ob und inwieweit die beabsichtigte Änderung bereits entschiedene Fragen erneut aufwirft (BVerwG v. 5. 12. 1986, BVerwG 75, 214 = DVBl. 1987, 573 [574]). Der Änderungsplanfeststellungsbeschluß ist nach Maßgabe des § 74 VwVfG zu begründen, zuzustellen und bekanntzugeben; er bildet aber zusammen mit dem ursprünglichen Beschluß eine einheitliche Planfeststellung (*Stelkens/Bonk/Leonhardt*, VwVfG, 3. Aufl., § 76 Rdn. 4, 11).

Wenn Änderungen eines planfestgestellten bergbaulichen Vorhabens beab- **81**
sichtigt sind, die **eine der in § 52 Abs. 2 c genannten Voraussetzungen nicht erfüllen,** also nicht wesentlich sind oder keine erheblichen Auswirkungen auf die Umwelt haben können, richtet sich das weitere Verfahren nach § 76 Abs. 2 und 3 VwVfG, da das BBergG für diesen Fall keine eigene Regelung enthält. Bei Planänderungen von unwesentlicher Bedeutung kann die Planfeststellungsbehörde gem. § 76 Abs. 2 VwVfG **von einem neuen Planfeststellungsverfahren absehen,** wenn die Belange anderer nicht berührt werden oder wenn die Betroffenen der Änderung zugestimmt haben. Falls die Bergbehörde bei einer unwesentlichen Änderung eines festgestellten Rahmenbetriebsplanes von dieser Möglichkeit Gebrauch macht, bedeutet dies, daß die entsprechenden Änderungen ohne ein neues Planfeststellungsverfahren im herkömmlichen Betriebsplanverfahren zugelassen werden können (§ 52 Abs. 4). Will die Behörde jedoch aufgrund ihres Entschließungsermessens trotz Vorliegens der Voraussetzungen des Absatzes 2 ein Planfeststellungsverfahren durchführen oder werden durch eine unwesentliche Planänderung Belange anderer berührt oder haben die Betroffenen der Änderung nicht zugestimmt, ist gem. § 76 Abs. 3 VwVfG in einem vereinfachten und **verkürzten Planänderungsverfahren** zu entscheiden. Es bedarf in diesem Falle keines Anhörungsverfahrens mit Erörterungstermin nach § 73 Abs. 3 bis 6 VwVfG und keiner öffentlichen Bekanntgabe des Planfest-

stellungsbeschlusses gem. § 74 Abs. 4 S. 2 und 3, Abs. 5 VwVfG (vgl. hierzu auch BT-Drucks. 11/4015 S. 16 = ZfB 131, 102).

V. Außerkrafttreten, Aufhebung

82 In § 75 Abs. 4 VwVfG wird bestimmt, daß ein festgestellter Plan **außer Kraft tritt,** wenn mit seiner Durchführung **nicht innerhalb von fünf Jahren** nach Eintritt der Unanfechtbarkeit des Planfeststellungsbeschlusses **begonnen wird.** Da das BBergG keine inhaltsgleichen oder entgegenstehenden Bestimmungen enthält, findet diese Vorschrift auch auf die bergrechtliche Planfeststellung Anwendung. Mit dem Ablauf der Fünfjahresfrist verliert der Planfeststellungsbeschluß seine Wirkung. Eine Verlängerung der Frist ist nur in Bayern möglich, und zwar um höchstens fünf Jahre (Art. 75 Abs. 4 BayVwVfG). Wird innerhalb der Frist von fünf Jahren mit der Durchführung des Vorhabens in nach außen erkennbarer Weise begonnen, wird der Fristablauf unterbrochen. Bei bergbaulichen Vorhaben kann der Beginn der Durchführung des Vorhabens dann als gegeben angesehen werden, wenn zumindest der für die Durchführung erforderliche Hauptbetriebsplan zur Zulassung eingereicht worden ist.

83 Nach § 77 **Satz 1** VwVfG hat die Planfeststellungsbehörde den Planfeststellungsbeschluß **aufzuheben,** wenn ein Vorhaben, mit dessen Durchführung begonnen worden ist, **endgültig aufgegeben wird.** Diese Vorschrift, die in erster Linie der Schaffung klarer Verhältnisse dient und für jedes ganz oder teilweise durchgeführte Vorhaben gilt (*Kopp,* VwVfG, 4. Aufl., § 77 Rdn. 1, 3), findet auch auf den bergrechtlichen Planfeststellungsbeschluß Anwendung. **Nicht anwendbar** sind dagegen die **Sätze 2 und 3** des § 77 VwVfG, die die Ermächtigung enthalten, im Aufhebungsbeschluß die Wiederherstellung des früheren Zustandes sowie sonstige Folgenbeseitigungsmaßnahmen und Schutzvorkehrungen anzuordnen. An ihre Stelle treten gem. § 57 a Abs. 4 Satz 2 zweiter Halbsatz die einschlägigen Vorschriften des BBergG, insbesondere also die Bestimmungen über die Wiedernutzbarmachung und den Abschlußbetriebsplan (§ 2 Abs. 1 Nr. 2, § 4 Abs. 1 Nr. 4, § 53, § 66 Satz 1 Nr. 7 und 8).

84 Die Anwendung des § 51 VwVfG **(Wiederaufgreifen des Verfahrens)** ist für das Planfeststellungsverfahren durch § 72 Abs. 2 zweiter Halbsatz VwVfG ausdrücklich **ausgeschlossen.** Dagegen sind die allgemeinen Aufhebungsbestimmungen der §§ 48, 49 VwVfG **(Rücknahme und Widerruf von Verwaltungsakten)** nach h. M. im Planfeststellungsverfahren grundsätzlich **anwendbar,** werden aber durch die Möglichkeit der nachträglichen Planergänzung, -änderung und -aufhebung nach Maßgabe der §§ 74–77 VwVfG **modifiziert** (*Stelkens/Bonk/Leonhardt,* VwVfG, 3. Aufl., § 72 Rdn. 46; a. A. *Grupp,* Aufhebung von Planfeststellungsbeschlüssen durch die Verwaltung, DVBl. 1990, 81 [89], danach ist die Anwendung der §§ 48 u. 49 VwVfG auf Planfeststellungsbeschlüsse mit deren speziellen Regelungsgehalt und erhöhter Bestandskraft unvereinbar).

VI. Rechtsschutzfragen

1. Nachprüfbare Verwaltungsakte

Ob das behördliche **Verlangen zur Vorlage eines Rahmenbetriebsplanes** 85
nach § 52 Abs. 2 a Satz 1 lediglich als vorbereitende Verfahrenshandlung oder als Verwaltungsakt zu qualifizieren ist, könnte zweifelhaft sein. Hier wird im Hinblick auf die verpflichtende Außenwirkung dieses Verlangens davon ausgegangen, daß es sich um einen **im Verwaltungsrechtsweg nachprüfbaren Verwaltungsakt** i. S. von § 35 VwVfG handelt. Da die Entscheidung der Behörde noch nicht im förmlichen Planfeststellungsverfahren ergeht, findet § 74 Abs. 1 Satz 2 VwVfG keine Anwendung. Es bedarf also vor Klageerhebung gem. § 68 Abs. 1 Satz 1, Abs. 2 VwGO der Durchführung eines Widerspruchsverfahrens. Dagegen erfolgt eine Anfechtung des **bergrechtlichen Planfeststellungsbeschlusses** unmittelbar durch verwaltungsgerichtliche Klage. Ein Widerspruchsverfahren ist, wie sich aus § 74 Abs. 1 Satz 2, § 70 VwVfG i. V. mit § 58 Abs. 1 Satz 2 erster Satzteil VwGO ergibt, nicht durchzuführen. Dasselbe gilt gem. § 68 Abs. 2 VwGO für eine Verpflichtungsklage des Unternehmers, wenn dem – durch Vorlage des Rahmenbetriebsplanes zum Ausdruck gebrachten – Antrag auf Planfeststellung nach durchgeführtem Planfeststellungsverfahren nicht oder nicht in vollem Umfang stattgegeben worden ist. Eine Wahlmöglichkeit zwischen Widerspruch und Klage steht dem Anfechtungsberechtigten nicht zu.

Für das behördliche Verlangen zur Vorlage eines **geänderten Rahmenbetriebsplans** im Falle des § 52 Abs. 2 c gilt das oben zu § 52 Abs. 2 a Satz 1 Gesagte, d. h. es bedarf zur Anfechtung eines Vorverfahrens. Dagegen kann der **Planfeststellungsänderungsbeschluß,** auch wenn er gem. § 76 Abs. 3 VwVfG aufgrund eines verkürzten Planfeststellungsverfahrens erlassen wird, gem. § 74 Abs. 1 Satz 2 VwVfG ohne Vorverfahren unmittelbar durch Klage angefochten werden. Wird ein unanfechtbarer Planfeststellungsbeschluß nach § 76 VwVfG geändert, so eröffnet eine Klage gegen den Änderungsbeschluß die rechtliche Prüfung allerdings nur insoweit, als der Kläger durch die Regelungen des ändernden Verwaltungsaktes gegenüber dem ursprünglichen Planfeststellungsbeschluß erstmals oder stärker beeinträchtigt werden kann (VGH Mannheim, NVwZ 1986, 663). Sieht die Behörde gem. § 76 Abs. 2 VwVfG von einem Planfeststellungsverfahren ab und läßt unwesentliche Änderungen im **nichtförmlichen Betriebsplanverfahren** zu, findet § 74 Abs. 1 Satz 2 VwVfG keine Anwendung, und es bedarf insoweit eines Widerspruchsverfahrens (*Kopp,* VwVfG, 4. Aufl., § 76 Rdn. 4). Dasselbe dürfte für die Anfechtung eines nach § 77 Satz 1 VwVfG erlassenen **Aufhebungsbeschlusses** gelten, da dieser ebenfalls nicht auf einem förmlichen Verfahren beruht (*Kopp,* VwVfG, 4. Aufl., § 77 Rdn. 5; *Meyer/Borgs,* VwVfG, 2. Aufl., § 77 Rdn. 5; a. A. *Stelkens/Bonk/Leonhardt,* VwVfG, 3. Aufl., § 77 Rdn. 12, danach soll § 74 Abs. 1 Satz 2 entsprechend anwendbar sein).

86 Eine isolierte gerichtliche Nachprüfung der **UVP** ist im deutschen Recht nicht vorgesehen. Bei der UVP handelt es sich nach § 2 Abs. 1 UVPG um einen unselbständigen Teil des bergrechtlichen Planfeststellungsverfahrens. Mängel der UVP sind deshalb nicht selbständig anfechtbar, sondern können gem. § 44 a VwGO nur zusammen mit der Anfechtung der Zulassungsentscheidung geltend gemacht werden (*Bohne,* ZfB 130, 99). Zur Abwehr ungerechtfertigter UVP-Forderungen vgl. *Beckmann,* Der Rechtsschutz des Vorhabenträgers bei der Umweltverträglichkeitsprüfung, NVwZ 1991, 427. Vgl. auch § 52 Rdn. 65, 66.

2. Anfechtungsberechtigung

87 Eine Anfechtungs- oder Verpflichtungsklage ist gem. § 42 Abs. 2 VwGO grundsätzlich nur zulässig, wenn der Kläger geltend macht, durch den Verwaltungsakt oder seine Ablehnung oder Unterlassung **in seinen Rechten verletzt** zu sein. Diese Voraussetzung kann in bezug auf das **Verlangen zur Vorlage eines Rahmenbetriebsplans** nach § 52 Abs. 2 a Satz 1 bzw. einer **Rahmenbetriebsplanänderung** nach § 52 Abs. 2 c auf seiten des **Unternehmers** gegeben sein. Dieser hat einen Anspruch darauf, daß die Zulassung seiner Betriebspläne **in dem gesetzlich vorgeschriebenen Verfahren** erfolgt. Würde die Bergbehörde ein Verlangen nach § 52 Abs. 2 a Satz 1 für ein Vorhaben stellen, das nicht unter § 1 UVP-V Bergbau fällt, könnte der Unternehmer dadurch in seinen Rechten beeinträchtigt sein. Dasselbe würde gelten, wenn die Behörde Änderungen des Vorhabens nach § 52 Abs. 2 c i. V. mit Abs. 2 a Satz 1 behandelt, ohne daß die Voraussetzungen des § 52 Abs. 2 c vorliegen. Unterläßt es die Behörde, für ein Vorhaben, das gem. § 52 Abs. 2 a Satz 1 i. V. mit § 1 UVP-V Bergbau der Planfeststellung bedarf, die Vorlage eines entsprechenden Rahmenbetriebsplan zu verlangen, stellt dies ebenfalls eine Rechtsverletzung dar. Dem Unternehmer steht in diesem Fall ein subjektives öffentliches Recht auf Planfeststellung zu. Dagegen können Dritte die Einleitung eines Planfeststellungsverfahrens nicht erzwingen (*Ronellenfitsch,* Die Planfeststellung, VerwArch. 1989, 92 [101]). Der Verzicht auf ein Planfeststellungsverfahren verletzt Dritte nicht in ihren Rechten, BVerwG v. 15. 1. 1982, BVerwGE 64, 325.

88 In Beziehung auf den **Planfeststellungs-** bzw. **Planfeststellungsänderungsbeschluß** können sowohl der Unternehmer wie auch Dritte als Anfechtungsberechtigte in Betracht kommen. Da das bergrechtliche Planfeststellungsverfahren an die Stelle des Verfahrens nach den §§ 54 und 56 Abs. 1 tritt und somit nur eine andere Form der Betriebsplanzulassung darstellt, bleiben die materiellen Voraussetzungen für die Zulassung des Rahmenbetriebsplans, was den bergrechtlichen Teil der Planfeststellung anbelangt, unberührt. Der Unternehmer hat also, da es sich insoweit um eine **gebundene Erlaubnis** handelt (BVerwGE 81, 329), einen Rechtsanspruch auf Zulassung, wenn die in § 55 genannten Voraussetzungen erfüllt sind. Gleiches gilt hinsichtlich der übrigen von dem Planfeststellungsbeschluß eingeschlossenen **gebundenen Entscheidungen.** Soweit es sich um

Ermessensentscheidungen handelt, hat der Unternehmer einen Anspruch auf fehlerfreie Ermessensausübung. Die genannten Ansprüche können gegebenenfalls im Klagewege vor den Verwaltungsgerichten geltend gemacht werden.

Die Anfechtungsbefugnis **Dritter** hängt ebenfalls davon ab, ob durch die behördliche Entscheidung subjektive Rechte des Betroffenen verletzt werden. **89**
Der Umstand, daß jemand nach § 73 Abs. 4 VwVfG Einwendungen erhoben hat und im Verfahren gehört wurde oder der Betroffene nach § 73 Abs. 6 VwVfG von Amts wegen zugezogen wurde, begründet nicht unbedingt zugleich auch schon eine Klagebefugnis nach § 42 Abs. 2 VwGO gegen den Planfeststellungsbeschluß, denn der Kreis der Einwendungsbefugten ist weiter gezogen als der der Klagebefugten. Auch gegen die Zurückweisung von Einwendungen nach § 74 Abs. 2 VwVfG ist die Klage zum Verwaltungsgericht nur zulässig, wenn derjenige, der die Einwendungen vorgebracht hat, zugleich i. S. des § 42 Abs. 2 VwGO in der Sache in seinen Rechten betroffen ist (*Kopp*, VwVfG, 4. Aufl., § 73 Rdn. 41, § 74 Rdn. 33). Da der Planfeststellungsbeschluß u. a. auch Personen zuzustellen ist, die dagegen kein Klagerecht haben, ist es zur Vermeidung von Mißverständnissen und Kostenfolgen zweckmäßig, in der Rechtsbehelfsbelehrung zum Beschluß auf § 42 Abs. 2 VwGO hinzuweisen (*Kopp*, a. a. O., § 74 Rdn. 16). Als „verletzte Rechte" i. S. des § 42 Abs. 2 VwGO kommen vor allem das Eigentum (Art. 14 GG) sowie das Recht auf körperliche Unversehrtheit (Art. 2 Abs. 2 GG) in Betracht. Die Erhebung einer verwaltungsgerichtlichen Klage gegen einen bergrechtlichen Planfeststellungsbeschluß durch Dritte setzt voraus, daß diesen gegenüber der erlassenen Behörde ein **Anspruch auf Schutz ihrer subjektiven Rechte** zusteht. Das kann nur der Fall sein, wenn die der zulassenden Entscheidung zugrundeliegenden Rechtsvorschriften **drittschützende Wirkung** haben. Ob die eine behördliche Erlaubnis, Genehmigung, Gestattung o. ä. tragende Norm Dritten, die durch die Entscheidung betroffen werden, Schutz gewährt und ihnen damit die Geltendmachung von Abwehrrechten im Klageverfahren ermöglicht, hängt vom Inhalt der jeweiligen Norm sowie davon ab, ob der Drittbetroffene in den mit der behördlichen Entscheidung gestalteten Interessenausgleich eine eigene schutzfähige Rechtsposition einbringen kann. Drittschutz vermitteln nur solche Vorschriften, die nach dem in ihnen enthaltenen, durch Auslegung zu ermittelnden Entscheidungsprogramm für die Behörde auch der Rücksichtnahme auf Interessen eines individualisierbaren, d. h. sich von der Allgemeinheit unterscheidenden Personenkreises dienen (BVerwG v. 16. 3. 1989, BVerwGE 81, 329; OVG Berlin v. 23. 3. 1990, ZfB 131, 200 [211]). Den Betriebsplanzulassungsvoraussetzungen des § 55 ist nach h. M. eine drittschützende Wirkung **grundsätzlich nicht** beizumessen (BVerwG a. a. O., ZfB 130, 204, 205; a. A. OVG Berlin, ZfB 131, 212, danach soll § 55 Abs. 1 Satz 1 Nr. 3 hinsichtlich der Rechtsgüter Leben und Gesundheit drittschützende Wirkung haben). Eine **begrenzte Drittschutzwirkung** spricht das BVerwG dem **§ 48 Abs. 2** zu. Nach Meinung des Gerichts läßt § 48 Abs. 2 bei verfassungskon-

former Auslegung Raum für eine vom Grundsatz der Verhältnismäßigkeit gesteuerte Abwägung der Interessen der betroffenen Oberflächereigentümer mit den berechtigten Belangen des Bergbaus, wenn nur dadurch eine unverhältnismäßige Beeinträchtigung des Oberflächeneigentums vermieden werden kann (BVerwG v. 16. 3. 1989, ZfB 130, 210 [216] unter Bezugnahme auf das Urteil gleichen Datums BVerwGE 81, 329 = ZfB 130, 199). Inwieweit die für sonstige von der bergrechtlichen Planfeststellung eingeschlossene Entscheidungen maßgeblichen Fachgesetze drittschützende Wirkung haben, muß jeweils anhand der obengenannten vom BVerwG aufgestellten Grundsätze geprüft werden. Die **Vorschriften über UVP** dienen nicht dem Schutz individueller Interessen einzelner, sondern **ausschließlich öffentlichen Belangen.** Die UVP ist lediglich ein Informationsinstrument zur Entscheidungsvorbereitung und hat keine eigenständig drittschützende Wirkung (*Weber/Hellmann,* Das Gesetz über die Umweltverträglichkeitsprüfung, NJW 1990, 1625 [1632]). **Weitergehende materielle Rechte,** als sie die **fachgesetzlichen Regelungen** vorsehen, werden Drittbetroffenen **durch die Vorschriften über die UVP nicht eingeräumt** (*Beckmann,* Rechtsschutz Drittbetroffener bei der Umweltverträglichkeitsprüfung, DVBl. 1991, 358 [360]). Was die Geltendmachung von **Verfahrensfehlern** als Anfechtungsgrund anbelangt, ist auf die neuere Rechtsprechung von BVerfG und BVerwG zu verweisen. Danach ist im Einzelfall zu prüfen, inwieweit den rechtsstaatlichen Anforderungen an einen effektiven Grundrechtsschutz durch Verfahren und im Verfahren entsprochen worden ist. Prinzipiell wird eine grundrechtsfreundliche Auslegung und Anwendung der vorhandenen Verfahrensvorschriften verlangt (BVerfG 53, 30; 69, 315). **Vorschriften über das Verwaltungsverfahren vermitteln Drittschutz grundsätzlich nur insoweit,** als sie darauf gerichtet sind, **die Wahrung materieller Rechte Dritter im Verwaltungsverfahren zu gewährleisten.** Der Dritte kann deshalb die Aufhebung eines wegen eines Fehlers im Verwaltungsverfahren rechtswidrigen Verwaltungsaktes grundsätzlich nur verlangen, wenn infolge des Verfahrensfehlers die Wahrung seiner materiellen Rechte nicht gewährleistet ist. BVerwG v. 14. 12. 1990, ZfB 132, 140.

VII. Zuständigkeitsregelungen

90 Da es sich bei der bergrechtlichen Planfeststellung um eine spezielle Form der Rahmenbetriebsplanzulassung handelt, wird in § 57 a Abs. 1 Satz 2 festgelegt, daß das gesamte Verfahren von der fachlich kompetenden **Bergbehörde** durchzuführen ist. Dabei können die Länder gem. § 142 bestimmen, auf welcher Verwaltungsebene das Verfahren stattfindet. § 73 VwVfG geht zwar davon aus, daß im Regelfall die Anhörung nicht vor der Planfeststellungsbehörde erfolgt; es ist jedoch verfassungsrechtlich unbedenklich, beide Verfahrensabschnitte bei einer Behörde zusammenzufassen. Im Interesse der Konzentration und Vereinfachung des Verfahrens sollte nach Meinung des Bundesgesetzgebers von dieser

Möglichkeit angesichts des Aufbaus der für Betriebsplanzulassungen in allen Ländern zuständigen Bergverwaltungen Gebrauch gemacht werden (Amtl. Begr. BT-Drucks. 11/4015 S. 11 = ZfB 131, 95).

In den meisten Bundesländern ist die Zuständigkeit für die bergrechtliche Planfeststellung aufgrund der bestehenden Zuständigkeitsregelungen (vgl. im Hauptband Anh. III) bei den **Bergämtern** — in **Baden-Württemberg** beim Landesbergamt — verblieben. In **Bayern** wurde die Zuständigkeit der Bergämter durch die Zweite Verordnung zur Änderung der BergZustV v. 19. 7. 1990 (GVBl. 1990, 266) ausdrücklich auf die Durchführung der §§ 57 a und 57 b ausgedehnt. Das Land **Nordrhein-Westfalen** hat dagegen durch die VO zur Änderung der VO über die Zuständigkeiten nach dem BBergG v. 10. 7. 1990 (GV.NW. 1990, 390) die Zuständigkeit für die Durchführung eines Planfeststellungsverfahrens — mit Ausnahme des Verlangens — nach § 52 Abs. 2 a Satz 1 einschließlich der Erörterung nach § 57 b Abs. 2 a Satz 2 sowie für Entscheidungen nach § 57 b auf das **Landesoberbergamt** übertragen. Für das Verlangen zur Aufstellung eines Rahmenbetriebsplanes nach § 52 Abs. 2 a Satz 1 sind auch in Nordrhein-Westfalen die **Bergämter** zuständig. In **Niedersachsen** ist für das gesamte Planfeststellungsverfahren einschließlich des Verlangens gem. § 52 Abs. 2 a Satz 1 das Oberbergamt zuständig (Rd. Erl. d. MW v. 14. 1. 1991, Nds. MBl. S. 121).

Im **Saarland** ist durch die Erste Verordnung zur Änderung der Verordnung über die Zuständigkeiten nach dem Bundesberggesetz vom 12. 11. 1990 (ABl. S. 1275) folgende Regelung getroffen worden: Das **Ministerium für Wirtschaft** ist zuständig für die Ausführung des § 52 Abs. 2 a bis 2 c einschließlich der Zulassung des Rahmenbetriebsplanes nach Maßgabe der §§ 57 a und 57 b für Kraftwerke, Heizkraftwerke und Heizwerke, soweit sie nach § 57 c einer UVP bedürfen. Bei den übrigen bergbaulichen Vorhaben, die einer UVP bedürfen, ist das **Oberbergamt** für die Ausführung des § 52 Abs. 2 a bis 2 c einschließlich der Zulassung des Rahmenbetriebsplanes nach Maßgabe der §§ 57 a und 57 b zuständig.

VIII. Übergangsbestimmungen

Die maßgeblichen Vorschriften über das bergrechtliche Planfeststellungsver- **91**
fahren mit UVP sind gem. Art. 4 des Bergrechtsänderungsgesetzes vom 12. 2. 1990 **am 1. 8. 1990 in Kraft getreten.** Aus Gründen der Rechtssicherheit und um den Bedürfnissen der Praxis Rechnung zu tragen, hat der Gesetzgeber folgende Übergangsregelungen getroffen:

„Artikel 2
Überleitung

Bei Vorhaben, über deren Zulässigkeit nach geltendem Recht auch unter Einbeziehung der Öffentlichkeit entschieden wird, ist ein nach dem Bundesberggesetz bereits begonnenes Verfahren nach den Vorschriften dieses Gesetzes zu Ende zu führen, wenn das Vorhaben bei Inkrafttreten dieses Gesetzes noch nicht öffentlich bekanntgemacht worden ist. Im übrigen sind die bei Inkrafttreten dieses Gesetzes bereits begonnenen Verfahren nach den bisher geltenden Vorschriften zu Ende zu führen.“

92 Für bergbauliche Vorhaben, die allein der betriebsplanmäßigen Zulassung bedürfen, bedeutet dies, daß ein am 1. 8. 1990 bereits begonnenes Betriebsplanzulassungsverfahren gem. Art. 2 **Satz 2** des Änderungsgesetzes **nach dem bis dahin geltenden Recht** zu Ende zu führen ist, denn für die Entscheidung über die Betriebsplanzulassung sah das BBergG bisher eine Einbeziehung der Öffentlichkeit nicht vor. Als Beginn des Zulassungsverfahrens ist die Einreichung des Betriebsplans bei der zuständigen Behörde anzusehen.

War über die Zulässigkeit eines bergbaulichen Vorhabens **außer im Betriebsplanverfahren** schon nach bisherigem Recht in einem **Verfahren mit Öffentlichkeitsbeteiligung** zu entscheiden — z. B. nach § 10 BImSchG , gilt folgendes: Sofern das Vorhaben am 1. 8. 1990 bereits öffentlich bekanntgemacht worden war, werden die begonnenen Verfahren nach den bisher geltenden Vorschriften zu Ende geführt. Falls das Vorhaben zu diesem Zeitpunkt jedoch noch nicht öffentlich bekanntgemacht wurde, ist das begonnene Rahmenbetriebsplanzulassungsverfahren nach Art. 2 **Satz 1** in Form des bergrechtlichen Planfeststellungsverfahrens mit UVP weiterzuführen.

93 Für die neu hinzugekommenen fünf Bundesländer ist in Kapitel V Sachgebiet D Abschnitt III Nr. 1 Buchst. h, bb) der Anlage I des Einigungsvertrages vom 31. August 1990 (BGBl. II S. 889) — siehe Anhang — eine eigene Übergangsregelung getroffen worden. Danach gilt § 52 Abs. 2 a **nicht** für Vorhaben, bei denen das Verfahren zur Zulassung des Betriebes, insbesondere zur Genehmigung eines technischen Betriebsplanes, am 3. Oktober 1990 bereits begonnen hatte.

§ 57 b
Vorzeitiger Beginn, Vorbescheide, Teilgenehmigungen, Vorrang

(1) Die zuständige Behörde kann unter dem Vorbehalt des Widerrufs zulassen, daß bereits vor der Planfeststellung mit der Ausführung des Vorhabens begonnen wird, wenn

1. mit einer Entscheidung zugunsten des Unternehmers gerechnet werden kann,
2. eine nicht wiedergutzumachende Beeinträchtigung von Natur und Landschaft nicht zu besorgen ist,
3. an dem vorzeitigen Beginn ein öffentliches Interesse oder ein berechtigtes Interesse des Unternehmers besteht und
4. der Unternehmer sich verpflichtet, alle bis zur Entscheidung durch die Ausführung des Vorhabens verursachten Schäden zu ersetzen und, falls das Vorhaben nicht planfestgestellt wird, den früheren Zustand wiederherzustellen.

(2) Vorschriften über Vorbescheide und Teilgenehmigungen, die in anderen Gesetzen für die vom Planfeststellungsbeschluß eingeschlossenen behördlichen Entscheidungen vorgesehen sind, gelten entsprechend mit der Maßgabe, daß

1. eine Entscheidung auf Grund dieser Vorschriften nur nach Durchführung einer sich auf den Gegenstand von Vorbescheid oder Teilgenehmigung erstreckenden Umweltverträglichkeitsprüfung getroffen werden darf, die die nach dem jeweiligen Planungsstand erkennbaren Umweltauswirkungen des Gesamtvorhabens einbezieht,
2. eine abschließende Entscheidung im Planfeststellungsbeschluß vorzubehalten und dabei

3. eine erneute Umweltverträglichkeitsprüfung durchzuführen ist, soweit bisher nicht berücksichtigte, für die Umweltverträglichkeit des Vorhabens bedeutsame Merkmale des Vorhabens vorliegen oder bisher nicht berücksichtigte Umweltauswirkungen erkennbar werden.

(3) Sind für ein Vorhaben nach 52 Abs. 2 a auch nach anderen Vorschriften Planfeststellungsverfahren oder vergleichbare behördliche Entscheidungen vorgesehen, so ist nur das Verfahren nach den §§ 57 a bis 57 c durchzuführen. In den Fällen des § 126 Abs. 3 hat § 9 b des Atomgesetzes Vorrang. Sind für Folgemaßnahmen nach anderen Vorschriften Planfeststellungsverfahren vorgesehen, so ist insoweit das Verfahren nach den anderen Vorschriften durchzuführen.

Zu § 57 b

Übersicht

I. Vorbemerkungen

§ 57 b ist gemeinsam mit den §§ 57 a und 57 c durch Art. 1 Nr. 6 des Gesetzes zur Änderung des Bundesberggesetzes vom 12. 2. 1990 (BGBl. I S. 215) in das Gesetz eingefügt worden. Der Paragraph enthält einige für die Praxis nicht unwichtige Ergänzungen zu den in § 57 a enthaltenen Bestimmungen über das bergrechtliche Planfeststellungsverfahren. Mit den in den Absätzen 1 und 2 getroffenen Regelungen ist dem Verfahren die für eine zügige Planung und Durchführung größerer Vorhaben notwendige Elastizität verliehen worden, und zwar unter voller Gewährleistung des Schutzes der Umwelt und sonstiger schützenswerter Belange. In Absatz 3 wird die erforderliche Abgrenzung zwischen dem bergrechtlichen und anderen Planfeststellungsverfahren vorgenommen. **1**

II. Zulassung vorzeitigen Beginns

Im Hinblick auf die Dauer vieler Planfeststellungsverfahren eröffnet § 57 b Abs. 1 in Anlehnung an vergleichbare Regelungen in § 9 a WHG, § 7 a AbfG, § 15 a BImSchG die Möglichkeit, die Ausführung des Vorhabens schon nach Einleitung des Planfeststellungsverfahrens zulassen zu können (Amtl. Begr. BT-Drucks. 11/4015 S. 13 = ZfB 131, 97). In Verbindung mit dem Gesetzeswortlaut ergibt sich hieraus, daß eine Entscheidung nach § 57 b Abs. 1 in Betracht kommt, wenn zwar ein **Planfeststellungsverfahren** gem. § 52 Abs. 2 a i. V. mit § 57 a **2**

eingeleitet worden ist, der **Planfeststellungsbeschluß aber noch nicht vorliegt.** Welches Verfahrensstadium erreicht sein muß, um eine Entscheidung nach § 57 b Abs. 1 treffen zu können, ist gesetzlich nicht festgelegt, sondern bestimmt sich nach Lage des Einzelfalles. Das Planfeststellungsverfahren muß jedenfalls soweit fortgeschritten sein, daß die Planfeststellungsbehörde in der Lage ist, zu beurteilen, ob die gesetzlichen Voraussetzungen für die Zulassung vorzeitigen Beginns, insbesondere die Nummern 1 bis 3, erfüllt sind.

3 Nach § 57 b Abs. 1 **Nr. 1** muß voraussehbar sein, daß das für die Zulassung des Rahmenbetriebsplans durchzuführende Planfeststellungsverfahren mit UVP zu einem für den Unternehmer positiven Ergebnis führen wird. Dabei brauchen noch nicht die Zulassungsmodalitäten im einzelnen bekannt zu sein; es muß jedoch für die Behörde nach Lage der Dinge erkennbar sein, daß dem geplanten Vorhaben keine unüberwindlichen rechtlichen Hindernisse entgegenstehen. Als bergbauspezifische Besonderheit wird in der **Nummer 2** verlangt, daß eine nicht wiedergutzumachende Beeinträchtigung von Natur und Landschaft nicht zu besorgen ist. Diese Forderung ist nicht nur dann erfüllt, wenn eine Beeinträchtigung von Natur und Landschaft überhaupt nicht stattfindet, sondern auch dann, wenn eine unvermeidbare — vorübergehende — Beeinträchtigung durch Rekultivierung oder Renaturierung wiedergutgemacht werden kann. Nach **Nummer 3** wird vorausgesetzt, daß an dem vorzeitigen Beginn ein öffentliches Interesse oder ein berechtigtes Interesse des Unternehmers besteht. In diesem Zusammenhang sind insbesondere die Erfordernisse einer geordneten Rohstoffversorgung zu berücksichtigen; vgl. § 1 Nr. 1, § 79 Abs. 1. Als letzte Voraussetzung für die Zulassung vorzeitigen Beginns hat der Unternehmer die in **Nummer 4** bezeichnete Verpflichtungserklärung abzugeben. Die berggesetzlichen Vorschriften über den Schutz von Belangen Dritter und über die Einstellung des Betriebes bleiben von dieser Erklärung unberührt.

4 Bei der Zulassung vorzeitigen Beginns handelt es sich um eine vorläufige, die endgültige Entscheidung über die Planfeststellungen weder vorwegnehmende noch ersetzende Regelung. Sie bedarf eines Antrags des Unternehmers und steht im pflichtgemäßen Ermessen der zuständigen Behörde (vgl. § 57 a Rdn. 90), das sich allerdings bei Vorliegen aller Voraussetzungen des § 57 b Abs. 1 auf Null reduzieren kann. Sie ist stets mit einem Widerrufsvorbehalt i. S. des § 36 Abs. 2 Nr. 3 VwVfG zu versehen. Was die Rechtswirkungen der Zulassung vorzeitigen Beginns anbelangt, könnte der Wortlaut des § 57 b Abs. 1 die Annahme rechtfertigen, daß wie in den vergleichbaren Fällen anderer Anlagengenehmigungen (§ 7 a AbfG, § 15 a BImSchG) ohne weiteres mit der Durchführung des Vorhabens begonnen werden kann. Dabei bliebe jedoch die Besonderheit der bergrechtlichen Planfeststellung außer Betracht, die lediglich die Zulassung des obligatorischen **Rahmenbetriebsplans** zum Gegenstand hat und die Aufstellung und Zulassung von Haupt- bzw. Sonderbetriebsplänen nicht entbehrlich macht. Man wird also richtigerweise davon auszugehen haben, daß die Zulassung

vorzeitigen Beginns gem. § 57 b Abs. 1 keinen weiter reichenden Regelungsgehalt hat als der bergrechtliche Planfeststellungsbeschluß selbst (vgl. § 57 a Rdn. 72 ff). Demnach bedarf es **zur Durchführung des Vorhabens auch bei der Zulassung vorzeitigen Beginns** noch eines **Hauptbetriebsplans,** für dessen Zulassung die Entscheidung nach § 57 b Abs. 1 jedoch die gleiche **Bindungswirkung** hat wie der Planfeststellungsbeschluß gem. § 57 a Abs. 5. Diese Auslegung findet eine Stütze in der amtl. Begr. des § 57 b Abs. 1; dort heißt es nämlich, die Vorschrift eröffne die Möglichkeit, die Ausführung des Vorhabens schon nach Einleitung des Planfeststellungsverfahrens „zulassen zu können" statt „zuzulassen" (BT-Drucks. 11/4015 S. 13 = ZfB 131, 97).

III. UVP bei Vorbescheid und Teilgenehmigung

Durch § 57 b Abs. 2 wird zunächst klargestellt, daß Vorschriften über Vorbe- **5**
scheide und Teilgenehmigungen, die in anderen Gesetzen für die vom Planfeststellungsbeschluß eingeschlossenen behördlichen Entscheidungen vorgesehen sind, z. B. §§ 8, 9 BImSchG, im bergrechtlichen Planfeststellungsverfahren entsprechende Anwendung finden, was u. a. zur Folge hat, daß diese Entscheidungen von der für die Planfeststellung zuständigen Behörde (vgl. § 57 a Rdn. 90) getroffen werden. Die Vorschrift dient der insbesondere bei Großvorhaben des Bergbaus oft unerläßlichen **Stufung des Entscheidungsvorgangs,** und zwar in bezug auf **außerbergrechtliche Belange;** sie stellt insofern eine Ergänzung des § 52 Abs. 2 b Satz 1 dar.

Die Bestimmung macht überdies deutlich, daß der Planfeststellungsbeschluß **6**
grundsätzlich, d. h. wenn nicht von der besonderen Möglichkeit des Vorbescheides nach § 57 b Abs. 2 i. V. mit dem jeweiligen Fachgesetz Gebrauch gemacht wird, hinsichtlich der eingeschlossenen außerbergrechtlichen Verfahren eine **Schlußentscheidung** enthält. Die von *Schulte,* Entwicklungen im Recht der Bodenschätzegewinnung, UTR Bd. 12, 1990, S. 101 (125), hierzu geäußerten Zweifel können nicht geteilt werden.

Der **Vorbescheid** bildet eine abschließende Entscheidung über bestimmte **7**
Genehmigungsvoraussetzungen. Er berechtigt noch nicht zur Durchführung des Vorhabens, begründet aber für den Antragsteller eine Anwartschaft auf Genehmigungserteilung. Im Unterschied zu einer Zusicherung i. S. von § 38 Abs. 1 Satz 1 VwVfG entfaltet er Bindungswirkung für spätere Verfahren, d. h. die Behörde darf im Genehmigungsverfahren die durch den Vorbescheid entschiedenen Rechtsfragen nicht abweichend beurteilen (*Feldhaus,* BImSchG, § 9 Anm. 3). Eine **Teilgenehmigung** gestattet anders als der Vorbescheid dem Antragsteller, mit der genehmigungsbedürftigen Tätigkeit zu beginnen, sie hat jedoch einen eingeschränkten Wirkungsbereich. Sie stellt eine eigenständige Genehmigung hinsichtlich eines Teiles des Vorhabens dar.

8 Weiterhin regelt § 57 b Abs. 2 Einzelheiten der **Durchführung der UVP** bei Vorbescheiden und Teilgenehmigungen, und zwar im Einklang mit § 13 UVPG. In **Nummer 1** wird bestimmt, daß schon bei der Erteilung eines Vorbescheides oder einer Teilgenehmigung eine UVP stattzufinden hat. Diese erstreckt sich auf den Gegenstand des Vorbescheides oder der Teilgenehmigung, muß aber die nach dem jeweiligen Planungsstand erkennbaren Umweltauswirkungen des Gesamtvorhabens einbeziehen. Nach **Nummer 2** hat die Behörde in der Entscheidung über den Vorbescheid oder die Teilgenehmigung ausdrücklich eine abschließende Entscheidung im Planfeststellungsbeschluß vorzubehalten.

Für diese abschließende Entscheidung ist eine erneute UVP nur unter den in **Nummer 3** aufgeführten Voraussetzungen durchzuführen. Durch diese Regelung soll eine doppelte Prüfung derselben Gesichtspunkte vermieden werden (Amtl. Begr. BT-Drucks. 11/4015 S. 13 = ZfB 131, 98).

IV. Konkurrenz zu anderen Planfeststellungsverfahren

1. Vorrang des bergrechtlichen Verfahrens

9 § 57 b Abs. 3 **Satz 1** enthält eine allgemeine Regelung über das Verhältnis des bergrechtlichen Planfeststellungsverfahrens zu anderen Planfeststellungsverfahren oder sonstigen Verfahren mit Konzentrationswirkung bzw. mit Durchführung einer UVP. Dabei räumt das Gesetz der **bergrechtlichen Planfeststellung** grundsätzlich den **Vorrang vor anderen Verfahren** ein. Maßgebend hierfür war neben dem Gesichtspunkt der Sachnähe die Erwägung, daß für ein UVP-pflichtiges bergbauliches Vorhaben auf jeden Fall das bergrechtliche Planfeststellungsverfahren zum Zuge kommen muß (Amtl. Begr. BT-Drucks. 11/4015 S. 13 = ZfB 131, 98). Dadurch, daß für ein bergbauliches Vorhaben, auf das an sich mehrere Planfeststellungsverfahren Anwendung finden müßten, gem. § 57 b Abs. 3 Satz 1 nur ein Verfahren durchgeführt zu werden braucht, wird vermieden, daß in verschiedenen Verfahren mehrfach die gleiche Prüfung vorgenommen wird.

2. Vorrang des atomrechtlichen Verfahrens

10 Der Grundsatz der Verfahrensökonomie liegt auch der Bestimmung des § 57 b Abs. 3 **Satz 2** zugrunde, jedoch wird hier ein **Vorrang des Atomrechts** begründet. Die Vorschrift gilt für die Errichtung und den Betrieb einer Anlage zur unterirdischen Lagerung, Sicherstellung oder Endlagerung radioaktiver Stoffe i. S. des § 126 Abs. 3. In § 9 b AtG wird dafür ein **Planfeststellungsverfahren mit UVP** vorgeschrieben. Die Konzentrationswirkung der atomrechtlichen Planfeststellung erstreckt sich allerdings gem. § 9 b Abs. 5 Nr. 3 AtG **nicht** auf die Zulässigkeit des Vorhabens nach den Vorschriften des Berg- und Tiefspeicherrechts. Insoweit entscheidet vielmehr die nach Bergrecht zuständige Behörde. Da Errichtung und Betrieb einer Anlage zur Sicherstellung oder Endlagerung radioaktiver Stoffe i. S. des § 126 Abs. 3 gem. § 1 Nr. 7 UVP-V

Bergbau (vgl. § 57 c Rdn. 5) UVP-pflichtig sind, erfolgt die Entscheidung durch Planfeststellungsbeschluß. Dieser hat sich jedoch auf die Belange des Berg- und Tiefspeicherrechts zu beschränken. **Eine doppelte UVP findet nicht statt;** diese ist vielmehr allein im atomrechtlichen Planfeststellungsverfahren durchzuführen. Durch § 57 b Abs. 3 Satz 2 ist der Vorrang des atomrechtlichen Verfahrens auch hinsichtlich der UVP festgelegt worden, so daß sie kraft Gesetzes Bestandteil dieses Verfahrens ist. Nach *Gaentzsch,* Die bergrechtliche Planfeststellung, Festschrift für Sendler, München 1991, S. 407 Fn. 24, schließt die atomrechtliche Planfeststellung die Zulassung des Rahmenbetriebsplans nach den §§ 52 Abs. 2 a—c, 57 a, b BBergG ein. Ob diese Auslegung des Begriffs „Vorrang" im Hinblick auf den Wortlaut des § 9 b Abs. 5 Nr. 3 AtG zu vertreten ist, erscheint fraglich.

Auf **bergbauliche Erkundungsmaßnahmen,** die lediglich der Vorbereitung **11**
eines atomaren Endlagers dienen, **ist § 57 b Abs. 3 Satz 2 nicht anwendbar.** Diese Tätigkeiten unterliegen allein dem Bergrecht. Sofern sie die Voraussetzungen des § 1 UVP-V Bergbau erfüllen, ist für ihre Zulassung nach Maßgabe des § 52 Abs. 2 a ein Planfeststellungsverfahren mit UVP durchzuführen.

V. Sonderregelung für Folgemaßnahmen

Sofern notwendige Folgemaßnahmen eines bergbaulichen Vorhabens zum **12**
Inhalt eines nach § 52 Abs. 2 a Satz 1 aufgestellten Rahmenbetriebsplans gehören und somit **Gegenstand eines bergrechtlichen Planfeststellungsverfahrens** sind, ist gem. § 57 b Abs. 3 **Satz 1** nur **dieses Verfahren** durchzuführen, auch wenn für die Maßnahmen nach anderen Vorschriften Planfeststellungsverfahren oder vergleichbare behördliche Entscheidungen mit Konzentrationswirkung vorgesehen sind. Demgegenüber betrifft § 57 b Abs. 3 **Satz 3** Folgemaßnahmen, die nicht der Betriebsplanpflicht unterliegen und daher **nicht von der bergrechtlichen Planfeststellung erfaßt werden,** für die aber nach anderen Vorschriften ein Planfeststellungsverfahren vorgesehen ist. Dies ergibt sich aus dem Wortlaut des Satzes 3, der im Unterschied zu § 57 b Abs. 1 Satz 1 das Wort „auch" nicht enthält. Die Vorschrift wurde erst im Laufe des Gesetzgebungsverfahrens aufgenommen und trägt dem Umstand Rechnung, daß insbesondere Bergbauvorhaben größeren Umfangs vielfach mit Folgemaßnahmen an anderen Anlagen verbunden sind, die zeitlich sehr entfernt liegen, manchmal erst Jahrzehnte nach dem eigentlichen Bergbauvorhaben durchgeführt werden und die — wie z. B. durch bergbaubedingte Senkungen notwendige Deichaufschüttungen — nicht immer einem einzigen bergbaulichen Vorhaben zugeordnet werden können (vgl. Gegenäußerung der Bundesregierung zur Stellungnahme des Bundesrates, BT-Drucks. 11/4015 S. 17 = ZfB 131, 103). Durch § 57 b Abs. 3 Satz 3 wird klargestellt, daß für derartige aus dem spezifisch bergrechtlichen Bereich herausfallende Folgemaßnahmen allein das jeweilige **fachgesetzliche Planfeststellungsverfahren** durchzuführen ist. Diese Regelung entspricht im Prinzip der Rechtsprechung des BVerwG zur Bestimmung des Begriffs „Folgemaßnahmen" in § 75 Abs. 1 Satz 1

VwVfG, wonach die für andere Anlagen bestehende originäre Planungskompetenz in ihrem Kern grundsätzlich unangetastet bleiben soll (BVerwG v. 19. 12. 1989, NVwZ 1990, 463 m. w. Nachw.).

§ 57 c
Ermächtigung

Der Bundesminister für Wirtschaft wird ermächtigt, im Einvernehmen mit dem Bundesminister für Umwelt, Naturschutz und Reaktorsicherheit durch Rechtsverordnung mit Zustimmung des Bundesrates Vorschriften darüber zu erlassen,

1. **welche betriebsplanpflichtigen Vorhaben, die erhebliche Auswirkungen auf die Umwelt haben können, unter Beachtung der Rechtsakte des Rates oder der Kommission der Europäischen Gemeinschaften einer Umweltverträglichkeitsprüfung bedürfen,**
2. **welche Angaben im einzelnen entscheidungserheblich im Sinne des § 57 a Abs. 2 sind, welchen Anforderungen die Angaben genügen müssen und welche Unterlagen dazu beizubringen sind,**
3. **unter welchen Voraussetzungen und nach welchem Verfahren die zuständigen Behörden benachbarter Staaten im Rahmen der Umweltverträglichkeitsprüfung beteiligt werden.**

In der Rechtsverordnung können für die Bestimmung der Vorhaben nach Satz 1 Nr. 1 auch Gruppen oder Arten von Vorhaben durch Festlegung von Schwellenwerten und anderen Kriterien bestimmt werden.

Zu § 57 c

1 § 57 c ist zusammen mit den §§ 57 a und 57 b durch Art. 1 Nr. 6 des Gesetzes zur Änderung des Bundesberggesetzes vom 12. 2. 1990 (BGBl. I S. 215) eingefügt worden. Um den rechtzeitigen Erlaß einer Rechtsverordnung zu ermöglichen, ist § 57 c gem. Art. 4 des Änderungsgesetzes bereits am Tage nach dessen Verkündung, d. h. am 21. 2. 1990 in Kraft getreten.

2 § 57 c **Satz 1 Nr. 1** enthält die gesetzliche Ermächtigung, durch Rechtsverordnung eine abschließende Regelung darüber zu treffen, welche betriebsplanpflichtigen Vorhaben einer Umweltverträglichkeitsprüfung (UVP) bedürfen. Der Gesetzgeber geht davon aus, daß hierfür nur Vorhaben in Betracht kommen, die erhebliche Auswirkungen auf die Umwelt haben können. Die Entscheidung über die UVP-Pflichtigkeit muß ferner mit dem EG-Recht in Einklang stehen. **Satz 2** gibt die Möglichkeit, durch Festlegung von Schwellenwerten und anderen Kriterien, Gruppen oder Arten von Vorhaben zusammenzufassen.

3 § 57 **Satz 1 Nr. 2** ermächtigt den Verordnungsgeber, Einzelheiten der für die UVP zu machenden und der einzureichenden Unterlagen zu regeln (vgl. § 57 a Abs. 2 Satz 4). Das Wort „entscheidungserheblich" hat in diesem Zusammenhang keine materielle Bedeutung; die Ermächtigung soll nach der Gesetzesbegründung lediglich Differenzierungen hinsichtlich des Umfangs der für die UVP zu machenden Angaben und einzureichenden Unterlagen ermöglichen (BT-Drucks. 11/4015 S. 14 = ZfB 131, 98). Vgl. auch § 52 Rdn. 38, § 57 a Rdn. 20.

Die in § 57 c **Satz 1 Nr. 3** enthaltene Ermächtigung zur Regelung der grenzüberschreitenden Behördenbeteiligung (vgl. § 57 a Abs. 6 Satz 3) dient der Umsetzung des Art. 7 der UVP-Richtlinie der EG (85/337/EWG). **4**

Der Bundesminister für Wirtschaft hat aufgrund der Ermächtigung des § 57 c folgende Verordnung erlassen (Amtl. Begr. ZfB 132, 101): **5**

Verordnung
über die Umweltverträglichkeitsprüfung bergbaulicher Vorhaben
(UVP-V Bergbau)

Vom 13. Juli 1990

(BGBl. I S. 1420)

Auf Grund des § 57 c des Bundesberggesetzes vom 13. August 1980 (BGBl. I S. 1310), der durch Artikel 1 des Gesetzes vom 12. Februar 1990 (BGBl. I S. 215) eingefügt worden ist, verordnet der Bundesminister für Wirtschaft im Einvernehmen mit dem Bundesminister für Umwelt, Naturschutz und Reaktorsicherheit:

§ 1
Vorhaben

Der Umweltverträglichkeitsprüfung bedürfen die nachfolgend aufgeführten betriebsplanpflichtigen Vorhaben:

1. Gewinnung von Steinkohle, Braunkohle, bituminösen Gesteinen, Erzen und sonstigen nichtenergetischen Bodenschätzen:
   a) im Tiefbau mit
      aa) Flächenbedarf der übertägigen Betriebsanlagen und Betriebseinrichtungen, wie Schacht- und Stollenanlagen, Werkstätten, Verwaltungsgebäude, Halden (Lagerung oder Ablagerung von Bodenschätzen, Nebengestein oder sonstigen Massen), Einrichtungen zur Aufbereitung und Verladung, von 10 ha oder mehr

      oder unter Berücksichtigung der Auswirkungen vorangegangener betriebsplanpflichtiger, nach dem 1. August 1990 begonnener oder zu diesem Zeitpunkt laufender und nicht bereits planfestgestellter Vorhaben mit

      bb) Senkungen der Oberfläche von 3 m oder mehr oder
      cc) Senkungen der Oberfläche von 1 m bis weniger als 3 m, wenn erhebliche Beeinträchtigungen im Hinblick auf Vorflut, Grundwasser, Böden, geschützte Kulturgüter oder vergleichbare Schutzgüter zu erwarten sind;
   b) im Tagebau mit
      aa) Größe der beanspruchten Gesamtfläche einschließlich Betriebsanlagen und Betriebseinrichtungen von 10 ha oder mehr oder
      bb) Förderkapazität von 3000 Tonnen oder mehr je Tag oder
      cc) Notwendigkeit einer großräumigen Grundwasserabsenkung;
2. Gewinnung von Erdöl und Erdgas:
   Errichtung und Betrieb von Bohr- und Förderplattformen im Bereich der Küstengewässer und des Festlandsockels;
3. Halden mit einem Flächenbedarf von 10 ha oder mehr;
4. Schlammlagerplätze und Klärteiche mit einem Flächenbedarf von 5 ha oder mehr;

5. Einrichtungen zur Aufbereitung im Sinne des § 4 Abs. 3 des Bundesberggesetzes:
   a) zur Trockendestillation von Steinkohle oder Braunkohle, soweit täglich 500 Tonnen Kohle oder mehr durchgesetzt werden;
   b) zur Vergasung oder Verflüssigung von Steinkohle oder Braunkohle, soweit täglich 500 Tonnen oder mehr durchgesetzt werden;
   c) zur Gewinnung (Herstellung) von Öl oder Gas aus Gesteinen oder Sanden, soweit täglich 500 Tonnen oder mehr durchgesetzt werden;
   d) zum Brikettieren von Braun- oder Steinkohle;
   e) zur Aufbereitung von schwefelwasserstoffhaltigem Erdgas mit einer Durchsatzkapazität von 5 Mio. Nm^3 oder mehr je Tag oder einem Flächenbedarf von 15 ha oder mehr;
   f) sonstige Einrichtungen zur Aufbereitung von Kohle, Erzen oder sonstigen nichtenergetischen Bodenschätzen mit einer Durchsatzkapazität von 3000 Tonnen oder mehr je Tag;
6. Kraftwerke, Heizkraftwerke und Heizwerke und sonstige Feuerungsanlagen als Einrichtungen im Sinne des § 2 Abs. 1 Nr. 3 des Bundesberggesetzes einschließlich der Kraftwerke im Sinne des § 173 Abs. 2 des Bundesberggesetzes, soweit die Feuerungswärmeleistung 200 Megawatt übersteigt;
7. Errichtung und Betrieb einer Anlage zur Sicherstellung oder Endlagerung radioaktiver Stoffe im Sinne des § 126 Abs. 3 des Bundesberggesetzes.

§ 2
Angaben

(1) Entscheidungserhebliche Angaben im Sinne des § 57 a Abs. 2 Satz 2 des Bundesberggesetzes sind insbesondere

1. eine Beschreibung von Art und Menge der zu erwartenden Emissionen und Reststoffe, vor allem der Luftverunreinigungen, der Abfälle und des Anfalls von Abwasser, sowie Angaben über alle sonstigen erheblichen Auswirkungen des Vorhabens auf Menschen, Tiere und Pflanzen, Boden, Wasser, Luft, Klima und Landschaft, einschließlich der jeweiligen Wechselwirkungen, und auf Kultur- und sonstige Sachgüter,
2. Angaben über den Bedarf an Grund und Boden während der Errichtung und des Betriebes des Vorhabens sowie über andere Kriterien, die für die Umweltverträglichkeitsprüfung eines Vorhabens maßgebend sind.

(2) Entscheidungserheblich im Sinne des § 57 a Abs. 2 Satz 3 des Bundesberggesetzes sind insbesondere

1. die Angabe der wesentlichen Auswahlgründe für die vom Unternehmer geprüften Vorhabenalternativen unter besonderer Berücksichtigung der Umweltauswirkungen und
2. die Begründung des Unternehmers, wenn
   a) Vorhabenalternativen nicht geprüft worden sind oder
   b) nach § 57 a Abs. 2 Satz 3 erforderliche Angaben für den Unternehmer nicht zumutbar sind.

§ 3
Grenzüberschreitende Behördenbeteiligung

(1) Zuständige Behörden im Sinne des § 57 a Abs. 6 Satz 1 des Bundesberggesetzes sind die von dem anderen Mitgliedstaat der Europäischen Gemeinschaften benannten Behör-

den. Diese Behörden sind zum gleichen Zeitpunkt und im gleichen Umfang über das Vorhaben zu unterrichten wie die am Planfeststellungsverfahren beteiligten Behörden. Wenn der andere Mitgliedstaat die zuständigen Behörden nicht benannt hat, ist die oberste für Umweltangelegenheiten zuständige Behörde des anderen Mitgliedstaats zu unterrichten.

(2) Konsultationen, die auf Grund der Unterrichtung nach § 57a Abs. 6 Satz 1 mit den Behörden des anderen Mitgliedstaats oder nach § 57a Abs. 6 Satz 2 mit den Behörden des Nachbarstaats erfolgen, sind nach den Grundsätzen von Gegenseitigkeit und Gleichwertigkeit durchzuführen. Der Grundsatz der Gleichwertigkeit gilt für die Verfahren und Bewertungsmaßstäbe, die in der Bundesrepublik Deutschland und dem anderen Mitgliedstaat oder Nachbarstaat angewandt werden.

(3) Völkerrechtliche Verpflichtungen von Bund und Ländern bleiben unberührt.

§ 4
Berlin-Klausel

Diese Verordnung gilt nach § 14 des Dritten Überleitungsgesetzes in Verbindung mit § 177 des Bundesberggesetzes auch im Land Berlin.

§ 5
Inkrafttreten

Diese Verordnung tritt am 1. August 1990 in Kraft.

Drittes Kapitel
Verantwortliche Personen

§ 58
Personenkreis

(1) Verantwortlich für die Erfüllung der Pflichten, die sich aus diesem Gesetz, den auf Grund der §§ 65 bis 67 erlassenen oder nach § 176 Abs. 3 aufrechterhaltenen Bergverordnungen, aus Verwaltungsakten und aus zugelassenen Betriebsplänen für die ordnungsgemäße Errichtung, Führung und Einstellung eines Betriebes ergeben (verantwortliche Personen), sind, soweit dieses Gesetz oder eine auf Grund dieses Gesetzes erlassene Rechtsverordnung nichts anderes bestimmt,

1. der Unternehmer, bei juristischen Personen und Personenhandelsgesellschaften die nach Gesetz, Satzung oder Gesellschaftsvertrag zur Vertretung berechtigten Personen, und
2. die zur Leitung oder Beaufsichtigung des Betriebes oder eines Betriebsteiles bestellten Personen im Rahmen ihrer Aufgaben und Befugnisse.

(2) Ist der Betrieb eingestellt, so ist verantwortliche Person auch der Inhaber der Aufsuchungs- oder Gewinnungsberechtigung, es sei denn, daß er zur Erfüllung der in Absatz 1 genannten Pflichten rechtlich nicht in der Lage ist. Ist die Berechtigung zur Aufsuchung oder Gewinnung nach Inkrafttreten dieses Gesetzes erloschen, so tritt an die Stelle des Inhabers dieser Berechtigung die Person, die im Zeitpunkt des Erlöschens Inhaber der Berechtigung war.

§59

Beschäftigung verantwortlicher Personen

(1) Als verantwortliche Personen im Sinne des §58 Abs. 1 Nr. 2 dürfen nur Personen beschäftigt werden, die die zur Erfüllung ihrer Aufgaben und Befugnisse erforderliche Zuverlässigkeit, Fachkunde und körperliche Eignung besitzen.

(2) Verantwortliche Personen im Sinne des §58 Abs. 1 Nr. 2 sind in einer für die planmäßige und sichere Führung des Betriebes erforderlichen Anzahl zu bestellen. Die Aufgaben und Befugnisse der verantwortlichen Personen sind eindeutig und lückenlos festzusetzen sowie so aufeinander abzustimmen, daß eine geordnete Zusammenarbeit gewährleistet ist.

§60

Form der Bestellung und Abberufung verantwortlicher Personen, Namhaftmachung

(1) Die Bestellung und Abberufung verantwortlicher Personen sind schriftlich zu erklären. In Fällen, die nach §57 Abs. 1 Satz 1 und Absatz 2 eine Abweichung von einem zugelassenen Betriebsplan rechtfertigen, kann die Erklärung auch mündlich erfolgen; sie ist unverzüglich schriftlich zu bestätigen. In der Bestellung sind die Aufgaben und Befugnisse genau zu beschreiben; die Befugnisse müssen den Aufgaben entsprechen.

(2) Die verantwortlichen Personen sind unter Angabe ihrer Stellung im Betrieb und ihrer Vorbildung der zuständigen Behörde unverzüglich nach der Bestellung namhaft zu machen. Die Änderung der Stellung im Betrieb und das Ausscheiden verantwortlicher Personen sind der zuständigen Behörde unverzüglich anzuzeigen.

§61

Allgemeine Pflichten

(1) Der Unternehmer ist für die ordnungsgemäße Leitung des Betriebes verantwortlich; ihm obliegt die Sicherheit und Ordnung im Betrieb. Er ist verpflichtet,

1. für die ordnungsgemäße Errichtung des Betriebes und den ordnungsgemäßen Betriebsablauf zu sorgen, insbesondere
   a) unter Beachtung der allgemein anerkannten sicherheitstechnischen, arbeitsmedizinischen und arbeitshygienischen Regeln sowie der sonstigen gesicherten arbeitswissenschaftlichen Erkenntnisse die erforderlichen Maßnahmen und Vorkehrungen zu treffen, um Beschäftigte und Dritte vor Gefahren für Leben, Gesundheit und Sachgüter zu schützen, soweit die Eigenart des Betriebes dies zuläßt,
   b) durch innerbetriebliche Anordnungen sicherzustellen, daß die verantwortlichen Personen ihre Aufgaben erfüllen und ihre Befugnisse wahrnehmen können,
2. bei Zuständen oder Ereignissen im Betrieb, die eine unmittelbare Gefahr für Leben oder Gesundheit Beschäftigter oder Dritter herbeizuführen geeignet sind oder herbeigeführt haben, die zur Abwehr der Gefahr oder zu Rettung von Verunglückten geeigneten Maßnahmen zu treffen,
3. bei Zuständen oder Ereignissen im Sinne der Nummer 2 in benachbarten Betrieben anderer Unternehmen im Rahmen seiner Möglichkeiten die erforderliche sachkundige Hilfe durch Einsatz eigener Beschäftigter und Geräte zu leisten.

(2) Der Unternehmer ist ferner verpflichtet, den verantwortlichen Personen von allen die Errichtung, Führung oder Einstellung des Betriebes betreffenden Verwaltungsakten

einschließlich der dazugehörigen Unterlagen unverzüglich insoweit Kenntnis zu geben, als deren Aufgaben und Befugnisse betroffen werden. Er hat dafür zu sorgen, daß Betriebspläne und deren Zulassung von den verantwortlichen Personen jederzeit eingesehen werden können.

§62
Übertragbarkeit bestimmter Pflichten und Befugnisse

Der Unternehmer kann

1. die sich aus §51 Abs. 1, §§52, 54 Abs. 1, §57 Abs. 1 Satz 2 und Absatz 2, §61 Abs. 1 Satz 1 2. Halbsatz, Satz 2 und Absatz 2 sowie §74 Abs. 3 ergebenden Pflichten sowie
2. die sich aus §57 Abs. 1 und 2 sowie aus dieser Vorschrift ergebenden Befugnisse

auf verantwortliche Personen übertragen. Die Pflichten des Unternehmers nach §61 Abs. 1 Satz 1 zweiter Halbsatz und Satz 2 bleiben bestehen, auch wenn verantwortliche Personen bestellt worden sind.

Viertes Kapitel
Sonstige Bestimmungen für den Betrieb

§63
Rißwerk

(1) Der Unternehmer hat für jeden Gewinnungsbetrieb und untertägigen Aufsuchungsbetrieb ein Rißwerk in zwei Stücken anfertigen und in den durch Rechtsverordnung nach §67 vorgeschriebenen Zeitabständen nachtragen zu lassen. Für Aufsuchungsbetriebe über Tage gilt dies nur, soweit es durch Rechtsverordnung nach §67 vorgeschrieben wird. Durch Rechtsverordnung nach §67 können Ausnahmen von Satz 1 zugelassen werden, wenn es sich um Betriebe von geringer Gefährlichkeit und Bedeutung handelt, die Aufsuchung oder Gewinnung einen geringen Umfang hat und das Wiedernutzbarmachen der Oberfläche nach den Vorschriften dieses Gesetzes und auf Grund dieses Gesetzes erlassenen oder aufrechterhaltenen Vorschriften auch ohne Rißwerk sichergestellt werden kann.

(2) Zum Rißwerk zählen

1. das Grubenbild und
2. sonstige Unterlagen wie Risse, Karten und Pläne.

Inhalt und Form des Rißwerkes sowie die nach Art des Betriebes erforderlichen Unterlagen im Sinne des Satzes 1 Nr. 2 ergeben sich aus einer Rechtsverordnung nach §67.

(3) Ein Stück des Rißwerkes ist der zuständigen Behörde einzureichen, das andere an einem geeigneten Ort im Betrieb oder in dessen Nähe aufzubewahren. Mit Zustimmung der zuständigen Behörde kann von der Einreichung der in Absatz 2 Satz 1 Nr. 2 genannten Unterlagen abgesehen werden.

(4) Wer der zuständigen Behörde gegenüber glaubhaft macht, daß er von einem Bergschaden betroffen sein kann, ist zur Einsichtnahme in den entsprechenden Teil des bei der Behörde befindlichen Stückes des Grubenbildes berechtigt. Dem Unternehmer ist Gelegenheit zu geben, bei der Einsichtnahme zugegen zu sein.

Zu § 63

1 § 63 begründet die **allgemeine Verpflichtung zur Anfertigung, Nachtragung und Einreichung eines Rißwerks.** Zu ihrer Durchführung bedarf die Vorschrift weiterer Konkretisierung. Diesen Zweck erfüllten zunächst die bei Inkrafttreten des BBergG vorhandenen **landesrechtlichen** Bestimmungen, insbesondere die Verordnungen der Länder über die Geschäftsführung der Markscheider und die technische Ausführung von Markscheiderarbeiten (Markscheiderordnungen); vgl. dazu im Hauptband § 63 Rdn. 9. Inzwischen hat der Bundesminister für Wirtschaft aufgrund der im BBergG enthaltenen Verordnungsermächtigungen die zum Vollzug des Gesetzes erforderlichen Einzelheiten umfassend geregelt, und zwar durch die **Verordnung über markscheiderische Arbeiten und Beobachtungen der Oberfläche (Markscheider-Bergverordnung — MarkschBergV)** vom 19.12.1986 (BGBl. I S. 2631), die am 1.1.1987 in Kraft getreten ist. Zum gleichen Zeitpunkt sind die entsprechenden landesrechtlichen Vorschriften, in erster Linie also die Markscheiderordnungen, außer Kraft gesetzt worden. Vgl. wegen Einzelheiten der MarkschBergV die amtl. Begr. BR-Drucks. 483/86 = ZfB 128, 286.

2 Für die **Ausführung des § 63** sind die §§ 2 bis 14 der Markscheider-Bergverordnung von Bedeutung, während die §§ 15 und 16 der Verordnung Einzelheiten der Messungen zur Erfassung von Bodenbewegungen nach § 125 regeln; vgl. dazu § 125 Rdn. 2.

3 In § 2 MarkschBergV werden die **Grundregeln** für die aufgrund des BBergG durchzuführenden markscheiderischen und sonstigen vermessungstechnischen Arbeiten zusammengefaßt. Danach sind diese Arbeiten nach den allgemein anerkannten Regeln der Markscheide- oder Vermessungskunde unter Berücksichtigung der örtlichen Gegebenheiten durchzuführen. Die **Einhaltung dieser Regeln** wird gem. § 2 Abs. 1 Satz 2 MarkschBergV **vermutet,** soweit die **Norm DIN 21 901** und die in deren Rahmen vom Deutschen Normenausschuß aufgestellten technischen Normen **beachtet werden.**

4 Weitere Anforderungen an markscheiderische und sonstige vermessungstechnische Arbeiten enthalten die §§ 3 bis 8 MarkschBergV. Dazu zählen Vorschriften über die Koordinaten- und Höhensysteme, den Anschluß der über- und untertägigen Vermessungen an sichere Festpunkte, die Einhaltung bestimmter Meßgenauigkeiten, die Anfertigung von Messungs- und Berechnungsniederschriften sowie die Verwendung fremder Unterlagen.

5 Eine wichtige Ergänzung des § 63 bildet § 9 MarkschBergV, der eine erschöpfende Regelung über **Inhalt, Umfang und Form des Rißwerks** enthält, wobei die notwendigen Einzelheiten zur Entlastung des Verordnungstextes in tabellarischer Form als Anlage 3 in die Verordnung aufgenommen worden sind. Der früher als Grundlage des Grubenbildes vorgeschriebene „Zulegeriß" (vgl. im Hauptband § 63 Rdn. 10) wurde in der bisherigen Form nicht beibehalten. Statt

dessen bestimmt § 9 Abs. 1 Satz 2 MarkschBergV, daß die rißlichen Darstellungen von einem **„Urriß"** abzuleiten sind, wenn die Nachvollziehbarkeit des Inhalts nicht auf andere Weise sichergestellt ist.

In § 10 MarkschBergV und der zugehörigen Anlage 4 werden die **Nachtragungsfristen** für das Rißwerk festgelegt. Im wesentlichen sind die früheren Regelungen übernommen worden; so beträgt die regelmäßige Nachtragungsfrist für den untertägigen Steinkohlenbergbau wie bisher **drei Monate,** für die untertägige Aufsuchung und Gewinnung von Braunkohle, Erzen und Salzen **sechs Monate,** für Braunkohlentagebaue ebenso wie für Bohrbetriebe zur Gewinnung von Kohlenwasserstoffen sowie für Kavernen- und Porenspeicher **ein Jahr.** § 10 Abs. 3 MarkschBergV ermächtigt die zuständige Behörde, d. h. das Oberbergamt, in Baden-Württemberg das Landesbergamt, in Hessen das Bergamt, in begründeten Einzelfällen die Nachtragungsfristen zu verkürzen oder zu verlängern. **Sicherheitlich besonders wichtige** Gegebenheiten, z. B. betriebliche Sicherheitspfeiler, Schutzbezirke, Standwasserbereiche, Brandherde, Gasaustritts- oder Gebirgsschlagstellen, sind wie nach früherem Recht **unverzüglich** einzutragen. Zum Zeitpunkt der **Einstellung des Betriebes** muß das Rißwerk gem. § 10 Abs. 2 Nr. 2 MarkschBergV **vollständig nachgetragen und abgeschlossen** sein. 6

Von der durch § 63 Abs. 1 Satz 3 erteilten Ermächtigung, **Ausnahmen** von der Verpflichtung zur Führung eines Rißwerks zuzulassen, hat der Bundesminister für Wirtschaft in § 12 MarkschBergV Gebrauch gemacht, und zwar durch die Eröffnung der Möglichkeit einer Befreiung von der Verpflichtung zur Anfertigung und Nachtragung eines **Grubenbildes** als Teil des Rißwerks. Allerdings erfolgt die Befreiung nicht normativ durch die Verordnung selbst, sondern im Einzelfall durch einen Verwaltungsakt **(Ausnahmebewilligung)** der zuständigen Behörde, d. h. das Oberbergamt, in Baden-Württemberg das Landesbergamt. In § 12 Abs. 1 MarkschBergV werden die Betriebe aufgeführt, für die eine Ausnahmebewilligung in Betracht kommen kann; dazu gehören übertägige Gewinnungsbetriebe, Bohrbetriebe, Porenspeicher und Betriebe zur Gewinnung in alten Halden. In § 12 Abs. 2 MarkschBergV werden die Voraussetzungen genannt, unter denen die Behörde eine Ausnahmebewilligung erteilen darf; es handelt sich dabei um eine Ausfüllung der in § 63 Abs. 1 Satz 3 verwendeten unbestimmten Rechtsbegriffe (Amtl. Begr. ZfB 128, 262). Danach darf der Verzicht auf ein Grubenbild nicht zu einer Gefährdung berggesetzlich geschützter Belange führen. 7

§ 64
Markscheider

(1) Das für untertägige Aufsuchungs- oder Gewinnungsbetriebe vorgeschriebene Rißwerk muß von einem von der zuständigen Behörde anerkannten Markscheider angefertigt und nachgetragen werden. Für andere Betriebe vorgeschriebene sonstige Unterlagen im

Sinne des § 63 Abs. 2 Satz 1 Nr. 2 können auch von anderen Personen, die von der zuständigen Behörde dafür anerkannt sind, angefertigt und nachgetragen werden.

(2) Die Markscheider sind bei Anwendung ihrer Fachkunde weisungsfrei. Der Markscheider ist befugt, innerhalb seines Geschäftskreises Tatsachen mit öffentlichem Glauben zu beurkunden.

(3) Die Länder können Vorschriften über die Voraussetzungen erlassen, unter denen eine Person als Markscheider tätig werden kann.

Zu § 64

1 In § 13 der **Verordnung über markscheiderische Arbeiten und Beobachtungen der Oberfläche (Markscheider-Bergverordnung — MarkschBergV)** vom 19. 12. 1986 (BGBl. I S. 2631) hat der Bundesminister für Wirtschaft eine Regelung darüber getroffen, **unter welchen Voraussetzungen** eine Person im Sinne des § 64 Abs. 1 Satz 2 **anerkannt** werden kann. Der Wortlaut dieser Bestimmung wird wegen ihres engen Zusammenhangs mit § 64 Abs. 1 nachstehend abgedruckt.

§ 13

Anerkennung anderer Personen

(1) Die zuständige Behörde kann zur Anfertigung und Nachtragung sonstiger Unterlagen nach § 63 Abs. 2 Satz 1 Nr. 2 des Bundesberggesetzes für einzelne Betriebe, die keine untertägigen Aufsuchungs- und keine untertägigen Gewinnungsbetriebe sind, Personen im Sinne des § 64 Abs. 1 Satz 2 des Bundesberggesetzes auf Antrag anerkennen. Die Anerkennung darf nur ausgesprochen werden, wenn nachgewiesen ist, daß der Antragsteller

1. den berufsqualifizierenden Abschluß als Diplom-Ingenieur der Fachrichtungen Markscheidewesen, Bergvermessungswesen oder allgemeines Vermessungswesen einer Hochschule der Bundesrepublik Deutschland oder einen außerhalb der Bundesrepublik Deutschland erworbenen, als gleichwertig anerkannten berufsqualifizierenden Abschluß besitzt und eine mindestens zweijährige fachspezifische Berufstätigkeit nach dem berufsqualifizierenden Abschluß ausgeübt hat oder
2. einen anderen vermessungstechnische Kenntnisse umfassenden berufsqualifizierenden Abschluß besitzt und die für die Anfertigung und Nachtragung der sonstigen Unterlagen zusätzlich erforderlichen Kenntnisse und Fertigkeiten in einer mindestens dreijährigen fachspezifischen Berufstätigkeit erworben hat.

(2) Die Anerkennung ist zu versagen, wenn Tatsachen die Annahme rechtfertigen, daß die erforderliche Zuverlässigkeit oder körperliche Eignung nicht gegeben ist.

(3) Die Anerkennung kann widerrufen werden, wenn Arbeiten nach § 1 Nr. 1 wiederholt oder gröblich nicht entsprechend dieser Verordnung ausgeführt werden.

2 In der amtlichen Begründung zu § 13 der Markscheider-Bergverordnung (BR-Drucks. 483/86 = ZfB 128, 293) hat der Verordnungsgeber die Richtigkeit der im Hauptband § 64 Rdn. 9 vertretenen Auffassung bestätigt, daß die Anfertigung und Nachtragung des **Grubenbildes** auch im übertägigen Bereich den

Markscheidern vorbehalten ist. Die Möglichkeit der Anfertigung und Nachtragung durch besonders anerkannte Personen (§ 64 Abs. 1 Satz 2) besteht also auch bei Betrieben, die keine untertägigen Aufsuchungs- oder Gewinnungsbetriebe sind, nur für „sonstige Unterlagen, wie Risse, Karten und Pläne" im Sinne des § 63 Abs. 2 Satz 1 Nr. 2.

Folgende Länder haben nach Inkrafttreten des BBergG ein **Gesetz über die Anerkennung als Markscheider (Markscheidergesetz)** erlassen: **3**
Baden-Württemberg, Gesetz vom 5. 10. 1987 (GVBl. S. 430),
Hessen, Gesetz vom 8. 2. 1989 (GVBl. I S. 85),
Nordrhein-Westfalen, Gesetz vom 8. 12. 1987 (GVBl.NW S. 483),
Saarland, Gesetz vom 21. 8. 1988 (Amtsbl. S. 1121).

Vierter Teil
Ermächtigungen zum Erlaß von Bergverordnungen

§ 65
Anzeige, Genehmigung, allgemeine Zulassung, Prüfung

Zum Schutze der in § 55 Abs. 1 Satz 1 Nr. 3 und 4 bezeichneten Rechtsgüter und Belange kann, soweit im Hinblick auf eine ordnungsgemäße und sichere Führung der Betriebe eine Vereinfachung oder Entlastung bei der Zulassung von Betriebsplänen notwendig oder zweckmäßig ist, durch Rechtsverordnung (Bergverordnung) bestimmt werden,

1. daß bestimmte Arbeiten sowie die Errichtung, Herstellung und Inbetriebnahme bestimmter Einrichtungen, die Vornahme von Änderungen und sonstige sie betreffende Umstände anzuzeigen und welche Unterlagen den Anzeigen beizufügen sind,
2. daß bestimmte Arbeiten sowie die Errichtung oder Herstellung bestimmter Einrichtungen, ihr Betrieb und die Vornahme von Änderungen unter Befreiung von der Betriebsplanpflicht einer Genehmigung bedürfen,
3. daß nach einer Bauart- oder Eignungsprüfung durch eine in der Bergverordnung zu bezeichnende Stelle oder durch einen von der zuständigen Behörde anerkannten Sachverständigen bestimmte Einrichtungen und Stoffe allgemein zugelassen werden können, welche Anzeigen bei allgemeiner Zulassung zu erstatten und welche Unterlagen diesen Anzeigen beizufügen sind,
4. daß bestimmte Einrichtungen einer Prüfung oder Abnahme vor ihrer Inbetriebnahme und nach Instandsetzung, regelmäßig wiederkehrenden Prüfungen und Prüfungen auf Grund einer Anordnung der zuständigen Behörde durch eine in der Bergverordnung zu bezeichnende Stelle, durch eine besonders zu bestimmende verantwortliche Person oder durch einen von der zuständigen Behörde anerkannten Sachverständigen unterliegen,
5. daß Genehmigungen und allgemeine Zulassungen im Sinne der Nummern 2 und 3 von bestimmten persönlichen und sachlichen Voraussetzungen abhängig zu machen sind,
6. daß die Anerkennung einer Person oder Stelle als Sachverständiger im Sinne der Nummern 3 und 4 von bestimmten persönlichen und sachlichen Voraussetzungen

abhängig zu machen, insbesondere welche Anforderungen an die Ausbildung, die berufliche Kenntnisse und Fähigkeiten, an Zuverlässigkeit und Unparteilichkeit zu stellen sind und welche Voraussetzungen im Hinblick auf die technische Ausstattung und auf die Zusammenarbeit verschiedener Sachverständiger oder Stellen erfüllt werden müssen.

§ 66
Schutzmaßnahmen, Wiedernutzbarmachung, Fachkunde

Zum Schutze der Beschäftigten und Dritter vor Gefahren im Betrieb und zur Wahrung der in § 55 Abs. 1 Satz 1 Nr. 2 bis 13 und Absatz 2 bezeichneten Rechtsgüter und Belange kann durch Rechtsverordnung (Bergverordnung) bestimmt werden,

1. daß Einrichtungen der in § 2 Abs. 1 Nr. 3 genannten Art hinsichtlich
   a) der Wahl des Standortes und
   b) der Errichtung, Ausstattung, Unterhaltung und des Betriebes

   bestimmten Anforderungen genügen müssen,
2. welche Anforderungen an Aufsuchungs-, Gewinnungs- und Aufbereitungsverfahren zu stellen sind,
3. daß und welche Sicherheitszonen im Bereich des Festlandsockels und der Küstengewässer um Betriebe zu errichten, wie sie anzulegen, einzurichten und zu kennzeichnen sind,
4. daß
   a) die Beschäftigung bestimmter Personengruppen mit bestimmten Arbeiten nicht oder nur unter Einschränkungen zulässig ist,
   b) die Beschäftigung an bestimmten Betriebspunkten unter Tage eine bestimmte Höchstdauer nicht überschreiten darf,
   c) ein arbeitsmedizinischer Dienst einzurichten ist und welche Aufgaben er wahrzunehmen hat,
   d) die Beschäftigung von Personen mit Arbeiten unter oder über Tage nur nach Maßgabe einer Bescheinigung eines mit den Arbeitsbedingungen im Bergbau vertrauten Arztes erfolgen darf, daß, in welchem Umfange und in welchen Zeitabständen Nachuntersuchungen bei diesen Personen und bei einer Änderung der Tätigkeit von Beschäftigten durchzuführen sind und daß für die Aufzeichnung der Untersuchungsbefunde und Bescheinigungen bestimmte Vordrucke zu verwenden sind,
   e) Aufwendungen für die ärztlichen Untersuchungen nach Buchstabe d, soweit sie nicht von Sozialversicherungsträgern übernommen werden, von dem Unternehmer zu tragen sind, in dessen Betrieb die untersuchte Person beschäftigt werden soll oder beschäftigt ist,
5. welche Maßnahmen verantwortliche Personen in Erfüllung der sich aus § 61 ergebenden Pflichten zu treffen haben, insbesondere
   a) welche Vorsorge- und Überwachungsmaßnahmen im Hinblick auf die Regelung eines den zugelassenen Betriebsplänen entsprechenden Arbeitsablaufs zu treffen sind,
   b) daß die Beschäftigten vor Beginn der Beschäftigung über die Unfall- und Gesundheitsgefahren, denen sie bei der Beschäftigung ausgesetzt sind, sowie über die Schutzeinrichtungen und Maßnahmen zur Abwendung dieser Gefahren zu belehren und in welchen Zeitabständen die Belehrungen zu wiederholen sind,

6. daß ein sicherheitstechnischer Dienst einzurichten ist und welche sonstigen Vorsorge- und Überwachungsmaßnahmen zum Schutz der Beschäftigten und Dritter im Betrieb zu treffen sind und wie sich diese Personen im Betrieb zur Vermeidung von Gefahren zu verhalten haben,
7. welche Vorkehrungen und Maßnahmen bei und nach Einstellung eines Betriebes zur Verhütung von Gefahren für Leben und Gesundheit Dritter zu treffen sind,
8. welche Vorsorge- und Durchführungsmaßnahmen zur Wiedernutzbarmachung der Oberfläche während und nach der Aufsuchung, Gewinnung und Aufbereitung zu treffen und welche Anforderungen an diese Maßnahmen zu stellen sind,
9. welche fachlichen Anforderungen an die technischen und rechtlichen Kenntnisse (Fachkunde) bestimmter verantwortlicher Personen nach der Art der ihnen zu übertragenden Aufgaben und Befugnisse unter Berücksichtigung des jeweiligen Standes der Technik gestellt werden müssen, welche Nachweise hierüber zu erbringen sind und auf welche Weise die zuständige Behörde das Vorliegen der erforderlichen Fachkunde zu prüfen hat,
10. daß
    a) die Verantwortung für die Erfüllung bestimmter Pflichten auch anderen als den in § 58 Abs. 1 bezeichneten Personen übertragen werden kann,
    b) mit der Durchführung bestimmter gefährlicher Arbeiten oder mit besonderer Verantwortung verbundener Tätigkeiten nur Personen betraut werden dürfen,

    die den hierfür in der Bergverordnung festgesetzten persönlichen und fachlichen Anforderungen genügen, welche Nachweise hierüber zu erbringen sind und auf welche Weise die zuständige Behörde das Vorliegen der festgesetzten Anforderungen zu prüfen hat,
11. unter welchen Voraussetzungen und in welcher Weise die aus Anzeigen nach § 74 gewonnenen Erkenntnisse, ausgenommen Einzelangaben über persönliche und sachliche Verhältnisse, zum Zwecke der Verbesserung der Sicherheit und Unfallverhütung durch in der Bergverordnung zu bezeichnende Stellen veröffentlicht werden dürfen.

Die Regelung über Sicherheitszonen (Satz 1 Nr. 3) läßt § 27 des Bundeswasserstraßengesetzes vom 2. April 1968 (BGBl. II S. 173), zuletzt geändert durch Artikel 5 des Gesetzes vom 10. Mai 1978 (BGBl. I S. 613), und § 9 des Gesetzes über die Aufgaben des Bundes auf dem Gebiet der Seeschiffahrt vom 24. Mai 1965 (BGBl. II S. 833) in der Fassung der Bekanntmachung vom 30. Juni 1977 (BGBl. I S. 1314), geändert durch Artikel 1 des Gesetzes vom 10. Mai 1978 (BGBl. I S. 613), unberührt.

§ 67
Technische und statistische Unterlagen, Markscheidewesen

Soweit es zur Durchführung der Bergaufsicht, der Vorschriften über Erteilung, Verleihung und Aufrechterhaltung von Bergbauberechtigungen und zum Schutze der in § 11 Nr. 8 und 9 oder § 66 genannten Rechtsgüter und Belange erforderlich ist, kann durch Rechtsverordnung (Bergverordnung) bestimmt werden,

1. daß bestimmte rißliche und sonstige zeichnerische Darstellungen über Tätigkeiten im Sinne des § 2 Abs. 1 Nr. 1 und 2 und über Einrichtungen im Sinne des § 2 Abs. 1 Nr. 3 einzureichen und nachzutragen, daß bestimmte Listen, Bücher und Statistiken über Beschäftigte und betriebliche Vorgänge zu führen und vorzulegen, Anzeigen zu erstatten und den Anzeigen bestimmte Unterlagen beizufügen sind,

2. unter welchen Voraussetzungen eine Person im Sinne des § 64 Abs. 1 Satz 2 anerkannt werden kann,
3. welche Anforderungen an die Geschäftsführung von Markscheidern einschließlich der technischen Ausstattung zu stellen sind,
4. welchen Anforderungen markscheiderische und sonstige vermessungstechnische Arbeiten genügen müssen,
5. welche Risse, Karten, Pläne und Unterlagen zum Rißwerk gehören und in welchen Zeitabständen das Rißwerk nachzutragen ist,
6. für welche Arten von Betrieben unter welchen Voraussetzungen der Unternehmer zur Anfertigung eines Rißwerks verpflichtet ist,
7. in welcher Weise der Bereich festzulegen ist, in dem durch einen Gewinnungsbetrieb auf die Oberfläche eingewirkt werden kann (Einwirkungsbereich),
8. daß und für welchen Zeitraum die Unterlagen, Darstellungen, Listen, Bücher und Statistiken aufzubewahren sind.

§ 68
Erlaß von Bergverordnungen

(1) Bergverordnungen auf Grund der §§ 65 bis 67 werden, soweit sich aus Absatz 2 nichts anderes ergibt, von den Landesregierungen erlassen. Diese können die Ermächtigung durch Rechtsverordnung auf andere Stellen übertragen.

(2) Der Bundesminister für Wirtschaft erläßt Bergverordnungen,
1. soweit sie auf Grund des § 65 Nr. 3, 6 und 5 in Verbindung mit Nr. 3, des § 66 Satz 1 Nr. 4 Buchstabe ab, d, d und e und des § 67 ergehen,
2. soweit sie Tätigkeiten im Sinne des § 2 im Bereich des Festlandsockels betreffen und
3. soweit für gleichartige Verhältnisse der Schutz der in den §§ 65 bis 67 bezeichneten Rechtsgüter und Belange durch Bergverordnungen nach Absatz 1 nicht gleichwertig sichergestellt wird.

(3) Bergverordnungen nach Absatz 2 ergehen mit Zustimmung des Bundesrates und
1. Bergverordnungen auf Grund der §§ 65 und 66 Satz 1 Nr. 1, 2, 4 bis 7, 9 und 10 im Einvernehmen mit dem Bundesminister für Arbeit und Sozialordnung, soweit sie Fragen des Arbeitsschutzes betreffen,
2. Bergverordnungen auf Grund des § 66 Satz 1 Nr. 1 Buchstabe a und Nr. 8 im Einvernehmen mit den Bundesministern **für die Umwelt, Naturschutz und Reaktorsicherheit** und für Raumordnung, Bauwesen und Städtebau,
3. Bergverordnungen auf Grund des § 66 Satz 1 Nr. 3 sowie alle anderen Bergverordnungen, soweit sie Tätigkeiten im Sinne des § 2 Abs. 1 im Bereich des Festlandsockels und der Küstengewässer betreffen, im Einvernehmen mit dem Bundesminister für Verkehr.

(4) In den Bergverordnungen kann wegen technischer Anforderungen auf Bekanntmachungen sachverständiger Stellen unter Angabe der Fundstelle verwiesen werden.

Zu § 68

1 Durch Art. 13 der Dritten Zuständigkeitsanpassungs-Verordnung vom 26. 1. 1986 (BGBl. I S. 2089) sind in Absatz 3 Nr. 2 die Worte „des Innern, für Ernährung, Landwirtschaft und Forsten“ durch die Worte „für die Umwelt, Naturschutz und Reaktorsicherheit“ ersetzt worden. Die Änderung wurde wegen der mit der Einrichtung eines neuen Umweltministeriums verbundenen Aufgabenverlagerung innerhalb der Bundesressorts notwendig.

2 Nachdem die durch die Bergrechtsreform eingeleitete Verordnungsgebung des Bundes zu einem gewissen Abschluß gelangt ist, wird nachstehend ein Überblick über die **vom Bundesminister für Wirtschaft** aufgrund der Ermächtigung in §68 Abs. 2 **erlassenen Bergverordnungen** gegeben. Der Wortlaut der unter Buchst. a bis c genannten Bergverordnungen ist im Hauptband Anhang II abgedruckt worden. Von einer Wiedergabe des Textes der später erlassenen Bergverordnungen wurde mit Rücksicht auf die notwendige Begrenzung des Umfangs dieses Ergänzungsbandes abgesehen. Es wird insoweit auf die Textsammlung *Zydek/Heller*, Deutsches Bergrecht, Verlag Glückauf, Essen, verwiesen.

3 **Bergverordnungen des Bundes:**

a) Bergverordnung über vermessungstechnische und sicherheitliche Unterlagen (Unterlagen-Bergverordnung — UnterlagenBergV) vom 11. 11. 1982 (BGBl. I S. 1553).

b) Bergverordnung über Einwirkungsbereiche (Einwirkungsbereichs-Bergverordnung — EinwirkungsBergV) vom 11. 11. 1982 (BGBl. I S. 1553, 1558)

c) Bergverordnung zum Schutz der Gesundheit gegen Klimaeinwirkung (Klima-Bergverordnung — KlimaBergV) vom 9. 6. 1983 (BGBl. I S. 685)

d) Bergverordnung über die allgemeine Zulassung schlagwettergeschützter und explosionsgeschützter elektrischer Betriebsmittel (Elektrozulassungs-Bergverordnung — ElZulBergV) vom 21. 12. 1983 (BGBl. I S. 1598), geändert durch Verordnung vom 20. 3. 1989 (BGBl. I S. 552)

e) Verordnung über markscheiderische Arbeiten und Beobachtungen der Oberfläche (Markscheider-Bergverordnung — MarkschBergV) vom 19. 12. 1986 (BGBl. I S. 2631)

f) Bergverordnung für den Festlandsockel (Festlandsockel-Bergverordnung — FlsBergV) vom 21. 3. 1989 (BGBl. I S. 554)

g) Bergverordnung zum gesundheitlichen Schutz der Beschäftigten (Gesundheitsschutz-Bergverordnung — GesBergV) vom 31. 7. 1991 (BGBl. I S. 1751)

Fünfter Teil
Bergaufsicht

§69
Allgemeine Aufsicht

(1) Der Bergbau unterliegt der Aufsicht durch die zuständige Behörde (Bergaufsicht).

(2) Die Bergaufsicht endet nach der Durchführung des Abschlußbetriebsplanes (§53) oder entsprechender Anordnungen der zuständigen Behörde (§71 Abs. 3) zu dem Zeit-

punkt, in dem nach allgemeiner Erfahrung nicht mehr damit zu rechnen ist, daß durch den Betrieb Gefahren für Leben und Gesundheit Dritter, für andere Bergbaubetriebe und für Lagerstätten, deren Schutz im öffentlichen Interesse liegt, oder gemeinschädliche Einwirkungen eintreten werden.

(3) Der Aufsicht der zuständigen Behörde unterliegen die Markscheider und die Ausführung der markscheiderischen Arbeiten im Sinne des § 64 Abs. 1.

§ 70
Allgemeine Aufsichtsbefugnisse, Auskunfts- und Duldungspflichten

(1) Wer zur Aufsuchung oder Gewinnung von bergfreien oder grundeigenen Boden schätzen berechtigt ist, ferner die verantwortlichen Personen, die in § 64 Abs. 1 bezeichneten und die dem arbeitsmedizinischen oder sicherheitstechnischen Dienst angehörenden sowie die unter § 66 Satz 1 Nr. 10 fallenden Personen (Auskunftspflichtige) haben der zuständigen Behörde die zur Durchführung der Bergaufsicht erforderlichen Auskünfte zu erteilen und Unterlagen vorzulegen.

(2) Die von der zuständigen Behörde mit der Aufsicht beauftragten Personen (Beauftragte) sind befugt, Betriebsgrundstücke, Geschäftsräume und Einrichtungen des Auskunftspflichtigen sowie Wasserfahrzeuge, die der Unterhaltung oder dem Betrieb von Einrichtungen im Bereich des Festlandsockels dienen oder zu dienen bestimmt sind, zu betreten, dort Prüfungen vorzunehmen, Befahrungen durchzuführen und gegen Empfangsbescheinigung auf Kosten des Unternehmers Proben zu entnehmen sowie die geschäftlichen und betrieblichen Unterlagen des Auskunftspflichtigen einzusehen. Zur Verhütung dringender Gefahren für die öffentliche Sicherheit und Ordnung dürfen die genannten Grundstücke und Räumlichkeiten auch außerhalb der üblichen Arbeits- und Betriebszeiten und auch dann betreten werden, wenn sie zugleich Wohnzwecken dienen; das Grundrecht der Unverletzlichkeit der Wohnung (Artikel 13 des Grundgesetzes) wird insoweit eingeschränkt. Die Beauftragten sind, soweit der Unternehmer nicht ausdrücklich darauf verzichtet, verpflichtet, einen Teil der Probe amtlich verschlossen oder versiegelt zurückzulassen; sie sind berechtigt, Gegenstände vorübergehend sicherzustellen, soweit dies zur Überprüfung von Unfallursachen notwendig ist oder soweit in diesem Zusammenhang die Erlangung neuer Erkenntnisse zur Unfallverhütung zu erwarten ist. Die Auskunftspflichtigen haben die Maßnahmen nach den Sätzen 1 und 2 zu dulden. Sie sind bei Befahrungen verpflichtet, die Beauftragten auf Verlangen zu begleiten.

(3) Der Auskunftspflichtige kann die Auskunft auf solche Fragen verweigern, deren Beantwortung ihn selbst oder einen der in § 383 Abs. 1 Nr. 1 bis 3 der Zivilprozeßordnung bezeichneten Angehörigen der Gefahr strafgerichtlicher Verfolgung oder eines Verfahrens nach dem Gesetz über Ordnungswidrigkeiten aussetzen würde.

(4) Die Absätze 1 bis 3 gelten auch für Personen, bei denen Tatsachen die Annahme rechtfertigen, daß sie eine der in § 2 Abs. 1 Nr. 1 bezeichneten Tätigkeiten ohne die erforderliche Berechtigung ausüben oder ausgeübt haben.

§ 71
Allgemeine Anordnungsbefugnis

(1) Die zuständige Behörde kann im Einzelfall anordnen, welche Maßnahmen zur Durchführung der Vorschriften dieses Gesetzes, der auf Grund dieses Gesetzes erlassenen

und der nach §176 Abs. 3 aufrechterhaltenen Rechtsverordnungen zu treffen sind. Dabei können Anordnungen, die über die auf Grund einer Rechtsverordnung oder eines zugelassenen Betriebsplans gestellten Anforderungen hinausgehen, nur getroffen werden, soweit dies zum Schutz von Leben, Gesundheit und Sachgütern Beschäftigter oder Dritter erforderlich ist.

(2) Führt ein Zustand, der diesem Gesetz, einer auf Grund dieses Gesetzes erlassenen Rechtsverordnung, einem zugelassenen Betriebsplan, einer Nebenbestimmung der Zulassung, einer nachträglichen Auflage oder einer Anordnung nach Absatz 1 widerspricht, eine unmittelbare Gefahr für Beschäftigte oder Dritte herbei, so kann die zuständige Behörde anordnen, daß der Betrieb bis zur Herstellung des ordnungsgemäßen Zustandes vorläufig ganz oder teilweise eingestellt wird, soweit sich die Gefahr auf andere Weise nicht abwenden läßt oder die Einstellung zur Aufklärung der Ursachen der Gefahr unerläßlich ist. §51 Abs. 1 gilt nicht.

(3) Im Falle der Einstellung des Betriebes ohne zugelassenen Abschlußbetriebsplan kann die zuständige Behörde die erforderlichen Maßnahmen anordnen, um die Erfüllung der in §55 Abs. 2 bezeichneten Voraussetzungen sicherzustellen.

§72
Verhinderung unerlaubter Tätigkeiten, Sicherstellung

(1) Wird die Aufsuchung oder Gewinnung bergfreier Bodenschätze ohne die erforderliche Berechtigung ausgeübt oder wird ein Betrieb ohne die nach §51 notwendigen und zugelassenen Betriebspläne oder ohne eine Genehmigung, allgemeine Zulassung oder Prüfung durchgeführt, die nach den Vorschriften der auf Grund dieses Gesetzes erlassenen oder aufrechterhaltenen Rechtsverordnungen erforderlich ist, so kann die zuständige Behörde die Fortsetzung der Tätigkeit untersagen. Im Bereich des Festlandsockels und der Küstengewässer ist im Falle der Untersagung die Beseitigung der Einrichtungen anzuordnen, die der Ausübung der Tätigkeit zu dienen bestimmt sind.

(2) Die zuständige Behörde kann explosionsgefährliche und zum Sprengen bestimmte explosionsfähige Stoffe, Zündmittel, Sprengzubehör sowie sonstige Gegenstände sicherstellen und verwerten, wenn diese Gegenstände zur Verwendung in den der Bergaufsicht unterliegenden Betrieben nicht zugelassen sind oder wenn es erforderlich ist, um ihre unbefugte Verwendung zu verhindern. Der Erlös aus der Verwertung tritt an die Stelle der sichergestellten Gegenstände.

§73
Untersagung der Beschäftigung verantwortlicher Personen

(1) Die zuständige Behörde kann dem Unternehmer die Beschäftigung einer der in §58 Abs. 1 Nr. 2 genannten verantwortlichen Personen in dem ihr übertragenen Aufgabenbereich untersagen, wenn

1. diese Person vorsätzlich oder grob fahrlässig gegen Pflichten verstoßen hat, für deren Erfüllung sie verantwortlich ist, und dieses Verhalten trotz Verwarnung durch die zuständige Behörde fortsetzt oder sonst Tatsachen die Annahme rechtfertigen, daß die Person die erforderliche Zuverlässigkeit nicht besitzt,
2. Tatsachen die Annahme rechtfertigen, daß die Person die erforderliche Fachkunde oder körperliche Eignung nicht besitzt.

Kommt der Unternehmer einer Anordnung nach Satz 1 nicht nach, so kann die zuständige Behörde die Fortführung des Betriebes bis zur Befolgung der Anordnung untersagen.

(2) Liegen Tatsachen vor, die die Annahme rechtfertigen, daß der Unternehmer die zur Gewährleistung von Sicherheit und Ordnung im Betrieb erforderliche Zuverlässigkeit oder Fachkunde nicht besitzt, so kann die zuständige Behörde die Fortführung des Betriebes bis zur Bestellung einer mit der Gesamtleitung beauftragten verantwortlichen Person untersagen und, wenn der Unternehmer der Untersagung nicht nachkommt, verhindern. Dies gilt entsprechend, wenn bei juristischen Personen und Personenhandelsgesellschaften die Voraussetzungen des Satzes 1 bei einer der nach Gesetz, Satzung oder Gesellschaftsvertrag zur Vertretung berechtigten Person vorliegen.

§ 74
Hilfeleistung, Anzeigepflicht

(1) Bei Betriebsereignissen, die eine Gefahr für Beschäftigte oder Dritte herbeigeführt haben oder herbeizuführen geeignet sind, kann die zuständige Behörde, soweit erforderlich, die zur Abwehr der Gefahr oder zur Rettung Verunglückter oder gefährdeter Personen notwendigen Maßnahmen anordnen.

(2) Der Unternehmer und auf Verlangen der zuständigen Behörden auch die Unternehmer anderer bergbaulicher Betriebe haben unverzüglich die zur Ausführung der nach Absatz 1 angeordneten Maßnahmen erforderlichen Arbeitskräfte, Geräte und Hilfsmittel zur Verfügung zu stellen. Aufwendungen, die den Unternehmern anderer bergbaulicher Betriebe entstehen, hat der Unternehmer zu tragen, in dessen Betrieb die zur Verfügung gestellten Arbeitskräfte, Geräte und Hilfsmittel eingesetzt worden sind.

(3) Der Unternehmer hat der zuständigen Behörde

1. Betriebsereignisse, die den Tod oder die schwere Verletzung einer oder mehrerer Personen herbeigeführt haben oder herbeiführen können, und
2. Betriebsereignisse, deren Kenntnis für die Verhütung oder Beseitigung von Gefahren für Leben und Gesundheit der Beschäftigten oder Dritter oder für den Betrieb von besonderer Bedeutung ist,

unverzüglich anzuzeigen.

Sechster Teil
Berechtsamsbuch, Berechtsamskarte

§ 75
Anlegung und Führung des Berechtsamsbuchs und der Berechtsamskarte

(1) Bei der zuständigen Behörde werden ein Berechtsamsbuch und eine Berechtsamskarte angelegt und geführt.

(2) In das Berechtsamsbuch sind einzutragen

1. Erlaubnisse, Bewilligungen, Bergwerkseigentum und nach § 149 aufrechterhaltene Bergbauberechtigungen,
2. Änderungen der in Nummer 1 genannten Bergbauberechtigungen durch Vereinigung, Teilung, Austausch oder Zulegung.

(3) In der Berechtsamskarte sind einzutragen
1. die Felder, auf die sich die in Absatz 2 Nr. 1 genannten Bergbauberechtigungen beziehen,
2. die Veränderungen der Felder, die sich aus den in Absatz 2 Nr. 2 genannten Änderungen ergeben,
3. Baubeschränkungsgebiete.

(4) Die Eintragungen in das Berechtsamsbuch und die Berechtsamskarte werden von Amts wegen vorgenommen.

(5) Erloschene Bergbauberechtigungen sind im Berechtsamsbuch zu löschen. Auf der Berechtsamskarte ist das Erlöschen in geeigneter Weise zu kennzeichnen.

§ 76
Einsicht

(1) Die Einsicht in das Berechtsamsbuch, in die Berechtsamskarte und in Urkunden, auf die in der Eintragung Bezug genommen wird, ist jedem gestattet, der ein berechtigtes Interesse darlegt. Ausgenommen sind Urkunden, die Geschäfts- oder Betriebsgheimnisse enthalten.

(2) Soweit die Einsicht gestattet ist, können Auszüge gefordert werden, die auf Verlangen zu beglaubigen sind.

Siebenter Teil
Bergbau und Grundbesitz, öffentliche Verkehrsanlagen

Erstes Kapitel
Grundabtretung

Erster Abschnitt
Zulässigkeit und Voraussetzungen der Grundabtretung

§ 77
Zweck der Grundabtretung

(1) Nach den Vorschriften dieses Kapitels kann auf Antrag des Unternehmers eine Grundabtretung durchgeführt werden, soweit für die Errichtung oder Führung eines Gewinnungsbetriebes oder Aufbereitungsbetriebes einschließlich der dazugehörigen, in § 2 Abs. 1 Nr. 1 bis 3 bezeichneten Tätigkeiten und Einrichtungen die Benutzung eines Grundstücks notwendig ist.

(2) Die Benutzung ist insbesondere dann notwendig, wenn das Vorhaben einer technisch und wirtschaftlich sachgemäßen Betriebsplanung oder Betriebsführung entspricht und die Bereitstellung von Grundstücken des Unternehmers für diesen Zweck nicht möglich oder deshalb nicht zumutbar ist, weil die Benutzung solcher Grundstücke für andere Zwecke der in Absatz 1 bezeichneten Art unerläßlich ist.

(3) Vorschriften über die Enteignung zu anderen als den in Absatz 1 bezeichneten Zwecken bleiben unberührt.

§ 78
Gegenstand der Grundabtretung

Durch Grundabtretung können
1. das Eigentum einschließlich aus § 34 sich ergebender Befugnisse, der Besitz und dingliche Rechte an Grundstücken,
2. persönliche Rechte, die zum Erwerb, zum Besitz oder zur Nutzung von Grundstücken berechtigen oder deren Benutzung beschränken,

entzogen, übertragen, geändert, mit einem dinglichen Recht belastet oder sonst beschränkt werden.

§ 79
Voraussetzungen für die Zulässigkeit der Grundabtretung

(1) Die Grundabtretung ist im einzelnen Falle zulässig, wenn sie dem Wohle der Allgemeinheit dient, insbesondere die Versorgung des Marktes mit Rohstoffen, die Erhaltung der Arbeitsplätze im Bergbau, der Bestand oder die Verbesserung der Wirtschafsstruktur oder der sinnvolle und planmäßige Abbau der Lagerstätte gesichert werden sollen, und der Grundabtretungszweck unter Beachtung der Standortgebundenheit des Gewinnungsbetriebes auf andere zumutbare Weise nicht erreicht werden kann.

(2) Die Grundabtretung setzt voraus, daß der Grundabtretungsbegünstigte
1. sich ernsthaft
   a) um den freihändigen Erwerb des Grundstücks zu angemessenen Bedingungen, insbesondere, soweit ihm dies möglich und zumutbar ist, unter Angebot geeigneter anderer Grundstücke aus dem eigenen Vermögen, oder
   b) um die Vereinbarung eines für die Durchführung des Vorhabens ausreichenden Nutzungsverhältnisses zu angemessenen Bedingungen

   vergeblich bemüht hat und
2. glaubhaft macht, daß das Grundstück innerhalb angemessener Frist zu dem vorgesehenen Zweck verwendet werden wird.

(3) Die Abtretung eines Grundstücks, das bebaut ist oder mit einem bebauten Grundstück in unmittelbarem räumlichem Zusammenhang steht und eingefriedet ist, setzt ferner die Zustimmung der nach Landesrecht zuständigen Behörde voraus. Die Zustimmung darf nur aus überwiegenden öffentlichen Interessen unter Berücksichtigung der Standortgebundenheit des Vorhabens erteilt werden.

§ 80
Grundabtretungsbegünstigter und -pflichtiger

(1) Grundabtretungsbegünstigter ist der Unternehmer, für dessen Vorhaben ein Grundabtretungsverfahren durchgeführt wird.

(2) Grundabtretungspflichtige sind der Eigentümer des von der Grundabtretung betroffenen Grundstücks oder sonstigen Gegenstandes und die Inhaber der Rechte, die entzogen, übertragen, geändert, belastet oder sonst beschränkt werden sollen.

(3) Nebenberechtigte sind die Personen, denen dingliche oder persönliche Rechte am oder in bezug auf den Gegenstand der Grundabtretung zustehen.

§ 81
Umfang der Grundabtretung

(1) Die Grundabtretung darf nur in dem Umfang durchgeführt werden, in dem sie zur Verwirklichung des Grundabtretungszweckes erforderlich ist. Die Frist, innerhalb der der Grundabtretungszweck verwirklicht werden muß, ist von der zuständigen Behörde festzusetzen.

(2) Die Entziehung des Eigentums an Grundstücken ist nur zulässig, wenn
1. die Grundstücke bebaut sind oder mit bebauten Grundstücken in unmittelbarem räumlichem Zusammenhang stehen und eingefriedet sind,
2. im Zeitpunkt der Grundabtretung damit zu rechnen ist, daß die Grundstücke auf Grund behördlich angeordneter Maßnahmen zur Wiedernutzbarmachung der Oberfläche eine Wertsteigerung erfahren werden oder
3. der Eigentümer die Entziehung des Eigentums nach § 82 verlangt.

Reicht in den in Satz 1 Nr. 1 genannten Fällen die Belastung des Eigentums an Grundstücken mit einem dinglichen Nutzungsrecht zur Verwirklichung des Grundabtretungszweckes aus, so ist die Grundabtretung hierauf zu beschränken. In den Fällen des Satzes 1 Nr. 2 ist die Entziehung des Eigentums nicht zulässig, wenn der Eigentümer sich verpflichtet, nach Beendigung der Benutzung des Grundstücks die durch die Maßnahme zur Wiedernutzbarmachung der Oberfläche eingetretene Werterhöhung in Geld auszugleichen.

(3) Der Grundabtretungsbegünstigte ist, soweit nicht die Entziehung des Eigentums an einem Grundstück oder einer in § 82 Abs. 5 bezeichneten Sache Gegenstand der Grundabtretung ist, verpflichtet, nach Beendigung der Benutzung der abgetretenen Sachen zu dem vorgesehenen Zweck oder, wenn das Grundstück danach einem Zweck zugeführt wird, der eine Grundabtretung rechtfertigen würde, nach Beendigung der Benutzung zu diesem Zweck,
1. den Zustand des Grundstücks oder der Sachen in dem Zeitpunkt des Wirksamwerdens der Grundabtretung wiederherzustellen, es sei denn, daß die Wiederherstellung mit unzumutbaren Aufwendungen verbunden oder eine vom früheren Zustand abweichende Anordnung der zuständigen Behörde zur Wiedernutzbarmachung der Oberfläche erlassen worden ist und
2. den abgetretenen Gegenstand dem betroffenen Grundabtretungspflichtigen wieder zur Verfügung zu stellen.

§ 82
Ausdehnung der Grundabtretung

(1) In den in § 81 Abs. 2 Satz 1 Nr. 1 genannten Fällen kann der Eigentümer anstelle einer anderen beantragten Form der Grundabtretung die Entziehung des Eigentums verlangen.

(2) Der Eigentümer kann ferner die Entziehung des Eigentums an einem Grundstück verlangen, soweit eine andere Form der Grundabtretung für ihn unbillig ist.

(3) Soll ein Grundstück oder ein räumlich oder wirtschaftlich zusammenhängender Grundbesitz nur zu einem Teil Gegenstand der Grundabtretung werden, so kann der Eigentümer die Ausdehnung der Grundabtretung auf das Restgrundstück oder den Restbesitz insoweit verlangen, als das Restgrundstück oder der Restbesitz nicht mehr in angemessenem Umfang baulich oder wirtschaftlich genutzt werden kann.

(4) Wird ein Grundstück durch die Entziehung, Belastung oder Beschränkung eines Rechts an einem anderen Grundstück in seiner Wirtschaftlichkeit wesentlich beeinträchtigt, so kann der Eigentümer die Ausdehnung der Grundabtretung auf das Grundstück verlangen. Die Absätze 1 und 2 gelten entsprechend.

(5) Der Eigentümer, der Nießbraucher oder der Pächter kann verlangen, daß die Grundabtretung auf das Zubehör eines Grundstücks sowie auf Gegenstände im Sinne des § 95 des Bürgerlichen Gesetzbuchs ausgedehnt wird, soweit er das Zubehör oder die Sachen infolge der Grundabtretung nicht mehr wirtschaftlich nutzen oder in anderer Weise angemessen verwerten kann.

§ 83
Sinngemäße Anwendung von Vorschriften

(1) Soweit nichts anderes bestimmt ist, gelten
1. die für Grundstücke geltenden Vorschriften dieses Kapitels sinngemäß auch für Grundstücksteile und
2. die für das Eigentum an Grundstücken geltenden Vorschriften dieses Kapitels sinngemäß auch für grundstücksgleiche Rechte mit Ausnahme des Bergwerkseigentums und selbständiger Abbaugerechtigkeiten.

(2) Soweit nichts anderes bestimmt ist, sind die für die Entziehung oder Belastung des Eigentums an Grundstücken geltenden Vorschriften dieses Kapitels auf die Entziehung, Übertragung, Änderung, Belastung oder sonstige Beschränkung der in § 78 Nr. 1 und 2 bezeichneten anderen Rechte sinngemäß anzuwenden.

Zweiter Abschnitt
Entschädigung

§ 84
Entschädigungsgrundsätze

(1) Für die Grundabtretung ist eine Entschädigung zu leisten.

(2) Die Entschädigung wird gewährt für
1. den durch die Grundabtretung eintretenden Rechtsverlust,
2. andere durch die Grundabtretung eintretende Vermögensnachteile.

(3) Entschädigung kann verlangen, wer in seinem Recht durch die Grundabtretung beeinträchtigt wird und dadurch einen Vermögensnachteil erleidet (Entschädigungsberechtigter). Zur Leistung der Entschädigung ist der Grundabtretungsbegünstigte verpflichtet (Entschädigungsverpflichteter).

(4) Die Entschädigung ist in Geld festzusetzen. Sie ist in einem einmaligen Betrag zu leisten, soweit in § 89 nichts anderes bestimmt ist. Einmalige Entschädigungsbeträge sind mit zwei vom Hundert über dem Diskontsatz der Deutschen Bundesbank jährlich von dem Zeitpunkt an zu verzinsen, in dem die zuständige Behörde über den Grundabtretungsantrag entscheidet. Im Falle der vorzeitigen Besitzeinweisung ist der Zeitpunkt maßgebend, in dem diese wirksam wird. Die Sätze 1 bis 4 gelten nicht, soweit sich der Entschädigungsberechtigte und der Entschädigungsverpflichtete über eine andere Art der Entschädigung einigen.

(5) Für die Bemessung der Entschädigung ist der Zustand des Gegenstandes der Grundabtretung in dem Zeitpunkt maßgebend, in dem die zuständige Behörde über den Grundabtretungsantrag entscheidet. In den Fällen der vorzeitigen Besitzeinweisung ist der Zustand in dem Zeitpunkt maßgebend, in dem diese wirksam wird.

§ 85
Entschädigung für den Rechtsverlust

(1) Die Entschädigung für den Rechtsverlust bemißt sich nach dem Verkehrswert des Gegenstandes der Grundabtretung.

(2) Der Verkehrswert wird durch den Preis bestimmt, der in dem Zeitpunkt, auf den sich die Ermittlung bezieht, im gewöhnlichen Geschäftsverkehr nach den rechtlichen Gegebenheiten und tatsächlichen Eigenschaften, der sonstigen Beschaffenheit und Lage des Gegenstandes der Wertermittlung ohne Rücksicht auf ungewöhnliche oder persönliche Verhältnisse zu erzielen wäre.

(3) **Die auf Grund des § 199 Abs. 1 des Baugesetzbuchs erlassenen Vorschriften sind entsprechend anzuwenden.**

Zu § 85

Durch Art. 2 Nr. 21 des Gesetzes über das Baugesetzbuch vom 8. 12. 1986 (BGBl. I S. 2191) ist in Abs. 3 die Angabe „§ 144 Abs. 1 des Bundesbaugesetzes" durch „§ 199 Abs. 1 des Baugesetzbuchs" ersetzt worden. **1**

Die Änderung wurde notwendig, weil an die Stelle des Bundesbaugesetzes mit Wirkung vom 1. 7. 1987 das Baugesetzbuch vom 8. 12. 1986 (BGBl. I S. 2253) getreten ist, und zwar mit anderer Paragraphenfolge. Die beiden genannten Vorschriften haben aber denselben Wortlaut, so daß eine **materielle Rechtsänderung nicht eingetreten** ist. § 199 Abs. 1 BauGB enthält wie § 144 Abs. 1 BBauG die Ermächtigung der Bundesregierung zum Erlaß von Rechtsverordnungen über die Anwendung gleicher Grundsätze bei der Ermittlung des Verkehrswertes von Grundstücken. **2**

Aufgrund des § 199 Abs. 1 BauGB ist die Verordnung über Grundsätze für die Ermittlung der Verkehrswerte von Grundstücken (Wertermittlungsverordnung — WertV) vom 6. 12. 1988 (BGBl. I S. 2209) erlassen worden; vgl. im übrigen im Hauptband § 85 Rdn. 7–9). **3**

§ 86
Entschädigung für andere Vermögensnachteile, Mitverschulden

(1) Wegen anderer durch die Grundabtretung eintretender Vermögensnachteile ist eine Entschädigung nur zu gewähren, soweit die Vermögensnachteile nicht bei der Bemessung der Entschädigung für den Rechtsverlust berücksichtigt sind.

(2) Zu den Vermögensnachteilen im Sinne des Absatzes 1 gehören insbesondere

1. der vorübergehende oder dauernde Verlust, den der Entschädigungsberechtigte in seiner Berufstätigkeit, seiner Erwerbstätigkeit oder in Erfüllung der ihm wesensgemäß

obliegenden Aufgaben erleidet, jedoch nur bis zu dem Betrag des Aufwandes, der erforderlich ist, um einen anderen Gegenstand in gleicher Weise wie den abzutretenden Gegenstand zu nutzen oder zu gebrauchen,

2. die Wertminderung, die durch die Abtretung eines Grundstücksteiles oder eines Teiles eines räumlich oder wirtschaftlich zusammenhängenden Grundbesitzes bei dem anderen Teil oder durch Abtretung eines Rechts an einem Grundstück bei einem anderen Grundstück entsteht, soweit die Wertminderung nicht schon bei der Festsetzung der Entschädigung nach Nummer 1 berücksichtigt ist,
3. die notwendigen Aufwendungen für einen durch die Grundabtretung erforderlich werdenden Umzug.

(3) Hat bei der Entstehung eines Vermögensnachteiles ein Verschulden des Entschädigungsberechtigten mitgewirkt, so gilt § 254 des Bürgerlichen Gesetzbuchs entsprechend.

§ 87
Behandlung der Rechte der Nebenberechtigten

(1) Rechte an dem abzutretenden Grundstück sowie persönliche Rechte, die zum Besitz oder zur Nutzung des Grundstücks berechtigen oder die Nutzung des Grundstücks beschränken, können aufrechterhalten werden, soweit dies mit dem Grundabtretungszweck vereinbar ist.

(2) Soweit Rechte nicht aufrechterhalten werden, sind gesondert zu entschädigen

1. Erbbauberechtigte, Altenteilsberechtigte sowie Inhaber von Dienstbarkeiten und Erwerbsrechten an dem Grundstück,
2. Inhaber von persönlichen Rechten, die zum Besitz oder zur Nutzung des Grundstücks berechtigen, wenn der Berechtigte im Besitz des Grundstücks ist,
3. Inhaber von persönlichen Rechten, die zum Erwerb des Grundstücks berechtigen oder den Verpflichteten in der Nutzung des Grundstücks beschränken.

(3) Berechtigte, deren Rechte nicht aufrechterhalten und nicht gesondert entschädigt werden, haben Anspruch auf Ersatz des Wertes ihres Rechts aus der Entschädigung für das Eigentum an dem Grundstück, soweit sich ihr Recht auf dieses erstreckt. Das gilt entsprechend für die Entschädigung, die für den durch die Grundabtretung eintretenden Rechtsverlust in anderen Fällen oder für Wertminderungen des Restbesitzes nach § 86 Abs. 2 Nr. 2 festgesetzt werden.

§ 88
Schuldübergang bei Entziehung des Eigentums an Grundstücken

Wird das Eigentum an einem Grundstück entzogen und haftet bei einem Grundpfandrecht, das aufrechterhalten wird, der Grundabtretungspflichtige zugleich persönlich, so übernimmt der Grundabtretungsbegünstigte an seiner Stelle die Schuld bis zur Höhe des Grundpfandrechts, jedoch nicht über den Verkehrswert des Grundstücks hinaus.

§ 89
Entschädigungsleistung

(1) Wird im Wege der Grundabtretung ein Nutzungsrecht begründet oder dem Eigentümer oder sonstigen Nutzungsberechtigten eine mit einem dauernden Nutzungsausfall verbundene Beschränkung oder ein anderer sich ständig erneuernder Nachteil auferlegt, so ist die Entschädigung in wiederkehrenden Leistungen zu entrichten. Werden

hierdurch die zu entschädigenden Vermögensnachteile nicht abgegolten, so ist insoweit die Entschädigung in einem einmaligen Betrag zu leisten.

(2) Entstehen einem Entschädigungsberechtigten durch die Grundabtretung Vermögensnachteile, die sich im Zeitpunkt der Entscheidung über die Grundabtretung nicht abschätzen lassen, so ist auf Antrag des Entschädigungsberechtigten eine Ergänzungsentschädigung festzusetzen. Der Antrag ist nur zulässig, wenn der Entschädigungsberechtigte nachweist, daß er sich ernsthaft um eine Einigung über die Ergänzungsentschädigung bemüht hat. Die Ergänzungsentschädigung darf nur für die Zeit nach Antragstellung festgesetzt werden.

(3) Ist die Entschädigung nach Absatz 1 Satz 1 in wiederkehrenden Leistungen zu entrichten und tritt eine wesentliche Änderung der Verhältnisse ein, die für die Bemessung der Höhe der Leistungen maßgebend waren, so ist auf Antrag des Entschädigungsberechtigten oder des Entschädigungsverpflichteten die Höhe der wiederkehrenden Leistungen neu festzusetzen; Absatz 2 Satz 2 und 3 gilt entsprechend.

(4) Lassen sich im Zeitpunkt der Entscheidung über die Grundabtretung Vermögensnachteile nicht abschätzen, so kann die zuständige Behörde auf Antrag des Entschädigungsberechtigten anordnen, daß der Entschädigungspflichtige Sicherheit zu leisten hat. Über die Freigabe einer Sicherheit entscheidet die zuständige Behörde.

§90
Wertänderungen, Veränderungen, Begründung neuer Rechtsverhältnisse

(1) Bei der Festsetzung der Entschädigung bleiben folgende Wertänderungen unberücksichtigt:

1. Werterhöhungen, die ausschließlich infolge des Gewinnungs- oder Aufbereitungsbetriebes eingetreten sind, zu dessen Gunsten die Grundabtretung durchgeführt wird,
2. Wertänderungen, die infolge der bevorstehenden Grundabtretung eingetreten sind,
3. Werterhöhungen, die nach dem Zeitpunkt eingetreten sind, in dem der Eigentümer oder sonstige Berechtigte zur Vermeidung der Grundabtretung ein Kauf- oder Tauschangebot im Sinne des §79 Abs. 2 Nr. 1 Buchstabe a oder ein Angebot zum Abschluß einer Vereinbarung im Sinne des §79 Abs. 2 Nr. 1 Buchstabe b mit angemessenen Bedingungen hätte annehmen können, es sei denn, daß er Kapital oder Arbeit für die Werterhöhung aufgewendet hat,
4. wertsteigernde Veränderungen, die ohne die erforderliche behördliche Anordnung, Genehmigung, Zulassung, Zustimmung, Erlaubnis oder Bewilligung vorgenommen worden sind, es sei denn, daß sie ausschließlich der Erhaltung oder ordnungsgemäßen Bewirtschaftung gedient haben.

(2) Für bauliche Anlagen, deren Abbruch jederzeit auf Grund öffentlich-rechtlicher Vorschriften entschädigungslos gefordert werden kann, ist eine Entschädigung nur zu gewähren, wenn es aus Gründen der Billigkeit geboten ist. Kann der Abbruch entschädigungslos erst nach Ablauf einer Frist gefordert werden, so ist die Entschädigung nach dem Verhältnis der restlichen zu der gesamten Frist zu bemessen.

(3) Wird der Wert des Eigentums an dem abzutretenden Grundstück durch Rechte Dritter gemindert, die aufrechterhalten oder gesondert entschädigt werden, so ist dies bei der Festsetzung der Entschädigung für das Eigentum an dem Grundstück zu berücksichtigen.

(4) Eine Vereinbarung, die mit Rücksicht auf ein in Vorbereitung befindliches Grundabtretungsverfahren oder die nach Einleitung des Grundabtretungsverfahrens getroffen wird und die einen Dritten zum Gebrauch oder zu Nutzung des Gegenstandes der Grundabtretung berechtigt, bleibt bei der Festsetzung der Entschädigung insoweit unberücksichtigt, als sie von üblichen Vereinbarungen in vergleichbaren, nicht von einer Grundabtretung betroffenen Fällen auffällig abweicht und Tatsachen die Annahme rechtfertigen, daß sie getroffen worden ist, um eine Entschädigung zu erlangen.

(5) Ist eine Veränderung an dem Gegenstand der Grundabtretung, die nach Einleitung des Grundabtretungsverfahrens ohne Zustimmung der zuständigen Behörde vorgenommen wird, für dessen neuen Verwendungszweck nachteilig und war dieser Umstand dem Grundabtretungspflichtigen, der die Veränderung vorgenommen hat, bekannt, so kann die zuständige Behörde auf Antrag des Grundabtretungsbegünstigten die Wiederherstellung des früheren Zustandes anordnen.

Dritter Abschnitt
Vorabentscheidung, Ausführung und Rückgängigmachung der Grundabtretung

§ 91
Vorabentscheidung

Auf Antrag des Grundabtretungsbegünstigten, des Grundabtretungspflichtigen oder eines Nebenberechtigten hat die zuständige Behörde vorab über die durch die Grundabtretung zu bewirkenden Rechtsänderungen zu entscheiden. In diesem Fall hat die zuständige Behörde anzuordnen, daß dem Entschädigungsberechtigten eine Vorauszahlung in Höhe der zu erwartenden Entschädigung zu leisten ist. § 84 Abs. 4 Satz 2 und 3 und § 89 gelten entsprechend.

§ 92
Ausführung der Grundabtretung

(1) Die Ausführung einer Grundabtretung ist nur zulässig, wenn die Entscheidung über den Antrag nach § 77 unanfechtbar geworden ist und der Grundabtretungsbegünstigte

1. bei Festsetzung einer Entschädigung in einem einmaligen Betrag die Entschädigung bezahlt oder zulässigerweise unter Verzicht auf das Recht der Rücknahme hinterlegt hat,
2. bei Festsetzung einer Entschädigung in wiederkehrenden Leistungen die erste Rate gezahlt oder zulässigerweise unter Verzicht auf das Recht der Rücknahme hinterlegt und für weitere drei Raten angemessene Sicherheit geleistet hat.

Satz 1 gilt entsprechend, wenn die Entscheidung nach § 91 unanfechtbar geworden ist; in diesem Fall kann die zuständige Behörde auf Antrag des Entschädigungsberechtigten die Ausführung der Grundabtretung davon abhängig machen, daß der Grundabtretungsbegünstigte zusätzlich für einen angemessenen Betrag Sicherheit leistet. Einer unanfechtbaren Entscheidung über einen Antrag nach § 77 steht eine Einigung der Beteiligten im Verfahren gleich, wenn die Einigung durch eine Niederschrift von der zuständigen Behörde beurkundet worden ist. Mit Beginn des von der zuständigen Behörde festzusetzenden Tages wird der bisherige Rechtszustand durch den in der Entscheidung über die Grundabtretung geregelten Rechtszustand ersetzt.

(2) Wird die Entscheidung über die Grundabtretung nur wegen der Höhe der Entschädigung von einem oder mehreren Entschädigungsberechtigten angefochten, so kann die zuständige Behörde auf Antrag des Grundabtretungsbegünstigten die vorzeitige Ausführung der Grundabtretung anordnen, wenn eine von ihr zur Sicherung der Ansprüche der Anfechtenden für erforderlich erachtete Sicherheit geleistet ist und im übrigen die Voraussetzungen nach Absatz 1 vorliegen. Über die Freigabe einer gestellten Sicherheit entscheidet die zuständige Behörde.

(3) Ist die Ausführung der Grundabtretung zulässig, übersendet die zuständige Behörde dem Grundbuchamt eine beglaubigte Abschrift der Entscheidung über den Antrag nach §77, der Entscheidung nach §91 oder der Niederschrift nach Absatz 1 Satz 3 und ersucht es, die Rechtsänderungen in das Grundbuch einzutragen. Mit dem Ersuchen ist dem Grundbuchamt eine beglaubigte Abschrift der Festsetzung nach Absatz 1 Satz 4 und im Fall des Abstzes 2 auch der Anordnung über die vorzeitige Ausführung der Grundabtretung zu übersenden.

§93
Hinterlegung

(1) Entschädigungen, aus denen Entschädigungsberechtigte nach §87 Abs. 3 zu befriedigen sind, sind unter Verzicht auf das Recht der Rücknahme zu hinterlegen, soweit mehrere Personen auf sie Anspruch haben und eine Einigung über die Auszahlung nicht nachgewiesen ist. Die Hinterlegung ist bei dem Amtsgericht vorzunehmen, in dessen Bezirk das von der Grundabtretung betroffene Grundstück liegt; §2 des Gesetzes über die Zwangsversteigerung und die Zwangsverwaltung gilt entsprechend.

(2) Andere Vorschriften, nach denen die Hinterlegung geboten oder statthaft ist, bleiben unberührt.

§94
Geltendmachung der Rechte an der Hinterlegung, Verteilungsverfahren

(1) Nach Eintritt des neuen Rechtszustandes (§92 Abs. 1 Satz 4) kann jeder Beteiligte seine Rechte an der hinterlegten Summe gegen einen Mitbeteiligten, der dieses Recht bestreitet, vor den ordentlichen Gerichten geltend machen oder die Einleitung eines gerichtlichen Verteilungsverfahrens beantragen.

(2) Für das Verteilungsverfahren ist das in §93 Abs. 1 Satz 2 bezeichnete Amtsgericht zuständig.

(3) Ist die Ausführung vorzeitig angeordnet worden, so ist das Verteilungsverfahren erst zulässig, wenn die Entscheidung über die Grundabtretung unanfechtbar geworden ist.

(4) Für das Verteilungsverfahren gelten die Vorschriften des Gesetzes über die Zwangsversteigerung und Zwangsverwaltung über die Verteilung des Erlöses im Falle der Zwangsversteigerung mit folgenden Abweichungen entsprechend:

1. Das Verteilungsverfahren ist durch Beschluß zu eröffnen.
2. Die Zustellung des Eröffnungsbeschlusses an den Antragsteller gilt als Beschlagnahme im Sinne des §13 des Gesetzes über die Zwangsversteigerung und Zwangsverwaltung; ist das Grundstück schon in einem Zwangsversteigerungs- oder Zwangsverwaltungsverfahren beschlagnahmt, so hat es hierbei sein Bewenden.

3. Das Verteilungsgericht hat bei der Eröffnung des Verfahrens von Amts wegen das Grundbuchamt um die in § 19 Abs. 2 des Gesetzes über die Zwangsversteigerung und die Zwangsverwaltung bezeichneten Mitteilungen zu ersuchen; in die beglaubigte Abschrift des Grundbuchblattes sind die zur Zeit der Zustellung der Entscheidung über die Grundabtretung an den Grundabtretungspflichtigen vorhandenen Eintragungen sowie die später eingetragenen Veränderungen und Löschungen aufzunehmen.
4. Bei dem Verfahren sind die in § 87 Abs. 3 bezeichneten Entschädigungsberechtigten nach Maßgabe des § 10 des Gesetzes über die Zwangsversteigerung und die Zwangsverwaltung zu berücksichtigen, wegen der Ansprüche auf wiederkehrende Nebenleistungen jedoch nur für die Zeit bis zur Hinterlegung.

(5) Soweit auf Grund landesrechtlicher Vorschriften die Verteilung des Erlöses im Falle einer Zwangsversteigerung nicht von dem Vollstreckungsgericht, sondern von einer anderen Stelle wahrzunehmen ist, kann durch Landesrecht bestimmt werden, daß diese andere Stelle auch für das Verteilungsverfahren nach den Absätzen 1 bis 4 zuständig ist. Wird die Änderung einer Entscheidung dieser anderen Stelle verlangt, so ist die Entscheidung des Vollstreckungsgerichts nachzusuchen. Die Beschwerde findet gegen die Entscheidung des Vollstreckungsgerichts statt.

§ 95
Lauf der Verwendungsfrist

(1) Die Frist, innerhalb deren der Grundabtretungszweck nach § 81 Abs. 1 Satz 2 zu verwirklichen ist, beginnt mit dem Eintritt der Rechtsänderung.

(2) Die zuständige Behörde kann diese Frist vor deren Ablauf auf Antrag verlängern, wenn

1. der Grundabtretungsbegünstigte nachweist, daß er den Grundabtretungszweck ohne Verschulden innerhalb der festgesetzten Frist nicht erfüllen kann, oder
2. vor Ablauf der Frist eine Gesamtrechtsnachfolge eintritt und der Rechtsnachfolger nachweist, daß er den Grundabtretungszweck innerhalb der festgesetzten Frist nicht erfüllen kann.

Der frühere Grundabtretungspflichtige ist vor der Entscheidung zu hören.

§ 96
Aufhebung der Grundabtretung

(1) Auf Antrag des früheren Grundabtretungspflichtigen hat die zuständige Behörde vorbehaltlich des Absatzes 2 die durch die Entscheidung über die Behörde bewirkten Rechtsänderungen mit Wirkung für die Zukunft aufzuheben, soweit

1. der Grundabtretungsbegünstigte oder sein Rechtsnachfolger
   a) das Grundstück nicht innerhalb der festgesetzten Frist (§ 81 Abs. 1 Satz 2, § 95) zu dem Grundabtretungszweck verwendet oder
   b) den Grundabtretungszweck vor Ablauf der Frist aufgegeben hat oder
2. der Entschädigungsverpflichtete bei einer Entschädigung in wiederkehrenden Leistungen mit zwei aufeinanderfolgenden Raten in Verzug ist.

Satz 1 Nr. 1 Buchstabe b gilt nur, wenn durch die Grundabtretung das Eigentum an dem Grundstück entzogen worden ist.

(2) In den Fällen des Absatzes 1 Satz 1 Nr. 1 ist die Aufhebung ausgeschlossen, solange das Grundstück einem Zweck zugeführt wird, der eine Grundabtretung rechtfertigen würde.

(3) Die Aufhebung kann nur innerhalb von zwei Jahren seit Entstehung des Anspruchs beantragt werden. Die Frist ist gehemmt, solange der Antragsberechtigte an der Rechtsverfolgung durch höhere Gewalt verhindert wird. In den Fällen des Absatzes 1 Satz 1 Nr. 1 ist der Antrag nicht mehr zulässig, wenn mit der zweckgerechten Verwendung begonnen worden ist.

(4) Wird dem Antrag auf Aufhebung der Grundabtretung stattgegeben, so ist dem von der Aufhebung Betroffenen die geleistete Entschädigung zurückzuerstatten, gemindert um den Betrag, der einer Entschädigung nach Maßgabe der §§ 84 bis 90 für den Zeitraum zwischen dem Wirksamwerden der Grundabtretung und der Aufhebung entsprechen würde. Hinsichtlich der Rückgabe der von der Aufhebung der Grundabtretung betroffenen Sachen gilt § 81 Abs. 3 Nr. 1 entsprechend.

(5) Die Absätze 1 bis 4 gelten für die durch eine Vorabentscheidung bewirkten Rechtsänderungen entsprechend.

(6) § 92 Abs. 3 gilt entsprechend.

Vierter Abschnitt
Vorzeitige Besitzeinweisung

§ 97
Voraussetzungen

Ist die sofortige Ausführung des die Grundabtretung erfordernden Vorhabens aus den in § 79 genannten Gründen des Wohles der Allgemeinheit dringend geboten, so kann die zuständige Behörde den Grundabtretungsbegünstigten auf Antrag schon vor Abschluß des Verfahrens in den Besitz des betroffenen Grundstücks einweisen. Die vorzeitige Besitzeinweisung setzt voraus, daß dem Eigentümer und, wenn ein anderer durch die Besitzeinweisung betroffen wird, auch diesem Gelegenheit zur Stellungnahme gegeben worden ist.

§ 98
Besitzeinweisungsentschädigung

(1) Der Grundabtretungsbegünstigte hat für die durch die vorzeitige Besitzeinweisung entstehenden Vermögensnachteile Entschädigung in Geld zu leisten, soweit die Nachteile nicht durch die Verzinsung der Geldentschädigung (§ 84 Abs. 4) ausgeglichen werden. Art und Höhe der Entschädigung sind unter entsprechender Anwendung der §§ 84 bis 90 festzusetzen.

(2) Die Entschädigung für die vorzeitige Besitzeinweisung ist ohne Rücksicht auf die Einlegung eines Rechtsbehelfs zu dem Zeitpunkt fällig, in dem die vorzeitige Besitzeinweisung wirksam wird.

§ 99
Zustandsfeststellung

Auf Antrag des Grundabtretungsbegünstigten, des Besitzers oder des Eigentümers hat die zuständige Behörde den Zustand des Grundstücks vor der Besitzeinweisung festzustellen, soweit er für die Besitzeinweisungs- oder Grundabtretungsentschädigung von Bedeutung ist. Der Zustand des Grundstücks kann auch von Amts wegen festgestellt werden.

§ 100
Wirksamwerden und Rechtsfolgen der vorzeitigen Besitzeinweisung, Sicherheitsleistung

(1) Die Besitzeinweisung wird in dem von der zuständigen Behörde bezeichneten Zeitpunkt wirksam. In diesem Zeitpunkt wird dem Eigentümer des Grundstücks und, wenn ein anderer unmittelbarer Besitzer ist, auch diesem der Besitz entzogen und der Grundabtretungsbegünstigte Besitzer. Der Grundabtretungsbegünstigte darf auf dem Grundstück das im Grundabtretungsantrag bezeichnete Vorhaben ausführen und die dafür erforderlichen Maßnahmen treffen. Ein Recht zur Nutzung des Grundstücks wird durch die Besitzeinweisung insoweit ausgeschlossen, als die Ausübung der Nutzung mit dem Zweck der Besitzeinweisung nicht vereinbar ist.

(2) Die vorzeitige Besitzeinweisung kann von der Leistung einer Sicherheit in Höhe der voraussichtlichen Entschädigung nach § 98 und von anderen Bedingungen abhängig gemacht werden. Auf Antrag des Inhabers eines Rechts, das zum Besitz oder zur Nutzung des Grundstücks berechtigt, ist die Einweisung von der Leistung einer Sicherheit in Höhe der ihm voraussichtlich zu gewährenden Entschädigung abhängig zu machen.

§ 101
Aufhebung und Änderung der vorzeitigen Besitzeinweisung

(1) Die vorzeitige Besitzeinweisung ist aufzuheben, wenn
1. die für die Besitzeinweisung nach § 97 erforderlichen Voraussetzungen nicht mehr gegeben sind,
2. der Antrag nach § 77 zurückgenommen worden ist oder
3. die Entscheidung über die Grundabtretung nicht innerhalb von zwei Jahren erlassen wird, nachdem die Besitzeinweisung wirksam geworden ist.

(2) In den Fällen des Absatzes 1 Nr. 1 kann statt der Aufhebung der Besitzeinweisung die Entscheidung über die Besitzeinweisung geändert werden. Die in Absatz 1 Nr. 3 bestimmte Frist kann von der zuständigen Behörde um längstens ein weiteres Jahr verlängert werden, wenn die Entscheidung über den Antrag nach § 77 aus besonderen, durch das Verfahren bedingten Umständen nicht innerhalb dieser Frist ergehen kann.

(3) Mit dem Zeitpunkt, in dem die Entscheidung über die Aufhebung der vorzeitigen Besitzeinweisung unanfechtbar wird, ist dem Grundabtretungsbegünstigten der Besitz entzogen und der vorherige Besitzer wieder Besitzer.

§ 102
Entschädigung bei Aufhebung oder Änderung der vorzeitigen Besitzeinweisung

(1) Wird die vorzeitige Besitzeinweisung aufgehoben oder die Entscheidung über die Besitzeinweisung geändert, so hat der Grundabtretungsbegünstigte
1. im Falle der Aufhebung für die durch die vorzeitige Besitzeinweisung entstandenen,
2. im Falle der Änderung der Entscheidung über die Besitzeinweisung für die in bezug auf die Änderung entstandenen,

durch die Besitzeinweisungsentschädigung nicht abgegoltenen Vermögensnachteile eine Entschädigung in Geld zu leisten. An Stelle der Entschädigung in Geld hat der Grundabtretungsbegünstigte auf Verlangen der von der vorzeitigen Besitzeinweisung Betroffenen den früheren Zustand wiederherzustellen, es sei denn, daß die Wiederherstellung mit unzumutbaren Aufwendungen verbunden ist oder die zuständige Behörde eine vom früheren Zustand abweichende Wiedernutzbarmachung der Oberfläche angeordnet hat.

(2) Kommt eine Einigung nicht zustande, hat die zuständige Behörde auf Antrag die Höhe der Entschädigung festzusetzen und, wenn die Wiederherstellung des früheren Zustandes zulässigerweise verlangt wird, die Verpflichtung hierzu auszusprechen.

Fünfter Abschnitt
Kosten, Zwangsvollstreckung, Verfahren

§103
Kosten

(1) Der Grundabtretungsbegünstigte hat die Kosten des Verfahrens zu tragen. Soweit Kosten jedoch durch Verschulden oder durch Anträge verursacht werden, die zum Zwecke der Verzögerung gestellt worden sind, können sie dem betreffenden Beteiligten auferlegt werden.

(2) Kosten sind außer den im Verfahren vor der zuständigen Behörde entstehenden Gebühren und Auslagen auch die den Beteiligten aus Anlaß des Verfahrens entstehenden Aufwendungen, soweit sie zur zweckentsprechenden Rechtsverfolgung notwendig waren.

(3) Für das Verfahren nach §96 gelten die Absätze 1 und 2 mit der Maßgabe entsprechend, daß die Kosten nach Absatz 1 Satz 1 der von der Aufhebung Betroffene zu tragen hat, wenn dem Antrag auf Aufhebung stattgegeben wird.

§104
Vollstreckbarer Titel

(1) Die Zwangsvollstreckung nach den Vorschriften der Zivilprozeßordnung über die Vollstreckung von Urteilen in bürgerlichen Rechtsstreitigkeiten findet statt

1. aus der Niederschrift über eine Einigung wegen der in ihr bezeichneten Entschädigungsleistungen,
2. aus einer nicht mehr anfechtbaren Entscheidung über die Grundabtretung und einer nicht mehr anfechtbaren Entscheidung nach §89 Abs. 2 oder 3, §91 Satz 2 oder §96 Abs. 4 oder 5 wegen der darin festgesetzten Entschädigungsleistungen,
3. aus einer Entscheidung über die vorzeitige Besitzeinweisung, deren Änderung oder Aufhebung wegen der darin festgesetzten Leistungen.

(2) Die vollstreckbare Ausfertigung wird von dem Urkundsbeamten der Geschäftsstelle des Amtsgerichts erteilt, in dessen Bezirk die zuständige Behörde ihren Sitz hat und, wenn das Verfahren bei einem Gericht anhängig ist, von dem Urkundsbeamten der Geschäftsstelle dieses Gerichts. In den Fällen der §§731, 767 bis 770, 785, 786 und 791 der Zivilprozeßordnung tritt das Amtsgericht, in dessen Bezirk die zuständige Behörde ihren Sitz hat, an die Stelle des Prozeßgerichts.

§105
Verfahren

Auf die Grundabtretung sind, soweit sich aus diesem Kapitel nichts anderes ergibt, die Vorschriften über das förmliche Verwaltungsverfahren nach Teil V Abschnitt 1 des Verwaltungsverfahrensgesetzes anzuwenden.

§ 106
Benachrichtigungen

(1) Die zuständige Behörde teilt dem Grundbuchamt die Einleitung des Grundabtretungsverfahrens mit. Das Grundbuchamt hat die zuständige Behörde von allen Eintragungen zu benachrichtigen, die nach dem Zeitpunkt der Einleitung des Grundabtretungsverfahrens im Grundbuch des betroffenen Grundstücks vorgenommen worden sind und vorgenommen werden.

(2) Ist im Grundbuch die Anordnung der Zwangsversteigerung oder Zwangsverwaltung eingetragen, so gibt die zuständige Behörde dem Vollstreckungsgericht von der Einleitung des Grundabtretungsverfahrens sowie von der Entscheidung über den Grundabtretungsantrag Kenntnis, soweit davon das Grundstück betroffen wird, das Gegenstand des Vollstreckungsverfahrens ist.

Zweites Kapitel
Baubeschränkungen*

§ 107
Festsetzung von Baubeschränkungsgebieten

(1) Soweit Grundstücke für die Aufsuchung und Gewinnung von Bodenschätzen in Anspruch genommen werden sollen, kann die Landesregierung durch Rechtsverordnung Baubeschränkungsgebiete festsetzen, wenn die Inanspruchnahme wegen der volkswirtschaftlichen Bedeutung der Bodenschätze für die Versorgung des Marktes mit Rohstoffen und wegen der Notwendigkeit einer umfassenden Nutzung der Lagerstätte dem Wohle der Allgemeinheit dient; die Landesregierung kann diese Ermächtigung durch Rechtsverordnung auf andere Stellen übertragen. Die Festsetzung ist nicht zulässig, wenn die bergbauliche Inanspruchnahme der Grundstücke nicht innerhalb von fünfzehn Jahren zu erwarten ist.

(2) Karten und Pläne, die Bestandteil der Rechtsverordnung nach Absatz 1 Satz 1 sind, können dadurch verkündet werden, daß sie bei einer Amtsstelle zu jedermanns Einsicht archivmäßig gesichert niedergelegt werden. In der Rechtsverordnung ist hierauf hinzuweisen.

(3) Das vorgesehene Baubeschränkungsgebiet ist vor Erlaß einer Rechtsverordnung nach Absatz 1 Satz 1 in dem amtlichen Veröffentlichungsblatt der zuständigen obersten Landesbehörde bekanntzumachen. Die Rechtsverordnung darf erst drei Monate nach der Bekanntgabe erlassen werden.

(4) Sind die Voraussetzungen für die Festsetzung eines Baubeschränkungsgebiets ganz oder teilweise entfallen, so ist das Baubeschränkungsgebiet durch Rechtsverordnung aufzuheben oder zu beschränken; Absatz 2 gilt entsprechend.

§ 108
Wirkung der Festsetzung

(1) In Baubeschränkungsgebieten darf die für die Errichtung, Erweiterung, Änderung oder Nutzungsänderung baulicher Anlagen erforderliche baurechtliche Genehmigung oder

* Zu den in den Ländern Brandenburg, Mecklenburg-Vorpommern, Sachsen, Sachsen-Anhalt und Thüringen sowie im Ostteil von Berlin geltenden Übergangsregelungen für Bergbauschutzgebiete vgl. **Anhang.**

Zustimmung oder eine diese einschließende Genehmigung nur mit Zustimmung der nach §69 zuständigen Behörde erteilt werden.

(2) Die Zustimmung darf nur versagt werden, wenn durch die bauliche Anlage die Durchführung bergbaulicher Maßnahmen erschwert würde. Die Zustimmung gilt als erteilt, wenn sie nicht binnen zwei Monaten nach Eingang des Ersuchens der für die baurechtliche Genehmigung oder Zustimmung zuständigen Behörde versagt wird.

(3) Die Absätze 1 und 2 gelten nicht für bauliche Anlagen, die nur bis zur Inanspruchnahme des in Betracht kommenden Grundstücks einem land- oder forstwirtschaftlichen Betrieb zu dienen bestimmt sind.

§109
Entschädigung

(1) Tritt wegen Versagung der Zustimmung nach §108 Abs. 2 eine nicht nur unwesentliche Wertminderung des Grundstücks ein, so ist dem Grundstückseigentümer eine angemessene Entschädigung in Geld zu leisten. Der Grundstückseigentümer kann ferner angemessene Entschädigung in Geld verlangen, soweit durch die Versagung der baurechtlichen Genehmigung Aufwendungen für Vorbereitungen zur Nutzung seines Grundstücks an Wert verlieren, die er im Vertrauen auf den Fortbestand der baulichen Nutzungsmöglichkeiten vor Erlaß der Rechtsverordnung nach §107 Abs. 1 gemacht hat.

(2) Ist dem Grundstückseigentümer wirtschaftlich nicht mehr zuzumuten, das Grundstück zu behalten oder es in der bisherigen oder in einer anderen zulässigen Art zu nutzen, kann er anstelle der Entschädigung nach Absatz 1 die Übernahme des Grundstücks verlangen.

(3) Zur Leistung der Entschädigung ist der durch die Baubeschränkung begünstigte Unternehmer verpflichtet. Die §§84 bis 90 gelten mit der Maßgabe entsprechend, daß Verkehrswert mindestens der Wert ist, der für das Grundstück ohne die Versagung der baurechtlichen Genehmigung gelten würde.

(4) Kommt eine Einigung über die Entschädigung nicht zustande, so entscheidet die zuständige Behörde.

(5) Tritt bereits als Folge der Festsetzung eines Baubeschränkungsgebiets eine nicht nur unwesentliche Wertminderung eines Grundstücks ein, so kann der Grundstückseigentümer Entschädigung durch Übernahme des Grundstücks verlangen. Die Absätze 3 und 4 gelten entsprechend.

Drittes Kapitel
Bergschaden

Erster Abschnitt
Anpassung

§110
Anpassungspflicht

(1) Soweit durch Gewinnungsbetriebe, für die zumindest ein Rahmenbetriebsplan nach §52 Abs. 2 Nr. 1 vorliegt, Beeinträchtigungen der Oberfläche zu besorgen sind, die den vorbeugenden Schutz baulicher Anlagen zur Verhütung von Gefahren für Leben, Ge-

sundheit oder bedeutende Sachgüter erforderlich machen, hat der Bauherr bei der Errichtung, Erweiterung oder wesentlichen Veränderung einer baulichen Anlage auf Grund eines entsprechenden Verlangens des Unternehmers den zu erwartenden bergbaulichen Einwirkungen auf die Oberfläche durch Anpassung von Lage, Stellung oder Konstruktion der baulichen Anlage Rechnung zu tragen.

(2) Unternehmer im Sinne des Absatzes 1 ist der Unternehmer, dessen Gewinnung die Anpassung erforderlich macht. Ist die Anpassung mit Rücksicht auf die Beeinträchtigung durch eine geplante oder eine bereits eingestellte Gewinnung zu besorgen, so ist Unternehmer derjenige, der die Gewinnung plant oder bis zu ihrer Einstellung betrieben hat und im Einvernehmen mit diesem auch der Inhaber der Gewinnungsberechtigung.

(3) Sind mit der Anpassung unerhebliche Nachteile oder Aufwendungen verbunden, trägt diese der Bauherr. Nachteile und Aufwendungen, die diese Grenze übersteigen, hat der Unternehmer zu ersetzen.

(4) Der Unternehmer hat auf Verlangen des Bauherrn an diesen bei Baubeginn einen angemessenen Vorschuß in Geld für die Aufwendungen zu leisten, die er nach Absatz 3 Satz 2 zu ersetzen hat. Für die Pflicht zum Ersatz der Aufwendungen und zur Vorschußleistung mehrerer Unternehmer gilt § 115 Abs. 2 und 3 entsprechend.

(5) Absatz 1 gilt nicht, wenn die Nachteile oder Aufwendungen, die mit der Anpassung verbunden wären, in einem unangemessenen Verhältnis zu der durch die Anpassung eintretenden Verminderung des Bergschadensrisikos stehen würden.

(6) Die zuständigen Behörden erteilen dem Unternehmer für das von ihm bezeichnete Gebiet Auskunft über alle Anträge auf Erteilung einer baurechtlichen Genehmigung oder Zustimmung oder einer diese einschließende Genehmigung.

§ 111
Sicherungsmaßnahmen

(1) Soweit ein vorbeugender Schutz durch Maßnahmen nach § 110 nicht ausreicht, sind bauliche Anlagen mit den zur Sicherung gegen Bergschäden jeweils erforderlichen zusätzlichen baulichen Vorkehrungen (Sicherungsmaßnahmen) auf Grund eines entsprechenden Verlangens des Unternehmers zu errichten. Die Sicherungsmaßnahmen richten sich nach Art und Umfang der zu erwartenden Bodenverformungen und nach Bauart, Größe, Form und Bergschadensempfindlichkeit der baulichen Anlage. Satz 1 und 2 gilt bei einer Erweiterung oder wesentlichen Veränderung baulicher Anlagen entsprechend.

(2) Die Aufwendungen für Sicherungsmaßnahmen hat der Unternehmer zu tragen. Ist der Bauherr seiner Verpflichtung nach § 110 Abs. 1 ganz oder teilweise nicht nachgekommen, so trägt er den auf seinem Unterlassen beruhenden Teil der Aufwendungen für Sicherungsmaßnahmen.

(3) § 110 Abs. 2, 4 und 5 gilt entsprechend.

§ 112
Verlust des Ersatzanspruchs

Werden bauliche Anlagen unter Verstoß gegen § 110 oder § 111 errichtet, erweitert oder wesentlich verändert, so ist ein Anspruch auf Ersatz eines Bergschadens wegen der Beschädigung dieser Anlagen und der daraus entstandenen Schäden an Personen oder Sachen ausgeschlossen, soweit der Schaden auf die Nichtbeachtung der genannten Vorschriften zurückzuführen ist. Satz 1 gilt nicht, wenn der Unternehmer seiner Pflicht zum Ersatz oder zur Tragung der Aufwendungen oder zur Vorschußleistung nach § 110 Abs. 3 und 4 oder nach § 111 Abs. 2 und 3 nicht oder nur teilweise nachgekommen ist. Bei Verstößen des Bauherrn oder Unternehmers, die nicht auf Vorsatz oder grober Fahrlässigkeit beruhen, gilt § 118 entsprechend.

§ 113
Bauwarnung

(1) Ist der Schutz baulicher Anlagen vor Bergschäden nach § 110 oder § 111 nicht möglich oder stehen Nachteile oder Aufwendungen für eine Anpassung im Sinne des § 110 oder für Sicherungsmaßnahmen im Sinne des § 111 in einem unangemessenen Verhältnis zu der durch diese Maßnahmen eintretenden Verminderung des Bergschadensrisikos, so kann der Unternehmer vor der Errichtung, Erweiterung oder wesentlichen Veränderung einer baulichen Anlage eine schriftliche Bauwarnung gegenüber dem Bauherrn aussprechen. Die Bauwarnung hat Angaben über die Art der zu erwartenden bergbaulichen Beeinträchtigungen der Oberfläche, über die sich daraus ergebenden wesentlichen Einwirkungen auf die bauliche Anlage und über das Vorliegen der Voraussetzungen nach Satz 1 zu enthalten.

(2) Werden bauliche Anlagen entgegen der Bauwarnung errichtet, erweitert oder wesentlich verändert, ist ein Anspruch auf Ersatz eines Bergschadens wegen der Beschädigung dieser Anlagen und der daraus entstandenen Schäden an Personen oder Sachen ausgeschlossen. Satz 1 gilt nicht, wenn die Voraussetzungen für das Aussprechen der Bauwarnung nach Absatz 1 Satz 1 nicht vorgelegen haben oder die Errichtung, Erweiterung oder wesentliche Veränderung von Leitungen zur öffentlichen Versorgung oder Entsorgung unvermeidbar ist.

(3) Wenn ausschließlich infolge der Bauwarnung nach Absatz 1 ein Grundstück nicht bebaut oder Art oder Maß der baulichen Nutzung in der sonst zulässigen Weise nicht ausgeschöpft werden können, hat der Unternehmer Ersatz für die Minderung des Verkehrswertes des Grundstücks zu leisten. Ist es dem Eigentümer mit Rücksicht auf die Bauwarnung wirtschaftlich nicht mehr zuzumuten, das Grundstück zu behalten oder es in der bisherigen oder einer anderen zulässigen Art zu nutzen, so kann er vom Unternehmer die Übernahme des Grundstücks verlangen. In diesem Fall hat der Unternehmer den Verkehrswert, den das Grundstück ohne die Bauwarnung hätte, sowie die für die Beschaffung eines Ersatzgrundstücks erforderlichen Aufwendungen zu ersetzen. Ein Anspruch nach Satz 1 besteht insoweit nicht, als Tatsachen die Annahme rechtfertigen, daß die Absicht, eine bauliche Anlage zu errichten, zu erweitern oder wesentlich zu verändern, nur erklärt wird, um einen Wertersatz zu erlangen.

Zweiter Abschnitt
Haftung für Bergschäden

Erster Unterabschnitt
Allgemeine Bestimmungen

§ 114
Bergschaden

(1) Wird infolge der Ausübung einer der in § 2 Abs. 1 Nr. 1 und 2 bezeichneten Tätigkeiten oder durch eine der in § 2 Abs. 1 Nr. 3 bezeichneten Einrichtungen (Bergbau-

betrieb) ein Mensch getötet oder der Körper oder die Gesundheit eines Menschen verletzt oder eine Sache beschädigt (Bergschaden), so ist für den daraus entstehenden Schaden nach den §§115 bis 120 Ersatz zu leisten.

(2) Bergschaden im Sinne des Absatzes 1 ist nicht

1. ein Schaden, der an im Bergbaubetrieb beschäftigten Personen oder an im Bergbaubetrieb verwendeten Sachen entsteht,
2. ein Schaden, der an einem anderen Bergbaubetrieb oder an den dem Aufsuchungs- oder Gewinnungsrecht eines anderen unterliegenden Bodenschätzen entsteht,
3. ein Schaden, der durch Einwirkungen entsteht, die nach §906 des Bürgerlichen Gesetzbuchs nicht verboten werden können,
4. ein Nachteil, der durch Planungsentscheidungen entsteht, die mit Rücksicht auf die Lagerstätte oder den Bergbaubetrieb getroffen werden und
5. ein unerheblicher Nachteil oder eine unerhebliche Aufwendung im Zusammenhang mit Maßnahmen der Anpassung nach §110.

§115

Ersatzpflicht des Unternehmers

(1) Zum Ersatz eines Bergschadens ist der Unternehmer verpflichtet, der den Bergbaubetrieb zur Zeit der Verursachung des Bergschadens betrieben hat oder für eigene Rechnung hat betreiben lassen.

(2) Ist ein Bergschaden durch zwei oder mehrere Bergbaubetriebe verursacht, so haften die Unternehmer der beteiligten Bergbaubetriebe als Gesamtschuldner. Im Verhältnis der Gesamtschuldner zueinander hängt, soweit nichts anderes vereinbart ist, die Verpflichtung zum Ersatz sowie der Umfang des zu leistenden Ersatzes von den Umständen, insbesondere davon ab, inwieweit der Bergschaden vorwiegend von dem einen oder anderen Bergbaubetrieb verursacht worden ist; im Zweifel entfallen auf die beteiligten Bergbaubetriebe gleiche Anteile.

(3) Soweit in den Fällen des Absatzes 2 die Haftung des Unternehmers eines beteiligten Bergbaubetriebes gegenüber dem Geschädigten durch Rechtsgeschäft ausgeschlossen ist, sind bis zur Höhe des auf diesen Bergbaubetrieb nach Absatz 2 Satz 2 entfallenden Anteils die Unternehmer der anderen Bergbaubetriebe von der Haftung befreit.

(4) Wird ein Bergschaden durch ein und denselben Bergbaubetrieb innerhalb eines Zeitraums verursacht, in dem der Bergbaubetrieb durch zwei oder mehrere Unternehmer betrieben wurde, so gelten die Absätze 2 und 3 entsprechend.

§116

Ersatzpflicht des Bergbauberechtigten

(1) Neben dem nach §115 Abs. 1 ersatzpflichtigen Unternehmer ist auch der Inhaber der dem Bergbaubetrieb zugrundeliegenden Berechtigung zur Aufsuchung oder Gewinnung (Bergbauberechtigung) zum Ersatz des Bergschadens verpflichtet; dies gilt bei betriebsplanmäßig zugelassenem Bergbaubetrieb auch, wenn die Bergbauberechtigung bei Verursachung des Bergschadens bereits erloschen war oder wenn sie mit Rückwirkung aufgehoben worden ist. Der Unternehmer und der Inhaber der Bergbauberechtigung haften als Gesamtschuldner. Soweit die Haftung eines Gesamtschuldners gegenüber dem Geschädigten durch Rechtsgeschäft ausgeschlossen ist, ist auch der andere Gesamtschuldner von der Haftung befreit.

(2) Im Verhältnis der Gesamtschuldner zueinander haftet, soweit nichts anderes vereinbart ist, allein der Unternehmer.

§117
Umfang der Ersatzpflicht, Verjährung, Rechte Dritter

(1) Der Umfang der Ersatzpflicht richtet sich nach den Vorschriften des Bürgerlichen Gesetzbuchs über die Verpflichtung zum Ersatz von Vermögensschäden im Falle einer unerlaubten Handlung, jedoch mit folgenden Einschränkungen:

1. Im Falle der Tötung oder Verletzung eines Menschen haftet der Ersatzpflichtige bis zu einem Kapitalbetrag von 500 000 Deutsche Mark oder bis zu einem Rentenbetrag von jährlich 30 000 Deutsche Mark.
2. Im Falle einer Sachbeschädigung haftet der Ersatzpflichtige nur bis zur Höhe des gemeinen Wertes der beschädigten Sache; dies gilt nicht für die Beschädigung von Grundstücken, deren Bestandteilen und Zubehör.

(2) Der Anspruch auf Ersatz des Bergschadens verjährt in drei Jahren von dem Zeitpunkt an, in welchem der Ersatzberechtigte von dem Schaden und der Person des Ersatzpflichtigen Kenntnis erlangt; ohne Rücksicht darauf verjährt der Ersatzanspruch in 30 Jahren vom Zeitpunkt der Entstehung an. Schweben zwischen dem Ersatzpflichtigen und dem Ersatzberechtigten Verhandlungen über den zu leistenden Ersatz, so ist die Verjährung gehemmt, bis der eine oder der andere Teil die Fortsetzung der Verhandlungen verweigert.

(3) Für die Entschädigung gelten die Artikel 52 und 53 des Einführungsgesetzes zum Bürgerlichen Gesetzbuch entsprechend.

§118
Mitwirkendes Verschulden

Hat bei der Entstehung des Bergschadens ein Verschulden des Geschädigten mitgewirkt, so gilt §254 des Bürgerlichen Gesetzbuchs; bei Beschädigung einer Sache steht das Verschulden desjenigen, der die tatsächliche Gewalt über die Sache ausübt, dem Verschulden des Geschädigten gleich.

§119
Mitwirkung eines Dritten

Hat bei der Entstehung eines Bergschadens eine Ursache mitgewirkt, die die Ersatzpflicht eines Dritten auf Grund eines anderen Gesetzes begründet, haften der Ersatzpflichtige und der Dritte dem Geschädigten gegenüber als Gesamtschuldner. Es gelten

1. für den Ausgleich im Verhältnis zwischen dem nach §115 Ersatzpflichtigen und dem Dritten §115 Abs. 2 Satz 2 und
2. für die Ersatzpflicht gegenüber dem Geschädigten §115 Abs. 3

entsprechend. Der Ersatzpflichtige ist jedoch nicht verpflichtet, über die Haftungshöchstbeträge des §117 hinaus Ersatz zu leisten.

§120
Bergschadensvermutung

(1) Entsteht im Einwirkungsbereich der untertägigen Aufsuchung oder Gewinnung eines Bergbaubetriebes durch Senkungen, Pressungen oder Zerrungen der Oberfläche oder

durch Erdrisse ein Schaden, der seiner Art nach ein Bergschaden sein kann, so wird vermutet, daß der Schaden durch diesen Bergbaubetrieb verursacht worden ist. Dies gilt nicht, wenn feststeht, daß

1. der Schaden durch einen offensichtlichen Baumangel oder eine baurechtswidrige Nutzung verursacht sein kann oder
2. die Senkungen, Pressungen, Zerrungen oder Erdrisse
   a) durch natürlich bedingte geologische oder hydrologische Gegebenheiten oder Veränderungen des Baugrundes oder
   b) von einem Dritten verursacht sein können, der, ohne Bodenschätze untertägig aufzusuchen oder zu gewinnen, im Einwirkungsbereich des Bergbaubetriebes auf die Oberfläche eingewirkt hat.

(2) Wer sich wegen eines Schadens an einer baulichen Anlage auf eine Bergschadensvermutung beruft, hat dem Ersatzpflichtigen auf Verlangen Einsicht in die Baugenehmigung und die dazugehörigen Unterlagen für diese bauliche Anlage sowie bei Anlagen, für die wiederkehrende Prüfungen vorgeschrieben sind, auch Einsicht in die Prüfunterlagen zu gewähren oder zu ermöglichen.

§ 121
Verhältnis zu anderen Vorschriften

Unberührt bleiben gesetzliche Vorschriften, nach denen für einen Schaden im Sinne des § 114 in weiterem Umfang als nach den Vorschriften dieses Abschnitts gehaftet wird oder nach denen ein anderer für den Schaden verantwortlich ist.

Zweiter Unterabschnitt
Bergschadensausfallkasse

§ 122
Ermächtigung

(1) Der Bundesminister für Wirtschaft wird ermächtigt, durch Rechtsverordnung mit Zustimmung des Bundesrates in seinem Geschäftsbereich eine rechtsfähige Anstalt des öffentlichen Rechts als Ausfallkasse zur Sicherung von Bergschadensansprüchen (Bergschadensausfallkasse) zu errichten, wenn

1. die Haftung für den Ersatz eines Bergschadens bei einem Ausfall durch die Unternehmer nicht sichergestellt ist und
2. die Sicherstellung sich nicht auf alle Unternehmer erstreckt, es sei denn, daß der Ersatz im Rahmen der Ausfallhaftung durch einen Unternehmer oder eine bestimmte Gruppe von Unternehmern gewährleistet ist.

(2) Die Bergschadensausfallkasse haftet bei einem Ausfall an Stelle der nach den §§ 115 und 116 Ersatzpflichtigen für den Ersatz des Bergschadens.

(3) Ein Ausfall liegt vor, soweit der Geschädigte für einen Bergschaden von keinem der nach den §§ 115 und 116 Ersatzpflichtigen einen Ersatz erlangen kann. Er gilt nur dann als eingetreten, wenn keiner der nach §§ 115 und 116 Ersatzpflichtigen mehr vorhanden ist oder soweit deren Zahlungsunfähigkeit durch Zahlungseinstellung oder auf sonstige Weise erwiesen ist. Soweit die Bergschadensausfallkasse den Geschädigten befriedigt, geht dessen Forderung gegen den Ersatzpflichtigen auf sie über.

(4) Das Nähere über die Bergschadensausfallkasse bestimmt die Satzung, die vom Bundesminister für Wirtschaft durch Rechtsverordnung ohne Zustimmung des Bundesrates aufgestellt wird.

Zu § 122

1 Um die in § 122 vorgesehene Errichtung einer Bergschadensausfallkasse in Form einer Anstalt des öffentlichen Rechts zu vermeiden, haben Unternehmen der verschiedenen Bergbauzweige auf freiwilliger Grundlage eine Solidargemeinschaft zum Ausgleich fremder Bergschäden, für die der Geschädigte keinen Ersatz erlangt, gebildet. Sie haben am 19. 11. 1987 einen Verein gegründet, der mit Eintragung in das Vereinsregister am 8. 2. 1988 die Rechtsfähigkeit erlangt hat und den Namen **„Bergschadensausfallkasse e. V."** trägt. Der Verein hat seinen Sitz in Bonn. Die Satzung ist in ZfB 130, 86 abgedruckt.

2 **Organe** des Vereins sind nach § 7 der Satzung die Mitgliederversammlung und der aus sieben Mitgliedern bestehende Vorstand. Die Stimmenzahl eines Mitglieds bestimmt sich grundsätzlich nach der Beschäftigtenzahl in seinen Bergbaubetrieben.

3 Der Verein verfolgt nach § 2 der Satzung ausdrücklich den **Zweck,** den von einem Bergschaden Betroffenen zu entschädigen, soweit der Geschädigte von keinem ersatzpflichtigen Bergbauunternehmer oder Bergbauberechtigten Ersatz verlangen kann. Zur Verwirklichung dieses Zwecks wird kein wirtschaftlicher Geschäftsbetrieb betrieben.

4 Die **Leistungen** des Vereins richten sich nach § 3 der Satzung. Sie beschränken sich auf den Fall, daß ein nach Inkrafttreten des Bundesberggesetzes, in den alten Bundesländern also dem 1. 1. 1982, verursachter Bergschaden und ein Ausfall vorliegen (ausgefallener Bergschadensersatzanspruch), d. h., daß ein Geschädigter für einen Bergschaden von keinem der nach den §§ 115 und 116 BBergG Ersatzpflichtigen einen Ersatz erlangen kann, weil ein Ersatzpflichtiger nicht mehr vorhanden ist oder soweit dessen **Zahlungsunfähigkeit** durch Zahlungseinstellung oder auf sonstige Weise erwiesen ist.

5 Im Hinblick auf das unterschiedliche Bergschadensrisiko der einzelnen Bergbauzweige werden die Mitglieder gemäß § 10 der Satzung einer oder mehreren von insgesamt sieben **Bergbaugruppen** zugeteilt, die die für die Regulierung von ausgefallenen Bergschadensersatzansprüchen gegen Mitglieder benötigten Mittel durch **Beiträge** aufzubringen haben. Für die Regulierung, die gemäß § 11 der Satzung nach einem besonderen Beitragsschlüssel zu erfolgen hat, bildet jede Gruppe einen sie vertretenden **Regulierungsausschuß.** Eine ähnliche Regelung gilt für ausgefallene Bergschadensersatzansprüche gegen Nichtmitglieder (§ 12 der Satzung). Beiträge werden nur dann festgesetzt und erhoben, wenn ein regulierungspflichtiger Bergschadensausfall eingetreten ist; auf diese Weise wird eine Thesaurierung von Geldmitteln vermieden.

§ 123
Durchführungsverordnung

Der Bundesminister für Wirtschaft wird ermächtigt, durch Rechtsverordnung, die nicht der Zustimmung des Bundesrates bedarf, Vorschriften zu erlassen über

1. die Beitragspflicht, die Beitragspflichtigen und, soweit erforderlich, deren Einteilung in Beitragsklassen, sowie über die Abgrenzung der Zuordnung der Beitragspflichtigen zu den einzelnen Beitragsklassen;
2. die Bemessung der Beiträge,
3. das Verfahren zur Feststellung der Beitragspflichtigen,
4. die Pflicht zur Erteilung von Auskünften und Vorlage von Unterlagen, soweit dies zur Beitragsbemessung erforderlich ist, und
5. die Aufsicht über die Bergschadensausfallkasse.

Dritter Abschnitt
Bergbau und öffentliche Verkehrsanlagen

§ 124
Öffentliche Verkehrsanlagen

(1) Die Errichtung, Erweiterung, wesentliche Veränderung und der Betrieb von öffentlichen Verkehrsanlagen und von Gewinnungsbetrieben sind in gegenseitiger Rücksichtnahme so zu planen und durchzuführen, daß die Gewinnung von Bodenschätzen durch öffentliche Verkehrsanlagen und öffentliche Verkehrsanlagen durch die Gewinnung von Bodenschätzen so wenig wie möglich beeinträchtigt werden. Im übrigen sind die §§ 110 bis 112 entsprechend anzuwenden, soweit sich aus den Absätzen 2 und 3 nichts anderes ergibt.

(2) Die Aufwendungen für die Anpassung im Sinne des § 110 und für Sicherungsmaßnahmen im Sinne des § 111 trägt der Träger der öffentlichen Verkehrsanlage, soweit Anpassung und Sicherungsmaßnahmen dazu dienen, Bergschäden an Verkehrsanlagen aus einem bis zur Festlegung eines Planungsgebietes oder zur Planauslegung betriebsplanmäßig zugelassenen Abbau zu vermeiden oder zu vermindern. Im übrigen trägt sie der Unternehmer, dessen Gewinnungsbetrieb die Anpassung und Sicherungsmaßnahmen erforderlich macht. An die Stelle der Planoffenlegung nach Satz 1 tritt im vereinfachten Planfeststellungsverfahren der Zeitpunkt, in dem den Betroffenen Gelegenheit gegeben wird, den Plan einzusehen, bei Verkehrsanlagen, die durch einen Bebauungsplan festgesetzt werden, die öffentliche Auslegung des Entwurfs des Bebauungsplans; bei Anlagen, die ohne formelle Planung hergestellt werden, ist die Zustimmung der höheren Verwaltungsbehörde, sofern eine solche nicht erforderlich ist, der Beginn der Herstellungsarbeiten maßgebend. Die Sätze 1 bis 3 gelten nicht für die Errichtung, Erweiterung, wesentliche Veränderung und den Betrieb von öffentlichen Verkehrsanlagen, wenn die Kosten für die jeweilige Maßnahme von den Eigentümern der Grundstücke, die an die Verkehrsanlage angrenzen, ganz oder überwiegend zu tragen sind.

(3) Soweit der gleichzeitige Betrieb einer öffentlichen Verkehrsanlage und eines Gewinnungsbetriebes ohne eine wesentliche Beeinträchtigung der öffentlichen Verkehrsanlage ausgeschlossen ist, gehen die Errichtung, Erweiterung, wesentliche Änderung und der Betrieb der öffentlichen Verkehrsanlage der Gewinnung von Bodenschätzen vor, es sei denn, daß das öffentliche Interesse an der Gewinnung der Bodenschätze überwiegt.

(4) Ist Voraussetzung für die Errichtung, Erweiterung, wesentliche Änderung oder den Betrieb einer öffentlichen Verkehrsanlage, daß der Unternehmer in seinem Gewinnungsbetrieb Einrichtungen herstellt, beseitigt oder ändert, so ist ihm vom Träger der öffentlichen Verkehrsanlage Ersatz in Geld zu leisten, soweit seine Maßnahmen ausschließlich der Sicherung der Verkehrsanlage dienen. Dies gilt nicht, wenn die Gewinnungsberechtigung erst nach der für die öffentliche Verkehrsanlage erforderlichen Planoffenlegung entstanden ist; Absatz 2 Satz 3 ist entsprechend anzuwenden.

Vierter Abschnitt
Beobachtung der Oberfläche

§ 125
Messungen

(1) Die beteiligten Unternehmer haben auf ihre Kosten auf Verlangen und unter Aufsicht der zuständigen Behörde die Messungen durchführen zu lassen, die zur Erleichterung der Feststellung von Art und Umfang zu erwartender und zur Beobachtung eingetretener Einwirkungen des Bergbaus auf die Oberfläche erforderlich sind. Die Ergebnisse der Messungen sind unverzüglich bei der zuständigen Behörde einzureichen. Für die Einsicht in die Ergebnisse gilt § 63 Abs. 4 entsprechend.

(2) Messungen nach Absatz 1 können nur für Gebiete verlangt werden, in denen Beeinträchtigungen der Oberfläche durch Bergbaubetriebe mit Auswirkungen auf bauliche Anlagen eingetreten oder zu erwarten sind, wenn die Messungen zur Verhütung von Gefahren für Leben, Gesundheit oder bedeutende Sachgüter von Bedeutung sein können.

(3) Die Eigentümer und sonstigen Nutzungsberechtigten haben, soweit dies zur Durchführung der Messungen nach Absatz 1 erforderlich ist, das Betreten ihrer Grundstücke und das Anbringen von Meßmarken zu dulden. § 39 Abs. 1 Satz 1 Nr. 2 und Absatz 2 Nr. 2 gilt entsprechend. Für dabei entstehende Schäden haben die beteiligten Unternehmer eine angemessene Entschädigung an Geld zu leisten.

(4) Der Bundesminister für Wirtschaft wird ermächtigt, durch Rechtsverordnung mit Zustimmung des Bundesrates Vorschriften zu erlassen über

1. die nach Absatz 1 im einzelnen durchzuführenden Messungen und die Anforderungen, denen sie zur Erreichung der in Absatz 1 bezeichneten Zwecke genügen müssen,
2. die Überwachung der Durchführung von Messungen im Sinne des Absatzes 1,
3. die Anforderungen an die Voraussetzungen, die nach Absatz 2 an die Gebiete gestellt werden, für die Messungen verlangt werden können.

In der Rechtsverordnung kann die entsprechende Anwendung des § 70 Abs. 1 bis 3 vorgeschrieben und bei der Bestimmung von Anforderungen im Sinne des Satzes 1 Nr. 1 auf Bekanntmachungen sachverständiger Stellen unter Angabe der Fundstelle verwiesen werden.

Zu § 125

In den Erläuterungen zu § 125 wurde im Hauptband unter Rdn. 2 darauf 1
hingewiesen, daß die Durchführbarkeit dieses Paragraphen von dem Vorhandensein einer Rechtsverordnung nach Absatz 4 abhängt. Die erforderlichen Durch-

führungsbestimmungen sind inzwischen erlassen worden, und zwar in der **Verordnung über markscheiderische Arbeiten und Beobachtungen der Oberfläche (Markscheider-Bergverordnung — MarkschBergV)** vom 19. 12. 1986 (BGBl. I S. 2631), die am 1. 1. 1987 in Kraft getreten ist.

2 Die für Messungen zur Erfassung von Bodenbewegungen nach § 125 BBergG maßgebenden §§ 15 und 16 dieser Verordnung sind nachstehend abgedruckt:

§ 15

Anforderungen an Messungen nach § 125 Abs. 1 des Bundesgesetzes

(1) Als Messungen nach § 125 Abs. 1 des Bundesberggesetzes können solche verlangt werden, die zur Erfassung von Bodenbewegungen geeignet sind, wie Höhen-, Längen- und Winkelmessungen sowie Punktlagebestimmungen.

(2) Die Messungen sind nach Art, Umfang und zeitlichem Abstand so durchzuführen und die Ergebnisse der Messungen so darzustellen, daß

1. eine zuverlässige Vorhersage über Ausdehnung, Größe und zeitlichen Ablauf zu erwartender Einwirkungen auf die Oberfläche durch Bergbaubetriebe hinsichtlich ihrer Auswirkungen auf bauliche Anlagen ermöglicht wird und
2. eingetretene Einwirkungen dieser Art in gleicher Hinsicht zuverlässig beobachtet werden können.

Für die Messungen gelten die §§ 2 bis 4 und 6 bis 8 entsprechend. § 70 Abs. 1 bis 3 des Bundesberggesetzes ist entsprechend anzuwenden.

§ 16

Anforderungen an Gebiete nach § 125 Abs. 2 des Bundesberggesetzes

Messungen nach § 15 dürfen nur für Gebiete verlangt werden, in denen

1. nach Art, Umfang und Ablauf der Gewinnung und nach Art, Beschaffenheit und Ausdehnung der Lagerstätte sowie der diese umgebenden Gebirgsschichten und
2. nach den geologischen Gegebenheiten, insbesondere den tektonischen oder hydrologischen, oder den gebirgsmechanischen oder bodenmechanischen Vorgängen

zu besorgen ist, daß infolge von Einwirkungen auf die Oberfläche vorhandene oder unmittelbar vor der Ausführung stehende bauliche Anlagen, insbesondere solche des öffentlichen Verkehrs, der Wasserwirtschaft einschließlich der Vorfluterhaltung, des Hochwasserschutzes, der öffentlichen Versorgung und Entsorgung sowie Anlagen, die vergleichbar bedeutsam und gegen Einwirkungen auf die Oberfläche besonders empfindlich sind, beeinträchtigt werden und daß im Zusammenhang damit Gefahren für Leben, Gesundheit oder bedeutende Sachgüter entstehen.

Achter Teil
Sonstige Tätigkeiten und Einrichtungen

§ 126
Untergrundspeicherung

(1) Auf Untersuchungen des Untergrundes auf seine Eignung zur Errichtung von Untergrundspeichern und auf Untergrundspeicher sind die §§ 39, 40, 48, 50 bis 74, 77 bis

104, 106 und 131 entsprechend anzuwenden. Mit der Vorlage des ersten Betriebsplans hat der Unternehmer nachzuweisen, daß er eine allgemeine Beschreibung des geplanten Untergrundspeichers unter möglichst genauer Angabe der Lage und der voraussichtlich größten Ausdehnung im Untergrund durch Veröffentlichung in mindestens zwei der im Bereich des Standorts des Untergrundspeichers allgemein verbreiteten Tageszeitungen mindestens einen Monat vorher bekanntgemacht hat. Bei nachträglichen Veränderungen ist dieser Nachweis erneut zu erbringen, wenn sich die Ausdehnung des Untergrundspeichers im Untergrund wesentlich ändert.

(2) Eine Untersuchung des Untergrundes auf seine Eignung zur Errichtung von Untergrundspeichern liegt nur vor, soweit damit eine Aufsuchung nicht verbunden ist.

(3) Auf die Errichtung und den Betrieb einer Anlage zur Lagerung, Sicherstellung oder Endlagerung radioaktiver Stoffe im Sinne des Atomgesetzes in der Fassung der Bekanntmachung vom 31. Oktober 1976 (BGBl. I S. 3053), zuletzt geändert durch Artikel 14 des Gesetzes vom 28. März 1980 (BGBl. I S. 373), sind die §§ 39, 40, 48, 50 bis 74 und 77 bis 104 und 106 entsprechend anzuwenden, wenn die Anlage ihrer Art nach auch zur unterirdischen behälterlosen Speicherung geeignet ist.

§ 127
Bohrungen

(1) Für die nicht unter § 2 fallenden Bohrungen und die dazugehörigen Betriebseinrichtungen gelten, wenn die Bohrungen mehr als hundert Meter in den Boden eindringen sollen, die §§ 50 bis 62 und 65 bis 74 mit folgender Maßangabe entsprechend:

1. Beginn und Einstellung der Bohrarbeiten sind mindestens zwei Wochen vorher anzuzeigen. Müssen Bohrarbeiten schon in kürzerer Frist eingestellt werden, so ist die Anzeige unverzüglich zu erstatten.
2. § 51 Abs. 1 gilt nur, wenn die zuständige Behörde die Einhaltung der Betriebsplanpflicht im Einzelfall mit Rücksicht auf den Schutz Beschäftigter oder Dritter oder die Bedeutung des Betriebes für erforderlich erklärt.
3. Als Unternehmer ist auch anzusehen, wer eine Bohrung auf fremde Rechnung ausführt.
4. Die Auskunftspflicht nach § 70 Abs. 1 gilt auch für die Aufschlußergebnisse.
5. Die Erfüllung der Pflichten durch einen Unternehmer befreit die übrigen mitverpflichteten Unternehmer.

(2) Die Vorschriften des Wasserhaushaltsgesetzes, der Landeswassergesetze und der auf Grund dieser Gesetze erlassenen Rechtsverordnungen bleiben unberührt.

§ 128
Alte Halden

Für das Aufsuchen und Gewinnen mineralischer Rohstoffe in Halden gelten die §§ 39, 40, 42, 48, 50 bis 74 und 77 bis 104 und 106 entsprechend, wenn die mineralischen Rohstoffe als Bodenschätze unter § 3 Abs. 3 und 4 fallen würden und aus einer früheren Aufsuchung, Gewinnung oder Aufbereitung von Bodenschätzen stammen.

§ 129
Versuchsgruben, Bergbauversuchsanstalten

(1) Für Versuchsgruben gelten die §§ 50 bis 74, für nicht unter § 2 fallende, wie ein Gewinnungsbetrieb eingerichtete bergbauliche Ausbildungsstätten sowie für Besucherbergwerke und Besucherhöhlen die §§ 50 bis 62 und 65 bis 74 entsprechend.

(2) Der Bundesminister für Wirtschaft wird ermächtigt, durch Rechtsverordnung mit Zustimmung des Bundesrates die in Absatz 1 genannten Vorschriften auf sonstige bergbauliche Versuchsanstalten für entsprechend anwendbar zu erklären und die zugehörigen Bußgeldvorschriften zu erstrecken, soweit dies zum Schutze der in § 55 Abs. 1 bezeichneten Rechtsgüter und Belange erforderlich ist.

§ 130
Hohlraumbauten

(aufgehoben)

Zu § 130

1 Durch § 130 waren die §§ 50 bis 52, 54 bis 62 und 69 bis 74 BBergG auf die gewerbliche Herstellung, Erweiterung oder Veränderung von unterirdischen Hohlräumen für entsprechend anwendbar erklärt worden. Als unterirdische Hohlräume im Sinne dieser Vorschrift galten Hohlraumbauten mit einem Querschnitt von mehr als acht Quadratmetern, die unter Tage in nicht offener Bauweise errichtet wurden. Vgl. dazu im Hauptband § 130 Rdn. 3 ff.

§ 130 ist durch Art. 8 Nr. 1 des Ersten Reichsbereinigungsgesetzes vom 24. 4. 1986 (BGBl. I S. 560) mit Wirkung vom 1. 5. 1987 aufgehoben worden.

2 Nach dem Wegfall des § 130 haben die in Rdn. 3 aufgeführten Bundesländer die **Bergbehörde** als zuständige Behörde für die Überwachung unterirdischer Hohlraumbauten bestimmt. Dabei kommt jedoch **kein materielles Bergrecht** zur Anwendung, sondern die Aufsicht wird vom Bergamt anstelle des Gewerbeaufsichtsamts nach Maßgabe der allgemein gültigen Sicherheits- und Arbeitsschutzvorschriften ausgeübt. Zu den in den neuen Bundesländern geltenden Regelungen für unterirdische Hohlräume vgl. **Anh.** 47, 48.

3 **Zuständigkeitsregelungen für Hohlraumbauten**

a) **Baden-Württemberg:** Verordnung über die Ergänzung und Bereinigung von Zuständigkeiten des Landesbergamtes und der Gewerbeaufsichtsämter vom 13. 4. 1987 (GBl. S. 138)

b) **Bayern:** Vierte Verordnung zur Änderung der Verordnung über die Zuständigkeiten auf dem Gebiet des Arbeitsschutzes und des Sprengwesens vom 17. 3. 1987 (GVBl. S. 78)

§ 131
Hauptstellen für das Grubenrettungswesen

(1) Unternehmer, die einen untertägigen Gewinnungsbetrieb oder einen Gewinnungsbetrieb mit brand- oder explosionsgefährdeten Anlagen oder mit Anlagen betreiben, in denen unatembare oder giftige Gase oder Dämpfe auftreten können, müssen zur Wahrnehmung gemeinsamer Aufgaben auf dem Gebiet des Grubenrettungs- und Gasschutzwesens Hauptstellen für das Grubenrettungswesen bilden und unterhalten oder solchen angeschlossen sein.

(2) Der Bundesminister für Wirtschaft wird ermächtigt, durch Rechtsverordnung, die der Zustimmung des Bundesrates bedarf, Vorschriften über Aufgaben, Anzahl, Organisation und Ausstattung der Hauptstellen zu erlassen, soweit dies zur Wahrung der Sicherheitsaufgaben und zur Gewährleistung der Einsatzbereitschaft der Hauptstellen und ihrer Einrichtungen erforderlich ist.

(3) Auf Hauptstellen für das Grubenrettungswesen sind die §§ 58 bis 62 und, soweit die Hauptstellen nicht von einem Träger der gesetzlichen Unfallversicherung unterhalten werden, für die Überwachung der Einhaltung des Absatzes 1, der §§ 58 bis 62 und der Rechtsverordnungen nach Absatz 2 die §§ 69 bis 74 entsprechend anzuwenden.

Neunter Teil
Besondere Vorschriften für den Festlandsockel

§ 132
Forschungshandlungen

(1) Wer in bezug auf den Festlandsockel an Ort und Stelle Forschungshandlungen vornehmen will, die ihrer Art nach zur Entdeckung oder Feststellung von Bodenschätzen offensichtlich ungeeignet sind, bedarf hinsichtlich der Ordnung der Nutzung und Benutzung der Gewässer über dem Festlandsockel und des Luftraumes über diesen Gewässern der Genehmigung des Deutschen Hydrographischen Instituts. Andere mit Bezug auf den Festlandsockel an Ort und Stelle vorgenommene Forschungshandlungen gelten auch über § 4 Abs. 1 hinaus als Aufsuchung.

(2) Die Genehmigung darf nur versagt werden, wenn

1. das Gebiet, in dem die Forschungshandlung vorgenommen werden soll, nicht in einem Lageplan genau bezeichnet ist,
2. dem Deutschen Hydrographischen Institut keine Angaben über das Forschungsprogramm und über dessen technische Durchführung gemacht werden oder
3. überwiegende öffentliche Interessen entgegenstehen, insbesondere durch die beabsichtigte Forschungshandlung
   a) der Betrieb und die Wirkung von Schiffahrtsanlagen und -zeichen,
   b) die Benutzung der Schiffahrtswege und des Luftraumes, die Schiffahrt, der Fischfang und die **Pflanzen- und Tierwelt** in unvertretbarer Weise,
   c) das Legen, die Unterhaltung und der Betrieb von Unterwasserkabeln und Rohrleitungen sowie ozeanographische oder sonstige wissenschaftliche Forschungen mehr als nach den Umständen unvermeidbar

   beeinträchtigt würden,

d) eine Verunreinigung des Meeres zu besorgen ist oder
e) die Sicherheit der Bundesrepublik Deutschland gefährdet wird.

(3) Forschungshandlungen im Sinne des Absatzes 1 Satz 1 unterliegen, soweit sich aus § 134 nichts anderes ergibt, der Überwachung durch das Deutsche Hydrographische Institut; die §§ 70 und 71 Abs. 1 und 2 sind anzuwenden. Unberührt bleibt die Flugverkehrskontrolle im Luftraum über dem Festlandsockel auf Grund internationaler Vereinbarungen.

(4) Werden Forschungshandlungen in bezug auf den Festlandsockel ohne Genehmigung vorgenommen, so hat das Deutsche Hydrographische Institut die Fortsetzung der unerlaubten Tätigkeit zu untersagen. § 72 Abs. 1 Satz 2 gilt entsprechend. Widerspruch und Anfechtungsklage gegen Anordnungen nach den Sätzen 1 und 2 haben keine aufschiebende Wirkung.

Zu § 132

1 Durch Art. 1 Nr. 7 des Gesetzes zur Änderung des Bundesberggesetzes vom 12. 2. 1990 (BGBl. I S. 215) sind in Abs. 2 Nr. 3 Buchst. b die Worte „Erhaltung der lebenden Meeresschätze" durch die Worte „Pflanzen- und Tierwelt" ersetzt worden.

2 Die Änderung stellt eine Folge der Ergänzung des § 49 durch die neue Nr. 4 dar und dient der Vereinheitlichung der Terminologie innerhalb des BBergG. Eine **materielle Rechtsänderung** ist dadurch in § 132 **nicht** eingetreten. Wegen der Einzelheiten kann deshalb auf die Kommentierung im Hauptband verwiesen werden.

3 Während der Anwendungsbereich von Gesetzen und Verordnungen grundsätzlich auf das Festland und die Küstengewässer beschränkt ist, gilt das BBergG einschließlich seiner Verordnungsermächtigungen gem. § 2 Abs. 3 auch im Bereich des Festlandsockels der Bundesrepublik Deutschland; vgl. dazu im Hauptband § 2 Rdn. 48, 49 sowie Vor § 132 Rdn. 5.

Der Bundesminister für Wirtschaft hat aufgrund der ihm durch § 68 Abs. 2 Nr. 2 erteilten Ermächtigung mit Zustimmung des Bundesrates und im Einvernehmen mit den in § 68 Abs. 3 genannten Fachministern die **Bergverordnung für den Festlandsockel (Festlandsockel-Bergverordnung — FlsBergV)** vom 21. 3. 1989 (BGBl. I S. 554) erlassen, die am 1. 7. 1989 in Kraft getreten ist.

4 Die Festlandsockel-Bergverordnung gilt nach ihrem § 1 für die Aufsuchung, Gewinnung und Aufbereitung von Bodenschätzen im Bereich des Festlandsockels. Sie stellt ein **in sich geschlossenes Regelwerk** dar, das einerseits dem **Schutz von Beschäftigten und Sachgütern,** andererseits der **Reinhaltung des Meeres** dient. Die Vorschriften der Verordnung berücksichtigen die Besonderheiten bergbaulicher Tätigkeiten im Bereich des Festlandsockels und enthalten daher neben allgemeinen Arbeitsschutzbestimmungen sowie sicherheitstechnischen Anforderungen an Bohrverfahren u. a. auch spezielle Regelungen für Plattformen, für Taucherarbeiten und für Arbeiten in Unterwasserdruckkammern. Ferner werden Vorkehrungen zum Schutz des Meeres einschließlich des Meeresgrundes sowie Maßnahmen zur Sicherung der Schiffahrt, des Luftverkehrs und von Unterwasserkabeln festgelegt. Vgl. dazu im einzelnen die amtl. Begr. BR-Drucks. 3/89 = ZfB 130, 264.

Die **Zuständigkeit** der Bergbehörden nach der Festlandsockel-Bergverord- 5
nung ist durch RdErl. des nieders. Ministeriums für Wirtschaft, Technologie und Verkehr vom 14. 8. 1989 (Nds.MBl. 1989 S. 1113) sowie durch die schleswig-holsteinische Landesverordnung über die zuständigen Behörden nach dem Bundesberggesetz vom 4. 12. 1989 (GVOBl. Sch.-H. S. 170) geregelt worden. Danach verteilt sich die Zuständigkeit für die Ausführung der einzelnen Bestimmungen auf die Bergämter und das Oberbergamt; vgl. dazu auch im Hauptband § 136 Rdn. 2.

§ 133
Transit-Rohrleitungen

(1) Die Errichtung und der Betrieb einer Transit-Rohrleitung in oder auf dem Festlandsockel bedarf einer Genehmigung

1. in bergbaulicher Hinsicht und
2. hinsichtlich der Ordnung der Nutzung und Benutzung der Gewässer über dem Festlandsockel und des Luftraumes über diesen Gewässern.

Für die Erteilung der Genehmigung nach Satz 1 Nr. 1 ist die gemäß § 136 bestimmte Behörde und für die Genehmigung nach Satz 1 Nr. 2 das Deutsche Hydrographische Institut zuständig. Die Genehmigung nach Satz 1 Nr. 2 darf nur nach Vorliegen der Genehmigung nach Satz 1 Nr. 1 erteilt werden.

(2) Die Genehmigungen nach Absatz 1 dürfen nur versagt werden, wenn eine Gefährdung des Lebens oder der Gesundheit von Personen oder von Sachgütern oder eine Beeinträchtigung überwiegender öffentlicher Interessen zu besorgen ist, die nicht durch eine Befristung, durch Bedingungen oder Auflagen verhütet oder ausgeglichen werden kann. Eine Beeinträchtigung überwiegender öffentlicher Interessen liegt insbesondere in den in § 132 Abs. 2 Nr. 3 genannten Fällen vor. Die nachträgliche Aufnahme, Änderung oder Ergänzung von Auflagen ist zulässig, wenn sie für den Unternehmer und für Rohrleitungen vergleichbarer Art wirtschaftlich vertretbar und nach den allgemein anerkannten Regeln der Technik erfüllbar ist.

(3) Für die Errichtung und den Betrieb einer Transit-Rohrleitung gelten die §§ 58 bis 62 und 65 bis 74 mit folgender Maßgabe entsprechend:
Für die Aufsicht nach den §§ 69 bis 74 ist, soweit sich aus § 134 nichts anderes ergibt, das Deutsche Hydrographische Institut im Rahmen des mit der Genehmigung nach Absatz 1 Satz 1 Nr. 2 verfolgten Zwecks, im übrigen die nach § 136 bestimmte Behörde zuständig.

§ 134
Überwachung und Vollziehung von Verwaltungsakten, Zusammenwirken

(1) Im Bereich des Festlandsockels überwachen die in § 6 Nr. 1, 2 und 4 des Gesetzes über den unmittelbaren Zwang bei Ausübung öffentlicher Gewalt durch Vollzugsbeamte des Bundes in der im Bundesgesetzblatt Teil III, Gliederungsnummer 201–5, veröffentlich-

ten bereinigten Fassung, zuletzt geändert durch Artikel 326 Abs. 5 des Gesetzes vom 2. März 1974 (BGBl. I S. 469), bezeichneten Vollzugsbeamten, daß

1. nicht unbefugt eine Aufsuchung oder Gewinnung durchgeführt, eine Forschungshandlung vorgenommen oder eine Transit-Rohrleitung errichtet oder betrieben wird und
2. die nach § 72 Abs. 1, § 132 Abs. 4 und § 133 Abs. 3 erlassenen Anordnungen durchgeführt werden.

§ 70 Abs. 2 gilt entsprechend.

(2) Im Bereich des Festlandsockels werden die auf Grund dieses Gesetzes erlassenen Verwaltungsakte nach dem Verwaltungs-Vollstreckungsgesetz in der im Bundesgesetzblatt Teil III, Gliederungsnummer 201–4, veröffentlichten bereinigten Fassung, zuletzt geändert durch Artikel 40 des Gesetzes vom 14. Dezember 1976 (BGBl. I S. 3341), und dem Gesetz über den unmittelbaren Zwang bei Ausübung öffentlicher Gewalt durch Vollzugsbeamte des Bundes vollzogen. Unmittelbarer Zwang wird von den Vollzugsbeamten des Bundesgrenzschutzes und der Zollverwaltung angewandt.

(3) Die Bundesminister für Verkehr, des Innern und der Finanzen regeln im Einvernehmen mit dem Bundesminister für Wirtschaft durch Vereinbarung das Zusammenwirken der Wasser- und Schiffahrtsverwaltung, des Bundesgrenzschutzes und der Zollverwaltung.

§ 135
Kostenermächtigung

Für Amtshandlungen, Prüfungen und Untersuchungen von Bundesbehörden auf Grund der §§ 132 bis 134 werden Kosten (Gebühren und Auslagen) erhoben. Der Bundesminister für Verkehr bestimmt im Einvernehmen mit dem Bundesminister für Wirtschaft durch Rechtsverordnung ohne Zustimmung des Bundesrates die kostenpflichtigen Tatbestände näher und sieht dabei feste Sätze oder Rahmensätze vor. Die Gebührensätze sind so zu bemessen, daß der mit den Amtshandlungen, Prüfungen und Untersuchungen verbundene Personal- und Sachaufwand gedeckt wird; bei begünstigenden Amtshandlungen kann daneben die Bedeutung, der wirtschaftliche Wert oder der sonstige Nutzen für den Gebührenschuldner angemessen berücksichtigt werden. Der Personalaufwand kann nach der Zahl der Stunden bemessen werden, die für Prüfungen und Untersuchungen bestimmter Arten von Prüfungs- oder Untersuchungsgegenständen durchschnittlich benötigt werden.

§ 136
Zuständigkeiten für sonstige Verwaltungsaufgaben

Soweit sich aus den §§ 132 bis 134 nichts anderes ergibt, nimmt die Verwaltungsaufgaben nach diesem Gesetz und den hierzu erlassenen Bergverordnungen für den Bereich des Festlandsockels die zuständige Landesbehörde wahr.

§ 137
Übergangsregelung

(1) Die Zuständigkeit der Länder im Bereich des Festlandsockels richtet sich nach dem Äquidistanzprinzip. Eine Feldes- oder Förderabgabe ist an das Land zu entrichten, an dessen Küstengewässer das Feld einer Erlaubnis, Bewilligung oder eines Bergwerkseigentums im Bereich des Festlandsockels angrenzt; die Zuordnung eines Feldes zum Gebiet des Landes bestimmt sich nach dem Äquidistanzprinzip.

(2) Die endgültige Regelung der Rechte am Festlandsockel einschließlich einer Regelung über die Zuweisung der Feldes- und Förderabgabe bleibt einem besonderen Gesetz vorbehalten.

Zehnter Teil
Bundesprüfanstalt, Sachverständigenausschuß, Durchführung

Erstes Kapitel
Bundesprüfanstalt für den Bergbau

§ 138
Errichtung

Der Bundesminister für Wirtschaft wird ermächtigt, durch Rechtsverordnung mit Zustimmung des Bundesrates in seinem Geschäftsbereich eine Bundesprüfanstalt für den Bergbau (Bundesprüfanstalt) als nicht rechtsfähige Anstalt des öffentlichen Rechts zu errichten, soweit dies erforderlich ist, um sicherzustellen, daß Prüfungen oder Abnahmen im Sinne des § 65 Nr. 3 oder 4 nicht durch eine Stelle vorgenommen werden,

1. die in ihrer Ausstattung dem Stand von Wissenschaft und Technik für die Prüfungen oder Abnahmen nicht entspricht,
2. die nicht über das erforderliche fachkundige und zuverlässige Personal verfügt,
3. in der die beschäftigten Personen keine hinreichende Gewähr für ihre Unparteilichkeit bieten, insbesondere in einem Bindungs- oder Abhängigkeitsverhältnis stehen, das eine unparteiische Prüftätigkeit beeinflussen könnte.
4. deren Träger als Unternehmer tätig ist oder zu einem Unternehmer in einem Bindungs- oder Abhängigkeitsverhältnis steht, das eine unparteiische Prüftätigkeit beeinflussen könnte,
5. deren Träger nicht in der Lage oder bereit ist, die für die Unterhaltung und den ordnungsgemäßen Betrieb der Stelle erforderlichen Mittel aufzubringen oder
6. deren Träger nicht in der Lage ist, den Schaden zu ersetzen, der dem Staat wegen seiner Haftung für Amtspflichtverletzungen des Prüfstellenpersonals entstehen kann.

§ 139
Aufgaben

Die Bundesprüfanstalt hat Prüfungen und Abnahmen im Sinne des § 65 Nr. 3 und 4 durchzuführen, soweit dies in Bergverordnungen des Bundesministers für Wirtschaft nach § 65 vorgesehen ist, und im Rahmen ihrer Aufgaben die nach diesem Gesetz zuständigen Behörden und die Unternehmen zu beraten.

§ 140
Inanspruchnahme, Gebühren

(1) Der Bundesminister für Wirtschaft wird ermächtigt, durch Rechtsverordnung, die nicht der Zustimmung des Bundesrates bedarf, Vorschriften über die vertragliche Inanspruchnahme der Bundesprüfanstalt und die Gebühren und Auslagen für ihre Nutzleistungen zu erlassen. Die Gebühren sind nach dem Personal- und Sachaufwand für die Nutzleistung unter Berücksichtigung ihres wirtschaftlichen Wertes für den Antragsteller

zu bestimmen. Der Personalaufwand kann nach der Zahl der Stunden bemessen werden, die Bedienstete der Bundesprüfanstalt für Prüfungen und Untersuchungen bestimmter Arten von Prüf- oder Untersuchungsgegenständen durchschnittlich benötigen.

(2) Die Gebühr für eine Nutzleistung darf in der Regel zehntausend Deutsche Mark nicht übersteigen. Erfordert die Nutzleistung einen außergewöhnlichen Aufwand, insbesondere für die Prüfung oder Abnahme umfangreicher Anlagen, so kann der Höchstbetrag um den entsprechenden Mehrbetrag überschritten werden.

(3) Für die Abgeltung mehrfacher gleichartiger Nutzungsleistungen für denselben Empfänger können Pauschgebühren vorgesehen werden. Bei der Bemessung der Pauschgebührensätze ist der geringere Umfang des Verwaltungsaufwandes zu berücksichtigen.

Zweites Kapitel
Sachverständigenausschuß, Durchführung

§ 141
Sachverständigenausschuß Bergbau

Der Bundesminister für Wirtschaft wird ermächtigt, durch Rechtsverordnung, die nicht der Zustimmung des Bundesrates bedarf, einen Sachverständigenausschuß für den Bergbau zu errichten, der ihn in allen Fragen der Bergtechnik, insbesondere der Sicherheitstechnik, berät und zu den von ihm zu erlassenden Bergverordnungen Stellung nimmt. Dem Ausschuß sollen ein Vertreter des Bundesministers für Wirtschaft als Vorsitzender sowie Vertreter der beteiligten Bundesminister, der Landesregierungen, der fachlich zuständigen Landesbehörden, der Träger der gesetzlichen Unfallversicherung, der Wirtschaft und der Gewerkschaften angehören. In der Rechtsverordnung kann das Nähere über die Zusammensetzung, die Berufung der Mitglieder sowie das Verfahren des Ausschusses geregelt werden.

§ 142
Zuständige Behörden

Die Landesregierungen oder die von ihnen bestimmten Stellen bestimmen die für die Ausführung dieses Gesetzes zuständigen Behörden, soweit nicht Bundesbehörden zuständig sind. Unberührt bleiben Vorschriften des Landesrechts, nach denen für ein Land Behörden eines anderen Landes zuständig sind.

§ 143
Verwaltungsvorschriften

(1) Der Bundesminister für Wirtschaft erläßt mit Zustimmung des Bundesrates zur Durchführung dieses Gesetzes und der auf Grund dieses Gesetzes erlassenen Rechtsverordnungen des Bundes allgemeine Verwaltungsvorschriften. Für Bergverordnungen, die auf Grund von § 68 Abs. 2 erlassen worden sind, gilt dies nur, soweit der Schutz der in den §§ 65 bis 67 bezeichneten Rechtsgüter und Belange durch Verwaltungsvorschriften der zuständigen Behörden nicht gleichwertig sichergestellt wird. § 68 Abs. 3 gilt entsprechend.

(2) Soweit allgemeine Verwaltungsvorschriften nach Absatz 1 an Bundesbehörden gerichtet sind, bedürfen sie nicht der Zustimmung des Bundesrates.

Elfter Teil
Rechtsweg, Bußgeld- und Strafvorschriften

§144
Klage vor den ordentlichen Gerichten

(1) Für Rechtsstreitigkeiten über Entschädigungen ist der ordentliche Rechtsweg gegeben.

(2) Für die Klage sind die Landgerichte ohne Rücksicht auf den Wert des Streitgegenstandes ausschließlich zuständig. Örtlich ist das Landgericht ausschließlich zuständig, in dessen Bezirk der in Anspruch genommene Gegenstand liegt.

(3) Die Klage ist innerhalb eines Monats zu erheben. Die Frist beginnt

1. mit der Zustellung der Entscheidung der Behörde oder,
2. falls in derselben Sache ein Verwaltungsstreitverfahren eingeleitet wird, mit dem rechtskräftigen Abschluß dieses Verfahrens.

Die Frist ist eine Notfrist im Sinne der Zivilprozeßordnung.

(4) Der Rechtsstreit ist zwischen dem Entschädigungsberechtigten und dem Entschädigungsverpflichteten zu führen. Dies gilt sinngemäß, wenn der Rechtsstreit eine Ausgleichszahlung betrifft.

(5) Das Gericht übersendet der nach §92 zuständigen Behörde eine Ausfertigung der Entscheidung oder des Vergleichs.

§145
Ordnungswidrigkeiten

(1) Ordnungswidrig handelt, wer vorsätzlich oder fahrlässig

1. entgegen §6 Satz 1 bergfreie Bodenschätze ohne Erlaubnis aufsucht oder ohne Bewilligung oder Bergwerkseigentum gewinnt,
2. einer vollziehbaren Auflage nach §16 Abs. 3 zuwiderhandelt,
3. die Grenze seiner Gewinnungsberechtigung überschreitet, ohne daß die Voraussetzungen des §44 Abs. 1 Satz 1, auch in Verbindung mit §47 Abs. 1 Satz 1 Nr. 1, vorliegen,
4. entgegen §50 Abs. 1 Satz 1 oder Absatz 2 Satz 1 die Errichtung, Aufnahme oder Einstellung eines dort bezeichneten Betriebes nicht rechtzeitig anzeigt,
5. entgegen §50 Abs. 3 Satz 1 der Anzeige nicht einen vorschriftsmäßigen Abbauplan beifügt oder entgegen §50 Abs. 3 Satz 2 eine wesentliche Änderung nicht unverzüglich anzeigt,
6. einen nach §51 betriebsplanpflichtigen Betrieb ohne zugelassenen Betriebsplan errichtet, führt oder, ohne daß die Voraussetzungen des §57 Abs. 1 Satz 1 oder Absatz 2 vorliegen, einstellt oder Abweichungen von einem zugelassenen Betriebsplan anordnet,
7. entgegen §53 Abs. 2 dem Abschlußbetriebsplan nicht die vorgeschriebene Betriebschronik beifügt,
8. **einer mit einer Betriebsplanzulassung nach §55 verbundenen vollziehbaren Auflage oder** einer vollziehbaren Auflage nach §56 Abs. 1 Satz 2, auch in Verbindung mit §56 Abs. 3, zuwiderhandelt,
9. entgegen §57 Abs. 1 Satz 2, auch in Verbindung mit §57 Abs. 2, eine Anordnung nicht, nicht richtig, nicht vollständig oder nicht unverzüglich anzeigt,

10. einer Vorschrift des § 59 Abs. 1 oder § 60 Abs. 1 über die Beschäftigung, Bestellung oder Abberufung verantwortlicher Personen oder des § 60 Abs. 2 über die Namhaftmachung verantwortlicher Personen oder die Anzeige der Änderung ihrer Stellung oder ihres Ausscheidens zuwiderhandelt,
11. entgegen § 61 Abs. 2 Satz 1 Verwaltungsakte den verantwortlichen Personen nicht, nicht richtig, nicht vollständig oder nicht unverzüglich zur Kenntnis gibt,
12. entgegen § 61 Abs. 2 Satz 2 nicht dafür sorgt, daß Betriebspläne und deren Zulassung jederzeit eingesehen werden können,
13. entgegen § 63 Abs. 1 bis 3 Satz 1 das Rißwerk nicht vorschriftsmäßig anfertigt oder nachträgt, der zuständigen Behörde nicht einreicht oder nicht ordnungsgemäß aufbewahrt,
14. entgegen § 70 Abs. 1 eine Auskunft nicht, nicht richtig oder nicht vollständig erteilt oder Unterlagen nicht vorlegt,
15. entgegen § 70 Abs. 2 Satz 4 oder 5 das Betreten von Grundstücken, Geschäftsräumen, Einrichtungen oder Wasserfahrzeugen, die Vornahme von Prüfungen oder Befahrungen, die Entnahme von Proben oder die Einsichtnahme in geschäftliche oder betriebliche Unterlagen nicht duldet oder Beauftragte bei Befahrungen nicht begleitet,
16. entgegen einer vollziehbaren Untersagung nach § 73 Abs. 1 Satz 1 eine verantwortliche Person weiterbeschäftigt,
17. entgegen § 74 Abs. 2 Satz 1 auf Verlangen die erforderlichen Arbeitskräfte oder Hilfsmittel nicht unverzüglich zur Verfügung stellt,
18. entgegen § 74 Abs. 3 ein Betriebsereignis nicht, nicht richtig, nicht vollständig oder nicht unverzüglich anzeigt,
19. entgegen § 125 Abs. 1 Satz 1 oder 2 die verlangten Messungen nicht durchführt oder deren Ergebnisse nicht, nicht richtig, nicht vollständig oder nicht unverzüglich einreicht oder entgegen § 125 Abs. 3 Satz 1 das Betreten eines Grundstücks oder das Anbringen von Meßmarken nicht duldet,
20. ohne Genehmigung nach § 132 Abs. 1 Satz 1 Forschungshandlungen im Bereich des Festlandsockels vornimmt,
21. ohne die Genehmigungen nach § 133 Abs. 1 Satz 1 eine Transit-Rohrleitung in oder auf dem Festlandsockel errichtet oder betreibt,
22. entgegen § 169 Abs. 1 Nr. 1 den Betrieb nicht unverzüglich anzeigt oder entgegen § 169 Abs. 1 Nr. 3 verantwortliche Personen nicht rechtzeitig bestellt oder nicht namhaft macht.

(2) Die Vorschriften des Absatzes 1

a) Nummer 4, 6 und 8 bis 18 gelten auch für Untrsuchungen des Untergrundes und Untergrundspeicher nach § 126 Abs. 1, für die Errichtung und den Betrieb von Anlagen zur Lagerung, Sicherstellung oder Endlagerung radioaktiver Stoffe nach § 126 Abs. 3 sowie für das Aufsuchen und Gewinnen mineralischer Rohstoffe in alten Halden nach § 128,
b) Nummer 4, 6, 8 bis 12 und 14 bis 18 gelten auch für Bohrungen nach § 127 Abs. 1 und Hohlraumbauten nach § 130,
c) Nummer 4, 6, 8 bis 16 und 18 gelten auch für Versuchsgruben nach § 129 Abs. 1,
d) Nummer 4, 6, 8 bis 12, 14 bis 16 und 18 gelten auch für bergbauliche Ausbildungsstätten sowie für Besucherbergwerke und Besucherhöhlen nach § 129 Abs. 1,
e) Nummer 10, 11 und 14 bis 17 gelten auch für Hauptstellen für das Grubenrettungswesen nach § 131 Abs. 3,

f) Nummer 14 und 15 gelten auch für Forschungshandlungen nach § 132 Abs. 3,
g) Nummer 10, 11, 14 bis 16 und 18 gelten auch für Transit-Rohrleitungen nach § 133 Abs. 3.

(3) Ordnungswidrig handelt auch, wer vorsätzlich oder fahrlässig einer Rechtsverordnung nach
1. § 32 Abs. 1, §§ 67, 123, § 125 Abs. 4 oder § 131 Abs. 2 oder
2. § 65 und § 66 mit Ausnahme von Satz 1 Nr. 4 Buchstabe e

zuwiderhandelt, soweit sie für einen bestimmten Tatbestand auf diese Bußgeldvorschrift verweist.

(4) Die Ordnungswidrigkeit kann in den Fällen des Absatzes 1 Nr. 1, 2, 6, 8 bis 11, 15 bis 18, 20, 21 und des **Absatzes 3 Nr. 2** mit einer Geldbuße bis zu fünfzigtausend Deutsche Mark, in den Fällen des Absatzes 1 Nr. 3 bis 5, 7, 12 bis 14, 19, 22 und des **Absatzes 3 Nr. 1** mit einer Geldbuße bis zu fünftausend Deutsche Mark, jeweils auch in Verbindung mit Absatz 2, geahndet werden.

(5) Verwaltungsbehörde im Sinne des § 36 Abs. 1 Nr. 1 des Gesetzes über Ordnungswidrigkeiten ist für Ordnungswidrigkeiten im Bereich des Festlandsockels im Zusammenhang mit Forschungshandlungen (§ 132) und mit der Überwachungstätigkeit der in § 134 Abs. 1 bezeichneten Behörden des Bundes die vom Bundesminister für Verkehr durch Rechtsverordnung ohne Zustimmung des Bundesrates bestimmte Behörde.

Zu § 145

Durch Art. 1 Nr. 8 Buchst. a und b des Gesetzes zur Änderung des Bundes- **1**
berggesetzes vom 12. 2. 1990 (BGBl. I S. 215) sind in § 145 redaktionelle Korrekturen vorgenommen worden. In Abs. 1 Nr. 8 wurden die Worte „einer mit einer Betriebsplanzulassung nach § 55 verbundenen vollziehbaren Auflage oder" eingefügt, in Abs. 4 wurde die Angabe „Absatzes 3 Nr. 1" durch „Absatzes 3 Nr. 2" und die Angabe „Absatzes 3 Nr. 2" durch „Absatzes 3 Nr. 1" ersetzt.

Nach der früheren Fassung des § 145 Abs. 1 Nr. 8 war es nur möglich, **2**
Verstöße gegen nachträgliche Auflagen i. S. des § 56 Abs. 1 Satz 2 als Ordnungswidrigkeiten zu ahnden, nicht dagegen Verstöße gegen Auflagen, die von vornherein mit der Betriebsplanzulassung verbunden worden sind. Diese vom Gesetzgeber nicht beabsichtigte Lücke war im Gesetzgebungsverfahren entstanden und ist durch die jetzt erfolgte Ergänzung der Nr. 8 geschlossen worden. Das eröffnet der Bergbehörde die Möglichkeit, auch einen Verstoß gegen **eine Auflage,** die gem. § 36 Abs. 1 VwVfG **mit der Betriebsplanzulassung verbunden** worden ist, als Ordnungswidrigkeit nach Maßgabe des OWiG zu verfolgen. Zum Verfahren vgl. im Hauptband § 145 Rdn. 11 ff.

Die Ahndung als Ordnungswidrigkeit nach § 145 Abs. 1 Nr. 8 setzt einen **3**
rechtswidrigen, schuldhaften Verstoß gegen eine **vollziehbare Auflage** voraus. Zur Frage der Widerrechtlichkeit und des Verschuldens vgl. im Hauptband § 145 Rdn. 5. Der Begriff der Auflage folgt aus § 36 Abs. 2 Nr. 4 VwVfG. Danach handelt es sich um eine mit der Betriebsplanzulassung verbundene hoheitliche

Anordnung, durch die dem Unternehmer ein Tun, Dulden oder Unterlassen vorgeschrieben wird. Eine Auflage ist, da die Betriebsplanzulassung eine „gebundene Erlaubnis" darstellt (BVerwG 16. 3. 1989, DVBl. 1989, 663; s. auch BVerwGE 74, 315), gem. § 36 Abs. 1 VwVfG **nur zulässig,** soweit sie der Sicherstellung der gesetzlichen Zulassungsvoraussetzungen dient. Zur Zulässigkeit nachträglicher Auflagen vgl. im Hauptband § 56 Rdn. 16–19. „Vollziehbar" ist eine Auflage dann, wenn sie unanfechtbar ist, d. h. wenn es keinen Rechtsbehelf mehr gegen sie gibt, oder wenn ein Rechtsmittel keine aufschiebende Wirkung hat, z. B. weil gem. § 80 Abs. 2 Nr. 4 VwGO die sofortige Vollziehung angeordnet worden ist und der Betroffene nicht die Wiederherstellung der aufschiebenden Wirkung beantragt hat.

4 In **Abs. 4** wurde ein redaktioneller Fehler behoben, auf den bereits im Hauptband unter Rdn. 10 hingewiesen wird. Durch die jetzt vorgenommene Umstellung ist erreicht worden, daß wegen Zuwiderhandlung gegen die in Abs. 3 Nr. 2 genannten, die Betriebssicherheit betreffenden Bergverordnungen eine Geldbuße bis zu 50 000,— DM verhängt werden kann, während für den minderschweren Fall des Abs. 3 Nr. 1 der Bußgeldrahmen nur bis 5000,— DM reicht.

5 Infolge der Aufhebung des § 130 durch das Erste Rechtsbereinigungsgesetz vom 24. 4. 1986 (BGBl. I S. 560) ist § 145 Abs. 2 Buchst. b, soweit er die **Hohlraumbauten** betrifft, mit Wirkung vom 1. 5. 1987 **gegenstandslos** geworden.

§ 146
Straftaten

(1) Mit Freiheitsstrafe bis zu fünf Jahren oder mit Geldstrafe wird bestraft, wer eine in § 145 Abs. 1 Nr. 6, 8, 9, 16 und 17, auch in Verbindung mit § 145 Abs. 2, oder in § 145 Abs. 3 Nr. 2 bezeichnete Handlung begeht und dadurch das Leben oder die Gesundheit eines anderen oder fremde Sachen von bedeutendem Wert gefährdet.

(2) In besonders schweren Fällen ist die Strafe Freiheitsstrafe von sechs Monaten bis zu zehn Jahren. Ein besonders schwerer Fall liegt in der Regel vor, wenn der Täter durch die Tat das Leben oder die Gesundheit einer großen Zahl von Menschen gefährdet oder leichtfertig den Tod oder eine schwere Körperverletzung eines Menschen (§ 224 des Strafgesetzbuches) verursacht.

(3) Wer in den Fällen des Absatzes 1
1. die Gefahr fahrlässig verursacht oder
2. fahrlässig handelt und die Gefahr fahrlässig verursacht,

wird mit Freiheitsstrafe bis zu zwei Jahren oder mit Geldstrafe bestraft.

Zu § 146

1 Durch Art. 1 Nr. 8 Buchst. c des Gesetzes zur Änderung des Bundesberggesetzes vom 12. 2. 1990 (BGBl. I S. 215) ist in Abs. 1 die Angabe „§ 145 Abs. 3 Nr. 1" durch „§ 145 Abs. 3 Nr. 2" ersetzt worden.

Die Änderung dient der Behebung eines im Laufe des Gesetzgebungsverfahrens entstandenen redaktionellen Fehlers; vgl. dazu im Hauptband § 146 Rdn. 3. Das Gesetz bedroht jetzt, wie ursprünglich beabsichtigt, Zuwiderhandlungen gegen die in § 145 Abs. 3 Nr. 2 bezeichneten **betriebsbezogenen** Rechtsverordnungen unter den in § 1 genannten Voraussetzungen mit Strafe, während die in § 145 Abs. 3 Nr. 1 aufgeführten Rechtsverordnungen nicht mehr strafbewehrt sind. **2**

§ 147
Erforschung von Straftaten

Die für die Ausführung des Gesetzes zuständigen Landesbehörden haben bei der Erforschung von Straftaten nach § 146 die Rechte und Pflichten der Behörden des Polizeidienstes.

§ 148
Tatort, Gerichtsstand

(1) Werden Taten nach § 146 nicht im Inland begangen, so gilt das deutsche Strafrecht unabhängig vom Recht des Tatorts.

(2) Im Bereich des Festlandsockels haben die Beamten der in § 132 Abs. 1, § 134 Abs. 1 und § 136 bezeichneten Behörden Straftaten nach § 146 zu erforschen und alle keinen Aufschub gestattenden Anordnungen zu treffen, um die Verdunkelung der Sache zu verhüten; die Beamten haben die Rechte und Pflichten der Polizeibeamten nach den Vorschriften der Strafprozeßordnung; sie sind insoweit Hilfsbeamte der Staatsanwaltschaft.

(3) Ist für eine Straftat nach § 146 ein Gerichtsstand nach den §§ 7 bis 10, 13, 98 Abs. 2, § 128 Abs. 1, § 162 Abs. 1 oder § 165 der Strafprozeßordnung oder § 157 des Gerichtsverfassungsgesetzes im Geltungsbereich dieses Gesetzes nicht begründet, so ist Hamburg Gerichtsstand; zuständiges Amtsgericht ist das Amtsgericht Hamburg.

Zwölfter Teil
Übergangs- und Schlußbestimmungen

Erstes Kapitel
Alte Rechte und Verträge

§ 149
Voraussetzungen für die Aufrechterhaltung alter Rechte und Verträge

(1) Nach Maßgabe der Vorschriften dieses Gesetzes bleiben aufrechterhalten

1. Bergwerkseigentum,
2. Ermächtigungen, Erlaubnisse und Verträge über die Aufsuchung oder Gewinnung von Bodenschätzen, deren Aufsuchung und Gewinnung nach den beim Inkrafttreten dieses Gesetzes geltenden bergrechtlichen Vorschriften der Länder dem Staate vorbehalten waren, sowie Erlaubnisse im Sinne des Gesetzes zur vorläufigen Regelung der Rechte

am Festlandsockel vom 24. Juli 1964 (BGBl. I S. 497), zuletzt geändert durch Artikel 8 des Gesetzes vom 28. März 1980 (BGBl. I S. 373), mit Ausnahme der Erlaubnisse für Transit-Rohrleitungen,
3. dingliche, selbständig im Grundbuch eingetragene Gewinnungsrechte, die ein aufrechterhaltenes Recht nach Nummer 1 belasten,
4. Bergwerke, Bergwerkskonzessionen und sonstige Berechtigungen und Sonderrechte zur Aufsuchung und Gewinnung von Bodenschätzen, die bei Inkrafttreten der bis zum Zeitpunkt des Inkrafttretens dieses Gesetzes erlassenen Berggesetze und anderen bergrechtlichen Vorschriften der Länder bereits bestanden haben,
5. besondere Rechte der Grundeigentümer und selbständige, vom Grundeigentümer bestellte dingliche Gerechtigkeiten zur Aufsuchung oder Gewinnung der in § 3 Abs. 3 Satz 1 oder 2 Nr. 2 genannten Bodenschätze mit Ausnahme der Rechte nach Nummer 7,
6. Verträge, die der Grundeigentümer oder ein sonstiger Ausbeutungsberechtigter über die Aufsuchung und Gewinnung der in § 3 Abs. 3 Satz 1 oder 2 Nr. 2 genannten Bodenschätze, auf die sich Rechte im Sinne der Nummer 5 beziehen, geschlossen hat,
7. Rechte von Grundeigentümern zur Verfügung über Bodenschätze, die einem aufrechterhaltenen Recht nach Nummer 1 unterliegen,
8. Rechte auf Grundrenten oder sonstige Abgaben, die für aufrechterhaltene Bergwerkskonzessionen nach Nummer 4 zu zahlen sind,
9. Erbstollengerechtigkeiten,

soweit diese Rechte und Verträge

a) nach den beim Inkrafttreten dieses Gesetzes geltenden bergrechtlichen Vorschriften der Länder oder der Vorschriften des Gesetzes zur vorläufigen Regelung der Rechte am Festlandsockel aufrechterhalten, eingeführt, übertragen, begründet oder nicht aufgehoben worden sind,
b) innerhalb von drei Jahren nach Inkrafttreten dieses Gesetzes unter Beifügung der zum Nachweis ihres Bestehens erforderlichen Unterlagen bei der zuständigen Behörde angezeigt werden und
c) ihre Aufrechterhaltung von der zuständigen Behörde bestätigt wird.

Zur Anzeige nach Satz 1 Buchstabe b ist nur der Inhaber des Rechts, bei Verträgen jeder Vertragspartner berechtigt. Bei Miteigentümern oder sonst gemeinsam Berechtigten genügt die Anzeige eines Mitberechtigten.

(2) Für im Grundbuch eingetragene Rechte im Sinne des Absatzes 1 Satz 1 mit Ausnahme der in Absatz 2 a bezeichneten Rechte gilt Absatz 1 mit folgender Maßgabe:
1. Die in Absatz 1 Satz 1 Buchstabe b bezeichnete Frist beginnt mit dem Tage der Bekanntmachung einer öffentlichen Aufforderung durch die zuständige Behörde nach den Sätzen 2 und 3.
2. Der Anzeige brauchen zum Nachweis des Bestehens des Rechts Unterlagen nicht beigefügt zu werden.
3. Zur Anzeige sind auch die Inhaber der im Grundbuch eingetragenen dinglichen Rechte berechtigt.

Die öffentliche Aufforderung soll innerhalb von zwei Jahren nach Inkrafttreten dieses Gesetzes von der zuständigen Behörde im Bundesanzeiger und im amtlichen Veröffentlichungsblatt der zuständigen Behörde bekanntgemacht werden. In die öffentliche Aufforderung sind insbesondere aufzunehmen

1. die sich aus dem Grundbuch ergebende Bezeichnung des Rechts im Sinne des Absatzes 1 Satz 1;

2. der im Grundbuch eingetragene Inhaber dieses Rechts;
3. der Hinweis auf die sich aus den Absätzen 4 und 5 ergebenden Rechtsfolgen.

(2 a) Für Rechte im Sinne des Absatzes 1 Satz 1 Nr. 5, die auf Grund des in § 176 Abs. 1 Nr. 50 aufgehobenen Gesetzes in das Grundbuch eingetragen worden sind, gilt Absatz 1 mit der Maßgabe, daß die in Absatz 1 Satz 1 Buchstabe b bezeichnete Frist entfällt. Absatz 2 Satz 1 Nr. 2 und 3 findet entsprechende Anwendung.

(3) Unbeschadet des Absatzes 1 bleiben außerdem in den Gebieten, in denen bei Inkrafttreten dieses Gesetzes das Verfügungsrecht des Grundeigentümers über in § 3 Abs. 3 Satz 1 oder 2 Nr. 2 genannte Bodenschätze nicht entzogen war, Grundeigentümer und sonstige Ausbeutungsberechtigte, die ihr Recht vom Grundeigentum herleiten, auch noch nach Inkrafttreten dieses Gesetzes in den räumlichen Grenzen ihres Grundeigentums oder Ausbeutungsrechts zur Verfügung über einen bestimmten dieser Bodenschätze unter der Voraussetzung berechtigt, daß

1. bereits vor Inkrafttreten dieses Gesetzes,
   a) mit der Nutzung dieses bestimmten Bodenschatzes begonnen worden ist oder
   b) durch diesen bestimmten Bodenschatz eine Steigerung des Verkehrswertes des Grundstückes eingetreten ist,
2. das Recht innerhalb von drei Jahren nach Inkrafttreten dieses Gesetzes bei der zuständigen Behörde angezeigt wird und
3. die Aufrechterhaltung des Rechts von der zuständigen Behörde bestätigt wird.

Mit der Anzeige ist neben dem Vorliegen der Voraussetzungen nach Satz 1 Nr. 1 bei Anzeigen sonstiger Ausbeutungsberechtigter der Inhalt des mit dem Grundeigentümer oder anderen Berechtigten geschlossenen Vertrages, insbesondere das Vertragsgebiet, nachzuweisen. Absatz 1 Satz 2 und 3 und Absatz 2 Satz 1 Nr. 3 gelten entsprechend.

(4) Die Bestätigung darf nur versagt werden, wenn im Falle der Absätze 1 und 2 die in Absatz 1 Satz 1 Buchstabe a, im Falle des Absatzes 3 die in Absatz 3 Satz 1 Nr. 1 bezeichneten Voraussetzungen nicht nachgewiesen sind.

(5) Rechte und Verträge, die nicht oder nicht fristgemäß angezeigt worden sind, erlöschen drei Jahre nach Ablauf der Anzeigefrist. Nicht unter Satz 1 fallende Rechte und Verträge, denen die Bestätigung versagt wird, erlöschen mit dem Eintritt der Unanfechtbarkeit der Versagung.

(6) Ist ein nach Absatz 5 erloschenes Recht im Grundbuch eingetragen, so ersucht die zuständige Behörde das Grundbuchamt um die Löschung des Rechts.

(7) Für die Aufsuchung und Gewinnung auf Grund eines aufrechterhaltenen Rechts oder Vertrages im Sinne des Absatzes 1 Satz 1 Nr. 1 bis 4 und 7 gilt § 6 Satz 1 nicht. Das gleiche gilt in den Fällen des Absatzes 5 bis zum Erlöschen des Rechts oder Vertrages.

Zu § 149

Durch Art. 1 Nr. 1 Buchst. a und b des Gesetzes zur Änderung des Bundesberggesetzes vom 12. 2. 1990 (BGBl. I S. 215) ist die Einleitung des Absatzes 2 Satz 1 durch die Worte „mit Ausnahme der in Absatz 2 a bezeichneten Rechte" ergänzt und der Absatz 2 a neu eingefügt worden. **1**

Die Ergänzung des § 149 wurde auf Vorschlag des Ausschuses für Wirtschaft des Deutschen Bundestages vorgenommen, und zwar zum Zweck der Verwaltungsvereinfachung bei der Überführung der im Bereich der früheren Provinz **2**

Hannover bestellten **Salzabbaugerechtigkeiten** in das neue Recht (BT-Drucks. 11/5601 S. 16 = ZfB 131, 109). Es handelt sich hierbei um selbständige, vom Grundeigentümer bestellte dingliche Gerechtigkeiten zur Aufsuchung oder Gewinnung von Bodenschätzen im Sinne des § 149 Abs. 1 Satz 1 Nr. 5, die aufgrund des Gesetzes über die Bestellung von Salzabbaugerechtigkeiten in der Provinz Hannover vom 4. 8. 1904 (Nieders. GVBl. III S. 359) in das Grundbuch eingetragen worden sind. Zur Rechtsnatur vgl. im einzelnen *Vortmann,* Salzabbaugerechtigkeiten, Hannover 1989, S. 86 ff.

3 § 149 schreibt für die Aufrechterhaltung einer bei Inkrafttreten bereits bestehenden Aufsuchungs- oder Gewinnungsberechtigung und ihre Überleitung in das neue Berechtsamssystem ein Anzeige- und Bestätigungsverfahren vor. Als **Frist** für die Anmeldung alter Rechte und Verträge wird einheitlich ein Zeitraum von drei Jahren bestimmt, § 149 Abs. 1 Satz 1 Buchst. b bzw. Abs. 3 Satz 1 Nr. 2. Der **Fristbeginn** ist dagegen unterschiedlich festgelegt worden. Während er im allgemeinen mit dem Inkrafttreten des BBergG übereinstimmt, wurde der Beginn der dreijährigen Anzeigefrist bei Rechten im Sinne des Absatzes 1 Satz 1, die im Grundbuch eingetragen sind, von einer **öffentlichen Aufforderung** durch die zuständige Behörde abhängig gemacht, § 149 Abs. 2 Satz 1 Nr. 1. In die öffentliche Aufforderung sind nach Absatz 2 Satz 3 Nrn. 1 und 2 die genaue Bezeichnung jeder einzelnen Berechtigung sowie die Namen der Rechtsinhaber aufzunehmen. Wegen der Vielzahl der im Bereich der ehemaligen Provinz Hannover bestellten Salzabbaugerechtigkeiten – es soll sich um 200 000 bis 500 000 Fälle handeln – sieht sich die Bergbehörde nicht in der Lage, mit einem vertretbaren Aufwand die öffentliche Aufforderung in der vorgeschriebenen Form bekanntzumachen und damit die Anzeigefrist in Gang zu setzen.

4 Der Gesetzgeber hat dieser Schwierigkeit durch die vorliegende Gesetzesänderung Rechnung getragen, und zwar in der Weise, daß durch Absatz 2 a die dreijährige Anzeigefrist des Absatzes 1 Satz 1 Buchst. b für die hier in Betracht kommenden Salzabbaugerechtigkeiten **aufgehoben** worden ist. Damit wurde sichergestellt, daß ein **Erlöschen** dieser Berechtigungen **durch Fristablauf** nach § 149 Abs. 5 Satz 1 **nicht eintreten** kann. Im übrigen gelten jedoch die Vorschriften des § 149 über die Anzeige und Bestätigung alter Rechte und Verträge weiterhin auch für die genannten Salzabbaugerechtigkeiten. Um den Status einer vollwertigen Bergbauberechtigung neuen Rechts zu erhalten, müssen sie also der zuständigen Behörde, d. h. dem Oberbergamt angezeigt und von diesem bestätigt werden. Bis zur Bestätigung ihrer Aufrechterhaltung befinden sich die Abbaugerechtigkeiten in einem **Schwebezustand,** in dem sie einerseits noch nicht erloschen sind, andererseits ihrem Inhaber aber nicht die Rechtsposition eines aufrechterhaltenen Rechts im Sinne des BBergG gewähren. Vgl. dazu im Hauptband § 149 Rdn. 38.

5 Falls eine Salzabbaugerechtigkeit ausgeübt werden soll, hat der Rechtsinhaber jederzeit die Möglichkeit, sie beim Oberbergamt anzuzeigen und die Bestätigung ihrer Aufrechterhaltung zu beantragen. Ist die Befugnis zur Ausübung der Salzabbaugerechtigkeit durch einen Vertrag i. S. des § 149 Abs. 1 Satz 1 Nr. 6 – z. B. durch Pachtvertrag – auf einen Dritten übertragen worden, ist **jeder Vertragspartner anzeigeberechtigt,** vgl. Nr. 2.21 Abs. 1 der Allg. Verwaltungsvorschrift über das Verfahren zur Aufrechterhaltung alter Rechte und Verträge vom 12. 3. 1982 (BAnz. Nr. 53 v. 18. 3. 1982), abgedruckt im Hauptband Anh. II S. 1167 ff. Zur rechtsgeschäftlichen Übertragung einer Salzabbaugerechtigkeit sowie zur Änderung eines darüber abgeschlossenen (Pacht-)Vertrages bedarf es gem. § 156 Abs. 2 der Genehmigung durch die zuständige Behörde, d. h. das Oberbergamt. Die Genehmigung setzt voraus, daß die Salzabbaugerechtigkeit zuvor angezeigt und bestätigt worden ist.

Die von *Sladek* in seinem Beitrag „Die Salzrechte in Niedersachsen und ihre Aufrechterhaltung nach dem BBergG" ZfB 131, 165 (175) vertretene Meinung, für die Übertragung noch nicht aufrechterhaltener Salzabbaugerechtigkeiten sei keine Genehmigung nach § 156 Abs. 2 erforderlich, ist kaum haltbar. Der Hinweis auf die Eigentumsgarantie geht in diesem Zusammenhang fehl, denn durch das Genehmigungserfordernis wird der Bestand der Berechtigung nicht beeinträchtigt. Vielmehr wird die bis dahin nur schwebend wirksame Berechtigung durch die als Voraussetzung für die Genehmigung notwendige Bestätigung der Aufrechterhaltung erst in ein Vollrecht umgewandelt. Es liegt im Interesse der Rechtssicherheit und dient dem Schutz des Erwerbers, wenn der Rechtsinhaber verpflichtet ist, eine noch nicht aufrechterhaltene Salzabbaugerechtigkeit zunächst zur Bestätigung anzumelden, bevor er sie durch Übertragung auf einen anderen in den rechtsgeschäftlichen Verkehr bringt. Im Hinblick auf die ordnungspolitische Zielsetzung der §§ 149 ff wird an der von uns bisher vertretenen Auffassung festgehalten.

Sofern die Salzabbaugerechtigkeiten nicht aufgrund privatrechtlicher Verein- **6**
barung oder durch Versagung der Bestätigung nach § 149 Abs. 5 Satz 2 erlöschen, entfalten sie, auch wenn sie nicht angezeigt und bestätigt werden, für unbegrenzte Zeit noch eine dahingehende **Sperrwirkung,** daß in ihren Grenzen keine neuen Bergbauberechtigungen auf Salze erteilt werden können. Die mit der Bergrechtsreform von 1980 angestrebte Rechtsbereinigung hat also durch die nachträglich erfolgte Aufhebung der Anzeigefrist für die genannten Gerechtigkeiten eine gewisse Einschränkung erfahren. Damit hierdurch keine größeren volkswirtschaftlichen Schäden eintreten können, hat der Gesetzgeber durch eine Ergänzung des § 160 die Möglichkeit geschaffen, Salzabbaugerechtigkeiten, die nicht angezeigt und bestätigt worden sind, unter bestimmten Voraussetzungen **zwangsweise aufzuheben.** Vgl. dazu § 160 Rdn. 4.

§ 150
Ausnahme von der Bergfreiheit von Bodenschätzen

(1) In § 3 Abs. 3 Satz 1 oder 2 Nr. 2 aufgeführte Bodenschätze, auf die sich ein aufrechterhaltenes Recht oder aufrechterhaltener Vertrag im Sinne des § 149 Abs. 1 Satz 1

Nr. 5 oder 6 oder Abs. 3 bezieht, bleiben bis zum Erlöschen oder bis zur Aufhebung des Rechts oder Vertrages grundeigene Bodenschätze.

(2) In § 3 Abs. 3 Satz 1 nicht aufgeführte und nicht unter § 3 Abs. 3 Satz 2 Nr. 1 und 2 Buchstabe b fallende Bodenschätze, auf die sich ein aufrechterhaltenes Recht oder aufrechterhaltener Vertrag im Sinne des § 149 Abs. 1 Nr. 1 bis 4 oder eine nach § 172 erteilte Bewilligung bezieht, bleiben bis zum Erlöschen oder bis zur Aufhebung des Rechts, des Vertrages oder der Bewilligung bergfreie Bodenschätze.

§ 151
Bergwerkseigentum

(1) Aufrechterhaltenes Bergwerkseigentum im Sinne des § 149 Abs. 1 Satz 1 Nr. 1 gewährt das nicht befristete ausschließliche Recht, nach den Vorschriften dieses Gesetzes

1. die in der Verleihungsurkunde bezeichneten Bodenschätze in dem Bergwerksfeld aufzusuchen, zu gewinnen und Eigentum daran zu erwerben,
2. in dem Bergwerksfeld andere Bodenschätze mitzugewinnen und das Eigentum daran zu erwerben,
3. die bei Anlegung von Hilfsbauen zu lösenden oder freizusetzenden Bodenschätze zu gewinnen und das Eigentum an diesen Bodenschätzen zu erwerben,
4. die erforderlichen Einrichtungen im Sinne des § 2 Abs. 1 Nr. 3 zu errichten und zu betreiben,
5. Grundabtretung zu verlangen.

(2) Im übrigen gilt § 9 mit folgender Maßgabe entsprechend:

1. Das Recht nach Absatz 1 Nr. 1 erstreckt sich auch auf die in der Verleihungsurkunde bezeichneten Bodenschätze, soweit sie sich in Halden eines früheren, auf Grund einer bereits erloschenen Gewinnungsberechtigung betriebenen Bergbaus innerhalb des Bergwerksfeldes befinden, es sei denn, daß die Halden im Eigentum des Grundeigentümers stehen;
2. die §§ 18 und 31 sind nicht anzuwenden;
3. Zuschreibungen und Vereinigungen, die bei Inkrafttreten dieses Gesetzes bestehen, bleiben von § 9 Abs. 2 unberührt; die Länder können Vorschriften über ihre Aufhebung erlassen;
4. Vereinigung und Austausch mit nach Inkrafttreten dieses Gesetzes verliehenem Bergwerkseigentum sind nicht zulässig.

§ 152
Aufrechterhaltene Rechte und Verträge zur Aufsuchung, Forschungshandlungen

(1) Aufrechterhaltene Rechte und Verträge im Sinne des § 149 Abs. 1 Satz 1 Nr. 1, 2 und 4, die nur zur Aufsuchung von Bodenschätzen berechtigen, gelten für die Bodenschätze, die Zeit und den Bereich, für die sie aufrechterhalten bleiben, als Erlaubnisse nach § 7, soweit dieses Gesetz nichts anderes bestimmt.

(2) § 18 ist anzuwenden, wenn der Widerrufsgrund nach dem Inkrafttreten dieses Gesetzes eintritt oder fortbesteht. Eine Verlängerung ist, auch wenn sie nach dem Inhalt der Rechte oder Verträge nach den beim Inkrafttreten dieses Gesetzes geltenden bergrechtlichen Vorschriften des Bundes und der Länder vorgesehen ist, nur unter der Voraussetz-

zung des §16 Abs. 4 Satz 2 zulässig. Nicht befristete Rechte und Verträge erlöschen nach Ablauf von zehn Jahren nach Inkrafttreten dieses Gesetzes. Bei Neuerteilung einer Erlaubnis hat der Antrag des aus dem erloschenen Recht oder Vertrag Berechtigten den Vorrang vor allen anderen Anträgen, wenn für seinen Antrag kein Versagungsgrund nach §11 vorliegt; §14 ist insoweit nicht anzuwenden.

(3) Ist ein Recht im Sinne des Absatzes 1 im Grundbuch eingetragen, so ersucht die zuständige Behörde das Grundbuchamt um Löschung des Rechts.

(4) Aufrechterhaltene Rechte im Sinne des §149 Abs. 1 Satz 1 Nr. 2, die nur zu solchen Forschungshandlungen im Bereich des Festlandsockels berechtigen, die ihrer Art nach zur Aufsuchung von Bodenschätzen offensichtlich ungeeignet sind, gelten für die Forschungshandlungen, die Zeit und den Bereich, für die sie aufrechterhalten bleiben, als Genehmigung nach §132, soweit dieses Gesetz nichts anderes bestimmt. Der Inhalt dieser Rechte bleibt insoweit unberührt, als er diesem Gesetz nicht widerspricht. Nicht befristete Rechte erlöschen nach Ablauf von zehn Jahren nach Inkrafttreten dieses Gesetzes.

§153
Konzessionen, Erlaubnisse und Verträge zur Gewinnung

Aufrechterhaltene Rechte und Verträge im Sinne des §149 Abs. 1 Satz 1 Nr. 2 und 7, die zur Gewinnung von Bodenschätzen oder zur Verfügung über Bodenschätze berechtigen, gelten für die Bodenschätze, die Zeit und den Bereich, für die sie aufrechterhalten bleiben, als Bewilligung nach §8, soweit dieses Gesetz nichts anderes bestimmt. §152 Abs. 2 Satz 1 sowie Abs. 3 gilt entsprechend. Auf eine Verlängerung befristeter Rechte und Verträge gilt §16 Abs. 5 Satz 3 entsprechend.

§154
Bergwerke, Bergwerksberechtigungen und Sonderrechte

(1) Aufrechterhaltene Rechte im Sinne des §149 Abs. 1 Satz 1 Nr. 4, die zur Aufsuchung und Gewinnung berechtigen, gelten für die Bodenschätze und den Bereich, für die sie aufrechterhalten bleiben, als Bergwerkseigentum im Sinne des §151. Rechte, die ihrem Wortlaut nach auf alle vom Verfügungsrecht des Grundeigentümers ausgeschlossenen Bodenschätze erteilt, übertragen oder verliehen worden sind, gelten dabei für die Bodenschätze, die nach den beim Inkrafttreten dieses Gesetzes geltenden bergrechtlichen Vorschriften des Landes oder Landesteiles, in dessen Gebiet das Recht gilt, bergfrei oder dem Staate vorbehalten waren. Steht nicht fest, auf welche Bodenschätze sich ein Recht bezieht, so ist insoweit der Inhalt des Rechts durch die zuständige Behörde für den Zeitpunkt des Inkrafttretens dieses Gesetzes festzustellen. Dabei sind Art und Umfang der in den letzten dreißig Jahren vor Inkrafttreten dieses Gesetzes ausgeübten Tätigkeit angemessen zu berücksichtigen.

(2) Ist bei der Erteilung, Übertragung oder Verleihung des Rechts im Sinne des Absatzes 1 Satz 1 eine Urkunde, die der nach den beim Inkrafttreten dieses Gesetzes geltenden bergrechtlichen Vorschriften der Länder über die Entstehung von Bergwerkseigentum auf bergfreie Bodenschätze erforderlichen Verleihungsurkunde entspricht, nicht ausgefertigt worden, so hat die zuständige Behörde eine die Verleihungsurkunde ersetzende Urkunde auszustellen und auf Verlangen dem beim Inkrafttreten dieses Gesetzes Berechtigten zuzustellen. Die Urkunde muß dem §17 Abs. 2 Satz 2 entsprechen und den Inhalt der Feststellung nach Absatz 1 Satz 3 und 4 enthalten.

(3) Ist ein Recht im Sinne des Absatzes 1 Satz 1 nicht oder nicht als Bergwerkseigentum im Grundbuch eingetragen, so gilt § 17 Abs. 3 entsprechend. An die Stelle der beglaubigten Abschrift der Berechtsamsurkunde tritt eine beglaubigte Abschrift der Verleihungsurkunde oder einer entsprechenden Urkunde.

§ 155
Dingliche Gewinnungsrechte

Aufrechterhaltene dingliche Gewinnungsrechte im Sinne des § 149 Abs. 1 Satz 1 Nr. 3 treten für die Bodenschätze, die Zeit und den Bereich, für die sie aufrechterhalten bleiben, an die Stelle des durch sie belasteten Bergwerkseigentums. Die §§ 24 bis 29 sind nicht anzuwenden.

§ 156
Aufrechterhaltene Rechte und Verträge über grundeigene Bodenschätze

(1) Der Inhalt aufrechterhaltener Rechte und Verträge im Sinne des § 149 Abs. 1 Satz 1 Nr. 5 und 6 bleibt unberührt, soweit dieses Gesetz nichts anderes bestimmt.

(2) Rechte im Sinne des Absatzes 1 können nur mit Genehmigung der zuständigen Behörde an einen anderen durch Rechtsgeschäft abgetreten oder zur Ausübung überlassen werden. Dasselbe gilt für die Änderung von Verträgen im Sinne des Absatzes 1 und des § 149 Abs. 3 Satz 2 sowie für die Überlassung der Ausübung des sich aus einem solchen Vertrag ergebenden Aufsuchungs- oder Gewinnungsrechts. Die Genehmigung darf nur versagt werden, wenn die Abtretung, Überlassung oder Änderung die sinnvolle oder planmäßige Aufsuchung oder Gewinnung der Bodenschätze beeinträchtigt oder gefährdet.

(3) Rechte und Verträge im Sinne des Absatzes 1 erlöschen nach Maßgabe der beim Inkrafttreten dieses Gesetzes geltenden bergrechtlichen Vorschriften der Länder, sofern sie nicht bereits vorher aus anderen Gründen erloschen sind. § 149 Abs. 6 gilt entsprechend.

§ 157
Grundrenten

Aufrechterhaltene Grundrenten und sonstige Abgaben im Sinne des § 149 Abs. 1 Satz 1 Nr. 8 sind nach Maßgabe der für sie beim Inkrafttreten dieses Gesetzes geltenden Vorschriften weiterhin zu entrichten.

§ 158
Erbstollengerechtigkeiten

(1) Auf aufrechterhaltene Erbstollengerechtigkeiten im Sinne des § 149 Abs. 1 Satz 1 Nr. 9 sind, soweit sich aus Absatz 1 nichts anderes ergibt, die beim Inkrafttreten dieses Gesetzes geltenden Vorschriften anzuwenden.

(2) Der aus einer Erbstollengerechtigkeit Berechtigte hat innerhalb von drei Jahren nach Inkrafttreten dieses Gesetzes die Eintragung der Erbstollengerechtigkeit im Grundbuch zu beantragen. Erbstollengerechtigkeiten, deren Eintragung im Grundbuch nicht innerhalb dieser Frist beantragt worden ist, erlöschen, soweit sie nicht bereits vor Ablauf dieser Frist aus anderen Gründen erloschen sind.

§ 159
Alte Rechte und Aufsuchung zu wissenschaftlichen Zwecken

Aufrechterhaltene alte Rechte und Verträge, die allein oder neben anderen Befugnissen ein ausschließliches Recht zur Aufsuchung von Bodenschätzen zum Gegenstand haben, schließen die Erteilung einer Erlaubnis zur großräumigen Aufsuchung sowie einer oder mehrerer Erlaubnisse zur Aufsuchung zu wissenschaftlichen Zwecken nach § 7 für dasselbe Feld nicht aus.

§ 160
Enteignung alter Rechte und Verträge

(1) Die nach § 149 aufrechterhaltenen Rechte und Verträge können durch die zuständige Behörde gegen Entschädigung ganz oder teilweise aufgehoben werden, soweit von dem Fortbestand dieser Rechte oder der Fortsetzung ihrer Nutzung oder von der Aufrechterhaltung oder der Durchführung der Verträge eine Beeinträchtigung des Wohles der Allgemeinheit zu erwarten ist, insbesondere wenn sich das Recht oder der Vertrag auf Bodenschätze von besonderer volkswirtschaftlicher Bedeutung bezieht und diese Bodenschätze nur deshalb nicht gewonnen werden, weil der Berechtigte das Recht nicht nutzt oder den Vertrag nicht durchführt und die Nutzung oder Durchführung nach den gegebenen Umständen auch nicht in absehbarer Zeit aufnehmen wird.

(2) Die Entschädigung ist als einmalige Leistung in Geld zu entrichten; § 84 Abs. 2, 4 Satz 3 und Absatz 5 Satz 1, § 85 Abs. 1 und 2, § 86 Abs. 1 und 3, § 89 Abs. 2 und 4 und § 90 Abs. 1 Nr. 2 und 4, Absatz 2 und 4 gelten entsprechend. Wird ein Recht dinglicher Art aufgehoben, so gelten für die Entschädigung die Artikel 52 und 53 des Einführungsgesetzes zum Bürgerlichen Gesetzbuch entsprechend.

(3) Die Entschädigung ist von dem Land zu leisten, in dem die Bodenschätze belegen sind, auf die sich das ganz oder teilweise aufgehobene Recht oder der ganz oder teilweise aufgehobene Vertrag bezogen hat; sind die Bodenschätze im Bereich des Festlandsockels belegen, so ist die Entschädigung vom Bund zu leisten.

(4) Auf die Enteignung nach den Absätzen 1 bis 3 sind die Vorschriften über das förmliche Verwaltungsverfahren nach Teil V Abschnitt 1 des Verwaltungsverfahrensgesetzes anzuwenden.

(5) Ist ein nach Absatz 1 ganz oder teilweise aufgehobenes Recht im Grundbuch eingetragen und die Aufhebung unanfechtbar, so ersucht die zuständige Behörde das Grundbuchamt um die Berichtigung des Grundbuchs.

(6) Für Rechte im Sinne des § 149 Abs. 2 a, die noch nicht bestätigt worden sind, gelten die Absätze 1 bis 5 entsprechend.

Zu § 160

Durch Art. 1 Nr. 10 des Gesetzes zur Änderung des Bundesberggesetzes vom 12. 2. 1990 (BGBl. I S. 215) ist in § 160 der Absatz 6 eingefügt worden. **1**

Die Ergänzung des § 160 ist im Zusammenhang mit der Änderung des § 149 erfolgt. Durch den in § 149 neu aufgenommenen Absatz 2 a wurde die in § 149 Abs. 1 Satz 1 Buchst. b festgelegte **Anzeigefrist** von drei Jahren für die aufgrund **2** des Gesetzes über die Bestellung von Salzabbaugerechtigkeiten in der Provinz Hannover vom 4. 8. 1904 (Nieders. GVBl. III S. 359) in das Grundbuch eingetragenen Salzabbaugerechtigkeiten **außer Kraft gesetzt.**

3 Dies bedeutet, daß die genannten Abbaugerechtigkeiten im Unterschied zu den anderen alten Rechten und Verträgen **nicht durch Fristablauf erlöschen.** Sie bleiben also, wenn sie nicht vom Grundeigentümer selbst aufgehoben werden, auf unabsehbare Zeit weiter existent. Um sie in ein aufrechterhaltenes Recht im Sinne des BBergG zu überführen, bedarf es der Anzeige und der Bestätigung durch die zuständige Behörde. Ein Zwang zur Anzeige kann aber nicht ausgeübt werden. Deshalb ist davon auszugehen, daß es auch in Zukunft eine Vielzahl von Salzabbaugerechtigkeiten im Bereich der ehemaligen Provinz Hannover gibt, die noch nicht erloschen, aber auch nicht in eine vollwirksame Bergbauberechtigung neuen Rechts umgewandelt worden sind. Sie berechtigen in dieser Form zwar nicht zur Ausübung eines Aufsuchungs- oder Gewinnungsrechts, entfalten jedoch eine **Sperrwirkung** gegenüber neuen Salzgewinnungsrechten, vgl. im Hauptband § 149 Rdn. 38. Um zu gewährleisten, daß hierdurch keine Beeinträchtigung einer sinnvollen und im Allgemeininteresse erwünschten Aufsuchung und Gewinnung heimischer Salzvorkommen eintritt, sah sich der Gesetzgeber gezwungen, die rechtliche Handhabe für eine behördliche Aufhebung solcher schwebend wirksamen Rechte im Einzelfall zu schaffen. Den Ansatz hierzu bot § 160, der die Enteignung alter Rechte und Verträge zum Inhalt hat.

4 Nach der ursprünglichen Fassung dieser Vorschrift war die Durchführung eines Aufhebungsverfahrens nur möglich bei alten Rechten oder Verträgen, die fristgemäß angezeigt und von der zuständigen Behörde bestätigt worden waren, denn nur „aufrechterhaltene" Rechte und Verträge konnten Gegenstand einer Aufhebung nach § 160 sein; vgl. im Hauptband § 160 Rdn. 2. Hierzu zählen nach wie vor auch die oben bezeichneten Salzabbaugerechtigkeiten, soweit sie angezeigt und bestätigt worden sind. Durch den neu eingefügten Absatz 6 ist die Möglichkeit einer zwangsweisen Aufhebung darüber hinaus auf solche Salzabbaugerechtigkeiten ausgedehnt worden, deren Aufrechterhaltung **noch nicht vom Oberbergamt bestätigt** worden ist.

5 Die Voraussetzungen für die Aufhebung und das Aufhebungsverfahren richten sich nach den Bestimmungen der Absätze 1 bis 5, die gem. Absatz 6 auf die genannten Rechte entsprechend anwendbar sind. Wegen der Einzelheiten wird auf die Kommentierung im Hauptband § 160 Rdn. 3 bis 8 verwiesen.

§ 161
Ausdehnung von Bergwerkseigentum auf aufgehobene Längenfelder

(1) Wird auf Antrag eines Bergwerkseigentümers Bergwerkseigentum für ein Längenfeld nach § 151 in Verbindung mit § 20 oder durch Enteignung nach § 160 ganz oder teilweise aufgehoben, so ist Bergwerkseigentum für ein Geviertfeld, das

1. auf den gleichen Bodenschatz oder die gleichen Bodenschätze wie das Bergwerkseigentum für das Längenfeld verliehen worden ist und
2. den durch die Aufhebung betroffenen Bereich des Längenfeldes ganz umschließt,

auf Antrag des Bergwerkseigentümers des Geviertfeldes durch Entscheidung der zuständigen Behörde auf den durch die Aufhebung betroffenen Bereich des Längenfeldes auszudehnen. Wird nur ein Teil des durch die Aufhebung betroffenen Bergwerkseigentums für ein Längenfeld von einem auf den gleichen Bodenschatz verliehenen Bergwerkseigentum für ein Geviertfeld umschlossen, so ist hinsichtlich des umschlossenen Teils Satz 1 anzuwenden.

(2) Geviertfeld ist ein Feld, das den Voraussetzungen des §4 Abs. 7 entspricht. Längenfeld ist ein Feld, das im Streichen und Einfallen dem Verlauf einer Lagerstätte folgt. Als Längenfeld im Sinne des Absatzes 1 gilt auch ein Feld, das, wie Breitenfelder, Vertikallagerungsfelder, Gevierte Grubenfelder, weder die Voraussetzungen des Satzes 1 noch des Satzes 2 erfüllt.

§162
Entscheidung, Rechtsänderung

(1) In der Entscheidung über die Ausdehnung des Bergwerkseigentums für ein Geviertfeld auf den Bereich eines durch Enteignung nach §160 ganz oder teilweise aufgehobenen Bergwerkseigentums für ein Längenfeld hat die zuständige Behörde dem Antragsteller aufzuerlegen, die nach §160 Abs. 2 Satz 1 geleistete Entschädigung dem Land bis zur Höhe des Verkehrswertes des Bereichs zu erstatten, auf den das Bergwerkseigentum für ein Geviertfeld ausgedehnt wird. Für die Bemessung des Verkehrswerts, die nach §85 Abs. 2 vorzunehmen ist, ist der Zeitpunkt der Entscheidung maßgebend.

(2) Mit Unanfechtbarkeit der Entscheidung wird die Ausdehnung des Geviertfeldes wirksam. Die zuständige Behörde hat die erforderlichen Zusatzurkunden auszufertigen. Die zuständige Behörde ersucht das Grundbuchamt, die Rechtsänderung im Grundbuch einzutragen.

Zweites Kapitel
Auflösung und Abwicklung der bergrechtlichen Gewerkschaften

§163
Auflösung und Umwandlung

(1) Die bei Inkrafttreten dieses Gesetzes bestehenden Gewerkschaften mit eigener oder ohne eigene Rechtspersönlichkeit sind mit Ablauf des 1. Januar 1986 aufgelöst, wenn nicht bis zu diesem Tage

1. ein Beschluß über die Umwandlung der Gewerkschaft nach den Vorschriften des Umwandlungsgesetzes oder nach den §§384, 385 und 393 des Aktiengesetzes zur Eintragung in das Handelsregister angemeldet ist,
2. ein Beschluß über die Verschmelzung der Gewerkschaft mit einer Aktiengesellschaft oder einer Kommanditgesellschaft auf Aktien nach den §§357 oder 358 des Aktiengesetzes oder mit einer Gesellschaft mit beschränkter Haftung nach den Vorschriften des Zweiten Abschnitts des Gesetzes über die Kapitalerhöhung aus Gesellschaftsmitteln

und über die Verschmelzung von Gesellschaften mit beschränkter Haftung zur Eintragung in das Handelsregister angemeldet ist oder

3. die Gewerkschaft durch Beschluß der Gewerkenversammlung oder in sonstiger Weise aufgelöst ist.

Ist der Beschluß über die Umwandlung oder die Verschmelzung angefochten worden, so tritt an die Stelle des in Satz 1 genannten Tages der sechs Monate nach dem Tag der Rechtskraft der Entscheidung liegende Tag. Die Entstehung neuer Gewerkschaften ist ausgeschlossen.

(2) Die Bezeichnung „Gewerkschaft" und der bisher von der Gewerkschaft verwendete Name können in die Firma des Unternehmens, in das die Gewerkschaft umgewandelt worden ist, aufgenommen werden. Die sonstigen firmenrechtlichen Vorschriften bleiben unberührt.

(3) Geschäfte und Verhandlungen, die in der Zeit vom 1. Januar 1982 bis zum 1. Januar 1986 oder zu dem in Absatz 1 Satz 2 genannten Zeitpunkt durchgeführt werden und einer Umwandlung oder Verschmelzung im Sinne des Absatzes 1 Satz 1 Nr. 1 oder 2 dienen, sind von Gebühren und Auslagen der Gerichte und Behörden, soweit sie nicht auf landesrechtlichen Vorschriften beruhen, befreit. Die Befreiung schließt Eintragungen und Löschungen in öffentlichen Büchern ein; sie gilt auch für Beurkundungs- und Beglaubigungsgebühren. Die Sätze 1 und 2 gelten für die Umwandlung einer Gewerkschaft ohne eigene Rechtspersönlichkeit in eine Gewerkschaft mit eigener Rechtspersönlichkeit entsprechend, soweit die Umwandlung der Vorbereitung einer unter Absatz 1 Satz 1 Nr. 1 oder 2 fallenden Umwandlung in eine Gesellschaft mit beschränkter Haftung, Verschmelzung mit einer solchen Gesellschaft oder Umwandlung oder Verschmelzung nach dem Aktiengesetz dient.

(4) Für Gewerkschaften, die am 1. Juli 1985 als Unternehmer im Sinne des § 4 Abs. 5 tätig sind, gelten die Absätze 1 bis 3 mit der Maßgabe, daß an die Stelle des 1. Januar 1986 der 1. Januar 1994 tritt.

Zu § 163

1 Abs. 4 ist durch Art. 8 des Ersten Rechtsbereinigungsgesetzes vom 24. 4. 1986 (BGBl. I S. 560, 561) eingefügt worden, um, wie es in dem Bericht des federführenden Innenausschusses des Bundestages (BT-Drucks. 10/4374) vom 26. 11. 1985, Seite 28 heißt, den noch aktiv im Bergbau tätigen bergrechtlichen Gewerkschaften die Möglichkeit zu geben, innerhalb der nächsten drei Jahre die notwendigen unternehmerischen und gesellschaftsrechtlichen Maßnahmen zur Ausräumung der geltend gemachten Schwierigkeiten zu ergreifen, die einer Umwandlung ihrer Unternehmen gegenwärtig noch entgegenständen. An die Stelle des in § 163 Abs. 3 ursprünglich bestimmten Termins vom 1. 1. 1986 wurde daher unter den dort vorgeschriebenen Voraussetzungen in Abs. 4 der 1. 1. 1989 gesetzt. Durch Art. 2 des Gesetzes zur Änderung des Gesetzes über den Sozialplan im Konkurs- und Vergleichsverfahren und des Bundesberggesetzes vom 20. 12. 1988 (BGBl. I S. 2450) wurde die am 1. 1. 1989 endende Auslauffrist nochmals, und zwar um **fünf Jahre,** also bis zum 1. 1. 1994, verlängert. Zur Begründung wurde in der Beschlußempfehlung und dem Bericht des federfüh-

renden Rechtsausschusses des Bundestages vom 9.11.1988 (BT-Drucks. 11/3279) auf Seite 5 ausgeführt, es solle damit verhindert werden, daß durch die Liquidation oder die Umwandlung der bergrechtlichen Gewerkschaften Arbeitsplätze verlorengingen.

Soweit die in Abs. 4 verlangten Voraussetzungen nicht vorliegen, ist es bei dem ursprünglichen Termin verblieben. **2**

Abs. 4 ist gemäß Art. 37 des Gesetzes vom 24.4.1986 (BGBl. I S. 560) am Tage der Verkündung des Gesetzes, also am 30.4.1986, in Kraft getreten, die Ersetzung des Datums „1. Januar 1989" in der ursprünglichen Fassung des Abs. 4 durch die Angabe „1. Januar 1994" gemäß Art. 4 des Gesetzes vom 20.12.1988 (BGBl. I S. 2450) am Tage nach der Verkündung des Gesetzes, also am 29.12.1988. **3**

§ 164
Abwicklung

(1) Eine aufgelöste oder als aufgelöst geltende Gewerkschaft ist abzuwickeln. Die Fortsetzung der Gewerkschaft ist ausgeschlossen.

(2) Der Repräsentant (Grubenvorstand) hat die Abwickler (Liquidatoren) dem Gericht des Sitzes der Gewerkschaft unverzüglich, spätestens drei Monate nach dem in **§ 163 Abs. 1 Satz 1, 2 oder Abs. 4** genannten Zeitpunkt, namhaft zu machen. Sind dem Gericht des Sitzes der Gewerkschaft bis zu diesem Zeitpunkt keine Abwickler namhaft gemacht worden, so hat es die Abwickler von Amts wegen zu bestellen. Die zuständige Behörde hat die abzuwickelnde Gewerkschaft dem Gericht des Sitzes der Gewerkschaft unter Angabe ihres Namens und, soweit bekannt, des Namens des Repräsentanten (Grubenvorstandes) und der Namen der beteiligten Gewerken bekanntzugeben.

(3) Die Abwickler haben dafür Sorge zu tragen, daß die Abwicklung ohne Verzögerung durchgeführt wird.

Zu § 164

Durch Art. 8 des Ersten Rechtsbereinigungsgesetzes vom 24.4.1986 (BGBl. I S. 560, 561) ist in Abs. 2 Satz 1 die Angabe „§ 163 Abs. 1 Satz 1 oder 2" durch die Angabe „§ 163 Abs. 1 Satz 1, 2 oder Abs. 4" ersetzt worden. Die Notwendigkeit ergab sich durch die Einfügung des Abs. 4 in § 163. **1**

Entgegen der im Hauptband unter Rdn. 4 und 5 zu § 164 näher begründeten Auffassung vertritt das OLG Celle im Beschluß vom 15.9.1988 (ZfB 130, 150) die Ansicht, das Gericht habe **Abwickler** auch dann von **Amts wegen** zu bestellen, wenn der frühere Grubenvorstand („geborener") Liquidator der Gewerkschaft geworden sei, man es aber unterlassen habe, dem Gericht entgegen § 164 Abs. 2 BBergG innerhalb von drei Monaten nach der Auflösung der Gewerkschaft die Abwickler namhaft zu machen; § 164 Abs. 2 sei eine Spezialvorschrift, die dem allgemein für die Liquidation von bergrechtlichen Gewerk- **2** schaften geltenden bürgerlichen Recht vorgehe. Dieser Auffassung kann aus den in Rdn. 5 zu § 164 angegebenen Gründen nicht gefolgt werden; es ist nicht einzusehen, und es ergibt sich insbesondere auch nicht aus der Begründung, warum für die Gewerkschaft eine Spezialregelung getroffen werden sollte.

§ 164 a
Überleitung

Die Fortsetzung einer nach § 163 Abs. 1 aufgelösten Gewerkschaft gilt mit dem Inkrafttreten des § 163 Abs. 4 als beschlossen, wenn bei ihr noch nicht mit der Verteilung des Vermögens unter die Gewerken begonnen worden war und sie am 1. Juli 1985 als Unternehmer im Sinne des § 4 Abs. 5 tätig gewesen ist.

Zu § 164 a

Die vorstehende Überleitungsvorschrift trägt der Tatsache Rechnung, daß das Erste Rechtsbereinigungsgesetz vom 24. 4. 1986 (BGBl. I S. 560) erst nach dem 1. 1. 1986, dem ursprünglichen Ablauf der in § 163 Abs. 1 gesetzten Frist, in Kraft getreten ist.

§ 165
Fortgeltendes Recht

Bis zu dem in § 163 Abs. 1 Satz 1 oder 2 genannten Zeitpunkt und für den Zeitraum einer Abwicklung nach § 164 sind die beim Inkrafttreten dieses Gesetzes für Gewerkschaften geltenden bergrechtlichen Vorschriften der Länder weiterhin anzuwenden, soweit sich aus § 163 Abs. 1 Satz 3 und § 164 nichts anderes ergibt.

Drittes Kapitel
Sonstige Übergangs- und Schlußvorschriften

§ 166
Bestehende Hilfsbaue

Die bei Inkrafttreten dieses Gesetzes bestehenden, nach den vor diesem Zeitpunkt geltenden Vorschriften rechtmäßig angelegten Hilfsbaue gelten als Hilfsbaue im Sinne dieses Gesetzes.

§ 167
Fortgeltung von Betriebsplänen und Anerkennungen

(1) Für Tätigkeiten und Einrichtungen im Sinne des § 2 und der §§ 126 bis 131, die bei Inkrafttreten dieses Gesetzes der Bergaufsicht unterliegen, gilt folgendes:

1. Die im Zeitpunkt des Inkrafttretens dieses Gesetzes zugelassenen Betriebspläne gelten für die Dauer ihrer Laufzeit als im Sinne dieses Gesetzes zugelassen.
2. Die Personen, deren Befähigung zur Leitung und Beaufsichtigung des Betriebes anerkannt ist (Aufsichtspersonen), gelten für die Dauer der Anerkennung, höchstens

jedoch für zwei Jahre nach Inkrafttreten dieses Gesetzes, für die ihnen im Zeitpunkt des Inkrafttretens dieses Gesetzes übertragenen Geschäftskreise als verantwortliche Personen im Sinne der §§ 58 und 59.

3. Die Personen, die vom Unternehmer (Bergwerksbesitzer, Bergwerksunternehmer) im Rahmen seiner verantwortlichen Leitung des Betriebes zur Wahrnehmung bestimmter Aufgaben und Befugnisse für die Sicherheit und Ordnung im Betrieb bestellt und der Bergbehörde namhaft gemacht worden sind (verantwortliche Personen), gelten nach Maßgabe der ihnen im Zeitpunkt des Inkrafttretens dieses Gesetzes übertragenen Aufgaben und Befugnisse als verantwortliche Personen im Sinne der §§ 58 und 59.

(2) Absatz 1 Nr. 2 und 3 gilt von dem Zeitpunkt ab nicht, von dem ab nach einer auf Grund des § 66 Satz 1 Nr. 9 erlassenen Bergverordnung die Fachkunde der in Absatz 1 Nr. 2 und 3 genannten Personen für die ihnen übertragenen Geschäftskreise oder Aufgaben und Befugnisse wegen der in der Bergverordnung gestellten Anforderungen nicht ausreicht oder der Unternehmer ihre Bestellung im Sinne des § 59 ändert.

§ 168
Erlaubnisse für Transit-Rohrleitungen

Die am 1. Januar 1982 nach § 2 des Gesetzes zur vorläufigen Regelung der Rechte am Festlandsockel erteilten vorläufigen Erlaubnisse zur Errichtung oder zum Betrieb von Transit-Rohrleitungen gelten für die Dauer ihrer Laufzeit als Genehmigungen im Sinne des § 133.

§ 169
Übergangszeit bei Unterstellung unter die Bergaufsicht, eingestellte Betriebe

(1) Für Tätigkeiten und Einrichtungen im Sinne des § 2 und der §§ 126 bis 131 (Betriebe), die erst mit Inkrafttreten dieses Gesetzes der Bergaufsicht unterliegen, gilt folgendes:

1. Der Unternehmer hat seinen Betrieb unverzüglich der zuständigen Behörde anzuzeigen.
2. Die nach § 51 oder nach den §§ 126 bis 130 in Verbindung mit § 51 für die Errichtung oder Führung des Betriebes erforderlichen Betriebspläne sind innerhalb einer Frist von vier Monaten nach Inkrafttreten dieses Gesetzes der zuständigen Behörde zur Zulassung einzureichen. Ist der Betriebsplan fristgemäß eingereicht, so bedarf es für die Errichtung oder Fortführung des Betriebes bis zur Unanfechtbarkeit der Entscheidung über die Zulassung keines zugelassenen Betriebsplanes. Bei Untergrundspeichern ist der Nachweis der Veröffentlichung nach § 126 Abs. 1 Satz 2 nicht erforderlich.
3. Verantwortliche Personen sind, soweit nach § 59 Abs. 2 oder nach den §§ 126 bis 131 in Verbindung mit § 59 Abs. 2 erforderlich, innerhalb einer Frist von vier Monaten nach Inkrafttreten dieses Gesetzes zu bestellen und der zuständigen Behörde namhaft zu machen.

(2) Auf Betriebe im Sinne des Absatzes 1, die bei Inkrafttreten dieses Gesetzes bereits endgültig eingestellt waren oder die Erdwärme gewinnen und diese Wärme zu Bade- oder Heilzwecken nutzen, ist dieses Gesetz nicht anzuwenden. Dieses Gesetz ist ferner auf Betriebe nicht anzuwenden, in denen bei Inkrafttreten dieses Gesetzes Ziegeleierzeugnisse auch aus Tonen im Sinne des § 3 Abs. 4 Nr. 1 hergestellt werden.

§ 170
Haftung für verursachte Schäden

Auf Schäden im Sinne des § 114, die ausschließlich vor Inkrafttreten dieses Gesetzes verursacht worden sind, sind die für solche Schäden vor Inkrafttreten dieses Gesetzes geltenden Vorschriften anzuwenden.

§ 171
Eingeleitete Verfahren

(1) In eingeleiteten Grundabtretungs- oder anderen Enteignungsverfahren ist nach den bisher geltenden Vorschriften zu entscheiden. Hat die zuständige Behörde die Entschädigung noch nicht festgesetzt, so sind die Vorschriften dieses Gesetzes über die Entschädigung in gleichen oder entsprechenden Fällen anzuwenden.

(2) In sonstigen eingeleiteten Verfahren ist nach den Vorschriften dieses Gesetzes zu entscheiden.

(3) Die Anfechtung von Verwaltungsakten, die vor Inkrafttreten dieses Gesetzes auf Grund der außer Kraft getretenen Vorschriften ergangen und noch nicht unanfechtbar geworden sind, sowie das weitere Verfahren und die Entscheidung richten sich nach den Vorschriften dieses Gesetzes über die entsprechenden Verwaltungsakte. Ein nach den bisher geltenden Vorschriften zulässiger Rechtsbehelf wird als ein nach diesem Gesetz zulässiger Rechtsbehelf behandelt, auch wenn er bei einer nicht mehr zuständigen Stelle eingelegt wird.

(4) Die Anfechtung von gerichtlichen Entscheidungen, die vor dem Inkrafttreten dieses Gesetzes ergangen und noch nicht unanfechtbar geworden sind oder die in den beim Inkrafttreten dieses Gesetzes anhängigen gerichtlichen Verfahren ergehen, sowie das weitere Verfahren bis zur rechtskräftigen Entscheidung richten sich nach den bisher geltenden Vorschriften.

§ 172
Mutungen

Auf Mutungen, die bei Inkrafttreten dieses Gesetzes bereits eingelegt sind und auf die nach den beim Inkrafttreten dieses Gesetzes jeweils geltenden bergrechtlichen Vorschriften der Länder über das Muten und Verleihen Bergwerkseigentum zu verleihen gewesen wäre, ist für die Bodenschätze und das Feld, für die Bergwerkseigentum zu verleihen gewesen wäre, eine Bewilligung zu erteilen, wenn der Muter nicht innerhalb von zwölf Monaten nach Inkrafttreten dieses Gesetzes auf die Erteilung verzichtet.

§ 173
Zusammenhängende Betriebe

(1) Stehen Tätigkeiten und Einrichtungen im Sinne des § 2 (Betrieb) zur unterirdischen Aufsuchung oder Gewinnung von bergfreien oder grundeigenen Bodenschätzen mit einem Betrieb oder Betriebsteil in unmittelbarem räumlichen und betrieblichen Zusammenhang, in dem andere Bodenschätze übertage aufgesucht oder gewonnen werden, so kann die zuständige Behörde bestimmen, daß an die Tätigkeiten und Einrichtungen in diesem Betrieb oder Betriebsteil die Vorschriften dieses Gesetzes anzuwenden sind, soweit dies mit Rücksicht auf die Untrennbarkeit der Arbeits- und Betriebsvorgänge zwischen unter- und übertage geboten ist. Die Anordnung nach Satz 1 ist aufzuheben, wenn eine der Voraussetzungen für ihren Erlaß entfällt.

(2) Soweit Tätigkeiten und Einrichtungen im Sinne des §2 zur Aufsuchung oder Gewinnung von bergfreien oder grundeigenen Bodenschätzen mit einem Kraftwerk, das zur Aufsuchung oder Gewinnung der Bodenschätze erforderlich ist, oder mit einer Schamottefabrik im unmittelbaren räumlichen und betrieblichen Zusammenhang stehen, kann, wenn das Kraftwerk oder die Schamottefabrik nach den bei Inkrafttreten dieses Gesetzes geltenden Vorschriften zum Bergwesen gehört, die zuständige Landesregierung durch Rechtsverordnung bestimmen, daß auf die Tätigkeiten und Einrichtungen in dem Kraftwerk oder der Schamottefabrik die Vorschriften dieses Gesetzes anzuwenden sind, soweit dies mit Rücksicht auf die Untrennbarkeit der Arbeits- und Betriebsvorgänge notwendig erscheint.

Die §§174–178 enthalten weitere Übergangs- und Schlußvorschriften, auf deren Abdruck hier verzichtet werden kann. Wegen des Wortlautes des Gesetzes wird auf den Hauptband verwiesen.

Anhang

Vertrag

zwischen der Bundesrepublik Deutschland und der Deutschen Demokratischen Republik über die Herstellung der Einheit Deutschlands – Einigungsvertrag – vom 31. August 1990 (BGBl. II S. 889)*

– Auszug –

Anlage I

Kapitel V

Geschäftsbereich des Bundesministers für Wirtschaft

Abschnitt III

Folgende Rechtsvorschriften treten mit den nachfolgend genannten Maßgaben in Kraft:

1. Bundesberggesetz vom 13. August 1980 (BGBl. I S. 1310), zuletzt geändert durch Gesetz vom 12. Februar 1990 (BGBl. I S. 215), mit folgenden Maßgaben:

   a) Mineralische Rohstoffe im Sinne des § 3 des Berggesetzes der Deutschen Demokratischen Republik vom 12. Mai 1969 (GBl. I Nr. 5 S. 29) und der zu dessen Durchführung erlassenen Vorschriften sind bergfreie Bodenschätze im Sinne des § 3 Abs. 3. Geologische Formationen und Gesteine der Erdkruste, die sich zur unterirdischen behälterlosen Speicherung eignen, gelten als bergfreie Bodenschätze im Sinne des § 3 Abs. 3. Die anderen mineralischen Rohstoffe im Sinne des § 2 des Berggesetzes der Deutschen Demokratischen Republik sind grundeigene Bodenschätze im Sinne des § 3 Abs. 4.

   b) Untersuchungs-, Gewinnungs- und Speicherrechte des Staates im Sinne des § 5 Abs. 2 bis 4 des Berggesetzes der Deutschen Demokratischen Republik, die Dritten zur Ausübung übertragen worden sind (alte Rechte), werden nach Maßgabe der Buchstaben c) bis g) aufrechterhalten. Soweit sich daraus nichts anderes ergibt, erlischt das Untersuchungs-, Gewinnungs- und Speicherrecht des Staates im Sinne des § 5 des Berggesetzes der Deutschen Demokratischen Republik.

* Die nachstehenden Teile des Einigungsvertrages sowie einige hierfür relevante Vorschriften der ehemaligen DDR sind auch in ZfB 132, 1 ff abgedruckt.

c) Untersuchungsrechte erlöschen zwölf Monate nach dem Tage des Wirksamwerdens des Beitritts. § 14 Abs. 1 ist für die Erteilung einer Erlaubnis und insoweit mit der Maßgabe entsprechend anzuwenden, daß an die Stelle des Inhabers einer Erlaubnis der durch ein Lagerstätteninteressengebiet Begünstigte tritt, das auf der Grundlage der Lagerstättenwirtschaftsanordnung vom 15. März 1971 (GBl. II Nr. 34 S. 279) festgelegt worden ist.

d) (1) Gewinnungsrechte an mineralischen Rohstoffen im Sinne des § 3 des Berggesetzes der Deutschen Demokratischen Republik kann der zur Ausübung Berechtigte innerhalb einer Frist von sechs Monaten nach dem Tage des Wirksamwerdens des Beitritts bei der für die Zulassung von Betriebsplänen zuständigen Behörde zur Bestätigung anmelden.

(2) Die Bestätigung ist zu erteilen, wenn

1. das Gewinnungsrecht
1.1. dem Antragsteller am 31. Dezember 1989 zur Ausübung nach § 5 des Berggesetzes der Deutschen Demokratischen Republik wirksam übertragen war oder
1.2. dem Antragsteller nach dem 31. Dezember 1989
– auf Grund der Vierten Durchführungsbestimmung zur Verordnung über die Gründung und Tätigkeit von Unternehmen mit ausländischer Beteiligung in der Deutschen Demokratischen Republik – Berechtigung zur Gewinnung mineralischer Rohstoffe – vom 14. März 1990 (GBl. I Nr. 21 S. 189),
– auf Grund der Verordnung über die Verleihung von Bergwerkseigentum vom 15. August 1990 (GBl. I Nr. 53 S. 1071) als Bergwerkseigentum oder
– sonst von der zuständigen Behörde übertragen wurde und
1.3. bis zum Tage des Wirksamwerdens des Beitritts nicht aufgehoben worden ist und

2. der Antragsteller das Vorliegen der Voraussetzungen nach Nummer 1. sowie den Umfang der auf Grund der Vorratsklassifikationsanordnung vom 28. August 1979 (Sonderdruck Nr. 1019 des Gesetzblattes), bei radioaktiven Bodenschätzen auf Grund einer entsprechenden methodischen Festlegung, bestätigten und prognostizierten Vorräte sowie
2.1. in den Fällen der Nummer 1.2. erster und dritter Anstrich das Vorliegen einer Bescheinigung der Staatlichen Vorratskommission über die ordnungsgemäße Übertragung des Gewinnungsrechts,
2.2. in den Fällen der Nummer 1.2. zweiter Anstrich die Eintragung des Bergwerkseigentums in das Bergwerksregister
mit den für die Bestätigung erforderlichen Unterlagen nachweist.

(3) Das Gewinnungsrecht ist im beantragten Umfang, höchstens im Umfang der bestätigten und prognostizierten Vorräte sowie
1. in den Fällen des Absatzes 2 Nr. 1.1. und 1.2. erster und dritter Anstrich für eine zur Durchführung der Gewinnung der Vorräte angemessene Frist, die 30 Jahre nicht überschreiten darf,

2. in den Fällen des Absatzes 2 Nr. 1.2. zweiter Anstrich unbefristet

in einer Form zu bestätigen, die den sich aus § 8 oder § 151 in Verbindung mit § 4 Abs. 7 ergebenden Anforderungen entspricht.

(4) Ein bestätigtes Gewinnungsrecht gilt für die Bodenschätze, die Zeit und den Bereich, für die es bestätigt wird,
1. in den Fällen des Absatzes 2 Nr. 1.1. und 1.2. erster und dritter Anstrich als Bewilligung im Sinne des § 8,
2. im Falle des Absatzes 2 Nr. 1.2. zweiter Anstrich als Bergwerkseigentum im Sinne des § 151.

(5) Die §§ 75 und 76 gelten für bestätigte alte Rechte sinngemäß.

(6) Nicht oder nicht fristgemäß angemeldete Rechte erlöschen mit Fristablauf. Rechte, denen die Bestägigung versagt wird, erlöschen mit dem Eintritt der Unanfechtbarkeit der Versagung.

(7) Bergrechtliche Pflichten aus einem bis zum Tage des Wirksamwerdens des Beitritts ausgeübten Gewinnungsrecht bleiben von einer das bisherige Gewinnungsrecht nicht voll umfassenden Bestätigung unberührt. Ist die Rechtsnachfolge in bergrechtlichen Pflichten strittig, stellt die für die Bestätigung zuständige Behörde die Verantwortung fest. Die Rechtsnachfolger sind verpflichtet, die dazu erforderlichen Auskünfte zu erteilen.

e) Für Gewinnungsrechte an anderen mineralischen Rohstoffen gilt Buchstabe d entsprechend mit folgenden Maßgaben:
aa) Der Antragsteller muß zusätzlich nachweisen, daß er sich mit dem Grundeigentümer über eine angemessene Entschädigung für die Gewinnung der Bodenschätze ab dem Tage des Wirksamwerdens des Beitritts geeinigt hat. Ist eine Einigung trotz ernsthafter Bemühungen nicht zustande gekommen, kann der Antragsteller bei der für die Bestätigung zuständigen Behörde eine Entscheidung über die Entschädigung beantragen. Die Behörde entscheidet nach Anhörung des Grundeigentümers in entsprechender Anwendung der §§ 84 bis 90.
bb) Die Bestätigung setzt die Einigung oder die Unanfechtbarkeit der Entscheidung über die Entschädigung voraus.
cc) Die Übertragung der Bewilligung (§ 22) bedarf der Zustimmung des Grundeigentümers. Eine Verleihung von Bergwerkseigentum ist ausgeschlossen. § 31 findet keine Anwendung.

f) Für Speicherrechte gilt Buchstabe d) entsprechend mit der Maßgabe, daß an die Stelle der Gewinnung das Errichten und Betreiben eines Untertagespeichers und an die Stelle der bestätigten und prognostizierten Vorräte die vom Antragsteller nachzuweisende voraussichtlich größte Ausdehnung der in Anspruch genommenen geologischen Speicherformation oder des Kavernenfeldes treten. Auf Untersuchungen des Untergrundes und auf Untergrundspeicher findet § 126 mit der Maßgabe Anwendung, daß auch die Vorschriften der §§ 107 bis 125 entsprechende Anwendung finden.

g) § 153 Satz 2 und 3 und die §§ 159 und 160 finden auf bestätigte alte Rechte entsprechende Anwendung.

h) Die §§ 50 bis 62 und 169 sind mit folgender Maßgabe anzuwenden:
   aa) Technische Betriebspläne, die am Tage des Wirksamwerdens des Beitritts nach dem Berggesetz der Deutschen Demokratischen Republik und den auf Grund dieses Gesetzes erlassenen Vorschriften genehmigt sind, gelten, soweit im folgenden nichts anderes bestimmt ist, für die Dauer ihrer Laufzeit, höchstens jedoch bis zum 31. Dezember 1991 als im Sinne der §§ 50 bis 56 zugelassen. Technische Betriebspläne mit einer Laufzeit bis längstens zum 31. Dezember 1990 können bei Fortführung des Vorhabens ohne wesentliche Veränderung nach Maßgabe des bis zum Tage des Wirksamwerdens des Beitritts geltenden Rechts bis längstens 31. Dezember 1991 verlängert werden. Technische Betriebspläne für die am Tage des Wirksamwerdens des Beitritts laufende oder künftige Einstellung eines Betriebes, die vor dem 1. Oktober 1990 genehmigt worden sind, sind innerhalb einer Frist von vier Monaten nach dem Tage des Wirksamwerdens des Beitritts der zuständigen Behörde zur Zulassung als Abschlußbetriebsplan einzureichen; § 169 Abs. 1 Nr. 2 Satz 2 gilt entsprechend. Für Tätigkeiten und Einrichtungen im Sinne der §§ 2, 126 bis 129 und 131, die erst mit dem Wirksamwerden des Beitritts der Betriebsplanpflicht unterliegen, gilt § 169 Abs. 1 Nr. 1 und 2 entsprechend. § 169 Abs. 2 Satz 2 findet keine Anwendung. In allen Fällen ist der Nachweis der Berechtigung im Sinne des § 55 Abs. 1 Satz 1 Nr. 1 unverzüglich nach der Entscheidung über die Bestätigung, bei Erlaubnissen innerhalb von zwölf Monaten nach dem Tage des Wirksamwerdens des Beitritts zu führen.
   bb) § 52 Abs. 2 a gilt nicht für Vorhaben, bei denen das Verfahren zur Zulassung des Betriebes, insbesondere zur Genehmigung eines Betriebsplanes, am Tage des Wirksamwerdens des Beitritts bereits begonnen war.
   cc) Für die Bestellung und Namhaftmachung verantwortlicher Personen gilt für alle Betriebe § 169 Abs. 1 Nr. 3 entsprechend.

i) Festgesetzte Bergbauschutzgebiete im Sinne des § 11 des Berggesetzes der Deutschen Demokratischen Republik, bei denen nach Feststellung der für die Zulassung von Betriebsplänen zuständigen Behörde innerhalb der nächsten fünfzehn Jahre eine bergbauliche Inanspruchnahme von Grundstücken zu erwarten ist, gelten für den Bereich des Feldes, für das das Gewinnungsrecht bestätigt worden ist, als Baubeschränkungsgebiete nach §§ 107 bis 109 mit der Maßgabe, daß § 107 Abs. 4 unabhängig von den Voraussetzungen für die Festsetzung der Bergbauschutzgebiete gilt, aber erstmalig ab 1. Januar 1995 anzuwenden ist, es sei denn, daß der durch die Baubeschränkung begünstigte Unternehmer eine frühere Aufhebung beantragt. Im übrigen gelten Bergbauschutzgebiete mit dem Tage des Wirksamwerdens des Beitritts als aufgehoben. Das Register der nach Satz 1 als Baubeschränkungsgebiete geltenden Bergbauschutzgebiete gilt als archivmäßige Sicherung nach § 107 Abs. 2.

k) § 112 findet mit der Maßgabe Anwendung, daß als Verstoß auch die Unterlassung oder die nicht ordnungsgemäße Durchführung von Maßnahmen im Sinne der §§ 110 oder 111 gilt, sofern diese vor dem Tage des Wirksamwerdens des Beitritts in bergbaulichen Stellungnahmen gefordert wurde, zu deren Einholung der Bauherr nach dem Berggesetz der Deutschen Demokratischen Republik und den dazu erlassenen Rechtsvorschriften verpflichtet war. Die §§ 114 bis 124 gelten mit der Maßgabe, daß die Haftung nach diesen Vorschriften nur für die Schäden gilt, die ausschließlich ab dem Tage des Wirksamwerdens des Beitritts verursacht werden. Im übrigen sind die für derartige Schäden vor dem Tage des Beitritts geltenden Vorschriften der Deutschen Demokratischen Republik anzuwenden. An die Stelle der in § 124 Abs. 2 enthaltenen planungsrechtlichen Verfahrensabschnitte treten die entsprechenden Verfahrensabschnitte nach dem fortgeltenden Recht der Deutschen Demokratischen Republik, soweit nicht Recht des Gebiets, in dem das Bundesberggesetz schon vor dem Beitritt gegolten hat, auf das in Artikel 3 des Vertrages genannte Gebiet übergeleitet wird.

l) Soweit im übrigen auf Rechtsvorschriften verwiesen wird, die nicht auf das in Artikel 3 des Vertrages genannte Gebiet übergeleitet werden, treten an deren Stelle die entsprechenden Vorschriften des fortgeltenden Rechts der Deutschen Demokratischen Republik.

m) Der Bundesminister für Wirtschaft wird ermächtigt, durch Rechtsverordnung mit Zustimmung des Bundesrates Vorschriften zu erlassen über
   aa) eine andere Zuordnung der in Buchstabe a) erfaßten mineralischen Rohstoffe, soweit dies die im Verhältnis zu § 3 Abs. 3 und 4 geltenden anderen oder unbestimmten Kriterien erfordern,
   bb) eine Verlängerung der in diesem Gesetz geforderten Fristen um höchstens sechs Monate, soweit das mit Rücksicht auf die erforderliche Anpassung geboten ist,
   cc) nähere Einzelheiten zur Aufrechterhaltung und Bestätigung alter Rechte im Sinne des Buchstaben b) sowie für die nach Buchstabe i) als Baubeschränkungsgebiete geltenden Bergbauschutzgebiete und zu deren Aufhebung.

2. Unterlagen-Bergverordnung vom 11. November 1982 (BGBl. I S. 1553)
   mit folgender Maßgabe:
   Die Verordnung tritt am 1. Januar 1994 in Kraft. Bis zum 31. Dezember 1993 kann in dem in Artikel 3 des Vertrages genannten Gebiet nach Maßgabe von Anlage II Kapitel V Sachgebiet D Abschnitt III Nr. 1 nach den bisherigen Regeln verfahren werden.

3. Einwirkungsbereichs-Bergverordnung vom 11. November 1982 (BGBl. I S. 1558)
   mit folgender Maßgabe:
   Die Verordnung tritt am 1. Januar 1994 in Kraft. Bis zum 31. Dezember 1993 kann in dem in Artikel 3 des Vertrages genannten Gebiet nach Maßgabe von Anlage II Kapitel V Sachgebiet D Abschnitt III Nr. 1 nach den bisherigen Regeln verfahren werden.

4. Klima-Bergverordnung vom 9. Juni 1982 (BGBl. I S. 585)
   mit folgender Maßgabe:
   Die Verordnung tritt am 1. Januar 1994 in Kraft. Bis zum 31. Dezember 1993 kann in dem in Artikel 3 des Vertrages genannten Gebiet nach Maßgabe von Anlage II Kapitel V Sachgebiet D Abschnitt III Nr. 1 nach den bisherigen Regeln verfahren werden.

5. Markscheider-Bergverordnung vom 19. Dezember 1986 (BGBl. I S. 2631)
   mit folgender Maßgabe:
   Die Verordnung tritt am 1. Januar 1994 in Kraft. Bis zum 31. Dezember 1993 kann in dem in Artikel 3 des Vertrages genannten Gebiet nach Maßgabe von Anlage II Kapitel V Sachgebiet D Abschnitt III Nr. 1 nach den bisherigen Regeln verfahren werden.

6. Festlandsockel-Bergverordnung vom 21. März 1989 (BGBl. I S. 554)
   mit folgender Maßgabe:
   Die Verordnung tritt am 1. Januar 1994 in Kraft. Bis zum 31. Dezember 1993 kann in dem in Artikel 3 des Vertrages genannten Gebiet nach Maßgabe von Anlage II Kapitel V Sachgebiet D Abschnitt III Nr. 1 nach den bisherigen Regeln verfahren werden.

7. Verordnung über den Sachverständigenausschuß für den Bergbau vom 4. März 1981 (BGBl. I S. 277), geändert durch Verordnung vom 26. November 1986 (BGBl. I S. 2089),
   mit folgender Maßgabe:
   Für eine Übergangszeit bis zum 31. Juli 1993 wird der Ausschuß um folgende Mitglieder (und Stellvertreter) aus den in Artikel 1 des Vertrages genannten Ländern und aus dem Land Berlin für den Teil, in dem das Grundgesetz bisher nicht galt, ergänzt:
   2 Mitglieder als Vertreter der Landesregierungen und 2 Mitglieder als Vertreter der für den Erlaß von Bergverordnungen fachlich zuständigen Landesbehörden jeweils auf Vorschlag des Bundesrates,
   1 Mitglied auf Vorschlag des Wirtschaftsverbandes Bergbau,
   1 Mitglied auf Vorschlag der Industriegewerkschaft Bergbau, Energie und Wasserwirtschaft.

Anlage II

Kapitel V

Geschäftsbereich des Bundesministers für Wirtschaft

Sachgebiet D: Recht des Bergbaus und der Versorgungswirtschaft

Abschnitt III

Folgendes Recht der Deutschen Demokratischen Republik bleibt mit folgenden Maßgaben in Kraft

1. a) Vorschriften der Deutschen Demokratischen Republik, die ganz oder teilweise auf Grund des Berggesetzes der Deutschen Demokratischen Republik vom 12. Mai 1969 (GBl. I Nr. 5 S. 29) oder der zu dessen Durchführung ergangenen Vorschriften erlassen worden sind und Regelungen enthalten, die nach § 64 Abs. 2, §§ 65 bis 68, 125 Abs. 4, § 129 Abs. 2 und § 131 Abs. 2 des Bundesberggesetzes vom 13. August 1980 (BGBl. I S. 1310), zuletzt geändert durch Gesetz vom 12. Februar 1990 (BGBl. I S. 215), erlassen werden können, gelten als Verordnungen im Sinne des § 176 Abs. 3 des Bundesberggesetzes
   mit folgenden Maßgaben:
   aa) In § 176 Abs. 3 Satz 2 des Bundesberggesetzes tritt neben § 68 Abs. 1 der § 64 Abs. 3,

bb) in § 176 Abs. 3 Satz 3 des Bundesberggesetzes treten neben § 68 Abs. 2 die § 125 Abs. 4, § 129 Abs. 2 und § 131 Abs. 2.

b) Die Vorschriften des Berggesetzes der Deutschen Demokratischen Republik und die auf Grund dessen erlassenen Vorschriften zur Gewährleistung der öffentlichen Sicherheit in stillgelegten Anlagen von bergbaulichen Gewinnungsbetrieben, für die ein Rechtsnachfolger nicht vorhanden oder nicht mehr feststellbar ist, oder die bis zum Tag des Wirksamwerdens des Beitritts endgültig eingestellt waren, gelten bis zum Erlaß entsprechender ordnungsbehördlicher Vorschriften der in Artikel 1 Abs. 1 des Vertrages genannten Länder und des Teiles des Landes Berlin, in dem das Grundgesetz bisher nicht galt, mit der Maßgabe weiter, daß an die Stelle der Räte der Bezirke die Landesregierungen treten.

2. Die Verordnung über unterirdische Hohlräume vom 17. Januar 1985 (GBl. I Nr. 5 S. 57) gilt bis zum 31. Dezember 1995.

3. Die Durchführungsbestimmung zur Verordnung über unterirdische Hohlräume vom 17. Januar 1985 (GBl. I Nr. 5 S. 61) gilt bis zum 31. Dezember 1995.

Zum Anhang

Übersicht

I. Überleitung des Bergrechts

Mit Wirkung vom 3. Oktober 1990 ist der Beitritt der ehemaligen Deutschen **1**
Demokratischen Republik zur Bundesrepublik Deutschland gem. Art. 23 GG erfolgt. Die rechtliche Grundlage bildete der Vertrag zwischen der Bundesrepublik Deutschland und der Deutschen Demokratischen Republik über die Herstellung der Einheit Deutschlands — **Einigungsvertrag** — vom 31. August 1990, der durch Gesetz vom 23. September 1990 (BGBl. II S. 885) ratifiziert worden ist. Die grundlegende Bestimmung für die Überleitung von Bundesrecht enthält Art. 8 des Einigungsvertrages. Danach ist am 3. Oktober 1990 in den Ländern Brandenburg, Mecklenburg-Vorpommern, Sachsen, Sachsen-Anhalt und Thüringen sowie in dem Teil des Landes Berlin, in dem das Grundgesetz bisher nicht galt, Bundesrecht in Kraft getreten, und zwar nach Maßgabe der in Anlage I des Vertrages zusammengefaßten „besonderen Bestimmungen". In Anlage II wird das Recht der ehemaligen DDR aufgeführt, das mit den dort genannten Maßgaben in Kraft geblieben ist.

2 Zu den übergeleiteten Rechtsvorschriften gehören auch das **Bundesberggesetz (BBergG)** vom 13. August 1980 (BGBl. I S. 1310) in der zuletzt durch Gesetz vom 12. Februar 1990 (BGBl. I S. 215) geänderten Fassung sowie aufgrund des BBergG vom Bundesminister für Wirtschaft erlassene **Rechtsverordnungen.** Die Modalitäten der Überleitung des bundesdeutschen Bergrechts ergeben sich im einzelnen aus Kapitel V Sachgebiet D Abschnitt III der Anlage I des Einigungsvertrages (BGBl. II S. 1003). Rechtsvorschriften des Bundes, die nicht in der Anlage I aufgeführt werden, sind gem. Art. 8 des Einigungsvertrages unverändert in den hinzugekommenen Gebieten in Kraft getreten. Zur Überleitung des Bergrechts und damit verbundenen Problemen vgl. *Hoffmann*, Deutsche Einigung – bergrechtliche Konsequenzen für die neuen Bundesländer, BB 1991, 1506.

II. Einteilung der Bodenschätze

3 Ein Hauptproblem für die Überleitung berggesetzlicher Vorschriften war die unterschiedliche rechtliche Behandlung der einzelnen Bodenschätze in den beiden Rechtsgebieten. Der **Geltungsbereich des BBergG** ist auf **„bergfreie“ und „grundeigene“ Bodenschätze** beschränkt. Der Kreis der bergfreien Bodenschätze ergibt sich aus § 3 Abs. 3 BBergG, die grundeigenen Bodenschätze werden in § 3 Abs. 4 BBergG genannt. Bodenschätze, die keiner dieser Kategorien zuzuordnen sind, unterliegen gem. § 2 BBergG nicht dem Bergrecht.

Im Rechtsgebiet der ehemaligen DDR bestand dagegen eine andere Ausgangssituation. Dort wurden nämlich gem. §§ 1, 2 des Berggesetzes (BG) vom 12. Mai 1969 (GBl. I S. 29) **sämtliche mineralischen Rohstoffe vom Bergrecht erfaßt.** Die Worte „mineralische Rohstoffe“ wurden als Oberbegriff für alle nutzbaren natürlichen Bestandteile der Erdkruste mit Ausnahme des Wassers und des Bodens als der belebten Verwitterungsrinde verwendet. Als **„Bodenschätze“** wurden in § 3 BG diejenigen mineralischen Rohstoffe bezeichnet, „deren Nutzung von volkswirtschaftlicher Bedeutung ist“. Eine Konkretisierung dieser Umschreibung erfolgte zunächst durch § 1 der Dritten Durchführungsverordnung vom 12. August 1976 (GBl. I S. 403), an dessen Stelle schließlich die nachstehend abgedruckte **Anlage zu der Verordnung über die Verleihung von Bergwerkseigentum** vom 15. August 1990 (GBl. I S. 1071) getreten ist.

(1) Bodenschätze im Sinne des § 3 des Berggesetzes der DDR vom 12. Mai 1969 sind:

1. Feste, flüssige und gasförmige Kohlenwasserstoffe
2. Anthrazit
3. Steinkohle
4. Braunkohle
5. Torf einschließlich anfallender Mudde
6. Brenn- und Ölschiefer
7. gasförmige natürliche mineralische Rohstoffe
8. Minerale und Gesteine, aus denen chemische Elemente oder ihre Verbindungen gewonnen werden können (Erze, Salze, Spate)

II. Einteilung der Bodenschätze

9. folgende hochwertige Minerale und Gesteine
9.1 Kalisalze einschließlich auftretender Sole
9.2 Steinsalze einschließlich auftretender Sole
9.3 Flußspat
9.4 Schwerspat
9.5 Asbest
9.6 Glimmer
9.7 Feldspatgestein, Feldspatsande
9.8 Gips
9.9 Anhydrit
9.10 Marmor
9.11 Dolomit
9.12 Quarz, Quarzit
9.13 Dachschiefer
9.14 Kreide
9.15 Bentonit
9.16 Kaolin für den Einsatz in der Papier-, keramischen oder in der Feuerfestindustrie
9.17 tonige Gesteine zur Herstellung von Aluminium sowie feuerfester und säurefester Erzeugnisse
9.18 tonige Gesteine zur Herstellung von Blähprodukten
9.19 tonige Gesteine für spezielle Einsatzgebiete (als Bindeton in der Gießereiindustrie, als Stützflüssigkeit im Tiefbohrwesen, als Dichtungsmaterial und Pellettiermittel sowie zur Herstellung von Fußbodenfliesen und dichten Fassadenelementen)
9.20 tonige Gesteine zur Herstellung von fein- und sanitärkeramischen Erzeugnissen
9.21 tonige Gesteine zur Herstellung von Mauerklinkern und Hartbrandziegeln
9.22 tonige Gesteine zur Herstellung kleinformatiger Wandbauelemente (Druckfestigkeit: größer 15 MPa)
9.23 Kiese und Kiessande zur Herstellung von Betonzuschlagstoffen (Kiesanteil größer 2 mm: mehr als 10 %
geologische Vorratsmenge: größer 1,0 Mio. t),
einschließlich darin enthaltener Quarzkiese zur Herstellung von Ferro-, Chemie- und Filterkies
9.24 Quarzsande zur Herstellung von Gießereisanden
9.25 Quarzsande zur Herstellung von Glassanden
9.26 Quarz- und Spezialsande zur Herstellung von Kalksandsteinen, Gasbeton und Silika-Mörtel
9.27 Gesteine zur Herstellung von Schotter und Splitt
9.28 Gesteine zur Herstellung von Werk- und Dekosteinen
9.29 Kalksteine zur Herstellung von Zement
9.30 Kalksteine zur Herstellung von Industrie-, Brannt- und Düngekalk
10. Natürliche radioaktive Stoffe
11. Formationen und Gesteine, die zur unterirdischen behälterlosen Speicherung geeignet sind.

(2) Die Zuordnung der mineralischen Rohstoffe zu den Bodenschätzen gemäß Ziffern 1–11 erfolgt auf der Grundlage der jeweils geltenden Standards, Normen und Prüfungsvorschriften für Rohstoffe bzw. Fertigerzeugnisse.

Soweit die Zuordnung der mineralischen Rohstoffe zu den Bodenschätzen von zusätzlichen Kriterien abhängig gemacht wird (Nr. 9.16–9.30), kommt es auf die **Eignung** des betreffenden mineralischen Rohstoffs zu dem jeweils angegebenen Verwendungszweck an. Wollte man die Zuordnung auf die tatsächliche Verwendung abstellen, würde die Gesetzesanwendung von subjektiven Kriterien abhängig gemacht. Dies stände in Widerspruch zur Systematik des BBergG (vgl. im Hauptband § 3 Rdn. 50). Aus dem Absatz 2 der Anlage zu der Verordnung vom 15. August 1990 ergibt sich, daß auch bereits vor dem Wirksamwerden des Beitritts die Zuordnung allein nach objektiven Maßstäben zu erfolgen hatte. Bei dem in Nr. 9.23 enthaltenen Kriterium der „geologischen Vorratsmenge“ wird von der Ausdehnung der betreffenden **Gesamtlagerstätte** auszugehen sein.

4 Im Einigungsvertrag ist das Problem der rechtlichen Abgrenzung auf die Weise gelöst worden, daß die mineralischen Rohstoffe i. S. des § 3 BG und der VO vom 15. August 1990 den **bergfreien** Bodenschätzen nach § 3 Abs. 3 BBergG, die anderen mineralischen Rohstoffe den **grundeigenen** Bodenschätzen gem. § 3 Abs. 4 BBergG zugeordnet wurden (Kapitel V Sachgebiet D Abschnitt III Nr. 1 Buchst. a) der Anlage I des Einigungsvertrages). Dies hat zur Folge, daß innerhalb der neuen Grenzen der Bundesrepublik Deutschland für die Aufsuchung und Gewinnung von Bodenschätzen regional unterschiedliches Recht anzuwenden ist. Während für das bisherige Bundesgebiet die ursprüngliche Fassung des § 3 Abs. 3 und 4 BBergG maßgebend bleibt, gilt in den neu hinzugekommenen Ländern und Landesteilen der erweiterte Inhalt dieses Paragraphen, d. h. hier unterliegt die Aufsuchung, Gewinnung und Aufbereitung **sämtlicher Bodenschätze** den berggesetzlichen Betriebs- und Überwachungsvorschriften, und für die Aufsuchung und Gewinnung der in der Anlage zur VO vom 15. August 1990 bezeichneten — jetzt bergfreien — Bodenschätze bedarf es gem. § 6 BBergG außerdem einer **Bergbauberechtigung.** Der Bundesminister für Wirtschaft ist im Einigungsvertrag ermächtigt worden, durch Rechtsverordnung eine andere Zuordnung der genannten mineralischen Rohstoffe vorzunehmen, soweit dies die im Verhältnis zu § 3 Abs. 3 und 4 BBergG geltenden Kriterien erfordern (Kapitel V Sachgebiet D Abschnitt III Nr. 1 Buchst. m) Doppelbuchst. aa) der Anlage I des Einigungsvertrages).

III. Aufrechterhaltung von Bergbauberechtigungen

1. Ausgangslage in der ehemaligen DDR

5 Das bergrechtliche Berechtsamssystem der DDR war vorgeprägt durch die nach Kriegsende in der sowjetischen Besatzungszone erfolgte **Überführung der wichtigsten Bodenschätze in Volkseigentum.** Dazu waren folgende Gesetze erlassen worden:

— Gesetz über die Überführung von Bergwerken und Bodenschätzen in das Eigentum des Landes Sachsen v. 8. 5. 1947 — (GVBl. S. 202)

- Gesetz des Landes Sachsen-Anhalt über die Enteignung der Bodenschätze v. 30. 5. 1947 (GBl. S. 87)
- Gesetz des Landes Thüringen zur Überführung der Bodenschätze und der Bergbaubetriebe in die Hände des Volkes v. 30. 5. 1947 (RegBl.Th. S. 53)
- Gesetz des Landes Mecklenburg über die Enteignung von Bodenschätzen (Bodenschatzgesetz) v. 28. 6. 1947 (RegBl. S. 143)
- Gesetz der Mark Brandenburg zur Überführung der Bodenschätze und Kohlenbergbaubetriebe in die Hand des Volkes v. 28. 6. 1947 (GVBl. S. 15).

Das Ziel dieser Regelungen war es, über die Änderung des Eigentumsrechts an den Bodenschätzen zugunsten des Volkseigentums eine staatliche Einflußnahme auf die Mineralrohstoffversorgung der Volkswirtschaft zu erreichen (*Mücke*, Bergrecht, Berlin 1985, S. 24). Der Begriff des **Volkseigentums** wurde nicht abschließend geklärt; nach h. M. war er als Eigentum des Staates anzusehen (*Badura*, Der Verfassungsauftrag der Eigentumsgarantie im wiedervereinigten Deutschland, DVBl. 1990, 1256 [1258]; *Heuer/Hoffmann*, Gewinnung mineralischer Rohstoffe in den neuen Bundesländern, Wirtschaftsrecht 1991, 21 [22]). Eine andere Auffassung ging dahin, daß Zuordnungssubjekt des gesamtgesellschaftlichen Volkseigentums die Gesellschaft selbst sei, so daß das Volkseigentum ein modernes Beispiel für die Theorie der subjektlosen Rechte bilde (*Gloria*, Das Berg- und Energierecht der Deutschen Demokratischen Republik, Bochumer Beiträge zum Berg- und Energierecht, Bd. 7, 1989, S. 457 [463]).

Welche Bodenschätze 1947 im einzelnen in das Eigentum der Länder der Sowjetischen Besatzungszone überführt worden sind, geht aus den in den genannten Gesetzen enthaltenen Aufzählungen hervor, die nicht unerheblich voneinander abweichen (vgl. die Texte bei *Boldt*, Komm. z. ABG, Münster 1948, S. 302 ff sowie *Willecke*, Die Deutsche Berggesetzgebung, Essen 1977, S. 300 ff). Die Verfassung der neugegründeten DDR vom 7. 10. 1949 (GBl. S. 6) enthielt in Art. 25 zunächst nur das Postulat, daß alle Bodenschätze in Volkseigentum zu überführen seien. Die neue Verfassung der DDR vom 6. 4. 1968 (GBl. I S. 199) bestimmte dann in Art. 12, daß die Bodenschätze, die Bergwerke sowie die Naturreichtümer des Festlandsockels Volkseigentum seien und Privateigentum daran nicht zulässig sei, wobei der Begriff der Bodenschätze allerdings nicht näher umschrieben wurde.

Erst das Berggesetz der DDR vom 12. 5. 1969 (GBl. I S. 29), das alle früheren bergrechtlichen Vorschriften aufhob, grenzte den Begriff der Bodenschätze in § 3 dahingehend ein, daß er nur mineralische Rohstoffe umfaßt, **deren Nutzung von volkswirtschaftlicher Bedeutung war.** Diese als „Bodenschätze" zu qualifizierenden mineralischen Rohstoffe waren gem. § 3 BG DDR Volkseigentum. Eine Konkretisierung der Legaldefinition des § 3 BG DDR erfolgte durch § 2 der Ersten Durchführungsverordnung vom 12. 5. 1969 (GBl. II S. 257), an dessen Stelle später § 1 der Dritten Durchführungsverordnung vom 12. 8. 1976 (GBl. I S. 403) trat. In § 1 dieser DVO wurden – allerdings nur beispielhaft, wie sich aus dem Wort „insbesondere" ergibt — die mineralischen Rohstoffe aufgezählt, die als Bodenschätze i. S. des Gesetzes galten (vgl. im Hauptband, Einl. Rdn. 140). Eine **abschließende Aufzählung der Bodenschätze** i. S. von § 3 des Berggesetzes brachte schließlich die Verordnung über die Verleihung von Bergwerkseigentum vom 15. 8. 1990 (GBl. I S. 1071), und zwar in § 1 Abs. 2 i. V. mit der Anlage zu dieser Verordnung (Wortlaut s. o. Rdn. 3). Dabei wurden bezüglich der Steine und Erden anstelle des Begriffs „hochwertig" exakte Abgrenzungskriterien aufgenommen.

6 Diese Bestimmungen wurden ergänzt durch die Regelungen des Berggesetzes der DDR (BG) vom 12. Mai 1969 (GBl. I S. 29) über die **Berechtigung zur Nutzung** von Lagerstätten mineralischer Rohstoffe. Nach **§ 5 Abs. 1 BG** stand das Recht zu Untersuchungsarbeiten (**Untersuchungsrecht**), zu Gewinnungsarbeiten (**Gewinnungsrecht**) und zur unterirdischen Speicherung (**Speicherrecht**) unabhängig von der Eigentumslage **allein dem Staat** zu. Der Begriff der „Untersuchungsarbeiten" umfaßte gem. § 1 Buchst. 1 BG geologische, hydrogeologische, geophysikalische und geochemische Untersuchungen, die der Erforschung des Aufbaus der Erdkruste, der Erkundung von Lagerstätten oder der Erkundung von Gesteinen zum Zwecke der unterirdischen behälterlosen Speicherung von Gasen oder Flüssigkeiten dienen. Unter „Gewinnungsarbeiten" verstand das Berggesetz nach der Legaldefinition in § 1 Buchst. b den Aufschluß von Lagerstätten sowie den Abbau und die Förderung mineralischer Rohstoffe.

7 Nach **§ 5 Abs. 2 Satz 1 BG** wurde das Untersuchungs-, Gewinnungs- und Speicherrecht grundsätzlich durch **staatliche Organe** oder **volkseigene Betriebe** ausgeübt. Volkseigene Bergbaubetriebe und Staatsorgane waren hiernach zur Gewinnung kraft Gesetzes berechtigt, wenn ihnen entsprechende staatliche Planentscheidungen bekanntgegeben worden waren. Es stand also nicht allen volkseigenen Wirtschaftseinheiten und Staatsorganen zu, Gewinnungsarbeiten durchzuführen, sondern nur denjenigen, denen durch staatliche Planentscheidung die Rechtspflicht zur Gewinnung auferlegt worden war (*Mücke*, Bergrecht, Berlin, 1985, S. 88). Sämtliche bergbaulichen Arbeiten durften gem. § 5 Abs. 2 Satz 2 BG nur im Rahmen der betrieblichen Pläne auf der Grundlage der staatlichen Plankennziffern ausgeführt werden.

8 In begrenztem Maße bot das Berggesetz der DDR auch die Möglichkeit zur **Übertragung des Gewinnungsrechts auf Dritte.** § 5 Abs. 3 BG ermächtigte die staatlichen Organe, das Gewinnungsrecht genossenschaftlichen oder anderen sozialistischen Einrichtungen zu übertragen, und zwar galt dies sowohl in bezug auf Bodenschätze i. S. des § 3 BG als auch für sonstige mineralische Rohstoffe. Das Gewinnungsrecht an mineralischen Rohstoffen, die nicht unter § 4 BG fielen, also keine „Bodenschätze" waren, konnte gem. § 5 Abs. 3 BG auch an Betriebe mit staatlicher Beteiligung sowie an private Industrie- und Handwerksbetriebe übertragen werden. Die Übertragung des Gewinnungsrechts erfolgte gem. § 5 der 1. DVO zum Berggesetz v. 12. 5. 1969 (GBl. II S. 257) nach Zustimmung des Ministeriums für Geologie durch **Vertrag** des Rates des Bezirks mit dem jeweiligen Vertragspartner, bei sonstigen Rohstoffen i. S. des § 5 Abs. 3 BG auch durch **Verfügung** des Rates (vgl. im einzelnen *Mücke*, a. a. O., S. 89 ff; *Kleine*, Wesen und Bedeutung des Gewinnungs- und Untersuchungsrechts, Freiberger Forschungsheft D 72 S. 21 ff).

Bei Inkrafttreten des Berggesetzes am 12. 6. 1969 vorhandene selbständige Gewinnungsrechte an mineralischen Rohstoffen sind gem. **§ 6 BG** bestehengeblieben.

Die zur Durchführung des Berggesetzes erforderlichen Bestimmungen wurden gem. § 33 Abs. 1 BG vom Ministerrat der DDR erlassen. Dieser war nach § 33 Abs. 2 BG auch berechtigt, **Sonderregelungen** für die Übertragung des Untersuchungs-, Gewinnungs- und Speicherrechts zu treffen.

Gestützt auf diese Ermächtigung hat der Ministerrat der DDR die unter Rdn. 3 bereits erwähnte **Verordnung über die Verleihung von Bergwerkseigentum** vom 15. August 1990 (GBl. I S. 1071) erlassen. Die Verordnung sollte die Möglichkeit schaffen, aus dem sämtliche Bodenschätze umfassenden Volkseigentum auf konkrete Lagerstätten bezogene **Einzelberechtigungen zur Aufsuchung, Gewinnung oder unterirdischen Speicherung** zu bilden, die so beschaffen waren, daß sie ihrem Inhaber eine gesicherte Rechtsposition gewährten und sich rechtsgeschäftlich verwerten ließen. In Anlehnung an den aus dem früheren preußischen Bergrecht bekannten sog. **unechten Staatsvorbehalt** (vgl. im Hauptband § 6 Rdn. 5) wurde zu diesem Zweck dem Ministerrat oder einer von ihm zu bestimmenden Stelle durch § 1 der VO die Ermächtigung erteilt, **der Treuhandanstalt** auf Antrag für ein bestimmtes Feld und für bestimmte Bodenschätze **Bergwerkseigentum zu verleihen.** Als zuständige Stelle für die Verleihung wurde durch Beschluß des Ministerrats vom 15. 8. 1990 (Beschl.-Nr. 25/2/90) die Staatliche Vorratskommission bestimmt. Die Treuhandanstalt wurde ihrerseits für berechtigt erklärt, das Bergwerkseigentum gegen Entgelt **weiter zu übertragen.** Den Inhalt des Bergwerkseigentums bildete gem. § 1 Abs. 3 der VO das **ausschließliche Recht** zur Aufsuchung, Gewinnung und Aneignung der verliehenen sowie beibrechender Bodenschätze bzw. — wenn es sich um ein Speicherrecht handelte — zur Nutzung von Formationen oder Gesteinen zur unterirdischen behälterlosen Speicherung. Das Bergwerkseigentum umfaßte die sich aus dem BG für Untersuchungs-, Gewinnungs- und Speicherrechte ergebenden Rechte und Pflichten und war als **grundstücksgleiches Recht** ausgestattet. Nach § 3 Abs. 3 der VO **erlosch** mit der Verleihung des Bergwerkseigentums insoweit das **Untersuchungs-, Gewinnungs- und Speicherrecht des Staates** (§ 5 Abs. 1 BG). Bestehende alte Rechte i. S. des § 6 BG sind unberührt geblieben, da der Staat insoweit kein eigenes Gewinnungsrecht besaß (*Hoffmann*, Deutsche Einigung — bergrechtliche Konsequenzen für die neuen Bundesländer, BB 1991, 1506 [1509]). Das **Volkseigentum** an Bodenschätzen ist erst mit dem Außerkrafttreten der Verfassung der DDR **am 3. Oktober 1990 untergegangen.** **9**

Zu erwähnen ist noch die **Vierte Durchführungsbestimmung zur Verordnung über die Gründung und Tätigkeit von Unternehmen mit ausländischer** **10**

Beteiligung in der DDR – Berechtigung zur Gewinnung mineralischer Rohstoffe – vom 14. März 1990 (GBl. I S. 189). Die Bestimmung enthielt Regelungen über die rechtliche Behandlung des Gewinnungsrechts bei der Gründung von Unternehmen mit ausländischer Beteiligung zur Gewinnung mineralischer Rohstoffe. Nach § 1 Abs. 1 Satz 1 der Durchführungsbestimmung war die Genehmigung zur Gründung eines solchen Unternehmers von dem Nachweis der Berechtigung des Unternehmers zur Gewinnung mineralischer Rohstoffe abhängig. Diese „Berechtigung" umfaßte nach § 1 Abs. 1 Satz 2 den Nachweis über ein entsprechend den bergrechtlichen Bestimmungen der DDR ausgeübtes oder erteiltes Gewinnungsrecht des Beteiligten der DDR sowie die Zustimmung der Staatlichen Vorratskommission zur Einbringung dieses Rechts in das gemeinsame Unternehmen. Nach erfolgter Zustimmung und nach Einbringung des Gewinnungsrechts als Sacheinlage in das Stamm- oder Grundkapital stand die Nutzung des Gewinnungsrechts am mineralischen Rohstoff gem. § 1 Abs. 3 der Durchführungsbestimmung dem neu gegründeten Unternehmen zu, das dafür nach Maßgabe des § 3 der Durchführungsbestimmung eine **Förderabgabe** zu entrichten hatte.

2. Aufsuchungs- und Gewinnungsrechte

11 Ähnlich wie die §§ 149 ff BBergG sehen auch die bergrechtlichen Bestimmungen des Einigungsvertrages (Anlage I Kapitel V Sachgebiet D Abschnitt III Nr. 1) die Möglichkeit der **Überleitung bestehender Bergbaurechte in das neue Berechtsamssystem** vor. Als „alte Rechte", für die eine Aufrechterhaltung in Betracht kommt, gelten nach Buchstabe b) Untersuchungs-, Gewinnungs- und Speicherrechte des Staates i. S. des § 5 Abs. 2 bis 4 BG DDR, die Dritten zur Ausübung übertragen worden sind. Die Einzelheiten der Aufrechterhaltung werden in den Buchst. c) bis g) geregelt. Soweit sich daraus nichts anderes ergibt, **erlischt das Untersuchungs-, Gewinnungs- und Speicherrecht des Staates** i. S. des § 5 BG DDR.

12 **Untersuchungsrechte,** die einem Dritten zur Ausübung übertragen worden sind, erlöschen gem. Buchst. c) Satz 1 zwölf Monate nach dem Tage des Wirksamwerdens des Beitritts, d. h. am 4. Oktober 1991. Bis zu diesem Zeitpunkt bleiben sie aufrechterhalten, sofern ihre Geltungsdauer nicht bereits früher endet. Eine Umwandlung des Untersuchungsrechts in eine Erlaubnis ist nicht vorgesehen. Nach Buchst. c) Satz 2 hat aber der durch ein Lagerstätteninteressengebiet Begünstigte bis zum Erlöschen seines Untersuchungsrechts in entsprechender Anwendung des § 14 Abs. 1 BBergG **Vorrang** vor anderen Erlaubnisanträgen.

13 Unter Buchst. d) wird die Aufrechterhaltung von **Gewinnungsrechten an Bodenschätzen** i. S. des § 3 BG DDR behandelt. Nach **Absatz 1** kann der zur Ausübung eines solchen Gewinnungsrechts Berechtigte dieses bis zum 4. April 1991 bei der für die Zulassung von Betriebsplänen zuständigen Behörde, d. h. der Bergbehörde **zur Bestätigung anmelden.**

Die **Voraussetzungen** für eine Bestätigung ergeben sich aus **Absatz 2.** In **materieller** Hinsicht wird in Nr. 1 verlangt, daß das Gewinnungsrecht dem Antragsteller am 31. Dezember 1989 zur Ausübung nach § 5 BG DDR wirksam übertragen war (1.1) oder daß es ihm nach dem 31. Dezember 1989 ordnungsgemäß übertragen wurde (1.2) und daß das Recht bis zum 3. Oktober 1990 nicht aufgehoben worden ist (1.3). Von der **Nr. 1.1** werden alle Fälle erfaßt, in denen das staatliche Gewinnungsrecht am 31. Dezember 1989 nach Maßgabe des § 5 Abs. 2 bis 4 BG DDR zur Ausübung übertragen worden war. Dazu gehörte neben der individuellen Rechtsübertragung nach § 5 Abs. 3 und 4 BG DDR auch die Ausübung des Gewinnungsrechts durch volkseigene Wirtschaftseinheiten aufgrund staatlicher Planentscheidungen (Plankennziffern) gem. § 5 Abs. 2 BG DDR. Die Übertragung nach § 5 Abs. 2 BG erfolgte bis Ende 1989 im Wege der **jährlichen staatlichen** Planzuweisung auf die volkseigenen Kombinate und Betriebe. Da für 1990 ein Planzuweisungsverfahren nicht mehr stattfand, wird in Nr. 1.1 auf die Rechtsinhaberschaft am 31. Dezember 1989 abgestellt (vgl. *Heuer/Hoffmann,* Gewinnung mineralischer Rohstoffe in den neuen Bundesländern, Wirtschaftsrecht 1991, 21 [23]). Die **Nr. 1.2** bezieht sich auf Gewinnungsrechte, die zwischen dem 1. Januar und 3. Oktober 1990 übertragen worden sind, und zwar unterscheidet der Einigungsvertrag hier nach der Art der Übertragung des Rechts. Zunächst werden die Gewinnungsrechte i. S. der 4. Durchführungsbestimmung zur sog. joint-venture-VO v. 14. März 1990 angesprochen. Dabei handelt es sich um bereits vorher bestehende Gewinnungsrechte, die von dem Beteiligten der DDR in ein Unternehmen mit ausländischer Beteiligung eingebracht wurden und deren Nutzung aufgrund von § 1 Abs. 3 der Durchführungsbestimmung dem neuen Unternehmen zusteht (vgl. oben Rdn. 10). Weiter werden in Nr. 1.2 Gewinnungsrechte aufgeführt, die aufgrund der VO vom 15. August 1990 als Bergwerkseigentum verliehen worden sind (vgl. dazu oben Rdn. 9). Da die Verleihung nur an die **Treuhandanstalt** erfolgen konnte, kommt diese allein als Antragstellerin für die Bestätigung in Frage. Als dritte Kategorie nennt Nr. 1.2 noch Gewinnungsrechte, die „sonst von der zuständigen Behörde übertragen wurden". Damit sind Gewinnungsrechte gemeint, die in dem genannten Zeitraum vom 1. Januar bis 3. Oktober 1990 gem. § 5 Abs. 3 oder 4 BG DDR auf Dritte übertragen worden sind, und zwar durch die **dafür zuständige Behörde.** Zur Problematik der Zuständigkeit für die Übertragung von Gewinnungsrechten an volkseigenen Bodenschätzen nach Wegfall der zentralen staatlichen Planung vgl. *Heuer/Hoffmann,* Gewinnung mineralischer Rohstoffe in den neuen Bundesländern, Wirtschaftsrecht 1991, 21 (56). Für alle in den Nummern 1.1 und 1.2 aufgeführten Gewinnungsrechte gilt der Vorbehalt der **Nr. 1.3,** daß die Rechte bis zum 3. Oktober 1990 nicht aufgehoben worden sein dürfen. Die am 12. Juni 1969 bestehenden und durch § 6 BG aufrechterhaltenen Gewinnungsrechte an mineralischen Rohstoffen (s. Rdn. 8) werden im Einigungsvertrag nicht erwähnt. Es ist davon auszugehen, daß auf derartige Rechte grundsätzlich § 149 BBergG entsprechende Anwendung findet, wobei im Einzelfall zu prüfen ist, welche Qualität das alte Recht hat. **14**

Die **formellen** Anforderungen an den Antrag auf Bestätigung eines Gewinnungsrechts werden in **Nr. 2** genannt. Danach hat der Antragsteller den Nachweis über das Bestehen seiner Berechtigung zu erbringen und Angaben über den Umfang der aufgrund der Vorratsklassifikationsanordnung bestätigen und prognostizierten Lagerstättenvorräte zu machen, soweit diese Angaben Voraussetzung für die Erteilung des Gewinnungsrechts waren. Für Bergwerkseigentum wird daneben in Nr. 2.2 der Nachweis der Eintragung in das Bergwerksregister gefordert; in den übrigen Fällen der Nr. 1.2 muß gem. Nr. 2.1 eine Bescheinigung der Staatlichen Vorratskommission über die ordnungsgemäße Übertragung des Gewinnungsrechts vorliegen.

15 **Absatz 3** enthält Bestimmungen darüber, **für welchen räumlichen Bereich** und **für welche Zeit** ein angemeldetes Gewinnungsrecht bestätigt werden kann. Dabei geht der Einigungsvertrag davon aus, daß für die Form eines Gewinnungsfeldes § 4 Abs. 7 BBergG maßgebend ist. Danach wird unter dem Feld einer Bergbauberechtigung ein Ausschnitt aus dem Erdkörper verstanden, der grundsätzlich von geraden Linien an der Oberfläche und von lotrechten Ebenen nach der Tiefe begrenzt wird (vgl. dazu im Hauptband § 4 Rdn. 23). Die räumliche Begrenzung einer zu bestätigenden Gewinnungsberechtigung liegt insoweit also fest. Die **Größe** des Feldes richtet sich nach dem Antrag und darf den Umfang der bestätigten und prognostizierten Vorräte nicht überschreiten. Bei verliehenem Bergwerkseigentum entspricht dies der Größe des Bergwerkfeldes, denn nach § 2 der VO vom 15. August 1990 war die Verleihung u. a. davon abhängig, daß „in Zukunft mit einer wirtschaftlichen Gewinnung oder Nutzung im **gesamten** beantragten Feld zu rechnen ist".

Bezüglich der **Zeitdauer,** für die ein Gewinnungsrecht bestätigt werden kann, bestimmt Absatz 3 Nr. 2, daß ein aufgrund der VO vom 15. August 1990 als Bergwerkseigentum übertragenes Gewinnungsrecht unbefristet zu bestätigen ist. In allen übrigen Fällen ist die Bestätigung gem. Nr. 2 für eine zur Durchführung der Gewinnung der Lagerstättenvorräte angemessene Frist, im Höchstfalle für 30 Jahre, zu erteilen.

16 Die **Rechtswirkungen** der Bestätigung ergeben sich aus **Absatz 4.** Nach Nr. 2 gilt ein aufgrund der VO vom 15. August 1990 entstandenes Gewinnungsrecht nach der Bestätigung als Bergwerkseigentum im Sinne des § 151 BBergG. Alle übrigen bestätigten Gewinnungsrechte gelten für die Bodenschätze, die Zeit und den Bereich, für die sie bestätigt wurden, als Bewilligung i. S. des § 8 BBergG. Sämtliche bestätigten alten Rechte sind nach **Absatz 5** von der Bergbehörde in das Berechtsamsbuch und die Berechtsamskarte (§§ 75, 76 BBergG) einzutragen. Soweit die Treuhandanstalt Inhaberin bestätigter Gewinnungsrechte ist, verfügt sie darüber nach Maßgabe des Gesetzes zur Privatisierung und Reorganisation des volkseigenen Vermögens — Treuhandgesetz — vom 17. 6. 1990 (GBl. I S. 300) i. d. F. des Art. 25 des Einigungsvertrages.

17 Nach **Absatz 6 Satz 1 erlöschen die nicht bis zum 4. April 1991 angemeldeten Gewinnungsrechte** mit Fristablauf. Angemeldete Rechte, denen die Bestäti-

gung **versagt** wird, erlöschen gem. **Satz 2** mit dem Eintritt der Unanfechtbarkeit der Versagung. Bis zum Ablauf der Anmeldefrist bzw. bis zur Entscheidung über die Bestätigung befinden sich die Rechte in einem **Schwebezustand.** Sie gewähren dem Rechtsinhaber bei Erfüllung der gesetzlichen Voraussetzungen einen Anspruch auf Bestätigung und damit auf Umwandlung in eine vollwertige Bergbauberechtigung i. S. des BBergG. Ferner entfalten sie während dieser Zeit für die von ihnen umfaßten Bodenschätze und Bereiche eine Sperrwirkung gegenüber neuen Berechtigungen. Die rechtsgeschäftliche **Übertragung** eines noch nicht bestätigten Gewinnungsrechts auf einen Dritten wäre allerdings **wirkungslos,** denn eine Bestätigung kommt nach Absatz 2 Nr. 1 nur in Betracht, wenn das Gewinnungsrecht dem Antragsteller selbst vor dem Wirksamwerden des Beitritts nach dem Recht der ehemaligen DDR übertragen worden ist (vgl. oben Rdn. 14).

Die Regelung in **Absatz 7** bezieht sich nach **Satz 1** auf bergrechtliche **18** Pflichten aus einem bis zum Tage des Wirksamwerden des Beitritts ausgeübten Gewinnungsrecht. Gemeint sind **öffentlich-rechtliche Pflichten,** die sich aus dem BBergG und den auf seiner Grundlage erlassenen Rechtsverordnungen für denjenigen ergeben, der ein nach DDR-Recht bestehendes Gewinnungsrecht bis zum 3. Oktober 1990 ausgeübt hat. Diese Pflichten sollen nach dem Willen der Partner des Einigungsvertrages unabhängig davon, ob und inwieweit das Gewinnungsrecht bestätigt wird, wirksam sein. Für den Fall, daß hinsichtlich Person oder Rechtsform desjenigen, der das Gewinnungsrecht ausgeübt hat, Änderungen eingetreten sind, ermächtigt **Satz 2** die für die Bestätigung zuständige Bergbehörde, **die Verantwortung** für die Erfüllung der bergrechtlichen Pflichten **festzustellen.** Die Entscheidung der Behörde hat nur deklaratorische Bedeutung und dient der Klärung der Verantwortlichkeit nach den §§ 58 ff BBergG für die Folgen eines bis zum Oktober 1990 auf dem Gebiet der ehemaligen DDR ausgeübten Gewinnungsrechts.

In diesem Zusammenhang ist darauf hinzuweisen, daß der **Anhang II** des **19** Einigungsvertrages (BGBl. II S. 1202) eine eigene Regelung für **stillgelegte Anlagen** bergbaulicher Betriebe enthält. Nach Kapitel V Sachgebiet D Abschnitt III Nr. 1 Buchst. b) **gelten die Vorschriften des Berggesetzes der DDR** und die auf seiner Grundlage erlassenen Vorschriften zur Gewährleistung der öffentlichen Sicherheit in stillgelegten Anlagen von bergbaulichen Gewinnungsbetrieben, für die a) ein Rechtsnachfolger nicht vorhanden oder nicht mehr feststellbar ist, oder die b) bis zum 3. Oktober 1990 endgültig eingestellt waren, bis zum Erlaß entsprechender ordnungsbehördlicher Vorschriften in den beigetretenen Ländern und Landesteilen **weiter,** und zwar mit der Maßgabe, daß an die Stelle der Räte und Bezirke die Landesregierungen treten. Wie sich hieraus ergibt, sind die Vertragschließenden davon ausgegangen, daß diese stillgelegten Anlagen grundsätzlich **nicht mehr dem Bergrecht sondern dem allgemeinen Ordnungsbehördenrecht unterliegen** und die bergrechtlichen Vorschriften nur noch für eine Übergangszeit Anwendung finden sollen, bis die erforderlichen ordnungsbehördlichen Vorschriften vorhanden sind.

20 In der ehemaligen DDR stand nach § 5 Abs. 1 des Berggesetzes das Gewinnungsrecht an allen mineralischen Rohstoffen dem Staat zu. Dieser konnte das Gewinnungsrecht nach Maßgabe des § 5 Abs. 2 bis 4 BG DDR auf Dritte übertragen, und zwar bestand diese Möglichkeit sowohl hinsichtlich der mineralischen Rohstoffe im Sinne des § 3 BG DDR (Bodenschätze) als auch der anderen mineralischen Rohstoffe. Es war die Absicht der Vertragspartner, den letztgenannten Gewinnungsrechten ebenfalls angemessenen Bestandsschutz zu gewähren. Deshalb werden die für Gewinnungsrechte an **Bodenschätzen** geltenden Überleitungsvorschriften des Buchst. d) (vgl. Rdn. 13 bis 19) durch Buchst. e) für Gewinnungsrechte an **anderen mineralischen Rohstoffen** als entsprechend anwendbar erklärt, allerdings mit den unter Doppelbuchst. aa) bis cc) genannten Maßgaben. Danach wird die Bestätigung zusätzlich zu den anderen Voraussetzungen von einer angemessenen **Entschädigung des Grundeigentümers** für die Gewinnung der Bodenschätze abhängig gemacht. Dafür braucht für die aufgrund der Bestätigung entstehende Bewilligung **kein Förderzins** nach § 31 BBergG entrichtet zu werden. Die Übertragung der Bewilligung bedarf der Zustimmung des Grundeigentümers, und es kann auf der Grundlage der Bewilligung kein Bergwerkseigentum entstehen.

3. Speicherrechte

21 Im Unterschied zum BBergG kannte das Berggesetz der ehemaligen DDR ein eigenes **Speicherrecht.** Dieses beinhaltete gem. § 5 Abs. 1 BG DDR das Recht zur unterirdischen Speicherung. Der Begriff der unterirdischen Speicherung umfaßte nach § 1 Buchst. c) BG DDR die **unterirdische behälterlose Speicherung von Gasen und Flüssigkeiten natürlichen und künstlichen Ursprungs.** Das Speicherrecht stand dem Staat zu und wurde gem. § 5 Abs. 2 BG DDR grundsätzlich durch staatliche Organe oder volkseigene Betriebe ausgeübt.

Um es zu ermöglichen, daß solche Speicherrechte nicht nur aufrechterhalten, sondern in den der Bundesrepublik beigetretenen Ländern und Landesteilen auch künftig noch begründet werden können, wird in Anlage I Kapitel V Sachgebiet D Abschnitt III Nr. 1 Buchst. a) Satz 2 des Einigungsvertrages bestimmt, daß in diesem Gebiet geologische Formationen und Gesteine der Erdkruste, die sich zur unterirdischen behälterlosen Speicherung eignen, als **bergfreie Bodenschätze** im Sinne des § 3 Abs. 3 BBergG gelten. Diese Formationen und Gesteine sind somit gem. § 3 Abs. 2 BBergG dem Grundeigentum entzogen und können Gegenstand einer Bergbauberechtigung (Erlaubnis, Bewilligung, Bergwerkseigentum) sein. In der ehemaligen DDR war bereits durch die VO vom 15. August 1990 (GBl. I S. 1071) — gewissermaßen im Vorgriff auf den Einigungsvertrag — die rechtliche Möglichkeit geschaffen worden, Bergwerkseigentum zu verleihen mit dem Inhalt, Formationen und Gesteine, die zur unterirdischen behälterlosen Speicherung geeignet sind, zu nutzen.

Zwecks Aufrechterhaltung bestehender Speicherrechte sind durch Buchst. f) die Bestimmungen des Buchst. d) über die Anmeldung und Bestätigung von Gewinnungsrechten für **entsprechend anwendbar** erklärt worden mit der Maßgabe, daß **an die Stelle der Gewinnung das Errichten und Betreiben eines Untertagespeichers** und an die Stelle der bestätigten und prognostizierten Vorräte die vom Antragsteller nachzuweisende voraussichtlich größte Ausdehnung der in Anspruch genommenen geologischen Speicherformation oder des Kavernenfeldes **tritt.**

Als logische Folge der Einbeziehung der zur unterirdischen behälterlosen Speicherung geeigneten Formationen und Gesteine in den Kreis der bergfreien Bodenschätze wird in Buchst. f) Satz 2 bestimmt, daß auf Untersuchungen des Untergrundes und auf Untergrundspeicher außer den in § 126 BBergG genannten Vorschriften auch die Baubeschränkungs- und **Bergschadensregelungen** der §§ 107 bis 125 BBergG entsprechend anwendbar sind. Als weitere Konsequenz dürfte es auf Dauer nicht zu umgehen sein, die §§ 6 ff BBergG dahingehend zu **ergänzen,** daß in den neu hinzugekommenen Gebieten neben dem Aufsuchen und Gewinnen von Bodenschätzen auch die **Nutzung zur unterirdischen behälterlosen Speicherung Inhalt einer Bergbauberechtigung** sein kann; die Regelung des Buchst. f) Satz 1 gilt nämlich nur für die Bestätigung bereits bestehender Speicherrechte. Bei der Erteilung neuer Berechtigungen zur Nutzung als Untertagespeicher wird in der Praxis wegen der denkbaren Kollision mit der Aufsuchung und Gewinnung bergfreier oder grundeigener Bodenschätze der Bestimmung des § 11 Nr. 8 und 9 BBergG besondere Bedeutung zukommen (vgl. dazu *Weller,* Kollision mehrerer Bergbauberechtigungen in einem Feld, ZfB 131, 111 ff). **22**

IV. Sonstige Übergangsbestimmungen

1. Betriebsvorschriften

Nach dem Bergrecht der ehemaligen DDR unterlag die Errichtung und Führung eines Bergbaubetriebes ähnlich wie nach den §§ 50 ff BBergG einer **Anzeige- und Betriebsplanpflicht.** Der „technische Betriebsplan" war zum einen Hauptinstrument der Betriebe zur Durchführung der bergbaulichen Arbeiten und Maßnahmen i. S. des § 9 BG DDR; zum anderen war er Grundlage für die staatliche Bergaufsicht (*Mücke,* Bergrecht, Berlin 1985, S. 179). Um zu verhindern, daß in der Betriebsplanung, -führung und -überwachung eine Unterbrechung eintrat, ist in den bergrechtlichen Vorschriften des Einigungsvertrages unter **Buchst. h)** eine Übergangsregelung getroffen worden. Nach **aa) Satz 1** gelten die am 3. Oktober 1990 bereits genehmigten technischen Betriebspläne grundsätzlich für die Dauer ihrer Laufzeit, jedoch längstens bis zum 31. Dezember 1991 als zugelassene Betriebspläne i. S. der §§ 50 ff BBergG weiter. Falls die Laufzeit vor dem 1. Januar 1991 endete, war gem. **Satz 2** zur Fortfüh- **23** rung des Betriebes ohne wesentliche Änderung eine Verlängerung nach Maßgabe des früheren Rechts bis längstens zum 31. Dezember 1991 möglich. Sofern für eine am 3. Oktober 1990 laufende oder spätere **Betriebseinstellung** bereits vor dem 1. Oktober 1990 ein technischer Betriebsplan genehmigt worden war, mußte dieser nach Satz 3 bis zum 4. Februar 1991 der Bergbehörde zur Zulassung als Abschlußbetriebsplan eingereicht werden. Ist der Betriebsplan fristgemäß eingereicht worden, kann die Einstellung vorgenommen werden, ohne daß es auf den Zeitpunkt der Zulassung ankommt. Dies ergibt sich aus dem für entsprechend anwendbar erklärten § 169 Abs. 1 Nr. 2 Satz 2. Für bergbauliche Gewinnungsbetriebe, die bis zum Tage des Wirksamwerdens des Beitritts **endgültig eingestellt** waren, gilt die Abschlußbetriebsplanpflicht **nicht,** da das BBergG, wie sich aus Anlage II Kapitel V Sachgebiet D Abschnitt III Nr. 1 Buchst. b) des Einigungsvertrages ergibt, insoweit nicht anwendbar ist (vgl. oben Rdn. 19).

24 Nach **Satz 4** gelten für die Betriebe, die erst aufgrund des Einigungsvertrages der Betriebsplanpflicht unterliegen, die Bestimmungen des § 169 Abs. 1 Nr. 1 und 2 BBergG entsprechend, d. h. die Betriebe mußten unverzüglich angezeigt werden, und bis zum 4. Februar 1991 war ein Betriebsplan zur Zulassung einzureichen. Gem. **Satz 5** findet § 169 Abs. 2 Satz 2 BBergG keine Anwendung. Das hat seinen Grund darin, daß in den beigetretenen Ländern und Landesteilen alle Bodenschätze ohne Rücksicht auf ihre Verwendung dem BBergG unterliegen. § 169 Abs. 2 Satz 1 BBergG wird nicht erwähnt und ist somit am 3. Oktober 1990 unverändert in Kraft getreten; danach ist das BBergG auf Betriebe i. S. des Absatzes 1, die zu diesem Zeitpunkt bereits endültig eingestellt worden waren, nicht anzuwenden.

25 Um sicherzustellen, daß die Fortführung laufender Betriebe nicht durch Komplikationen bei der Klärung der Berechtsamsverhältnisse oder durch das Fehlen funktionsfähiger Bestätigungsbehörden in Frage gestellt werden kann, sieht **Satz 6** vor, daß in allen genannten Fällen der Nachweis der Berechtigung im Sinne des § 55 Abs. 1 Satz 1 Nr. 1 BBergG unverzüglich nach der Entscheidung über die Bestätigung zu führen ist. Bis zu diesem Zeitpunkt kommt also insoweit § 55 Abs. 1 Satz 1 Nr. 1 BBergG nicht zum Zuge; dagegen ist die Vorschrift bei der Neuzulassung eines Betriebes anzuwenden. Bei erlaubnispflichtigen Arbeiten ist der Nachweis der Berechtigung ab 4. Oktober 1991 erforderlich.

26 Das Verlangen zur Aufstellung eines Rahmenbetriebsplans gem. § 52 Abs. 2 a BBergG nebst Durchführung eines Planfeststellungsverfahrens mit UVP kommt nach **Doppelbuchst. bb)** nur für geplante UVP-pflichtige Vorhaben in Betracht, bei denen das Zulassungs- bzw. Genehmigungsverfahren am 3. Oktober 1990 noch nicht begonnen hatte.

27 Nach **cc)** sind in entsprechender Anwendung des § 169 Abs. 1 Nr. 3 BBergG bis zum 4. Februar 1991 **verantwortliche Personen** in der für die planmäßige und sichere Führung des Betriebes erforderlichen Anzahl zu bestellen und der zuständigen Bergbehörde namhaft zu machen.

2. Bergbauschutzgebiete

In **Buchst. i)** wird die Überleitung festgesetzter Bergbauschutzgebiete in Baubeschränkungsgebiete i. S. der §§ 107 bis 109 BBergG geregelt. Das Rechtsinstitut des „Bergbauschutzgebietes" hatte in der DDR erhebliche Bedeutung, da für praktisch alle Gewinnungsbetriebe Bergbauschutzgebiete festgesetzt waren. Rechtliche Grundlage für die Festsetzung von Bergbauschutzgebieten bildeten § 11 des Berggesetzes, §§ 2, 3 der Dritten Durchführungsverordnung zum Berggesetz v. 12. 8. 1976 (GBl. I S. 403) und die Anordnung über die Festsetzung, öffentliche Bekanntmachung und Registrierung von Bergbauschutzgebieten v. 10. 7. 1969 (GBl. II S. 405) i. d. F. der Anordnung v. 12. 8. 1976 (GBl. I S. 404). 28

Nach DDR-Recht bestand die gesetzliche **Pflicht zur Beantragung von Bergbauschutzgebieten,** und zwar traf diese Verpflichtung gem. § 11 Abs. 3 BG DDR i. V. mit § 2 Bergbauschutzgebiets-AO die Betriebe, die eine Lagerstätte mineralischer Rohstoffe abbauen bzw. zur Speicherung nutzen wollten oder die zuständigen staatlichen Organe, wenn die Lagerstätte noch keinem Betrieb zugeordnet worden war. Dabei kam es nicht darauf an, ob die Gewinnung im Tagebau, untertägig oder durch Bohrungen erfolgen sollte oder ob eine unterirdische Speicherung beabsichtigt war. Voraussetzung war in jedem Falle der Nachweis über das Vorhandensein einer nutzbaren Lagerstätte mineralischer Rohstoffe. Zum Verfahren der Festsetzung von Bergbauschutzgebieten vgl. *Mücke,* Bergrecht, Berlin 1985, S. 81 ff; ferner *Gloria,* Das Berg- und Energierecht der Deutschen Demokratischen Republik, Bochumer Beiträge zum Berg- und Energierecht, Bd. 7, 1989, S. 457 (468). 29

Zweck der Bergbauschutzgebiete war nach § 11 Abs. 1 BG DDR die Einordnung des Abbaus von mineralischen Rohstoffen in die gesellschaftliche und volkswirtschaftliche Entwicklung des Territoriums, die langfristige Koordinierung des Abbaus und die Abwendung gesellschaftlicher Nachteile durch bergbauliche Einwirkungen. Um dieses Ziel zu erreichen, wurde in § 3 Abs. 1 der 3. DVO zum BG DDR vorgeschrieben, daß **alle Auftraggeber,** die **Bauvorhaben** oder ähnliche Maßnahmen in einem Bergbauschutzgebiet durchführen wollten, **eine bergbauliche Stellungnahme einzuholen hatten.** Diese Stellungnahme gab der Bergbaubetrieb oder das Staatsorgan ab, in dessen Interesse das Bergbauschutzgebiet festgesetzt wurde. Die bergbauliche Stellungnahme diente dem für die Standortbestätigung, -genehmigung oder städtebauliche Einordnung zuständigen Organ als Entscheidungsgrundlage (*Mücke,* a. a. O., S. 84). Außerdem wurde gem. § 21 Abs. 2 BG DDR die **Ersatzpflicht für Bergschäden ausgeschlossen,** soweit deren Eintritt für den Bauauftraggeber aufgrund der bergbaulichen Stellungnahme vorherzusehen war oder hätte vorhersehbar sein müssen; insoweit hatte die bergbauliche Stellungnahme also auch die Funktion einer **Bauwarnung.** 30

Da die Bergbauschutzgebiete in der Zielsetzung weitgehend den **Baubeschränkungsgebieten** nach §§ 107 bis 109 BBergG entsprachen, haben sich die 31

Vertragspartner für die Überführung in diese Rechtsform entschieden, die sich in ihrer Ausgestaltung allerdings nicht unerheblich von dem Bergbauschutzgebiet unterscheidet. So setzt die Festsetzung eines Baubeschränkungsgebietes eine bergbauliche **Inanspruchnahme** — nicht nur Beeinträchtigung — **von Grundstücken** innerhalb von 15 Jahren voraus. Die Wirkung der Baubeschränkung besteht darin, daß baurechtliche Genehmigungen an die **Zustimmung der Bergbehörde** gebunden sind. Schließlich sieht das Gesetz eine **Entschädigung** für Wertminderung vor (vgl. im einzelnen die Kommentierung zu den §§ 107 bis 109 im Hauptband).

32 Die Modalitäten der Überleitung ergeben sich aus **Buchst. i),** und zwar insbesondere aus **Satz 1.** Danach ist die Weitergeltung eines festgesetzten Bergbauschutzgebietes als Baubeschränkungsgebiet i. S. des BBergG davon abhängig, daß 1. ein bestätigtes Gewinnungsrecht besteht und 2. innerhalb der nächsten 15 Jahre eine bergbauliche Inanspruchnahme von Grundstücken zu erwarten ist. Die Umwandlung vollzieht sich **kraft Gesetzes,** ohne daß es eines Verwaltungsaktes bedarf. Die Bergbehörde hat lediglich **festzustellen,** ob und inwieweit die Tatbestandsvoraussetzungen für die Überführung eines festgesetzten Bergbauschutzgebietes in ein Baubeschränkungsgebiet vorliegen. Dabei ist jeweils auf den Bereich des Feldes, für das das Gewinnungsrecht bestätigt worden ist, abzustellen, denn darauf erstreckt sich die Wirkung des Buchst. i) Satz 1. Die hiernach als Baubeschränkungsgebiete geltenden Bergbauschutzgebiete sind in dem **Register der Bergbauschutzgebiete,** das von den an die Stelle der Obersten Bergbehörde der DDR getretenen Bergbehörden der neuen Bundesländer geführt wird, kenntlich zu machen. Dieses Register gilt gem. **Satz 3** insoweit als **archivmäßige Sicherung** nach § 107 Abs. 2 BBergG, d. h. es ist bei der Behörde zu jedermanns Einsicht archivmäßig gesichert niederzulegen. Vgl. auch § 75 Abs. 3 Nr. 3 BBergG.

33 Von der in § 107 Abs. 4 BBergG vorgesehenen Möglichkeit der **Aufhebung oder Beschränkung** eines Baubeschränkungsgebietes durch Rechtsverordnung wegen Wegfalls der Voraussetzungen kann gem. **Satz 1** ab 1. Januar 1995 Gebrauch gemacht werden, und zwar unabhängig von den Voraussetzungen für die Festsetzung des Bergbauschutzgebietes. Der durch die Baubeschränkung Begünstigte hat aber, wie sich aus Satz 1 weiter ergibt, die Möglichkeit, bereits eine **frühere Aufhebung** zu beantragen.

34 Gem. **Buchst. i) Satz 2** gelten Bergbauschutzgebiete, soweit sie nicht nach Maßgabe des Satzes 1 in Baubeschränkungsgebiete übergeleitet worden sind, mit Wirkung vom 3. Oktober 1990 als **aufgehoben.** Da die Umwandlung eines Bergbauschutzgebietes in ein Baubeschränkungsgebiet u. a. von der Bestätigung des Gewinnungsrechts abhängt und die Entscheidung hierüber sich wegen der Schwierigkeiten beim Behördenaufbau in den neuen Ländern verzögern kann, muß für eine gewisse Übergangszeit ein Schwebezustand in Kauf genommen werden.

3. Bergschadensregelungen

Mit dem Inkrafttreten des BBergG sind auch die Vorschriften über den Bergschaden — §§ 110 bis 125 BBergG — im Bereich der beigetretenen Länder wirksam geworden. Im Einigungsvertrag sind dazu in Anhang I Kap. V Sachgebiet D Abschn. III Nr. 1 Buchst. k) einige Übergangsregelungen getroffen worden. Diese beziehen sich zunächst auf **§ 112 BBergG,** der Vorschriften über den Verlust des Bergschadensersatzanspruchs wegen unterlassener Anpassungs- oder Sicherungsmaßnahmen enthält. Nach **Buchst. k) Satz 1** gilt als Verstoß i. S. des § 112 BBergG auch die Unterlassung oder nicht ordnungsgemäße Durchführung von Anpassungs- und Sicherungsmaßnahmen i. S. der §§ 110, 111 BBergG, sofern diese vor dem 3. Oktober 1990 in einer **bergbaulichen Stellungnahme** gefordert wurden, zu deren Einholung der Bauherr nach dem Recht der ehemaligen DDR verpflichtet war (vgl. dazu oben Rdn. 30). Insoweit ist der Anspruch auf Ersatz von Bergschäden gem. § 112 BBergG **ausgeschlossen.** **35**

Die **Sätze 2 bis 4** enthalten Übergangsvorschriften in bezug auf die Haftung für Bergschäden nach den §§ 114 bis 124 BBergG. In **Satz 2** wird bestimmt, daß eine Haftung aufgrund dieser Paragraphen nur gegeben ist für Schäden, die **ausschließlich nach dem 3. Oktober 1990 verursacht** worden sind. Somit kommen die Bergschadensregelungen des BBergG einschließlich der Vorschriften über die Bergschadensausfallkasse und über das Verhältnis zu den öffentlichen Verkehrsanlagen nur zur Anwendung, **wenn die schadenverursachenden Betriebshandlungen nach diesem Zeitpunkt stattgefunden haben.** Zur Frage der ausschließlichen Verursachung vgl. im Hauptband § 170 Rdn. 2, 3 sowie *Piens / Schulte / Graf Vitzthum,* BBergG, § 170 Rdn. 2, 3. Die Ersatzpflicht für Bergschäden, die **vor** dem 3. Oktober 1990 verursacht worden sind, richtet sich gem. Buchst. k) **Satz 3** nach den bis dahin geltenden Vorschriften der ehemaligen DDR, insbesondere nach den §§ 18 bis 25 BG DDR. Zur Bergschadensverantwortlichkeit nach DDR-Recht vgl. *Mücke,* Bergrecht, Berlin 1985, S. 183 ff; ferner *Gloria,* Das Berg- und Energierecht der Deutschen Demokratischen Republik, Bochumer Beiträge zum Berg- und Energierecht, Bd. 7, 1989, S. 457 (470). **36**

In **Satz 4** wird § 124 Abs. 2 BBergG besonders angesprochen. Diese Vorschrift besagt, daß hinsichtlich der Kostentragungspflicht im Verhältnis zwischen **Bergbau und öffentlichen Verkehrsanlagen** das Prioritätsprinzip gilt. Danach hat derjenige, dessen Vorhaben **zuletzt geplant** wurde, die **Kosten für die erforderlichen Anpassungs- und Sicherungsmaßnahmen zu tragen.** Dabei ist für die zeitliche Reihenfolge auf seiten des Bergbaus die betriebsplanmäßige Zulassung, also zumindest die Zulassung eines Rahmenbetriebsplans, auf seiten der öffentlichen Verkehrsanstalt die Planauslegung oder ein vergleichbarer Zeitpunkt, an dem die Öffentlichkeit Kenntnis erhält, maßgebend. Nach Satz 4 gelten im Gebiet der ehemaligen DDR als Kriterien für die Feststellung der Priorität auf seiten der öffentlichen Verkehrsanlagen bis zur Einführung west- **37** deutschen Planungsrechts die entsprechenden Planungsabschnitte des fortgeltenden DDR-Rechts.

4. Rechtsverordnungen

38 Außer dem BBergG werden auch die aufgrund dieses Gesetzes **vom Bundesminister für Wirtschaft erlassenen Rechtsverordnungen** im Bereich der am 3. Oktober 1990 beigetretenen Länder und Landesteile eingeführt, wobei die Modalitäten der Überleitung unterschiedlich geregelt sind.

39 Zunächst sind die in Anlage I Kapitel V Sachgebiet D Abschnitt III unter den **Nummern 2 bis 6** aufgeführten **Bergverordnungen** zu erwähnen. Diese treten aufgrund des Einigungsvertrages, also kraft Gesetzes, am 1. Januar 1994 im Beitrittsgebiet in Kraft, was aber nicht ausschließt, daß die Bestimmungen erforderlichenfalls auch schon früher durch den Bundesminister für Wirtschaft eingeführt werden. Bis zum 31. Dezember 1993 kann, wie es bei allen Bergverordnungen übereinstimmend heißt, im Gebiet der beigetretenen Länder und Landesteile nach Maßgabe von Anlage II Kapitel V Sachgebiet D Abschnitt III Nr. 1 nach den bisherigen Regeln verfahren werden. Dabei kommt der genannten **Maßgabe** besondere Bedeutung zu, denn die dort in Bezug genommenen Bestimmungen der **Anlage II des Einigungsvertrages** enthalten wichtige Aussagen über den Status untergesetzlicher Vorschriften des Bergrechts in den neuen Bundesländern.

40 Die Situation stellt sich wie folgt dar: Nach Anlage II Kap. V Sachg. D Abschn. III **Nr. 1 Buchst. a)** bleiben Vorschriften, die aufgrund des Berggesetzes der DDR oder seiner Durchführungsbestimmungen erlassen worden sind und Gegenstände regeln, auf die sich die im einzelnen aufgeführten Verordnungsermächtigungen des BBergG erstrecken, zunächst weiter in Kraft. Neben den Regelungen, die nach den §§ 65 bis 68 durch Bergverordnungen getroffen werden können, gehören dazu Bestimmungen über die Zulassung als Markscheider (§ 64 Abs. 3), über die Vornahme von Messungen (§ 125 Abs. 4) sowie über bergbauliche Versuchsanstalten (§ 129 Abs. 2) und über Hauptstellen für das Grubenrettungswesen (§ 131 Abs. 2). Die hiernach im Beitrittsgebiet in Kraft bleibenden Vorschriften **gelten als Verordnungen i. S. des § 176 Abs. 3 BBergG.**

41 Aus dieser Fiktion ergibt sich zunächst, daß die hier in Betracht kommenden Vorschriften, soweit nicht ihre Gegenstände im BBergG geregelt sind und soweit sie nicht in diesem Gesetz widersprechen, in den neuen Bundesländern und im Ostteil von Berlin **als Landesrecht fortgelten** (§ 176 Abs. 3 Satz 1). Außerdem folgt daraus die rechtliche Möglichkeit, die alten Vorschriften durch neue zu ersetzen. Nach § 176 Abs. 3 Satz 2 BBergG kann die **nach Landesrecht für die Verordnungsgebung zuständige Behörde** aufrechterhaltene Vorschriften aufheben, soweit über die darin geregelten Gegenstände nach § 68 Abs. 1 BBergG

Bergverordnungen erlassen werden. Dasselbe gilt gem. **Doppelbuchst. aa)** für die Regelungen nach § 64 Abs. 3 BBergG über die Zulassung als Markscheider. Der **Bundesminister für Wirtschaft** wird in § 176 Abs. 3 Satz 3 ermächtigt, fortgeltende Vorschriften durch Rechtsverordnung mit Zustimmung des Bundesrates aufzuheben, soweit über die darin geregelten Gegenstände Bergverordnungen aufgrund des § 68 Abs. 2 BBergG erlassen werden. Dasselbe gilt gem. **Doppelbuchst. bb)** für Regelungen nach § 125 Abs. 4 (Messungen), nach § 129 Abs. 2 (bergbauliche Versuchsanstalten) und § 131 Abs. 2 (Hauptstellen für das Grubenrettungswesen). Aufgrund dieser Ermächtigung erscheint es auch zulässig, soweit erforderlich, bereits **vor dem 1. Januar 1994** Bestimmungen der in den Nummern 2 bis 6 genannten Bergverordnungen im Beitrittsgebiet **in Kraft zu setzen.** Es empfiehlt sich, in der Praxis schon vorher danach zu verfahren, soweit die nach Anlage II des Einigungsvertrages fortgeltenden Vorschriften keine vergleichbaren Regelungen enthalten.

Die in Anlage I Kap. V Sachg. D Abschn. III **Nr. 7** erwähnte Verordnung **42**
über den Sachverständigenausschuß Bergbau (Wortlaut im Hauptband Anh. II Nr. 1) ist mit dem Wirksamwerden des Beitritts in den neuen Ländern in Kraft getreten. Der Ausschuß ist **für eine Übergangszeit** bis zum 31. Juli 1993 um die aufgeführten Mitglieder **erweitert** worden.

Nicht ausdrücklich genannt wird in der Anlage I des Einigungsvertrages die **43**
Elektrozulassungs-Bergverordnung v. 21. 12. 1983 (BGBl. I S. 1598). Das bedeutet, daß diese BergV nach der allgemeinen Regelung des Art. 8 des Einigungsvertrages bereits am 3. Oktober 1990 in den neuen Bundesländern in Kraft getreten ist. Dies geschah im Hinblick auf das EG-Recht.

5. Grundabtretung

Im Einigungsvertrag werden die bergrechtlichen Vorschriften über die Inan- **44**
spruchnahme von Grundstücken für die Durchführung bergbaulicher Vorhaben weder in Anlage I noch in Anlage II besonders erwähnt. Demnach sind gem. Art. 8 des Einigungsvertrages in den neuen Bundesländern und im Ostteil Berlins mit Wirkung vom 3. Oktober 1990 **die Vorschriften des BBergG über die Grundabtretung** — §§ 77 ff — ohne Vorbehalt in Kraft getreten.

Vor diesem Zeitpunkt waren im Gebiet der ehemaligen DDR für die Nut- **45**
zung von Bodenschätzen, Gebäuden und Anlagen für bergbauliche Zwecke die Bestimmungen des § 12 des Berggesetzes der DDR und der §§ 12 bis 21 der 1. DVO zum Berggesetz i. V. mit den Vorschriften der Bodennutzungsverordnung (BNVO) vom 17. 12. 1964 (GBl. II 1965, S. 233) maßgebend (vgl. dazu im einzelnen *Mücke,* Bergrecht, Berlin 1985, S. 120 ff). Die bergbauliche Nutzung von Grundflächen konnte danach ermöglicht werden durch Eigentumsübertragung bzw. bei volkseigenen Grundstücken durch Rechtsträgerwechsel oder durch Einräumung von Nutzungs- oder Mitnutzungsrechten. Alle Rechtsfor-

men wurden zusammengefaßt unter dem Begriff „Nutzungsänderung". Die Nutzungsänderungen erfolgten gegen Entgelt und waren nach § 12 Abs. 1 BG DDR in erster Linie **vertraglich** festzulegen. Kam kein Vertrag zustande, wurden die entsprechenden Rechtsänderungen aufgrund von § 12 Abs. 3 BG DDR in einem sog. Inanspruchnahmeverfahren **durch staatliche Entscheidung** festgesetzt.

46 Die Rechtsgültigkeit der vor dem 3. Oktober 1990 aufgrund der genannten Vorschriften erfolgten Nutzungsänderungen ist durch den Beitritt grundsätzlich nicht in Frage gestellt worden. **Staatliche Entscheidungen über die Nutzungsänderungen** bleiben nach Maßgabe des Art. 19 des Einigungsvertrages wirksam. Wem bisheriges Volkseigentum zufällt, richtet sich gem. Art. 233 § 2 Abs. 2 EG BGB i. d. F. der Anlage I Kap. III Sachg. B Abschn. II Nr. 1 des Einigungsvertrages nach den besonderen Vorschriften über die Abwicklung des Volkseigentums. Beruht die bergbauliche Nutzung von Grundstücken oder Gebäuden auf **vertraglichen Vereinbarungen,** ist nach dem Inhalt der Verträge zu differenzieren. Soweit durch Vertrag ein Miet- oder Pachtverhältnis begründet worden ist, richtet sich dieses gem. Art. 232 §§ 2 bzw. 3 EG BGB i. d. F. der Anlage I Kap. III Sachg. B Abschn. II Nr. 1 des Einigungsvertrages nach den einschlägigen Vorschriften des BGB. Für andere Schuldverhältnisse bleibt nach der allgemeinen Bestimmung des Art. 232 § 1 EG BGB das Recht der früheren DDR maßgebend.

6. Unterirdische Hohlräume

47 Unterirdische Hohlräume waren in der ehemaligen DDR seit 1985 Gegenstand einer eigenständigen rechtlichen Regelung. Zur Sicherung einer umfassenden und effektiven Nutzung unterirdischer Hohlräume sowie zur Gewährleistung der Sicherheit an und in unterirdischen Hohlräumen ist die **Verordnung über unterirdische Hohlräume** vom 17. 1. 1985 (GBl. I S. 57) erlassen worden. Die VO regelt in Verbindung mit der unter demselben Datum erlassenen Durchführungsbestimmung (GBl. I S. 61) die Aufgaben, Rechte und Pflichten zur Erfassung, Erhaltung, Herrichtung, Herstellung und Nutzung unterirdischer Hohlräume sowie zur Gewährleistung der Hohlraumsicherheit und öffentlichen Sicherheit (§ 1 Abs. 1). Zu den unterirdischen Hohlräumen i. S. der VO gehören gem. § 2 **stillgelegte nutzbare Grubenbaue,** die nicht mehr für bergbauliche Zwecke genutzt werden und daher nicht dem Berggesetz unterliegen, sowie **natürliche Hohlräume** und **unter Tage in nicht offener Bauweise hergestellte Hohlräume,** die eine bestimmte Größe haben (über 100 m^2 Grundfläche und über 4 m^2 Querschnitt) oder die sich unter historischen Bauten oder unter Städten und Gemeinden befinden. Nach §§ 15 ff der VO unterliegen Herrichtung, Herstellung und Nutzung der vom Geltungsbereich der VO erfaßten Hohlräume der staatlichen **Bergaufsicht** und einer den berggesetzlichen Regelungen entsprechenden Anzeige-, Betriebsplan- und Verwahrungspflicht.

IV. Sonstige Übergangsbestimmungen

Nach Anlage II Kapitel V Sachgebiet D Abschnitt III Nr. 2 und 3 des Einigungsvertrages bleibt die Verordnung über unterirdische Hohlräume vom 17. 1. 1985 nebst Durchführungsbestimmung **bis zum 31. 12. 1995 in Kraft.** Ihre Vorschriften gelten bis zu diesem Zeitpunkt im Beitrittsgebiet nach Maßgabe des Art. 9 des Einigungsvertrages fort. Sie kommen allerdings nicht zur Anwendung, soweit ihre Gegenstände im BBergG geregelt sind (z. B. § 126 Abs. 3, § 129 Abs. 1) oder soweit sie mit den Vorschriften dieses Gesetzes in Widerspruch stehen, da das BBergG als formelles Gesetz Vorrang hat. **48**

Stichwortverzeichnis

Die fettgedruckten Zahlen bezeichnen die Paragraphen des Bundesberggesetzes, die normalgedruckten Zahlen die Randnummern der Kommentierung zu den geänderten Vorschriften des Gesetzes bzw. zu den im Anhang abgedruckten Bestimmungen des Einigungsvertrages. Im übrigen wird auf das Stichwortverzeichnis im Hauptband verwiesen.

FSC
www.fsc.org
MIX
Papier | Fördert
gute Waldnutzung
FSC® C083411

Kolibri 360 GmbH
Ferdinand-Jühlke-Straße 7
99095 Erfurt, Deutschland
produktsicherheit@kolibri360.de